Das bairische Jahr

Das bairische Jahr

Brauchtum übers Jahr

*Herausgegeben von
Heidi Caroline Ebertshäuser*

Verlag Heinrich Hugendubel
München

Copyright © 1979 by Verlag
Heinrich Hugendubel, München
Alle Rechte vorbehalten
Redaktion: Editorenteam Burkhardt Kiegeland GmbH, München
Produktion Gorbach Herstellungsbüro, Gauting
Gesamtherstellung: Ebner Ulm
Printed in Germany
ISBN 3-88034-030-7

Inhalt

Vorwort 9
Das Bauernjahr in seinen Festen und Gebräuchen, Lostagen und Lebensweisen 11

JANUAR

Monatsspruch 19
Lostage im Januar 20
Im Januar 20
Bauernregeln 22
Der neue Pratti 23
C.M.B. 29
Sagen zum Fest Heilige Drei Könige 38
Rezepte im Januar 39
Bauernkalender von 1545 40

FEBRUAR

Monatsspruch 49
Bauernregeln 50
Lostage 50
Im Februar 51
Der zweite Tag im Februar, Lichtmeß 53
Heut ist unser lieben Frauen ihr Tag 55
Für das Fest der Reinigung Mariä 57
Sagen 57
Vorbereitung zur Feldarbeit 58
Die Schlenkelzeit 59
Bäuerliche Dienstbotenkost im 18. Jh. im Dachauer Land 63
Rezepte im Februar 67
St. Agathatag 68

Der Blasltag 70
Deutsche Fastnachtspiele 72
Faschingsrezepte 76
Der Fastnachtsschimmel zu Laingrub, Parsberg und Tölz 77
Fastnacht! Fasching begraben! 79

MÄRZ

Monatsspruch 85
Bauernregeln 86
Lostage 86
Im März 87
Fastenpredigt 87
Leckeres zur Fastenzeit 88
Der Sommergewinn oder das Todaustragen 89
Von bäuerlicher Arbeit 95
Die Fastenzeit. Der Kas- oder Funkensonntag 97
Von Dornen wundes Haupt 103
Staatliche Religionserlasse und Verbote der überflüssigen Feiertage 105

APRIL

Monatsspruch 111
Bauernregeln 112
Lostage 112
Im April 113
Der erste April 114
Von bäuerlicher Arbeit 115
Volkstümliches vom Palmsonntag 117

Das Leiden-Christi-Singen in Großarl 122
Die Karwoche. Von den Antlaßeiern und den Ratschen 127
Passions- und Osterspiele 135
Vertraute Briefe eines Geistlichen in Baiern an seinen Freund 1786 140
Ostern 143
Ostereier und Osterspiele 146
Christus ist erstanden 153
Abschaffung von Prozessions- und Bittgängen 154
Rezepte im April 159
St. Georg 161
Hiaz kimbt dö scheane Fruahlingszeit 163

MAI

Monatsspruch 165
Bauernregeln 166
Lostage 166
Im Mai 167
Die Walpurgisnacht im bayerischen Volksglauben 169
Schauerfeiertag, Von Prozessions- und Bittgängen 175
Geleite durch die Wellen 182
Maibaumbilder 183
Christi Himmelfahrt und Pfingsten 188
Das Miesbäcker Maisäen und der Maibaum in Wessobrunn 195
Der Pfingstlümmel 198
Rezepte im Mai 200
Das Jackelschutzen der Schlosser am Pfingstsonntag 201
Der Wasservogel von Sachsenkam und die Dudel von Haching 202

JUNI

Monatsspruch 207
Bauernregeln 208
Lostage 208
Im Juni 209
Preiset o, ihr Menschen Zungen 210
Das Fronleichnamsfest 211
Der vierundzwanzigste Tag im Juni, Das Leben des heiligen Johannes des Täufers 215
Sonnenwendfeuer und Johanniszauber 220
Sagen zu Johanni 226
Predigt wider das Sonnenwendfeuer 1720 227
Rezepte im Juni 230
Auffahrt zur Alpe 231
Uns wann's amal schön aper wird 237

JULI

Monatsspruch 239
Bauernregeln 240
Lostage 240
Im Juli 241
Rezepte im Juli 242
Wenn's bald Jacobi werd 243
Von bäuerlicher Arbeit 245

AUGUST

Monatsspruch 249
Bauernregeln 250
Lostage 250
Im August 251
Von bäuerlicher Arbeit 252

Geh ma ause am hintern
Ran 254
Der fünfzehnte Tag im August,
Von der glorwürdigen Himmelfahrt Mariä 255
Marienruf 258
Maria Himmelfahrt 259
Der Frauendreißgst 262
Ernteleben 266
Altbayrische Schmausbriefe 272
Sennerbelustigung und Almfeste 278
Rezepte im August 283
Das Wintereinläuten 284

SEPTEMBER

Monatsspruch 289
Bauernregeln 290
Lostage 290
Im September 291
Rezepte im September 292
Die Schimmelkirchen und Volksheiligen Bartlmä, Martin und Nikolaus 293
Von bäuerlicher Arbeit 295
Der neunundzwanzigste Tag im September, Geschichte von der Kirchweih des Hl. Erzengel Michael wie auch eine kurze Erzählung von den Heiligen Engeln insgemein 297
Oh unbesiegter Gottesheld, St. Michael 302
St. Michael 302
Oh, Sei gegrüßt, Maria, so gnadenvoll 309

OKTOBER

Monatsspruch 311
Bauernregeln 312
Lostage 312
Im Oktober 313
Rezepte im Oktober 314
Der Kirchtag 314
Kirchtag bleib do 320
Bauernfeiertage 321
Die Herabschaffung des Almnutzens
Almraitung 325
Wss braucht denn a Jaga? 331

NOVEMBER

Monatsspruch 333
Bauernregeln 334
Lostage 334
Im November 335
Rezepte im November 337
Allerheiligen Allerseelen 338
Totenlied 343
Das Leben des heiligen Bekenners Leonhard 344
Leonhard der Bauerngott, Umritt und Wagenfahrt 346
Verbot der Leonhardsfahrten 349
Martinsgans 353
Martini 354
Der altbairische Hirtentag

DEZEMBER

Monatsspruch 361
Bauernregeln 362
Lostage 362
Im Dezember 363
Rezepte im Dezember 364

Ave Maria Jungfräuliche Zier 367
Advent 368
St. Nikolaus, Nikolausspiel, Nikolausliedchen und Sagen 372
Sagen zur Weihnachtszeit 380
Ein Kinderlied auf die Weihnacht 382
Das Weihnachtsevangelium 383
Das Wagrainer Herbergssuchen, Ein Heilig-Abend-Spiel 384
Christabend 390
Marientraum 394
Der Tag der Unschuldigen Kinder, Gömnachten oder Klöpfelsnacht 395
Das Kindlwiegen 398
Alpenländische Weihnacht 394
Hirtenlied 401
Das wilde Gejäg 402
Der Weihnachtstisch auf dem Buchberg an der Holzkette 403
In dulce jubilo 406
Silvesterabend 408

Bibliographie 413
Bildnachweis 415
Editionsnotiz 416

Vorwort

»... die Sitte mahnt, jeden bedeutenden Moment des Lebens in Arbeit und Genuß, in Trauer und Lust nicht unterschiedslos in dumpfer Hast vorüberziehen zu lassen, ... vielmehr wird jegliches Werk mit Segen nur an seinem bestimmten Tag unternommen, wie dieser Tag durch uralte Sitte, deren Grund wir nur selten mehr herausfühlen, einmal dafür hergebracht ist.
So entsteht der sog. Bauernkalender, wonach jede Verrichtung ihren Tag und bei dem reichen Wechsel bäuerlichen Lebens und Schaffens, beinahe jeder Tag im Jahr seine hergebrachte Verrichtung hat«, schrieb Felix Dahn 1860 in einem Artikel über Volkssitte in »Bavaria. Landes und Volkskunde des Königreichs Bayern«.
In diesem Sinne soll das vorliegende Buch ein Kalender sein, welcher nicht wie der heutige Abreißkalender die »unterschiedslose dumpfe Hast« abstrakter Termine festhält, sondern vielmehr soll jene lebensvolle Mannigfaltigkeit veranschaulicht werden, wie sie sich im ländlichen Jahreslauf der Fest- und Arbeitstage manifestierte.
Die hier zitierten großen Klassiker der alpenländischen, volkskundlichen Schilderungen, wie: Ludwig von Hörmann, Peter Rosegger, Johann Sepp, Karl Stieler, Joseph Schlicht, F. J. Bronner, Felix Dahn, Friedrich Reimann u. a. m. geben durch die Unmittelbarkeit des noch von ihnen erlebten und erforschten Brauchtums ein eindringliches Bild vom Reichtum dieses Themas. Neben der Schilderung der Sitten wird in einigen Artikeln versucht, ihre Herkunft zu deuten.
Nicht nur die Feiertage der großen ländlichen Festkreise, nämlich: Ostern, Pfingsten und Weihnachten werden beschrieben, sondern ebenso die damit verbundenen ländlichen Arbeiten, die sich untrennbar mit dem natürlichen Ablauf der Jahreszeiten harmonisch verknüpfen. Darauf weisen auch die angeführten Bauernregeln hin.
Wie die Festtage sind auch die Arbeitstage voller gläubiger und abergläubiger Verrichtungen und Rituale, die in einer charakteristischen Auswahl hier aufgezeigt sind.
Die zum Brauch gehörenden Volkslieder und auch die so beliebten »theatralischen« Darstellungen religiösen Geschehens wurden ebenfalls in dieses Buch aufgenommen.
Das seit altersher festgefügte Brauchtum hat auch den so wichtigen Küchenzettel unumstößlich für jeden Tag des Jahres festgelegt. Um dies zu veranschaulichen, sind alte »Speisepläne« und beispielhaft Kochrezepte für jeden Monat beigegeben.
Nicht die ersten jeden Monats, sondern bestimmte Heiligentage wa-

ren die Rechnungstermine der Bauern, wie z. B. Lichtmeß, Georgi, Jacobi und Michaeli für das Gesinde wichtige Tage waren. Um dies zu unterstreichen, sind die Heiligenlegenden des Pater Martin von Cochem zu den wichtigen Feiertagen aufgeführt.

Die Wintermonate sind besonders reich an Brauchtum, wobei der Weihnachtsfestkreis an prominentester Stelle steht. Im vorliegenden Buche wurde er jedoch gleichrangig neben die anderen Festkreise gestellt, nicht zuletzt da das im gleichen Verlag und vom gleichen Autor erschienene Buch »Zauberreiche Weihnacht« diesen Feiertagskreis in der ihm gebührenden Ausführlichkeit behandelt.

Wie stark die Verbindung zum überlieferten Brauchtum im damaligen Selbstverständnis der Menschen wurzelte, veranschaulichen gerade die »aufklärerischen Kampfschriften« und die amtlichen Erlasse und Verbote der »Gebräuche«. Gleichzeitig oder wenig später, zu Beginn des letzten Jahrhunderts erfährt besonders in Bayern das Brauchtum großes Interesse, ja Förderung auch von offizieller, d. h. »königlicher« Seite. Die hier abgedruckten Gegenstimmen, z. B. eines Obermayr oder Dietl, mögen den Widerstreit der Meinungen veranschaulichen und damit Anregung sein, den eigenen Standpunkt gegenüber den heute noch lebendigen oder wiederbelebten Bräuchen zu festigen.

Nicht zuletzt aber soll dies ein Hausbuch sein, das anschaulich, vielfältig und belebend dem Leser das alpenländische Brauchtum näher bringt. So wie es in manchem alten Bauernkalender stand: »ein püchlein zur Erbauung und geflissentlichen Belehrung des verehrten Lesers.«

An dieser Stelle möchte ich meinen Dank aussprechen all denjenigen, die mir wichtige Hilfe gegeben haben.

Vor allem möchte ich Dorothee Müller danken, für ihre redaktionelle Mitarbeit, die viel zum Gelingen des Buches beigetragen hat. Edgar Harvolk sowie Wolfgang A. Mayer (Institut für Volkskunde München) möchte ich ebenfalls an dieser Stelle meinen Dank aussprechen. Hans Peter Hagen und Jutta Tschoeke haben mir durch ihre großzügige Hilfe eine wichtige Unterstützung gegeben. Für die Hilfe bei der Beschaffung von Bildmaterial sowie für wichtige Hinweise und Anregungen bin ich Nina Gockerell (National-Museum München) zu Dank verpflichtet.

H. C. E.

Das Bauernjahr
in seinen Festen und Gebräuchen, Lostagen und Lebensweisen

Wie sich Stadt und Land in Auffassung und Beachtung vieler Dinge wesentlich unterscheiden, so ist dies auch bei den das Jahr hindurch fallenden Festen und Gebräuchen nicht zum kleinsten Teile der Fall. Der Kalender mit seinen Lostagen und Himmelzeichen dem Städter als ein veralteter Wahn schon längst unnütz und lächerlich geworden, besteht auf dem Lande in seinen Überlieferungen noch streng zu Rechte. Alles was der Bauer in seinem Leben Wichtiges und Feierliches begeht, deuten darin wenige kurze Zeichen. Für das: warum er so treu an diesen alten Gebräuchen hange, hat er keine andere Ursache anzugeben, als daß es eben der Vater und der Großvater auch schon so gehalten. Die tiefere Bedeutung kennt er so wenig wie der Städter, welcher darüber lacht. Wenn aber beide ihre Unwissenheit damit bekunden, so ist mindestens die der Bauern von achtungswerter Denkart begleitet. Wie sehr aber aus diesem so oberflächlich beiseite geworfenen Stück Volksleben sich die Kenntnis unserer allerältesten Zeiten ergänzen läßt, das wird erst jetzt so recht von den Kennern deutscher Altertumskunde gewürdigt. Vergleicht man die bereits angestellten Forschungen in anderen deutschen Gauen mit der hier folgenden Zusammenstellung, so ergibt sich das sicher bedeutende Vorkommen, daß während man anderwärts bereits in die wenn auch nächste Vergangenheit zurückgreifen mußte, das ganze hier geschilderte Bauernjahr einzig und allein noch aus dem frischen Leben genommen wurde. Daß dies in nur fünfundzwanzig Jahren nochmals geschehen könnte, muß geradezu verneint werden.
Von allenthalben ertönen Klagen über untergegangenes und untergehendes Volksleben. Allüberall zieht man vorzüglich die Schreibstubenherrschaft in ihrer Bevormundungssucht der Schuldursache dieses traurigen Verfalls. Diese Beschuldigung ist in der Endbeziehung sicher unbegründet. Was frisches kräftiges Leben hat, kann selbst von einem Landgericht nicht so mir nichts dir nichts abgeschafft werden. Das Verbot besteht nur auf dem Papier, in der Wirklichkeit geht alles nach wie vor. Nur wenn die Menschen anders geworden sind, ihren alten Überlieferungen untreu und dem Geiste ihrer Väter abwendig, dann lassen sie auch von den wohlhergebrachten Sitten, und die alten Feste und Gebräuche verfallen einem vernüchterten neuen Geschlecht; das lächerliche Verbot hat wenig da-

bei getan. Von den im Bauernjahr geschilderten Lustbarkeiten werden schon jetzt in manchen Gemeinden wenige mehr geübt; in einigen hat sich davon viel, in andern wieder das meiste erhalten: je nach dem frischen Geiste, den diese oder jene Gemeinde volkskräftig bewahrt hat oder nicht. Aber alle diese Volksfeste sind mehr oder minder verboten, verboten nicht erst seit gestern oder seit Beginn dieses Jahrhunderts; es lassen sich von Zeit zu Zeit immer wiederkehrende Verbote für so gar manche dieser Gebräuche durch volle drei Jahrhunderte verfolgen! Wie wenig sie fähig waren, etwas Volkstümliches auszurotten, beweisen diese Schilderungen, welche noch dem wirklichen Leben entnommen werden konnten. Die hereinbrechende neue Zeit mit einem ganz andern Geschlecht droht auch diesen alten Sitten den völligen Untergang. Was aber amtliche Verbote bisher nicht vermochten abzuschaffen, das werden spätere Gebote, da man mit Bedauern der verschwundenen Zeit gedenken wird, um keinen Preis der Welt mehr herzustellen vermögen. Diese Zeit ist bereits da. Die Jugend gefällt sich nurmehr noch in seit dem Jahr 48 auffallend zunehmender Roheit und Genußsucht, und von der Regierung ertönen bereits Gebote zur Erhaltung der altherkömmlichen Tracht!
Unbeirrt von allem Treiben der übrigen Welt lebte bisher der Landmann noch in der alten Weise als wirklicher Bauer ruhig und abgeschlossen von jeglichem Umgang mit den Städtebewohnern seine Tage dahin. Von allem, was in der Welt geschah, drang wenig zu ihm, waren es nicht Schreckensberichte von Krieg oder Rebellion, von verheerenden Krankheiten und dergleichen mehr, dann aber in ungeheuerlicher Auffassung, und ohne je zu einem Verständnis darüber zu gelangen, denn Zeitungen werden auf dem Lande nur von den Geistlichen gelesen. Der Bauer liest nur in den Wintermonaten, und da am liebsten so alte Geschichtenbücher, wie er sie bei den Landkrämern kauft, oder Legenden, alt und neu.
So geht denn auch die Zeitrechnung noch immer in der alten Weise nach besonders hohen Festtagen, Lostagen und den Märkten der nächstliegenden Stadt. Nie aber wird der Bauer dem sogenannten Datum nach rechnen. Dies steht abermals im grellen Gegensatze zu dem heutigen Gebrauch der Städter, für welche der Kalender einzig und allein noch zum Nachschlagen des Monatdatum benutzt wird, während gerade nach diesem Teil des Kalenders der Bauer niemals sieht. Ebenso werden die Himmelszeichen und der Wechsel des Mondes noch genau beobachtet. So beginnt man im Vollmond alles lieber, er bringt Glück und Kraft. Das Unkraut, welches man vertilgen will, jätet man deshalb im abnehmenden Mond aus. Eier dage-

Ein Bairisches Bauren Mädel.
Une fille païsanne Bavaroise.

gen legt man den Hennen in solcher Berechnung im wachsenden Mond unter, daß sie auch in diesem und nicht im Neumond ausgebrütet werden. Der Neumond selbst wird der schwarze Mond genannt, was dem Kalender insofern entnommen ist, weil er im Gegensatze zum roten Vollmonde schwarz gedruckt wird. Das Obst, welches im zunehmenden Mond blüht, gedeiht sicher, denn da kann seine Blüe recht schöpfen. Von den Himmelszeichen scheiden sich welche in harte und weiche. Erstere, im allgemeinen nicht gut, sind der Widder, der Stier und der Steinbock. Im Mai ist der Stier rot, und während dieser Zeit ist das Zeichen gut, da beeilt sich alles diesen Zeitraum wohl zu benützen. Weiche Zeichen sind der Fisch, der Wassermann und die Jungfrau. Erbsen und Linsen werden nur in diesen Zeichen besonders im Fisch gelegt, sonst können sie nie weich gesotten werden. Der Zwilling wird für ein sehr gutes Zeichen gehalten, da gerät alles wohl; auch der Krebs, letzterer jedoch nur für Pflanzen, welche in den Boden hinein wachsen, wie weiße Rüben, Erddotschen, Rettig, Ranen. Im Schütz dagegen darf man nichts versetzen, sonst verschießen alle Pflanzen, ebenso nichts im Steinbock, da wird alles gstarr. Letzteres ist überhaupt ein sehr schlechtes Zeichen. Damit in enger Verbindung stehen auch die Aderlaßtage. Hierbei frägt man jedoch mehr nach dem Planeten, und gleich wie dieselben um die Sonne, so stehen auch die sieben vornehmsten Glieder um das Herz. Dasjenige Glied, welches Wehtage leidet, soll demnach denjenigen Tag der Woche zum Aderlaß wählen, welcher den gemeinsamen Planeten hat. So steht das Gehirn im Planeten des Mondes; dessen Tag ist der Montag. Ganz im Zusammenhang mit den ältesten Ansichten, welche das Fest des Verstandes, welcher dem Mond entstammte, vor dem Eintritt der Hundstage feierten, glaubt man noch gegenwärtig, daß die Brettensteiger (Mondsüchtigen) während der Hundstage ihre Umgänge halten müssen. Deshalb soll man auch während der Hundstage weder baden noch aderlassen. Überhaupt wird jede Art von Irrsinn als mit dem Mond in Verbindung sich vorgestellt. – Von keiner kleinen Bedeutung ist natürlich auch die Himmelsgegend. Noch immer benennt man dieselbe Morgen, Mittag, Abend und Mitternacht; nie Osten, Süden, Westen und Norden. Der Wind, so von Morgen kommt, heißt der vördere, der von Abend her der hintere Wind. Der erstere bringt gute, der letztere schlechte Witterung. Der vördere Wind weht grob und kalt, und heißt im ganzen Lechrain der Bayerwind; aber gegen die Würm zu wird er schon der österreichische Wind genannt. Die vier Jahreszeiten haben dieselben Namen wie im hochdeutschen mit Ausnahme des Frühlings, welcher der Auswärts genannt wird. Ebenso bezeichnet man die Zeit, wo der Schnee weggeht, mit Aberwerden oder Aber-Wetter. Dieser Ausdruck geht durch ganz Bayern, Tirol und Schwaben bis nach Franken hinein, und gehen viele fröhliche Lieder und Gsangeln auf das Aberwerden. – Von den Wochentagen wird der Dienstag im Lechrain und Allgäu durchgehends der Afte'má–de' (Aftermontag) genannt, gleicht entfernt vom altbayerischen Erchtag (Jerte'), wie von dem schweizerisch-schwäbischen Zistag. Der Mittwoch heißt auch hier wie in ganz Altbayern der Mickte'; der Donnerstag hiegegen, welcher altbayrisch Pfinztag geheißen wird, heißt im Lechrain entweder der Dae–schte' oder ähnlich wie bei dem Dienstag der Afte'mickte'. Von allen diesen Tagen ist der Donnerstag der beliebteste, alles was von Vieh an ihm geboren wird, ist besonders kräftig; ja im Gebirge nennt man sogar die Kälber, die am Donnerstag zur Welt gekommen sind, mit belobender Betonung schlechtweg nur Pfinztelein. Dagegen hat der Samstag (Sampste') auf den Abend hin einen schlechten Ruf, da fahren die Hexen aus. Es ist deshalb ein altes Herkommen, daß auf den Samstagabend die Buben nicht fensterln gehen sollen, und nur schlechte Dirnen öffnen am Samstagabend ihr Kammerfenster; dagegen geschieht dies am Sonntag gewiß, und unter der Wochen oft genug. Die drei Samstage

im Advent heißen die goldenen Samstage, während der Sonntag nur dann goldener Sonntag genannt wird, wenn auf ihn ein Frauentag fällt, und unter diesen ist U. L. Frauen Kerzenweih der kräftigste. Alle Kinder, so an einem solchen Sonntag zwischen 11 und 12 Uhr mittags geboren werden, sehen und erfahren mehr denn andere Leute; sie haben einen großen Blick in das Geisterreich. Der neue Sonntag dagegen findet statt, wenn an einem Sonntag der Mond neu wird. Eine gleiche Bewandtnis glücklicher Geburt hat es mit Kindern, die auf solchen Sonntagen geboren werden, doch der goldene Sonntag ist der beste. – Von den ziemlich vielen ganzen und halben Feiertagen ist zu merken, daß erstere streng mit Besuch des Gottesdienstes gehalten werden, und zwar Vor- wie Nachmittags, doch ist die Vesper oder der Rosenkranz allzeit um 2 Uhr schon zu Ende. Zur Zeit der Heu- oder Getreideernte, wo trockene Tage oft selten, die Benützung derselben aber dringend nötig ist, wird allerdings an Sonn- und Feiertagen des Nachmittags auf dem Felde gearbeitet, jedoch geschieht solches nur ungerne und in äußerster Not. Auch dies sticht sehr vorteilhaft gegen den städtischen Handwerker ab, der den Sonntag morgens arbeitet, statt die Kirche zu besuchen, den Nachmittag aber und den folgenden Montag wohl dazu im Wirtshaus verbringt. Die sogenannten halben Feiertage auf dem Lande waren früher ganze gebotene Feiertage, welche aber nun schon seit bald einem Jahrhundert von der Kirche aufgehoben, von der weltlichen Obrigkeit sogar als Festtage verboten worden sind. Die noch immer zu Recht bestehende Haltung derselben auf dem Lande darf nun nicht so verstanden werden, als wenn an diesen Tagen alle Arbeit ruhe. Man enthält sich nur gerne der gröbern Feldarbeit, geht morgens in die Kirche, verrichtet dann die oft auf solche Tage versparten vielfältigen häuslichen Arbeiten, und besucht vielleicht auf den Abend das Wirtshaus. Da die mehrsten dieser abgeschafften Feiertage in Zeiten fallen, wo die Feldarbeit ohnehin gering, so ist deren schädlicher Einfluß durchaus nicht in der städtisch eingebildeten Größe zu suchen. Schneider und Näherinnen, Sattler und Schuster gehen an diesen Tagen ordentlich ihrer Stör nach; Maurer und Zimmerleute desgleichen; doch tun diese, durch ihre Arbeit viel in die Stadt geführt, auch nach städtischer Art den Montag gern vertrinken. – Was die Lostage und ihre verschiedene Bedeutung anbelangt, so sind dieselben auf alte Beobachtungen reiflich begründet. Daß sie nicht immer eintreffen, haben sie mit den mehrsten berechneten Dingen dieser Welt gemein. Als allgemeine Witterungsanzeigen kann man annehmen:

Woher das erste Gewitter im Jahr kommt, daher kommen alle übrigen in diesem Jahr.
Früher Dunner, später Hunger.
Abendrot (goldfarbig) gut Wetter Bot;
Abendrot (feuerfarbig) morgen Kot.
Wie der Wind am dritten, vierten, fünften Tag nach dem Neumond, so den ganzen Monat hindurch.
Hat der Mond einen Hof – in drei Tagen geht's Trof.
Ein Reif geht durch das ganze Land.
Ein Schauer ist ein Unglück, den es trifft, macht aber noch keine Teurung.
Die Sonne hat noch keinen zum Bettelmann beschienen,
aber der Regen hat schon manchen vom Hof gebracht.
Wie der Freitag, so der Sonntag.
Am Mittwoch in der zwölften Stunde ändert sich gerne das Wetter.
Wenn das Salz feucht wird, gibt's Regen.
Wenn die Pfannen blühn, gibt's Wind.
Wenn die Tage langen, kommt erst der Winter gegangen.
Je länger der Tag – je kürzer der Faden.
Frühvogelsang – macht den Winter lang.
Sommerkatzen hat man gerne; Winterkatzen nicht, sind Ofenhokker, bringen gern Feuer ins Haus.
Viel Nudeln auf der Tanne – viel Roggen in der Wanne.
Viele Eicheln – früher Schnee.
Viel Schnee – viel Heu; und dergl. mehr.

Beim Besprechen der Witterung erzählt man gerne die Geschichte von dem Bauern, der von unserm Herrgott die Macht bekommen hatte, sich einmal ein Jahr lang das Wetter nach Gutdünken zu machen. Da ließ er nun Regen und Sonnenschein walten und wechseln nach Herzenslust. Die Saat ging herrlich auf, und sein Getreide wogte in den schönsten goldenen Fluren. Doch siehe da, nach dem Schnitt zeigte es sich, daß alle Egern taub waren, so daß er wohl viel Stroh, doch kein Getreide geerntet. Der Talk, er hatte den Wind vergessen! – Seit der Zeit mochte er keine Witterung mehr tadeln, sagte nur allzeit ruhig vor sich hin: wer weiß wozu das gut ist!

Karl von Leoprechting

Ein Bairischer Baur.
Un païsan Bavarois

JANUAR

In diesem Monat ist's nicht gut,
Wenn man zur Ader lassen tut.
Salb drinnen auch nicht dein Gebein,
Die weil der Mond trägt Wasser ein.
Zum Bäumen propfen, Häuser bauen
Kann ich dir raten voll Vertrauen.
Wer gehen oder reiten muß,
bringt seinen Weg zum guten Schluß.

Glockendon

Lostage im Januar

1. 1. Neujahr
2. 1. St. Marcarius
6. 1. Dreikönig
17. 1. St. Antonius
20. 1. St. Fabian und Sebastian
22. 1. St. Vinzencius
25. 1. Pauli Bekehrung
31. 1. St. Petrus

Im Januar

Es war nicht immer so, daß das Neue Jahr am 1. Januar begann. Der 1. März, aber auch der 21. Dezember waren neben anderen Tagen Jahresbeginn. Und früher begann für den Bauern das Neue Jahr nicht am 1. Janaur, sondern an Heilig Dreikönig. Wenn auch die Silvesternacht als eine der bedeutendsten Rauhnächte (neben 21.12. St. Thomas, die Christnacht und Heilig Dreikönig) schon immer gefeiert wurde und sich inzwischen viele Neujahrsbräuche auf den 1. 1. übertragen haben, so sind die schönsten Neujahrssprüche und Glückwünsche doch die, die man sich am 6.1. zuruft. Viele Namen hatte der Monat, die wir heute nicht mehr kennen. So heißt er in einem Breslauer Monatsgedicht aus dem 15. Jh. Wolfsmonat, denn die Wölfe haben Ranzzeit von Ende Dezember bis Mitte Februar und wurden auch zu dieser Zeit gejagt. Hartmond, Dreschmonat oder Bärmonat wurde er auch genannt. Der kalte Januar, der: »Jänner ist ein Holzbrenner«, war beliebt als Hochzeitsmonat, aber auch als Monat, wo die Dienstboten ihre Verwandten besuchen durften und man sich auf die beginnende Feldarbeit vorbereitete. Zu den wichtigsten Tagen im Januar zählt wohl der Heilige Dreikönigstag. Wie kaum an einem anderen Tag verbindet sich hier die für die Wintermonate so charakteristische Verbindung von heidnisch-abergläubischem Hexenzauber und frommer christlicher Hirtenheiterkeit. Die schiarchen Perchten mit ihren furchterregenden Erscheinungen stehen gegen die schönen Perchten. Und es ist schon wichtig, daß man das ganze Haus weiht und räuchert, um es von den Unholden, Hexen und bösen Geistern damit zu befreien. Und wenn dann C.M.B. (Caspar, Melchior, Balthasar) an der Tür steht, können die drei Sternsinger mit ihren sich lustig drehenden Sternen ungestört ihre Sprüche vortragen. So mancher Wanderer sollte sich zu dieser Zeit hüten, alleine zu gehen, denn die »Wilde Gejaid« oder auch »das wütige Heer« ziehen durch die Lüfte mit Peitschenknallen, Hundegebell und heidnischem Lärm. Es heißt, nur wenn man in der Mitte des Weges geht, könne man sich dagegen schützen. Auch erinnert man sich daran, daß in dieser Nacht die Geister Verstorbener die Menschen heimsuchen, drum stellt man ihnen wie auch an manch anderen Tagen der Weihnachtszeit Speise und Trank vor Fenster und Tür.

Am 17.1. ist der Tag des heiligen Antonius, dem Beschützer der Schweine. Seine Ordensbrüder, die Antoniter, waren in der Pestzeit gesuchte Pfleger und Helfer. Ebenfalls aus der Pestzeit stammt die große Verehrung für den heiligen Sebastian, dem Schutzheiligen für Gesundheit und Wohlergehen. Sein Tag ist der 20.1., und da er einst mit Pfeilen zu Tode gemartert wurde, ist er sinnigerweise der Schutzheilige der Schützen. Auch ein Sebastianswein, in den Relikte seiner Pfeile eingetaucht werden, Prozessionen und Umzüge, alles findet an Sebastiani statt. München hat mit seinem alle sieben Jahre wiederkehrenden Schäfflertanz eine besondere Anziehung zu bieten. Der nächste Schäfflertanz ist 1984. (6.1. bis Faschingsdienstag)

H.C.E.

Bauernregeln

Januar mit Reif und ohne Schnee
tut Bäumen und Früchten weh.

Januar hell und weiß,
wird der Sommer heiß.

Die Neujahrsnacht still und klar,
deutet auf ein gutes Jahr.
Die Nacht vor Petri Stuhlfeier weiset an
was die kommenden vierzehn Tag für Wetter han.

Sind Fabian und Sebastian weiß,
gibts im Sommer ein üppig Reis.
Fabian und Sebastian
lassen den Saft in den Bäumen garen.

Der neue Pratti
Neujahransingen. Drosseln.

Bei der altbayerischen, ländlichen Bevölkerung heißt der Kalender noch häufig »der Pratti«. War er doch einmal als practica (Praktik) die Summe aller Lebensweisheit: der wichtigsten ökonomischen, astrologischen und meterologischen Regeln, kurz aller praktischen, gemeinnützigen Lebensvorschläge für ein Jahr. Heute, wo in jedem Haus mit einem neuen Jahr auch ein neuer Kalender einkehrt und wo auch der schlichteste Landmann sich eine eigene Zeitung hält, kann man sich kaum mehr recht vorstellen, welch große Bedeutung der Kalender ehemals im Volksleben gespielt hat. Zu Urgroßvaters Zeiten noch, da schwur der biedere Bauer und Bürgersmann Stein und Bein auf die Wetter- und Gesundheitsregeln in seinem 100jährigen Kalender, ließ sich und seinem Vieh zur angeratenen Zeit Ader und glaubte mit der gleichen, ehrfürchtigen Scheu an die Vorhersage kommender, drohender Gewitter am natürlichen wie am politischen Himmel, an die Prophezeiungen von schrecklichen Mißernten, von Hunger und Seuchen, von Krieg und Frieden und baldigem Weltuntergang.

In dieser guten, alten, gemächlichen Zeit war ein als verlässig erkannter Kalender ein in jeder Beziehung rares Buch, das mit Hochachtung behandelt wurde; es versah ebensowohl die Stelle eines Hausarztes als auch eines treuen, landwirtschaftlichen Ratgebers. Das Verständnis des Kalenders bedeutete damals schon einen Grad besserer Bildung. Mit Recht; denn wer seinen Kalender lesen konnte, konnte in der Regel auch schon schreiben. Dem ward der Kalender dann zum Hausbuch, welchem man die intimsten Angelegenheiten in Familie und Stall anvertraute, wo man getreulich jeden Pfennig Einnahmen und Ausgaben verbuchte und mitunter auch chronikalische Einzeichnungen machte, die heute nicht ohne kulturgeschichtlichen Wert sind.

Ein berühmtes Beispiel eines alten Kalenders ist der wunderliche, sogen. »hellpolierte Wetterspiegel«, eine deutsche Nachbildung des lateinischen »Cisio Janus«. Er enthielt für jeden Monat einen sechszeiligen, gereimten Spruch, von dem jedes Wort einen bestimmten Tag des Monats bezeichnete. Die ausgeklügelten Verse wurden auswendig gelernt, so daß jedes seinen Kalender leibhaftig mit sich im Kopfe herumtrug: »Welchem Menschen er wird bekannt, der mag ihn lernen an der Hand.« Als ergötzliche Probe vernehmt zwei Monatssprüche:

Jenner hat XXXI Tag.
»Jesus (1) das Kind ward beschnitten.
Drey (6) König von Orient kamen geritten
und opferten dem Herrn Lobesan.
Antonius (17) sprach zu Sebastian (20):
Agnes (21) ist da mit Paulo (25) gewesen.
Wir sollen auch damit wesen.«
Hornung hat XXVIII Tag.
»Da Maria (2) wolt mit Agatha (5) gahn,
Jesum ihr Kind opfern schon;
da ruft Valentin (14) mit Macht:
freuet euch der Faßnacht,
denn Petrus (22) und Matthias (24)
kommen schier, wisset das.« ...

Grauete euch nicht, wenn ihr solches lernen müßtet?
Es ist euch sicher schon aufgefallen, daß unsere Monatsnamen altrömischen Ursprungs sind. (Sie sind teils von römischen Göttern, teils von römischen Kaisern und teils von Zahlen – septem 7, octo 8, novem 9, decem 10 – hergeleitet. Der Juli, im Kalender der alten Römer der fünfte Monat und daher ursprünglich Quintilis genannt, erhielt seinen Namen nach Julius Cäsar, der in diesem Monat das Licht der Welt erblickte. Der August, anfänglich als sechster Monat Sextilis genannt, bekam seine Bezeichnung zu Ehren des großen Kaisers Augustus, der in diesem Monat besondere Glücksfälle erlebte.) Kaiser Karl der Große nun suchte für Deutschland deutsche Monatsnamen einzuführen (Wintarmanot, Hornung, Lentzinmanot, Ostarmanot, Winnemanot [althochdeutsch wunna = Wiese, Weide], Brachmanot [der brachliegende Acker wird umgepflügt], Hewimanot, Aranmanot (aran = Ernte), Witumanot [witu = Holz, Wald], Windumemanot [wintemod = Weinlese], Herbistmanot und Heilagmanot [mânôt althochdeutsch für Monat].) Doch die dauernde Einbürgerung derselben gelang nicht. Sie bildeten aber eine unverkennbare wichtige Grundlage für die späteren Monatsbenennungen, wie sie sich in den Kalendern des seinerzeit weltberühmten, deutschen Astronomen Johannes Müller finden, der – dem damaligen Gelehrtenbrauche folgend – sich nach seinem Geburtsstädtchen Königsberg im Fränkischen Regiomontanus nannte. Wie sein Name, so seine Monatsbezeichnungen! Sie sind halb römisch, halb deutsch und heißen: Jänner, Hornung, März, April, Mai, Brachmond, Heumond, Augstmond, Herbstmond, Weinmond, Wintermond und Christmond. – Im Laufe der Zeit nahmen die Kalendermacher und das Volk noch weitere Umwandlungen und Neubenennungen an den Monatsnamen vor, und der Januar wurde zum »Laßmonat« von den Aderlässen, die in dieser Zeit als am gesund-

heitsförderlichsten galten. Der April hieß auch »Laub- oder Eiermonat«; ist er doch die Zeit des frischen Laubes und der frischen Eier. Der Wonnemond Mai bekam im altbayerischen Volksmunde den Namen »Dreimelcher« vom dreimaligen Melken der Kühe in dieser Zeit. Der Brachmond Juni wurde, »der ander Mai« und der »Auswärts«-(Monat) genannt, weil es da zum Nichtmehrverkennen aus dem Winter auswärts geht; denn – wie ein altbayerischer Volksspruch den klugen Schwaben sagen läßt – »zwischen Pfingsten und Jakobi muß es einmal warm werden«. Aus ihm klingt also auch Lenzesfreude, alte deutsche Hirten- und Wanderlust. Der Ausdruck »im Auswärts« bedeutet (allgemeiner gefaßt) auch soviel wie im Frühling beziehungsweise Sommer. Das Gebirgsvolk unterscheidet ja – wie es empfindet – im Grunde genommen bloß zwei Hauptjahreszeiten: Winter und Sommer; so taten es alle indogermanischen Völker ursprünglich. Den Herbstmonat September, wo es dem Winter zuzugehen anfängt und die Felder leer sind, taufte das Volk in den »Einwärts« um. Mitunter hatte er auch den Namen »Michelsmond«, was uns nicht besonders zu verwundern braucht. Der hl. Erzengel Michael stand nämlich bei unseren Altvorderen einmal in so hohen Ehren und war mit dem Volksleben derselben so innig verknüpft, daß er zum »politischen Nationalheiligen«, zum Hauptpatron des Volkes wurde. O magnae heros gloriae, dux Michael! Protector sis Germaniae! (O Held von großem Ruhme, Fürst Michael! Beschützer sei Germanien!) singt ein Lobhymnus aus alter Zeit.
Dem November, der Bäume und Sträucher endgültig entblättert, daß die nackten Reiser zum Himmel schauen, wurde der Titel »Laubreiß« zuteil, eine Einschätzung gleich einem Doktor Eisenbart, der kuriert nach seiner Art. Wie ganz anders mutet uns der trauliche Name Christmond statt Dezember an! Bei dem Worte glänzen die Augen der Kleinen, und die Herzen der Großen werden milde gestimmt. Der Name wirkt wie ein Zauber; es ist, als ob aus ihm leise Weihnachtsglocken klängen und riefen: Liebe; Frieden! —

In die hochheilige Zeit der Zwölften, nach der Wintersonnenwende, fällt der Jahreswechsel. Ein hübscher Brauch, worauf ich mich aus meinen Jugendtagen noch mit Freuden entsinne, war »das Neujahransingen« in der Silvesternacht: In meinem Heimatorte besorgte dies der Nachtwächter mit einer sangeskundigen Tochter. Um die mitternächtige Stunde begann er mit ihr eine Rundreise; sie schritten von Bürgerhaus zu Bürgerhaus und ließen in den stillen, feierlichen Morgen hinein ihren gereimten Glückwunsch für jedes Mitglied der Familie ertönen. War das eine Ehre, wenn man schon so groß geworden war, daß einen der Sänger des Titels Herr und wohlgeboren würdigte! Er verfuhr dabei allerdings nicht zu streng. Sein Lied lautete:

> »Ei, so wünsch' ich auch dem (oder der)
> ‚wohlgebornen' ... fürwahr
> ein freudenreiches, glückseliges, neues Jahr.
> Gott mög' ihm (ihr) geben
> Gnad', Glück und Segen
> und wolle ihn (sie) im ... Jahr (Jahreszahlnahme)
> mit gesundem Leib
> im Frieden lassen leben!« (Höchstädt.)

Am Neujahrsmorgen nach dem Hochamte holte er sich sein Trinkgeld, das je nach dem Vermögensstande, der gesellschaftlichen Stellung und der Zufriedenheit mit seiner Anrede mehr oder weniger reichlich bemessen wurde. Ein Sechser (20 Pf.) war schon das mindeste. Kaum daß er die Türklinke aus der Hand ließ, fanden sich Bettelkinder und arme Leute ein, die im Hausgange ihren Neujahrswunsch ableierten und sich auf ihrem Rundgange nach einem gewissen Plane abzulösen schienen. Ihr Spruch war gewöhnlich folgender:

> »Ich wünsch' ein glückselig's, neues Jahr
> und 's Christkindle im krausen Haar.«

Manches sprach noch den Zusatz:

> »Viel Glück ins Haus
> und 's Unglück oben 'naus!«

Vor dem Kirchgange hatten wir Kinder stets schon zum Herrn oder der Frau Dot (den Paten) und zu den Vettersleuten gehen müssen, um ihnen das »Neujahr anzuwünschen«. Viel Spaß machte es uns Kindern und den Dienstboten im Hause immer, sich gegenseitig das »Neujahr abzugewinnen«, d.h. mit dem Glückwunsche zuvorzukommen. Wie ich zuverlässig erfahren habe, bestehen die vorgeschilderten Bräuche (im schwäbischen Unterland) heute noch. Auch wird vor den Häusern, wo ein heiratsfähiges Mädchen wohnt, seitens des Bräutigams noch immer das Neujahr angeschossen. Aufgehört aber hat sich der Brauch des Neujahranblasens, der in meiner Kindheit noch üblich war. Vier Stadtmusiker vom Kirchenchore (zwei Hornisten und zwei Posaunisten) gingen von Haus zu Haus

und bliesen dem Hausherrn und der Hausmutter zu Ehren im Stübchen einen Choral vor.
Im Niederbayerischen hörte ich später von den Kindern, die »ins Neujahrsanschreien gingen«, nachstehende Verse:

> »I wünsch' dem Bauern einen gold'nen Rock,
> der ihm steht wie ein Nagerlstock (Nelke);
> i wünsch' der Bäuerin eine gold'ne Hauben,
> die ihr steht wie einer Turteltauben.«
> *Oder:*
> »Glückselig neu's Jahr 's Christkindl im krausten Haar!
> A lang's Leben, a gut's Leben und an Himmi daneben!
> Und wir tat'n enk aa bitt'n um ein Stück'l Fleisch.«

(Nach glaubwürdiger Mitteilung stellten sich die Wünschenden früher auf den Düngerhaufen.)
Im bayerisch-böhmischen Waldgebirge vernahm ich den Spruch:

> »I wünsch' enk a glückselig's neu's Jahr, –
> 's Christkindl liegt in 'krausten Haar, –
> an goideren (goldenen) Tisch,
> auf an jed'n Eck an 'brat'nen Fisch,
> in der Mitt' a Glas Wei',
> könnt's miteinander recht lusti sei',
> an goideren (goldenen) Wag'n,
> könnt's mit einander in Himmi
> einifahr'n.« –

Originell ist in manchen Gegenden Altbayerns die Art des Neujahrabgewinnens. Sobald der Vater oder die Mutter die Stube betreten, springen die Kinder aus ihren Verstecken beim Ofen, hinter der Tür, beim Milchschrank etc. hervor, packen Vater oder Mutter mit den Händen beim Hals und drosseln ihn oder sie recht fest. Dies soll eine innige Liebesbezeugung sein und Glück und Segen bedeuten. Zur Erklärung dieses Brauches genügt wohl der Hinweis, daß der Bauer in der Christnacht oder in einer der Zwölfnächte, am Barbaratag oder am ersten Frühlingstag die Obstbäume mit einem Strohband umgürtet, umarmt und drosselt, um sie gedeihen zu machen. Das Drosseln geschieht mancherorts auch beim Glückwünschen am Namenstage. (Im Südbadischen ist das Drosseln am Namens- und Geburtstage der Kinder üblich und führt den Namen »Würgen oder Helsen« [Halsen]. Da wird aber mitunter zum Beweis der Zunei-

gung nicht bloß um den Hals gefaßt, sondern auch empfindlich bei den Haaren geschopft oder gezobelt. Jedenfalls soll das ein Symbol des Wachstums und Gedeihens sein. Das Angebinde heißt die Würgete oder Helsete.)
Wenn die Bettelkinder in der Rhön am Neujahrsmorgen mit Brotsack und Stecken vor die Häuser der Wohlhabenderen »haischen gehen«, sprechen sie die rührsamen Verse:

>»Ich wünsche euch den Gottessegen
>und dabei ein gutes Glück.
>Gott laß euch in Frieden leben
>alle Stund' und Augenblick,
>daß kein Unglück euch berühre
>und kein böser Geist verführe.
>Habet Dank für eure Gabe,
>Die ihr uns verehren tut.
>Gott im Himmel wird's euch lohnen,
>was ihr an den Armen tut.«

Haben die Kinder eine Gabe erhalten, danken sie mit dem frommen Spruche:

>»Habt ihr den Armen Gutes getan,
>so nehmt den Lohn von Jesus an:
>In dem schönen Himmelsgarten,
>da wird Jesus euch erwarten. Amen.«
>   *F. J. Bronner*

C † M † B

In katholischen Gegenden deutscher Länder ist es am Dreikönigstage fast allerwärts der Brauch, mit Kreide oben an die Türen in Haus und Stall die Anfangsbuchstaben der hl. Dreikönige Caspar, Melchior und Balthasar samt der laufenden Jahreszahl anzumalen, jener drei Großen, die aus ihren entlegenen Ländern herbeieilten, um das arme Himmelskind im Stalle anzubeten.

Als ich ein Knabe in den Jahren war, daß mir die lateinischen Buchstaben zum erstenmal sicher in den Fingern saßen, fing der Vater zu erzählen an, da wurde das Dreiköniganschreiben bei der Ausräucherung in Stube, Stall und Scheune mein Geschäft. Ich erachtete das als kein geringes Vertrauensamt und übte es fortan nicht ohne Würde und gewissen Stolz. Am Nachmittag vor dem Feste trug ich Kreide, Salz und Weihrauchkörner zur Weihe in die Kirche und nahm ein Fläschlein frisches Weihwasser mit nach Hause; am Abende las ich als künftiger Student der ganzen Familie aus einer uralten Legende die Geschichte der hl. drei Könige vor, und ich entsinne mich noch recht gut, wie mich dabei der Großvater zeitweise unterbrach, um meinen Bericht durch Zutaten aus seinem eigenen Wissen, d. h. zum Teil aus sagenhafter Überlieferung, zu ergänzen.

Oh, bitte, Vater, erzähle uns das! baten Gertrud und Walter. Nun so hört:

Die Reiche der hl. drei Könige lagen im Morgenlande ganz nahe beieinander, aber durch hohe Berge so von einander getrennt, daß doch keiner der Könige von dem andern etwas wußte. In dem einen Reiche, das den Namen Thorsis hatte, regierte Kaspar der Friedfertige, in dem anderen, das Persien hieß, führte Melchior, der Milde, das Szepter; im dritten Lande, das Godolien genannt wurde, herrschte Balthasar, der Gerechte. Alle drei Könige waren weise Männer, die mit den Zeichen des Himmels wohl vertraut waren und den Weg der Gestirne zu deuten verstanden. Ihnen allen war aus Weissagungen bekannt, daß, wenn einst ein wunderbarer Stern am Himmel auftauchen würde, der König aller Könige geboren sei. Als sich letzteres ereignete, machten sie sich sogleich auf den Weg und scheuten trotz ihres hohen Alters die Mühen der beschwerlichen Reise nicht. Nach zwölf Tagen –

Warte, das ist ausgerechnet die Zeit vom Weihnachts- bis zum Dreikönigsfeste! bemerkte Walter.

Ja, da langten sie vor den Toren Jerusalems an. Wie es ihnen bei Herodes ergangen und was sie dann weiter erlebt, ist euch aus der

Bibel bekannt. Neu dürfte euch aber wieder sein, was der Großvater über die letzten Lebensschicksale der hl. drei Könige zu erzählen wußte: Nach dem Tode Jesu kam der Apostel Thomas – eingedenk des göttlichen Auftrages: Gehet hin und lehret alle Völker! – in das Land jener drei Könige, die ihre Reiche zu einem vereinigt hatten. Da sah er, als er den berühmtesten Heidentempel des Landes besuchte, einen Denkstein, worauf ein Stern mit einem Kindlein und einem Kreuze darüber dargestellt war. Als er die Heidenpriester nach der Bedeutung dieses Bildes fragte, erfuhr er von der einstigen Reise der drei Könige. Mit Staunen und Freude ward Thomas solches inne und fing darauf sogleich an, die Botschaft des Heiles zu verkünden. Die drei Könige, welche von des Apostels Bemühen vernahmen, eilten ihm entgegen und begrüßten ihn aufs herzlichste. Thomas weihte sie vor seiner Abreise zu Bischöfen. In erlesen hohem Alter, jeder zählte über 100 Jahre, entschliefen die drei frommen Männer bei einer Feier des Abendmahles, nachdem ihnen Gott kurz zuvor abermals einen wunderbaren Stern hatte erscheinen lassen, den sie als Zeichen ihres baldigen Todes auffaßten. Ihre Leichname wurden in einer gemeinsamen Gruft beigesetzt, kamen später nach Konstantinopel, dann nach Mailand.

Jetzt sind sie aber doch in Köln! warf Walter darein.

Gewiß! Als nämlich Kaiser Friedrich Barbarossa die stolze lombardische Stadt 1163 zerstörte, nahm er die Reliquien an sich und ließ sie in feierlicher Weise nach Deutschland bringen. Dort sind sie seitdem in einem kostbaren Reliquienschrein zur öffentlichen Verehrung ausgesetzt. – Zu den liebsten Jugenderinnerungen des Großvaters, fuhr der Vater zu erzählen fort, gehörte sein Umzug als Sternsänger. Er nämlich und zwei sangeslustige Jungen aus der Nachbarschaft (der Großvater selbst hatte als Knabe eine Stimme, so hell und rein wie eine Glocke), verkleideten sich als hl. drei Könige. Jeder bekam eine Krone aus Goldpapier aufs Haupt; der Mohrendarsteller rußte sich sein Gesicht; der Großvater als Spielleiter trug einen langen Stab mit Stern. So zogen sie im Dorfe nach dem Hochamte von Hof zu Hof, deklamierten ihre Verse und ließen ihre hübschen Lieder ertönen. Ihre Leistungen fanden ungeteilten Beifall und wurden regelmäßig mit kleinen Geld- oder Brotgaben belohnt, welche der Großvater gerne seinen beiden ärmeren, königlichen Kameraden überließ.

Weißt du die Verse nicht mehr? fragte Gertrud begierig.

Ich will versuchen, sie in der Erinnerung zu wecken, so gut es geht. Großvater hat sie uns oft genug deklamieren müssen. Ich glaube, das Dreikönigslied lautete so:

(Alle drei beginnen):	»Da sind die heiligen drei König mit ihrem Stern: Der Kaspar, der Melcher und Balt-Hauser. – Die sahen den wunderbaren Stern. Potz Wetter, was soll da drauß' wer'n? Sie reiten dahin in großer Eil', an jedem Tag an hundert Meil'. Sie kommen vor des Königs Haus, Herodes schaut selber beim Fenster heraus:
(Der Anführer):	Wo wollt' ihr hin in so großer Eil'? Geht herein und ruht eine kleine Weil'.
(Die zwei anderen):	Wir können nit ruh'n eine kleine Weil', wir müssen noch reiten manche Meil'
(Der Anführer):	Und könnt' ihr nit ruh'n und tut's euch not, so nehmt von mir doch ein Stücklein Brot!
(Die zwei anderen):	Wir mögen von dir kein Stücklein Brot, wir müssen schnell fort, das tut uns not.
(Alle drei):	Sie zogen fort über den Berg hinaus. Der Stern stund wieder über dem Haus. Sie traten in das Haus hinein und fanden Jesum im Krippelein. Sie gaben ihm einen reichen Sold, Weihrauch, Myrrhen und laut'res Gold.« –

Vielerorts war die Sternsängerei in eine ganz gewöhnliche Bettelei ausgeartet, so daß die Polizei in den ersten Jahrzehnten des 19. Jahrhunderts Anlaß nahm, sie strengstens zu verbieten. Im altbayerischen Hügelland, wo die Behörden weniger streng waren oder die Zähigkeit, womit man an alten Sitten hängt, um so größer war, besteht eine ähnliche Sitte heute noch fort. Am Vorabend von hl. Dreikönig, wenn es ganz dunkel geworden ist, gehen junge sangeskundige Burschen oder Burschen und Mädchen – in Bettlerkleidung vermummt – von Hof zu Hof, singen ihr Lied und erbitten sich eine Gabe. Man nennt das »das Dreikönigansingen« oder »die hl. Dreikönig anschreien«. Vereinzelt besteht diese Sitte auch noch in der Rhön; nur sind es dort Schulknaben, welche am Vorabend als hl. drei Könige umherziehen.

In Mittenwald an der Isar hieß die Nacht vor hl. Dreikönig die Gehnacht (Gebnacht). Da sangen die Kinder vor den Häusern umher:

>»Gehnacht ist a heilige Nacht,
>ist unsers Herrn Tischlenacht
>(Anspielung auf das
>Wunder Jesu bei der Hochzeit zu Kanaan).
>Da braten wir an Fisch;
>da richten wir den Tisch;
>da schenken wir ein
>in unseres Herrn Becherlein.«

Schließlich kam der Bittreim, die Hauptsache:

>»Mein Basel, a bißle Brot,
>oder a bißle Zelten (Kletzenbrot),
>tu enk's Gott vergelten.«

Gertrud und Walter mußten bei diesem Reim herzlich lachen. Der Vater fuhr fort: Das Umsingen am Dreikönigvorabend bildete den Schluß der Klöpfel- oder Anrollernächte, worunter man die Donnerstagabende im Dezember verstand. Darüber wollen wir später einmal beim »Advent« ausführlicher reden. Hier genügt vorläufig die Erklärung, daß da arme Leute und Kinder singend und gabenheischend von Haus zu Haus zogen. Ihr Spruch war oft nur:

>»Heunt ist Klöpflesnacht!
>I bitt' um a Klöpfel (Klopfet = Geschenk):
>Äpfel, Birn, Nuß und Brot.«

Ein polizeiliches Verbot hätte man gegen den Brauch des Dreikönigsingens doch nicht erlassen sollen! rief die leicht begeisterte Gertrud. In diesem Falle ganz recht! beruhigte der Vater. Kinder, wie weit aber die Bettelgängerei gekommen war, könnt ihr deutlich daraus ersehen, daß in manchen Gegenden die Sänger auf einem Wägelchen à la Moritat einen Dreikönigkasten mit beweglichen Figuren herumführten, welche sie in Bewegung setzten, wenn sie ihren Vortrag mit Wechselgesang begannen. So zogen sie geschäftsmäßig von Dorf zu Dorf und stappelten die Häuser ab. Ihre Aufführungen waren nur mehr der erwünschte Vorwand, fromme, milde Herzen zu einer reichen Spende zu veranlassen. Im protestantischen Norden, z. B. in Hildesheim und in Braunschweig, schritt man bereits Ende des 16.

und 17. Jahrhunderts dagegen ein mit dem Befehle »solches ferner weder Fremden noch Einheimischen zu gestatten«, weil aus den Veranstaltungen »mehr Verachtung, Gespött und Unfug entstand als Auferbauung und Gutes«.

Ursprünglich war der fromme christliche Brauch aber doch ein sehr guter und lobenswerter, entgegnete Gertrud.

Sicherlich, bestätigte der Vater. Die Umzüge der Sternsänger, wie sie der Großvater noch kannte, waren die Reste mittelalterlicher Dreikönigspiele, wie solche zu allererst in den Kirchen und Klöstern zur Darstellung kamen. In frühchristlicher Zeit, als nämlich die wenigsten aus dem Volke lesen und schreiben konnten, wurden die festlichen Hauptbegebenheiten der Evangeliumslehre – wie z. B. die Geburt Christi, die Ermordung der unschuldigen Kinder, die Anbetung der Weisen etc. –, um sie möglichst sinnfällig und eindrucksvoll zu machen, in Form von Schauspielen aufgeführt. (Sie wurden Krippen-, Herodes-, Dreikönigsspiele etc. genannt und gingen aus der kirchlichen, lateinischen Liturgie hervor, die ja an sich einen gewissen dramatischen Charakter trägt.) Diese Darstellungen kamen dem Volksempfinden entgegen und fanden darum rasch in deutschen Landen weiteste Verbreitung. Unter den Dreikönigspielen war vornehmlich »das Heidingsfelder Spiel« berühmt und beliebt; es nahm seinen Weg vom Bistum Würzburg durch alle Gaue Deutschlands, allerdings mit mannigfachen, den verschiedenen Gegenden angepaßten Änderungen. Von den wenigsten Dreikönigspielen sind die Dichter bekannt. Darum ist aber nicht schade; denn die Dichtungen waren zumeist vom künstlerischen Standpunkte aus wertlos und roh. – Ein sehr verbreiteter Dreikönigbrauch war ehedem auch das sogen. »Königmachen«. Es war namentlich in Franken stark im Schwung. In jeder Familie wurde ein Honigfladen aus Weizenmehl gebacken, in welchen eine Bohne oder Münze gesteckt worden war. Am Morgen oder auch am Vorabend des Festes wurde der Kuchen gleichmäßig unter die Familienmitglieder verteilt. Wer das Stück mit der Bohne oder Münze erhielt, war König. Er wurde unter Jauchzen auf einem geschmückten Stuhl dreimal in die Höhe gehoben, wobei er jedesmal ein Kreuz an die Zimmerdecke malte. Seiner Herrschaft mußte sich am Feste alles fügen. Er bestimmte für den ganzen Tag alle Festlichkeiten und Vergnügungen. Seine erste und wichtigste Aufgabe war das Anschreiben der Dreikönigzeichen. Der Brauch hängt vielleicht mit der Sitte zusammen, daß in der erstchristlichen Zeit die Fürsten am Dreikönigtage am Altare opferten. Um die innige Hingabe zum Christentum zu bekennen und der besonderen Gnaden dieses Festes teilhaftig zu werden, wollte jede Familie einen König haben, damit er für sie opfere. Auch galten die hl. drei Könige als mächtige Schutzherrn, gute Geister, deren Fürbitte man sich gern empfahl. Nun wollen wir aber zur Gegenwart zurückkehren und kurz besprechen, was die heutigen verschiedenen Dreikönigbräuche zu bedeuten haben. Da muß ich vor allem erwähnen, daß das Dreikönigfest zugleich der Gedenktag der Taufe Jesu und der Hochzeit zu Kana mit der wunderbaren Weinverwandlung ist.

Ah, darum wohl steht das Segenswasser, das am Vorabend des Festes frisch geweiht worden ist, als Dreikönigwasser in besonderen Ehren, sprach Walter.

Ja, man besprengt damit bei der Ausräucherung alle Hausgenossen und das Vieh, »weil es alle üblen Einwirkungen des Teufels zunichte machen kann«. Man spritzt es auch auf Felder und Wiesen, in Obstgärten und Weinberge aus, um reicheren Ertrag zu erzielen. Einem verwandten Zwecke dient der Dreikönigweihrauch.

Damit wird es sich ähnlich verhalten wie mit dem Kräuterbrand in den Rauchnächten, wovon du uns damals erzählt hast, sagte Walter. Durch die Ausräucherung mit ihm sollen wohl Krankheiten aus Wohnung und Stall möglichst ferngehalten werden; denn geweihten Rauch scheuen die bösen Geister, dachten unsere Altvordern.

Gut gemerkt. Bekanntlich reinigt und läutert das Feuer; der wohl-

riechende Weihrauch soll das Sinnbild eines wohlgefälligen Opfers sein und die Räume gleichsam heiligen, daß nichts Unchristliches aus und ein gehe. Der volkskundliche Forscher Dr. Höfler vermutet »im Weihrauch die Ablösung des vollen Brandopfers« und meint, daß derselbe bei uns an Stelle des Wacholders bei den Opfern getreten sei. Eine ähnliche Wirkung wie dem Dreikönigrauche schreibt das Volk dem Dreikönigsalz zu: Schutz gegen böse Geister und Krankheiten. Fromme Landleute mengen heute noch etliche Körnchen Dreikönigsalzes der Festmahlzeit und dem Viehfutter bei. Das übrige wird von der bedachtsamen Hausmutter sorgfältig für Krankheitsfälle oder andere wichtige Anlässe aufbewahrt. Manche Bäuerin in Altbayern stellt einen sogen. »Salzstein« her, indem sie frischen Weihbrunn und Dreikönigsalz in einem Schälchen zusammenmischt, nach dem Auftrocknen des Wassers das Salz formt und an der Luft sich erhärten läßt. Vor einer großen Wanderung oder einem anderen wichtigen Unternehmen bricht man ein Bröcklein am Salzstein ab, genießt hiervon und steckt den Rest zu sich. Wegen seiner Unentbehrlichkeit galt unseren Altvordern das Salz gleich dem Brote als eine heilige Gabe. In der Schweiz war es früher einmal der Brauch, einem Scheidenden drei Brosamen und drei Körnchen Salz in die Tasche zu tun. So glaubte man ihn gegen Not und Unglück zu feien. – Jetzt wären wir bei der Zweckerklärung desjenigen Brauches angelangt, der sich fürs erste wie ein geheimnisvolles Rätsel ansieht. Ich meine das Anschreiben der Dreikönigbuchstaben.
Ich gestehe, nicht zu wissen, warum man diese Zeichen an die Türe malt, erklärte Gertrud.
Ihre Dreizahl und die Verbindung mit dem Kreuzzeichen lassen mich vermuten, daß es Schutzzeichen sind, sprach Walter nach einigem Überlegen. Die Drei ist ja eine heilige Zahl.
Unstreitig sind dies alte Bannzeichen, die bewirken sollen, daß kein böser Einfluß oder Geist über die Schwelle derjenigen Räume komme, deren Eingang damit bezeichnet wurde, sondern nur der Geist Treugesinnter und Wohlwollender, wie es seinerzeit die hl. drei Könige waren, die das arme Jesuskind besuchten und ihm ihr Bestes spendeten.
Hinten im Böhmerwalde schrieb man die Dreikönigbuchstaben auch in den Kamin und sprach dabei:

»Kaspar, Melcher, Balthasar,
behütet uns auch dieses Jahr
vor Feuer- und vor Wassersg'fahr!«

In der Oberpfalz malt man noch da und dort beim erstmaligen Weideaustrieb Ende April oder anfangs Mai jedem Stück Vieh mit Dreikönigskreide ein Kreuz auf den Rücken; auch spritzt man ihm Dreikönigswasser nach. In alter Zeit hieß der Tag der Epiphanien die Perthennacht beziehungsweise der Perchtentag = der leuchtende, glänzende. Mit Recht; denn an Dreikönig ist zum erstenmal ein sichtliches Anwachsen des Tages zu bemerken. Ein alter Volksreim bezeichnet dies folgendermaßen:

>»Auf Weihnacht um an Hahnschritt,
> auf Neujahr um an Mannsschritt,
> auf hl. Dreiküni an Hirschensprung;
> zu Lichtmeß um a ganze Stund.«

Im bäuerlichen Volksmund ist das Fest der hl. drei Könige das »große Neujahr«, der »obriste Tag«. – Um sich das wilde Heer der Geister bei seinem Zuge durch die Lüfte in den Rauchnächten geneigt zu machen, hielten unsere Vorfahren Speisen für dasselbe bereit und stellten sie auf den Ofen in Nähe des Kaminschlotes oder vor die Haustüre. (Das waren Versöhnungsopfer, die sich z.B. im Berchtesgadener Ländchen ungemein lange erhalten haben.) Auch malten sie Zauberzeichen, sogen. Drudenfüße, an die Türen und Wiegen etc. Wir haben hier jedenfalls ursprüngliche Runen vor uns, schützende, unheilabwehrende Zeichen, wie sie der weise Allvater Wodan die Menschen lehrte. Run bedeutet soviel als Geheimnis, geheimes Zeichen. Die Rune hatte den doppelten Zweck: Unheil zu bannen und Erwünschtes herbeizuzaubern. Bei ihrer Anschreibung mußte stets eine Beschwörungsformel gesprochen oder gesungen werden. Ohne diese waren die Zeichen wirkungslos. Von einer ehemaligen heidnischen Lichtfeier mag sich gar mancher Zug mit dem christlichen Feste der drei sternkundigen Weisen mit ihrem wegweisenden, wunderbaren Himmelslichte verwoben haben.

F. J. Bronner

Sagen zum Fest Heilige Drei Könige

Schweiz
Im Appenzellerländchen ist folgendes verbreitet:
Wenn ma n' am Neujahrschtag z'ertse Wibervolch sied, so het ma 's ganze Johr ke Glöck.
Wenn z'erst im Johr e Wib sterbt, so werit d' Brocha nü guet haua.

Vorarlberg
Am Montag nach dem Dreikönigstag sagt man im Unterlande: Ich gehe auf den Zwölften. (An diesem Tag beginnt die Fastnacht.)

Oberösterreich
Das Fest der Erscheinung Christi heißt Perchtentag. Er wird auch der 12. Tag genannt; die Zwischenzeit vom Christtag bis zum Perchtentag heißt »unter den 12 Nächten, die ›Unternächte‹«.

Theodor Vernaleken

Rezepte im Januar

Jeder Tag hat im ländlichen Festkreis, aber auch oft im Alltag, seine ihm zugeordnete Speise. So wird an Neujahr die Schmalznudel über die Maßen geschätzt.

Schmalznudel

80 g Butter, 3 Eier, 65 g Zucker, 1 Packerl Vanillzucker, ein wenig Salz und Zimt rührt man gut durch und gibt 450 g Mehl und 2 gehäufte Kaffeelöffel Backpulver dazu. Der zarte Teig wird mit 2 bis 3 Eßlöffel Rahm geschmeidig gemacht, dann dicklich ausgewalkt und zu kleinen länglichen Nüsserl ausgestochen oder ausgeradelt. Man bäckt sie in heißem Fett goldgelb und bietet sie noch heiß und frisch an.

Dreikönigskuchen

Dreikönig ist ein bekannter Orakeltag, und wer die Bohne oder den Silberling aus einem Stück vom Dreikönigskuchen herauspicken kann, wird in diesem Jahr Hochzeiter.

400 g Mehl, 200 g Butterflöckchen, 100 g Zucker, 2 Eier, 1 gestrichenen Kaffeelöffel Backpulver, 1 Packerl Vanillzucker und ein wenig geriebene Zitronenschale verknetet man und läßt den Teig etwas ruhen. Inzwischen werden 500 g Äpfel geschält, mit ganz wenig Wasser und Zucker weich gedämpft und abgetropft.

Man gibt unter das dicklich geschlagene Apfelmus 100 g geschälte, geriebene Mandeln und die bewußte Bohne. Dann legt man eine gefettete Springform mit hohem Rand mit dem Teig aus und füllt die nicht zu nasse Apfelmasse darauf und gibt einen Teigdeckel darüber. Er wird am Rand fest angedrückt.

Dann bäckt man den Kuchen bei Mittelhitze langsam gar und sticht unterdessen von einem Teigrest Sterne und Bäumchen aus; sie werden gleichfalls hell ausgebacken. Der Kuchen wird nun oben mit einem rosafarbenen Guß aus 200 g Puderzucker und etwas Himbeersaft dick überzogen; seitlich bestreicht man ihn mit dunklem Zuckerguß und steckt die gleichfalls mit Schokoladeguß überzogenen Sterne und Bäumchen wie eine Krone in den noch weichen Guß.

Auf die Sterne und Bäume setzt man noch einige Silberperlchen, an den Rand des Kuchens streut man Mandelspäne.

Bauernkalender von 1545

prum = mer,   das macht die ha = ber = sat.

2. Sant Jörg der edel ritter schön
der bringet uns den maien
daß die frawen und die man
gen mit einander raien
bald nach der österlichen zeit
im garten und im haus;
ein katz in da im sinne leit
und in dann in die oren schreit
das lied das heist »rew auß«.

3. Lobt sant Walpurg die frummen,
die bringt uns newe mer,
ins wirtshaus ir vil kumen,
die kirch die findt man ler;
in heimlichen ecken,
da findt man freuden vil,
sie laßen sich nit schrecken
und leren auß ir secken
mit würfel und karten spil.

4. Wenn dann die Pfingsten fürhin gan,
so kumbt der lieb sant Veit,
so heb wirs tanzen wider an
in manchem schönem kleid;
hoffart dann wider fürhin get
an maiden und knaben;
die andacht und das heilig pet,
die selig zeit dahinden stet
und muß alls urlaub haben.

5. Wenn uns kumbt sant Johannes tag,
   so trink wir met und wein;
   wer dann ein obs gehaben mag,
   der sparet nit das sein.
   Darnach tun sie dann wallen,
   das ist ein böser sit,
   freundlich werden sie kallen
   und in die püschlein fallen,
   der wein ist allweg mit.

6. Der lieb heilig sant Jacob
   der füllet uns die schewrn;
   noch seind die wucherer so grob
   und alle ding vertewrn;
   alles getreids kaufen sie vil,
   schütten die kasten vol,
   das ist fürwar ein böses spil,
   wers wider von in haben wil,
   der muß bezalen wol.

7. Der lieb herr sant Bartholome
   bringt uns obs mancherlei,
   das schmecket wol, als ich verste,
   ein guter wein darbei.
   Darnach die pawern fast hinauß
   hoch auf die baum steigen
   und machen gute hutzel drauß,
   die eßen sie in irem haus
   für gute welsche feigen.

8. Wenn sant Egidii tag vergat,
   so ist new bier gebreut,
   wer des zu vil getrunken hat,
   der gwint die pflader geut,
   ist im vil nützer dann ein arzt,
   dem müßt er geben lon
   und wenn er meint er hab gefarzt,
   so hat er vil zu laut geknarzt
   die hosen (hat er) vol getan.

9. Sant Mattheus und der ist gut
   bringt uns die weichen trauben,

so leg wir hin den schaubhut,
suchen die rauhen hauben
und laufen hin mit großer eil
zum ofen auf die bank;
beim wein ist uns gar kurz die weil
und laufen oft darnach ein meil
wol für den kirchengang.

10. Sant Michael den sol wir ern,
der bringt uns newen wein,
darbei da wöl wir frölich wern
darzu got dankpar sein,
wiewols iez mancher nit begert,
dem er vor schmecket wol,
e daß man hat also beschwert,
get vil darauf mit wagen und pfert,
mit ungelt und mit zoll.

11. Nun loben wir den herrn sant Gall,
der bringt uns rüben und kraut
so scharrn die paurn und peurin all
und feisten dann gar laut;
welche die grösten scharren macht,
die hat den grösten biß
wol bei dem rocken in der nacht;
der paur und auch die peurin lacht,
wer tut den grösten schiß.

12. Der liebe herr sant Martein
der füllet unß die vaß
alle jar mit gutem wein
so trink wir dester baß;
und wenn allein die wucherer
irn großen wucher ließen,
das wer fürwar ein gute mer
und geb uns got noch mer daher,
des baß möcht wirs genießen.

13. Nun wil es laider gar nit sein,
als wir dann sind geschriben,
und wenn der allerbeste wein
hat vor gegolten siben,

so gar leicht das einer klagt,
der wein der stet nit wol;
wenn man dasselbe weiter sagt,
so ist das volk alsbald verzagt
und zalt in dann gar wol.

14. Wenn kumbt der heilig sant Niclas,
der heilig himelfürst,
so sticht man seulein klein und groß
und macht dann gute würst
und macht auch pretlein groß und klein
die ißt ein teil der adel;
wenn dann die pawren vol sein,
so feisten sie recht wie die schwein
und laufen hindern stadel.

15. Sant Thomas ist ein frummer herr,
der bringt uns schne und eis,
so lauf wir zu dem wirtshaus ser
und zu der kirchen leis;
den wirt laß wir nit feiren,
er muß uns tragen auf
von wilpret, visch und eiren,
auch enten, gens und geiren,
secht mit der zalung drauf!

16. Die lieb heilige Weihenacht
die bringt uns große weck;
ein freund sich zu dem andern macht
und füllen ir wampenseck,
ins wirtshaus sie dann treten,
do keinerlei nit felt;
sie haben nit lust zu peten,
hörn weder meß noch metten
und spiln umbs opfergelt.

17. Die lieben heiligen künig drei
machen die dienstmaid gail,
daß sie tanzen und springen frei
und pieten sich selber fail,
wenn man ir fleisch mit salz nit sprengt,
so verdirbt es in der frist,

oder ein ander list erdenkt
und es an einen nagel henkt,
der selbs gewachsen ist.

18. Sant Paulus ist ein heilig man,
der bringt uns vil der preut,
so sticht man dann die töchter an
und machet wider leut;
der zeit, der seind dieselben fro,
die lieben töchter all;
bald man in winkt, so seind sie da
und schreien feindlich »mordio«
als ein dieb in eim stall.

19. Darnach so kumbt die heilig Fast,
das solt ir merken eben,
so ligt auf uns ein schwerer last,
macht unser wildes leben;
das wir dann durch das ganze jar
mit sünden auf uns laden,
sol wir mit andacht beichten klar,
dem priester sagen offenbar,
so eß wir frölich fladen.

20. Die lerch und auch die nachtigal
die treiben groß geschrai!
ein gesang das lob ich für sie all,
das heißet gacken ai,
der hennen gsang das ist das best
im stadel und im haus,
kein beßer ding ich iezund west,
die pewrin steigen zu dem nest,
nemen die aier herauß.

21. Man lobet das chorgesang,
    das ist heilig genug:
    ich lob der pawren ackergang,
    der singt hinder dem pflug
    »hottahin!« das got berat,
    mein allerliebster herr,
    daß mir mein pflug bald umbher gat
    und daß mir hewer aus meiner sat
    mein poden ganz vol wer!

22. Man lobt die saitenspil gar frei
    die also süeßlich klingen:
    darfür lob ich das schafgeschrei
    wenn sie lemmer bringen.
    darnach uns aber etwas wird
    hin nach des weines leß,
    und wenn ein schaf das ander pirt
    und man die wollen von in schirt,
    so werden uns faist kes.

23. Man lobet uns den glockenklang,
    wenn er so hell erklingt:
    darfür lob ich des kalbs gesang,
    wenn es der metzler bringt
    und wird uns umb die pfenning geben,
    das dunket mich nit bös,
    wenn ich dann wil in freuden leben,
    ich schick ein maid mit einer kreben,
    die bringt mir kopf und kröß.

24. Die löblich heilig Faßnacht
    die bringt uns narren vil
    und daß ein narr des andern lacht
    mit manchem narrenspil;
    mancher in der faßnacht lauft,
    vertut damit das sein;
    man lobt iez ein, der feindlich sauft,
    und umb sein gelt nit anders kauft,
    dann frawen, spil und wein.

25. Man lobt der orgel süeß getön,
    das klingt wol in den orn:
    dafür lob ich ein frawen schön,
    die höflich kan gebarn,
    mit züchtiglichen siten fein
    sucht iren schimpf herfür;
    kauf man ir dann ein guten wein,
    sie tut im seinen esel ein,
    die seck leßts vor der tür.

26. Den geigenstrich den lobt man frei,
    bringt manchem guten mut:
    dafür lob ich ein guten prei,
    wenn mir der hunger tut;
    e man ein birn het geschelt,
    mein bauch ich füllen kan,
    daß er sich in die weiten schwelt,
    darnach mir dann ein ai empfelt,
    ein saw hett ein mal dran.

27. Man lobt oft einen wilden man,
    der den leuten übel spricht:
    darfür lob ich ein, der wol kan
    machen ein gut gedicht,
    daß man damit die leut nit schendt
    und frölich dabei wirt.
    Wer den Kunzen Hasen kent,
    der wirt in manchem dicht genent,
    hat diß lied corrigirt.

FEBRUAR

Im Februar ist gut Ader lassen
Von Speis und Trank genieß mit Maße
Die Füße darfst du jetzt nicht baden,
Sonst möchten dir die Fische schaden.
Ein guter Trunk wird, glaube mir,
Ein strammer Gang nicht schaden dir.
Laß dich mit keinem Weib jetzt ein,
Das Kind wird epileptisch sein.

Glockendon

Bauernregeln

Wenn's der Hornung gnädig macht,
bringt der Lenz den Frost bei Nacht.

Scheint an Lichtmeß die Sonne heiß,
bringt der Märzen Schnee und Eis.

Wie der Februar, so der August.

Nasse Kappe im Februar
bringt Glück und Segen fürs ganze Jahr.

Lichtmeß trüb
ist dem Bauer lieb.

Matthias bricht's Eis.

An Romanus hell und klar
deutet auf ein gutes Jahr.

Neu Petri Stuhlfeier kalt
die Kälte noch länger anhalt.

St. Dorothee bringt den meisten Schnee.

Lostage im Februar

2. 2.	Maria Lichtmeß
3. 2.	St. Blasius
5. 2.	St. Agathe
6. 2.	St. Dorothee
14. 2.	St. Valentinus
22. 2.	Petri Stuhlfeier
24. 2.	St. Matthias

Im Februar

Seit Alters her ist Maria Lichtmeß der wichtigste Tag im Februar. Vor allem für die Dienstboten war dies ein Einschnitt, denn nun konnten sie ihre Stellung wechseln, wurden ausgezahlt, bekamen Zeugnisse und hatten bis zum 5. Zeit, ihre Sachen in Ordnung zu bringen, Verwandte zu besuchen und wie man sagt, mit Sack und Pack auf dem Rücken schlängelnd ihren »Schlänkeltag« zu begehen. Reich ist der Februar an Brauchtum, denn was rankt sich alles an Überlieferung, Aberglaube, Sitte und Brauch um Lichtmeß, St. Blasius und Agathe und vor allem um den Fasching. In früheren Zeiten hieß der Februar auch Hornung, Weibermonat, Holzmonat und Redmonat. An Lichtmeß werden die Kerzen geweiht, die zu allen Festtagen in Gefahr, Trauer und Freude angezündet werden. Der rote Wachsstock der Bäuerin, ebenfalls an Lichtmeß geweiht, ist besonders hilfreich für Wöchnerinnen und um jeglichen Zauber von Mutter und Kind abzuwehren. Oft befand sich auf dem Wachs ein Drudenfuß (ein fünf- oder sechseckiger Stern), der gegen die Hexerei wirkt. Man wußte Genaues über die Hexen: »Die Hexe ist kenntlich durch ihren entenähnlichen Gang und die roten Augen; die Hauptwirkung ihrer übernatürlichen Kunst sind: Wettermachen zum Schaden ihrer Feinde, sich Milch, Butter und Schmalz von fremdem Vieh zu verschaffen ... denn Hexen brauchen nämlich übermäßig viel Butter und Schmalz, da sie alles in Fett schwimmend essen. ... unheilbares Siechtum der Menschen hat seinen Grund in dem Haß dieser Unholde... die auf einem Besenstiel durch die Lüfte nach dem Orte ihrer unsauberen Stelldicheins fahren. Das Truden ist nicht wie das Hexen angelernt, sondern angeboren. Die Truden sind zugleich der Rekrutierungsfond für die Hexen; aus jungen Truden werden gerne alte Hexen« (Dahn).
Gegen dies und mehr helfen die Lichter von Maria Lichtmeß. Am Blasiustag (3.2.) kann man sich »einblaseln« lassen und ist damit gegen jegliche Halsbeschwerden geschützt. Der heilige Valentin ist der Patron der Haustiere, und nicht selten sind ihm ländliche Kirchen geweiht. Der 22.2., Petri Stuhlfeier, ist nicht nur ein Orakeltag, sondern oft wurden mit Lärminstrumenten, mit Umläuten, Grasausläuten, Peter Landeswecken die Geister des Frühlings und der Fruchtbarkeit aus ihrem Winterschlaf gestört. Denn das Frühjahr beginnt merklich zu wachsen. So sagt man von der Sonne, sie wächst
um Dreikönig ein Hirschensprung –
um Lichtmeß um a ganze Stund.

Am 24.2., dem heiligen Matthias gewidmet, muß man nur die Bäume feste schütteln, um auch ihre Fruchtbarkeitsgeister zu wekken. Gegen Ende Februar fällt in den meisten Jahren die Faschingszeit, die von einer Unzahl lustiger und furchterregender Gestalten, von Umzügen, Mummenschanz und Tanz begleitet wird. Donnerstag vor Faschingssonntag wird auch der Gumpinger Donnerstag, der unsinnige Pfinsttig genannt. Lärm und Getöse sind mit den Faschingsfreuden untrennbar verbunden, und die Herkunft aus heidnischen Furchtbarkeitsriten ist unschwer zu erkennen.

Wenn am Faschingsdienstag die Turmuhr 12 schlägt, beginnt der Aschermittwoch, das Geldbeutelwaschen und vor allem die 40tägige Fastenzeit. Der erste Samstag wird in der Tiroler Gegend oft Kassamstag genannt, denn an diesem Tag wird der Käsemarkt gehalten, wo man sich für die Fastenzeit den Vorrat holt. Aber die Fastenzeit ist nicht nur still, auch hier gibt es Kornwecken und Feldfeuer, Scheibenschlagen und Funkenbrennen.

H. C. E.

Der zweite Tag im Februar.

Von dem heiligen Lichtmeßtag, oder der Reinigung Mariä.

Die heiligen Väter lehren, Gott habe das Gebot, daß ihm alle erstgebornen Knäblein sollen geopfert werden, vornehmlich darum gegeben, damit ihm sein eingeborner Sohn sollte und müßte geopfert werden. Als nun vierzig Tage nach Christi Geburt verflossen, und dieser lang erwünschte Tag herbeigekommen war, zierte sie ihr liebes Kindlein auf das Beste und machte sich fertig, nach Jerusalem zu reisen. Der heilige Joseph packte ihre Armut zusammen und machte sich des Morgens frühe auf die Reise. Als die heilige Jungfrau den halben Weg nach Jerusalem kam, wo ein großer Terebinthenbaum am Wege stand, da neigte sich dieser unempfindliche Baum tief gegen das Christkindlein und blieb etwas gebogen stehen, als wenn er in dem Biegen erstarret wäre. Da die glorwürdige Jungfrau dies Wunder sah, setzte sie sich unter diesen Baum, um zu ruhen, und hatte über dieses Wunder ein besonderes Wohlgefallen.

Nachdem die seligste Jungfrau ein wenig ausgeruht hatte, stand sie mit ihrem lieben Kindlein auf und reiste Jerusalem zu. Sobald sie in die Stadt kam, kaufte der heilige Joseph zwei junge Täublein zum Opfer, und die Jungfrau ging mit ihrem Söhnlein durch die Stadt in den heiligen Tempel. Zu eben jener Zeit war ein gar alter Priester mit Namen Simeon, der von allen Menschen für heilig gehalten wurde. Dieser heilige Mann kam mit höchster Inbrunst des Geistes in den Tempel, als Maria nach jüdischem Gebrauche eingesegnet wurde, und erkannte durch göttliche Offenbarung, daß dies der Heiland wäre. Denn er sah Maria mit einem göttlichen Lichte umgeben und das Kindlein wie die Sonne glänzen. Daher fiel er vor Maria demütig auf seine Knie und betete mit höchster Ehrerbietung das Kindlein an. Oh wie hoch hat sich die seligste Jungfrau verwundert und erfreut, als sie bei sich betrachtete, wie Gott seine Geheimnisse diesem heiligen Manne geoffenbaret, und mit welcher Demut und Andacht er ihren Sohn anbetete. Sie reichte mit großer Ehrerbietung dem Simeon ihr Söhnlein dar, auf daß er seine Begierden in seiner Verehrung abkühlen konnte. Indes der alte Simeon das Kindlein auf seinen Armen hatte, kam die fromme alte Anna hinzu. Hier war nun wieder ein neues Wunder zu sehen, mit welcher Demut, Ehrerbietung und Andacht diese fromme alte Matrone vor dem Kindlein niederfiel, es anbetete und verehrte: denn sie war eine Prophetin und erkannte klar durch den heiligen Geist, daß dies Kindlein der versprochene Messias und zugleich wahrer Gott sei.

Nachdem sich der heilige Simeon und Anna eine gute Weile mit dem süßesten Jesulein ergötzt hatten, gingen sie mit Maria und Joseph dem Altare zu, um allda das Kindlein aufzuopfern. Maria legte es demütig auf den Altar, kniete nieder und sprach mit geneigtem Haupte diese und dergleichen Worte: »Allerheiligster himmlischer Vater! Ich deine allerunwürdigste Dienerin Maria komme heute nach deinem Gesetze in den heiligen Tempel, dir meinem Gott und Herrn meinen erstgebornen Sohn aufzuopfern.«

Als sie nun alles verrichtet hatten und wieder zum Tempel hinausgehen wollten, da nahm der fromme alte Simeon das liebe Kindlein zuletzt auf seine Arme, küßte und empfing es herzlich, und vergoß vor Freude und Leid viele süße und bittere Zähren. Zu diesem Schauspiele kamen viele zugelaufen und sahen mit Verwunderung, wie sich dieser Alte so freundlich und andächtig gegen das Kindlein erzeigte. Als nun der heilige Simeon so viel Volk beisammen sah, eröffnete er seinen Mund und weissagte so viele zukünftige Dinge von diesem Knäblein, daß nicht nur das Volk, sondern auch Maria und Joseph mit Verwunderung zuhörten. Daß dem also sei, erklärt hinlänglich das Evangelium, indem es also meldet: »Sein Vater und seine Mutter verwunderten sich über die Dinge, die von ihm gesagt wurden.«

Desgleichen tat auch die heilige Prophetin Anna, von welcher der heilige Lukas spricht: »Anna, die Prophetin, eine Wittwe von vierundachtzig Jahren, die mit Fasten und Beten Gott Tag und Nacht diente, kam dazu und pries Gott und redete von dem Kinde zu allen, welche auf die Erlösung Israels warteten.«

Als endlich der alte Simeon von Maria und Joseph Abschied nehmen wollte, segnete er sie, wie der heilige Lukas sagt, und pries sie glückselig, daß Gott sie zu Eltern dieses Kindes auserwählt hatte.

Pater Martin von Cochem

Heut ist unser lieben Frauen ihr Tag

(Lichtmeßlied)

Heut ist un - ser lie - ben Frau - en ihr Tag, wir
wün-schen euch al - len ein glück - se - ligs
Jahr. Ma - ri - a ging in ihr Zel - len hin - ein, sie
le - set in ei - nem Bü - che - lein.

2. Darin steht es geschrieben fein:
   Sie war ein' Jungfrau keusch und rein.
   Ein Engel kam durch verschlossene Tür,
   er grüßet sie und sprach:

3. Maria, du sollst ein Kindlein trag'n,
   das will Gott selber von dir hab'm.«
   »Wie soll ich denn ein Kindlein trag'n?
   Bin ich kein' Mann nie teilhaftig.«

4. Und als acht Tag vergangen war,
   das Kindlein beschnitten war.
   Und als das Kindlein beschnitten ist,
   sein Name war genannt Herr Jesu Christ.

5. Wer muß dem Kindlein Taufer sein?
   Es muß Johannes im Jordan sein.
   Wer muß dem Kindlein Götli sein?
   es müssen die heiligen drei König sein.

6. Die Weisen vom Orient kamen daher,
   dem neugebornen Kindlein zu seiner Ehr.
   Mit Weihrauch, Myrrhen und rotem Gold,
   sie waren dem Kindlein von Herzen hold.

7. Das Kindlein ist der Weltheiland,
   den hat uns Gott vom Himmel gesandt.
   Das Kindlein schaut an den Simeon
   und reicht seine Händlein gegen ihn schon.

Für das Fest der Reinigung Maria.

1. Ein göttliches Licht mit hellem Schein
   Geht heutigs Tags zum Tempel ein.
   Es ist das göttlich Jesukind, Dies Licht
   verzehrt der Menschen Sünd.

2. Die Muetter, die ganz keusch und rein,
   Dies Licht in Tempel tragt hinein,
   Zur Reinigung sie kommet her
   Zu Gottes Lob und unsrer Lehr.

3. Dies Licht die ganze Welt erleucht't,
   Die Finsterniß von dannen weicht;
   Gleichwie die Sonn vertreibt die Nacht,
   So hat dies Licht den Tag gemacht.

4. So ist denn dies die Lichtmeßkerz',
   Durch die erleucht't des Menschen Herz
   Die Finsterniß der Nacht verliert
   Und wird mit neuem Schein geziert.

5. Das Wachs von dieser Kerzen ist
   Dieselb, von deren reinen Brüst'
   Als Kind gesäuget worden ist
   Das Licht der Welt, Herr Jesu Christ.

6. Darum ist sie gebenedeit
   Vor allen Menschen hoch befreit.
   Wird auch gar leicht von Gott erhört,
   Der was durch ihre Bitt begehrt.

Sage

Willst du wissen, wer im Hause vor dem andern sterben muß, so zünde am Mariä Lichtmeßtag so viele Kerzen an, als Familienglieder sind, und gib jedem Lichtlein den Namen des Anwesenden; wie die Lichtlein nacheinander löschen, sterben auch die Leute nacheinander.

Theodor Vernaleken

Vorbereitung zur Feldarbeit

Im Frühling, namentlich an Mariä Lichtmeß, segnet der Landmann seine Geißel und macht auf seinen Pflug ein wächsernes Kreuz. Denn nicht die Arbeit allein, die nun bald beginnt, sichert die künftige Ernte, sondern auch die Erfüllung einer Menge von zauberischen Vorschriften. Schon für das Düngerfahren sind bestimmte Zeiten zu beobachten. Aber bereits bei diesem wichtigen Geschäfte zeigt sich das Gemeinschaftsgefühl sowohl wie die erhöhte Lebensfreude, die sich mit der wachsenden Arbeit verbindet. Für Kätner, die kein Pferd haben, besorgt es das Gespann eines Bauern; dafür gibt der Kätner dann ein »Meßbeer«. Die Strohbänder für die künftigen Garben sind schon Fastnacht geflochten worden.
Für das Einsacken des Samens gelten bestimmte Regeln; ebenso für das Kalken des Saatkorns und für das Aufladen der Säcke. Es wird geweiht, und geweihte, zauberkräftige Dinge werden dazugelegt.
Anfang und Ende der Ackerbestellung wurden früher für die einzelnen Feldteile von den Gemeindeschöffen festgesetzt.

Paul Sartori

Die Schlenkelzeit

Es sind diese sechs Tage, in deren Mitte die Lichtmeß steht, eine Feierzeit der altbayerischen Dienstleute; den Namen »Schlenkeltage« führen sie von dem Worte »schlankeln, schlenkeln«, d. h. schlingeln. Ein solches Herumschlingeln (teils noch im mittel und teils schon im bösen Sinne) ist es ja auch, welches das aus- und einstehende Gesinde treibt. Indes die wenigen Besseren in ihre Heimat zu Vater und Mutter eilen und ihre Lichtmeßtaler gut verwenden, laufen die mehreren als lockere Vögel in die Kneipen der Schrannenstädte und vertanzen ihr schmähliches Restchen Geld auf den eigens dazu eingerichteten »Lichmeßbällen«. Das laue Mittelgut hockt in den Dorfwirtshäusern, juchzend und singend, tanzend und spielend, essend und trinkend.

Die Schlenkelzeit ist namentlich auch da, um die Dienstbotenkästen von den alten nach den neuen Diensthäusern zu fahren; daher Pferdeschellen auf allen Wegen. Vorn auf einem Sitzbrette der peitschenknallende Baumann und ihm zur Seite die neue winterlich eingemummte Dirn, hinten im Schlitten oder Wagen der mehr oder minder grell bemalte Kasten; der Baumann erhält von der Dirn ein eigenes Trinkgeld (jetzt wohl ein Markstückl) und ist obendrein noch zechfrei. Deswegen fährt er nicht in gerader Linie, sondern recht zickzack durch das Land, um ja viele Tafernen anzuländen und sein Zechrecht wie ein Jude auszubeuten.

Ehrenbrave Ehehalten in das Haus zu bekommen, welche Gott geben, was Gottes und dabei auch den Hausleuten, was der Hausleute ist, das bildet natürlich die Hauptsorge in den Schlenkeltagen. Der altbayerische Bauer, wenn er einen bewährten Oberknecht besitzt, überläßt es ihm, die tauglichen anderen Knechte auszufinden, und die Bäuerin überträgt das Nämliche ihrer verlässigen Oberdirn, und dabei fahren in der Regel die Hausleute am besten. Auch bemüht sich die wackere christliche Bäuerin, die noch jungen unerfahrenen Mägde an sich zu ziehen, um sie in das gute Geleise zu schieben und darin zu erhalten. »Die muas i mir holt erst abrichten«, sagt sie gutherzig und mit einem christlichen Ehrgeize; wehrt sich dann aber auch um ihre Dienstmädchen.

Es spielen eben auf den großen Höfen in Altbayern die Knechte und Dirnen die hervorragendste Rolle; sind sie alle recht und brav, dann haben Bauer und Bäuerin ein kleines Freudenkönigreich. Aber bei den Ehehalten steht obenan der Magen, und daher ist das Allerwichtigste auf dem ganzen Bauernhof: der Küchenzettel. Derselbe geht wie ein unverbrüchlicher Volksbrauch von Mund zu Mund, eingeprägt dem Gedächtnis, und eher dürfte Gottes Wort geändert werden als er. Wehe, wenn eine junge Bäuerin, aus Wald oder Pfalz in den Gäuboden herausgeheiratet und entweder unbekannt oder uneinverstanden mit den neuen Bräuchen, an dem »Kuchenzettel« rüttelt: die Augen aller Dienstboten sind dann nur mehr auf den Oberknecht gerichtet, der Aufstand in der ganzen Tischrunde wäre unausbleiblich. Der Oberknecht in Altbayern spielt nämlich einen förmlichen Unterbauer, zunächst von Dienst und Amt wegen, dann aber freilich auch in wirklichen und angemaßten Vorrechten; er ist in der großen vielköpfigen Gesindeschaar, was die Feder in der Uhr. Er ist es, welcher bei der Arbeit und am Tisch die sämtlichen Arme und Mundwerke entweder in Gang setzt oder einstellt; vor ihm darf kein Ehehalt das Essen anfangen oder aufhören; er ist der Erste wie in die Schüssel hinein so heraus. Er bewacht den Küchenzettel, welchen er wohl verbessern läßt, aber niemals verschlechtern. Kein Kronschatz hat einen treueren Wächter und Hüter.

Nur so einige Beispiele davon, wie gesetzt, düpfelgenau und machtbewußt der altbayerische Oberknecht in allen Stücken ist. Noch nicht mehr als zwei Jahrzehnte sind um, da unterfing sich auf einem Großhof im unteren Isargau die Oberdirn, das Stadeltor etwas zuzuziehen, damit es nicht so rauh und winterlich hereinstürmen sollte auf die Tenne. Das war aber weit gefehlt; der Oberknecht begann die allerernstesten Händel mit ihr; »das Stadeltor g'hört dem Oberknecht zu; zwanzig Jahr bin i schon Oberknecht, und noch nie hat mir a Weiberleut das Stadeltor angrührt«, erklärte er ganz entrüstet, führte feierlich Klage beim Bauer, und wenig fehlte, so mußte dieser entweder seinen Oberknecht wechseln oder seine Oberdirn, sogar vielleicht alle seine Dienstboten. In einem andern Großhof im Aitrachgau unterstanden sich zwei Weibsleute, beim Essen ihre Löffel niederzulegen, ehe der Oberknecht das tat; darin sah dieser einen Respektfehler und eine Rebellion, pflanzte seinen Löffel nachdrucksvoll in den Tisch und sprach tödlich beleidigt: »Dös war mir der recht Brauch; dös leid i nöt; auflegen könnts meinthalben epps oder nix, aber einfahren mit enkern Löffeln müaßts in d' Schüssel, bis daß i förti bin; dös ghört sich.« Am kitzlichsten gebärdet sich der Oberknecht bei den »Rauchnächten« (am altbayerischen Festtagstisch). Da »spasselt« er selbst dem freigebigsten Bauern manch eine spitzige Fopprede in die Ohren. So steht im Altbayernland ein Großhof mit dreihundert Tagwerken Grund und Boden; darin war 1852 ein braver Bauer, ein großmütiger Tischgeber, aber dabei auch ein Hartkopf wie von Stahl und Eisen. Der Rauchnachtsbraten am

Auffahrtstage wurde nun vom Oberknecht zu klein befunden. »Schau, dös heuntige Bratelstückl war grod recht in's Weihnachtskripperl auf d' Hochzeit von Kana«, spöttelte er in die Küche hinaus. Die Bäuerin fieberte vor Ärger und Schande; der Bauer verbiß diesesmal seinen Zorn. Bei der nächsten Rauchnacht aber ließ er auftischen, daß sich die Eichentafel hätte unter der Bratenwucht zusammenbiegen mögen. Die Knechte schmausten um die Wette; kein Spottwörtchen mehr. Als sie aber das Maul an dem Tischtuche abwischten, da kam der Bauer heran mit flammendem Gesicht. »No, habt's nachher heunt aah wieder a Klag?« frug er nachdrucksam, in schneidendem Spott und die buschigen Brauen hebend. »Na Bauer, heunt nöt«, entgegnete der Oberknecht wortführend und kleinlaut. Der Bauer aber ließ seine Eisenfaust schwer in den Tisch fallen und wetterte unter sein Dienstgesinde hinein: »Wem mei Essen nöt guat gnua is, der soll's nur sagen; auf der Stell zahl i an jeden aus; jeder konn geh heunt noch; an mein Tisch leid i koan Spottvogel.« Doch alle blieben, keiner muckste mehr; mausestill schlichen sie hinaus in den Pferdestall, denn es war ein braver Bauer, welchem die Ehehalten nie unter sechs bie zehn Dienstjahren ausstanden.

Sonnenklar ist es, wie der altbayerische Oberknecht seine Vorrechte auszunutzen strebt bis zur hellen Tyrannei. Selbst seine Mitdienstboten knirschen zeitweise gegen ihn und sein herrisches Wesen; allein da er am ganzen festen Ehehaltengebäu der eigentliche Schlußstein ist, so hütet sich gleichwohl jeder, am Oberknecht und seiner Macht zu rütteln. Wenigstens nicht ernstlich; aber einen Schabernack spielen die erbosten Dirnen ihm doch. Und dazu ist Johanni (der »Suwendtag«, Sonnwend), mit seinen volksbräuchlichen neunerlei Speisen die rechte Zeit und Gelegenheit. Es kamen und gingen also, auf einem Bauernhof, die acht Schüsseln, und dann erschien die allerletzte, aber verdeckt. Der Oberknecht, welcher ja allein Brief und Siegel hat zur Schüssel, hob mit sehr feierlicher Amtsmiene den Deckel und hoffte in großem Gelüsten noch eine rechte Leckerspeise: aber Pfuiteufel, ein kalter Frosch hüpfte ihm auf die Hand und plumpte dann herum auf dem Tisch zum Gelächter des ganzen Hauses, und der am meisten Gefoppte war doch der grollende herrische Oberknecht. Das die Rache der Mägde; der Bauer hält mit der seinen bisweilen tiefgründig zurück.

Zwei neuzeitliche Dinge legen übrigens Bresche auch in den altbayerischen »Knet« (d.h. Oberknecht): 1) die Maschine, welche das Dienstgesinde vermindert; 2) der Jude, welcher die Großhöfe zertrümmert. Aber in seinem ständischen Grundgefüge ist das altbayerische Hausgesinde noch immer unerschüttert und hält namentlich am Küchenzettel, und dabei gehen Kirche und Tisch Hand in Hand. Es knüpft sich der Braten an die Hochfeste, und je goldener das Meßgewand, um so saftiger die Tafel (nur dann unrichtig und tadelnswert, wenn die hohen und hehren Religionsfeste dienen müssen mehr der Leibes- als der Seelenpflege). Wie das Eden am Erzengel Michael, so hat auch der katholische Kirchenkalender am altbayerischen Oberknecht seinen Hüter mit flammendem Schwerte.

Joseph Schlicht

Bäuerliche Dienstbotenkost im 18. Jahrhundert im Dachauer Land

Im August des Jahres 1768 zog in dem Dörflein Oberweikertshofen (B.-A. Fürstenfeldbruck, Oberbayern) ein neuer Pfarrer auf, Herr Judas Thaddäus Neumayr, gebürtig aus dem nahen Unterschweinbach. Als Mann von Pflichtgefühl und Ordnungssinn ging er sogleich daran, seine dienstlichen Obliegenheiten in allen Einzelheiten aufzuzeichnen; dem fügte er auch eine Zusammenstellung der damals üblichen Dienstbotenkost an den wichtigsten Tagen des Jahres an, wie sie jedenfalls schon seit langem während des 18. Jahrhunderts im Dachauer Lande üblich gewesen (Oberweikertshofen gehörte seit Jahrhunderten ins alte Landgericht Dachau). Der Kenner der Verhältnisse wird bei einem Blick in diesen Speisezettel zumeist Bekanntes, andrerseits aber auch manche Abweichung von heutigen Bräuchen finden; die eine oder andere Speise ist bereits aus der ländlichen Küche von heute verschwunden.

Wenn im Folgenden die Aufzeichnungen des alten Pfarrherrn – nach der Urschrift im Pfarrhof zu Oberweikertshofen – einem weiteren Leserkreise vorgelegt werden, so dürften zum Verständnis einige Bemerkungen am Platze sein. Vorherrschend blieben in der damaligen bäuerlichen Kost wie auch heute noch in der Dachauer Gegend die Mehlspeisen. Alle Arten von Nudeln begegnen uns, unter ihnen zunächst die eigentliche Schmalznudel, auch »ausgegangene, gangene« oder »bairische Nudel« genannt. Aus Weizenmehl mit Hefe hergestellt und in Schmalz gebacken, erscheint sie noch heute an den Samstagen in jedem besseren Dachauer Bauernhause; die Pfaffenhofener Gegend kennt sie schon nicht mehr in solcher Güte, weil sie dort aus Roggenmehl bereitet wird. Auch »gschnoitte« (geschnellte) Nudel heißt sie hierzulande, weil sie während des Backens auf der Oberseite leicht aufspringt (aufschnellt), wobei sie recht knusperig wird. Der Königin unter unseren Bauernnudeln reihen sich die Kücheln an, nur in der Form von dieser verschieden, gekennzeichnet durch die dünne, weiße Scheibe inmitten des braunen Kranzes, meist »Fenster-« oder »haubete« Kücheln genannt. Die allgemein noch heute üblichen Bauzen oder Baunzen unterscheiden sich von unseren Dampfnudeln nur durch ihre gewaltige Größe. Der in der Aufschreibung erwähnte »weiße Zelten« stellt weiter nichts dar als eine Art besseren Weißbrotes, ungefähr in der Größe und Gestalt einer Handfläche. Wenig bekannt sind heute noch die Marzlen oder Matzeln: dem Teig von Weizenmehl wird etwas Topfen beigemengt, dann zupft man ihn in Walnußgröße in die Pfanne und läßt ihn beiderseits schön braun werden; oft auch formt man diese Matzeln nach Art daumengroßer Fingernudel. Nur ganz wenig alte Leute erinnern sich noch der Rendl oder Rödl; meinen Erkundigungen nach dürfen sie als ausgestorben gelten und, die sie kannten, weinen ihnen keine Träne nach. Aus Haber- oder Gerstenmehl wie unsere Spätzeln in Wasser, seltener in Milch gekocht, hat man sie meist morgens in der ersten Pause während des Dreschens gereicht. Wenn sie in unserer Aufschreibung sogar an Festtagen erscheinen, so hat man sie damals vermutlich aus besserem Mehl hergestellt. Peitel- und Rauchmehl, auch gelegentlich erwähnt, stellen zwei Arten des Roggenmehles, die hellere und die dunklere Sorte, dar. – Von den Fleischspeisen bedarf höchstens das Voressen einer Erklärung; es wird zwischen Suppe und Fleisch aufgetragen und besteht aus aufgeschnittenen Eingeweiden, meist billigen Kutteln. Die sonst noch nötigen Erläuterungen sind in Kursive in Klammern beigefügt.

Hören wir nun, was Pfarrer Neumayr berichtet:

Betr. die Kost deren Dienstbotten, wie selbe Extraordinari tägen das Jahr hindurch diss ohrt gebräuchig.

Am Neuen Jahrstag Mittag Suppen. Voressen, fleisch, Zugemüss und Pier. Nachts Suppen. NB: Alle Sontag bis faßnacht knödl. Am Hl. 3 König abend auf die Nacht haubete Küchl oder andre Nudl *(Nachtrag: Auf Mittag Suppen, Voressen, jedes eine Portion Fleisch; doch ist dieses keine Schuldigkeit).*

Am Lichtmesstag: Mittag Rendl, auf die Nacht schmalz Nudl. St. Blasytag [*3. Febr.*] wird bis Mittag gedroschen; Mittag ordinari [*gewöhnliche*] Kost, post prandium feriatur [*nach dem Mittagessen wird gefeiert*].

Wan alles getraid aus gedroschen ist, gibt man das sogenannte Trischlhängen e. g. [*exempli gratia = z. B.*] Mittag Kocht man Knedl, auf die Nacht aber Marzlen und Küchl; auch gibt man bier zu genügen.

An dem sogenannten unsinnigen Donerstag [*Donnerstag vor Fastnachtssonntag*] auf Mittag Knödl. Nachts Suppen, circa horam 10 mam feriatur [*von etwa 10 Uhr an wird gefeiert*]. Wan die Dienstbotten auf das Rennen nacher Brugg [*Früstenfeld-Bruck*] gehen, kocht man halt die Knödl frueher oder gar auf die nacht. NB. auf die Nacht wird gesponnen.

Am Fassnachtsontag Mittag supen, Fleisch, Zugemüss, Nachts Bratten. [*Man gibt auch Bier, wenigstens zu Mittag; ich habe solches auch abends gegeben, wenn die Dienstboten es verdient haben.*]

Montag mittag Knödl, post prandium feriatur. Nachts Nudel e. g.

schmalz Nudl. NB. wird gesponnen, nisi parochus dispenset [*wenn nicht der Pfarrer davon dispensiert*]. Erchtag [*Dienstag*] Mittag ut Dominica procendenti [*wie am vorhergehenden Sonntag*] Nachts, wen man ohnehin fleisch hat, gebratten, sonst aber, gutte Nudl. e. g. außgegangene Nudl. NB. bey beiden Mahlzeiten Bier, post prandium feriatur.

Am Aschermittwoch mittag Rendel, post prandium feriatur. Nachts suppen oder wan in der Fassnacht keine Nudl gekocht worden, kan man diesen tag welche kochen, sed pro libitum [*jedoch nach Belieben*] nachts wird gesponnen. NB. An den Fassnachttagen erlaubt man den Dienstbotten den Gottesdienst zu besuchen.

Am Palmsambstag nachts schmalz Nudl. Sontag Mittag ayrsupen und grosse gangene Nudl. – oder sambstag grosse (Nudl) und Sontag Marzlen.

Am grünen Donerstag mittag Rendl, Nachts Schmalznudl.

Charfreitag dürre Ruben und arbessuppen, nachts gsottne birn und weisses brod.

Samstag mittag supen, nachts baierische oder schmalznudl.

Ostersonntag mittag supen, Voressen, Fleich, bier. Nachts grosse Nudl. (*Späterer Zusatz:* Gute Knödl sind gebräuchlich.)

Dem Baumeister 6, dem Knecht 5, der Diern 6, der mitterdiern 5 Osterayr.

Von Ostern bis Pfingsten alle Sonntag mittag Knödl.

Am St. Georgitag die Kost nach Belieben.

Am Himmelfahrt Christitag mittag marzl, auch dem hütter einen Weidling voll, etwas mehr als sonst an denen Sambstagen.

Am Hl. Pfingsttag mittag Knödl, nachts suppen.

Montag mittag Marzl, auch dem Hütter mehrmahlen einen weidling voll und 3 dreissiger Peidlmehl.

Am Hl. Dreifaltigkeitsontag mittag Marzlen.

Am Antlass Donnerstag [*Fronleichnamstag*] Marzlen, item dem hüetter einen weidling voll.

Am Johannitag mittag Marzl, item dem hütter 1 weidling voll.

Am Jacobitag mittag Nudl, marzl.

NB. die ganze schnittzeit dem hütter all tag ein paar Nudl.

Am Michaelitag Nudl auf Mittag.

Am allerheiligentag Marzl auf die Nacht.

Auf Allerseelen haben die Dienstbothen jedes einen weissen laib brod; bey den Diernen ist das Knödl brod mit eingeschlossen.

Am St. Martinstag Marzl.

Am Hl. Abend auf Mittag Nudl wie an den Samstägen; auf die Nacht gesotne Birn und weisses Brod.

Am Hl. Christtäg nach der frühmess suppe und Fleisch. mittag Suppe, Voressen, fleisch, zugemüß. Abends haubete kückl, weis Brod, aber kein Bier.

Am St. Stephanstag mittag rendl; abends geschnittene Nudl oder Knödl; fält der hl. abend am Freytag, so kocht man wie oben; am samstag darauf wie oben am Hl. Christtag. Nacht aber nur schlechte Schmalznudl; am Stephanstag, wenn er auch schon am sontag falt, mittag nur Rendl.

Von Weihnachten bis fassnacht werden hergebrachtermassen alle Sontäg Knödl gekocht.

Am Sonntag in der Kürchweih in der frueh suppen, fleisch, wurst, auf mittag supen, Voressen, Fleisch. abends brein [*Brei*] Dotschen, Nachts Bratl.

Montag frueh suppen, fleisch, mittag wie gestern, abends Marzl und wie gestern, nachts bratl.

Auf die Feuertäg Weinächten, allerseelen etc. etc. lasset man Vill Peutlmehl machen wegen den aufzuteilenden Laiben [*Laib Brot*], aber nicht viel Rauchmehl.

Am Allerseelentag haben die Dienstbotten jedes ein weiß mitters Laib Brod, samt dem Knödelbrod deren Menscher [*der weiblichen Dienstboten*] mit eingerechnet.

Dem Mesner 1 weiß Laib Brod am Seelentag, dem Hütter einen weißen Zelten oder Laib, dem Heffenmann [*der die Hefe herstellt*] 1 Laibl weiß Brod; am Krichtag 1 weiß Laibl Brod, wird erst nach dem Kirchtag bachen.

Am Allerseelentag, Karsamstag oder Himmelfahrt Christi dem Mesner 3 Dreissiger Peitelmehl in die Kirche.

Dem Hütter für das Horn abzuschneiden von jeder Kue 1 ayr [*1 Ei*], auch wenn sie das Horn abschneiden nicht bedärffen. Beim ersten Austrieb demselben 1 Stück Brod, alle Samstäg 2 Nudel oder ein Weidling voller Marzlen; im [*Getreide-*] Schnitt aber alle täg; am Ostertag 2 Nudel und 2 Ayr, an Kürchtag [*Kirchweihtag*] Marzel, 2 Nudel, 1 Mass Bier.

Wenn man den Flachs in dem Ofen gramlet [*bricht, hechelt*], hat ein Weib 4 Kreuzer von jedem Ofen voll, mehr $1/4$ Brantwein miteinander und weiß Brod. Am Schluss werden Marzl gekocht. Wenn man in der Grueben gramlet, in der Frueh Rendl, um 8 Uhr weiss Brod und Brandwein 1 Mass, mittag Nudl, um 3 Uhr eine halb Bier jedes und Brod, nachts Knödl; als Lohn jedes 8 Kreuzer.

Joseph Scheidl

Rezepte im Februar

Lichtmeß war ein Tag der Bewirtung, der kommenden und abschiednehmenden Ehhalten. Und das Essen war oft Grund der Klage, wie es in folgendem Spruch eines unzufriedenen Knechtes zum Ausdruck kommt.

> Enker Kraut und enkere Ruam,
> die ham uns vertrieben.
> War's a wengerl besser gwen,
> na war'n ma wieder blieb'n.

oder

> S'Jahr ist aus
> und insa ganzer Trost:
> mir kriagn a neie Bäuerin
> und a andere Kost.

Schlenkerweilnudl
Dafür wurde aber mit der Schenkelweilnudel nicht gespart.
Einen zarten Hefeteig mit 2 bis 3 Eiern und etwas Zucker, geriebener Zitronenschale und Vanillzucker sowie Salz schlägt man zuerst sehr gut durch und knetet ihn dann so lange auf dem dünnbemehlten Brett, bis der Teig nicht mehr klebt. Daraus formt man kleine längliche, daumendicke Nudeln, die nach dem Gehen im Fett goldbraun gebacken und dann überzuckert werden. Heiß und frisch schmecken sie am besten.

St. Agathatag

Am Tage der hl. Jungfrau und Märtyrin Agatha, die das Brennen mit glühenden Platten und das Wälzen auf brennenden Kohlen etc. erduldete, werden im katholischen Südbayern (Allgäu und Altbayern) noch mancherorts sogen. Agathabrote und Agathazettel geweiht. Von dem Agathabrot genießt der Bauer und gibt dem Vieh vor dem ersten Austrieb auf die Weide, beim Kalben und vor der Abfahrt zum erstmaligen Pflügen ein Stückchen als Vorbeugungsmittel gegen inneres Feuer (Fieber) und gegen Brand; auch legt er Bröselchen davon zum Schutz gegen Blitz- und Feuersgefahr in die vier Winkel des Hauses. Zum gleichen Zweck klebt er die Agathazettel, welche bei der Segnung in der Kirche das Brot deckten, an Haus-, Stuben- und Stalltüren und läßt unterdessen von den Dienstboten an des Hauses geheiligter Feuerstätte, dem Herde, einen Rosenkranz beten. Der Agathazettel dient als kräftiger Feuersegen, Feuerbann. Wenn irgendwo ein Gebäude brennt, kann man damit das Feuer besprechen, daß es erlösche, oder wenigstens kann man es damit einzirkeln (einkreisen), daß es nicht weiter greife. Im bayerischen Walde und zum Teil in der Oberpfalz lebt heute noch felsenfest der Glaube:

Wenn man bei einem Brande eine Agathasemmel ins Feuer wirft, wird dasselbe mehr oder minder gelöscht. Die Agathakerzen sind gewöhnlich weiß; doch macht der Lebzelter und Wachszieher mitunter auch schwarze, sogen. Lorettokerzen (als Sinnbild des erstorbenen Feuers und wohl auch in Erinnerung an das wundertätige Altöttinger Marienbild, das vom Feuerbrand geschwärzt gegen das Feuer schon Hilfe leistete?) Im Notfalle, wenn gerade keine Agathasemmel und kein Feuersegen zur Hand ist, genügt zum Feuerbann auch ein Osterei oder ein ausgehöhlter oder noch warmer Laib Brot, den man schnell segnet und in die Flammen wirft.

Domine Jesu Christe per b. V. M. Agatham benedic † et sanctific † hos panes et † extinque ignem comburentem!

(Agathazettel aus Niederbayern in Originalgröße.)
= O Herr Jesu christus, durch die glückselige Jungfrau und Märtyrin Agatha segne und weihe diese Brote und lösche aus das verzehrende Feuer!

Vom ersten Jahrkreise, welchen die Weihnachtslichter durchglänzen, war Lichtmeß das sanfte Abendrot, und der Blasltag leuchtet bereits wie der Morgenstern herein in den zweiten Jahrkreis, welchen die Auferstehungsglocken durchklingen. Es ist das die Zeit, welche den tiefsten Ernst mit der höchsten Freude vermählt. Jede heitere festliche Farbe verschwindet zuvor aus der Kirche, das düstere Fastenblau zieht ein und führt siebzig Tage hindurch das Szepter, um den katholischen Bayer der großen vierzigtägigen Osterfreude bedürftig, empfänglich und würdig zu machen.

F. J. Bronner

Der Blasltag.

Vom ganzen Bayernhause bleibt heute ohne triftigen Grund niemand aus der Kirche. So weit auch den Weltteilen und Jahrhunderten nach Sankt Blasius entfernt ist, der gute wundertätige Bischof aus Armenien gilt in allen ländlichen Bayernfamilien doch seinen Batzen. Er ist ein Volksheiliger. Er hat einem Knaben, dem eine spitzige Gräte im Hals stecken geblieben, nachdem ihm die Doktoren das Leben bereits abgesagt, durch eine Wundertat zu Leben und Gesundheit verholfen. Und so ein Knabe hat Vater und Mutter, Bruder und Schwester; da greift Leid und Freud unmittelbar ins Familienleben. Auch liebt der Bayer einen gesunden Hals, darum säumt er nicht, sich einblasln« zu lassen. Freilich denkt er nur an das körperliche Halsübel; daß aber das sittliche Halsübel dabei nicht vergessen wird, dafür sorgt der verständige eifrige praktische Pfarrherr. Eben hat er die zwei Blasikerzen benedizirt. Siehe, er kehrt sich zu einer Ansprache um; die ganze Kirche ist Aug und Ohr, denn der Pfarrer legt heute den Blasisegen aus.
Durch die Fürbitte des heiligen Bischofs und Blutzeugen Blasius möge Gott dich befreien und bewahren von jedem Halsübel. So, mein Christ, lautet das Kirchengebet über dich, wenn du heute deinen Hals in die gekreuzten Blaslkerzen legst. Es heißt: von jedem Halsübel, welcher Art es sei. Die harte Fischgräte, die sich quer in die Speiseröhre stemmt, sie feuerrot entzündet, tödlich anschwellt und verengt, so daß der Unglückliche nichts mehr schlucken kann und erstickt und verhungert zugleich, ist nicht das einzige Halsübel. Bösartiger und vielgestaltiger als die Halskrankheit ist die Halssünde. Im Mund und Hals befindet sich: die Zunge, der Gaumen, die Speiseröhre, die Stimme und Sprache. Der Hals ißt, trinkt, spricht, lacht, singt. Wer ist nun unter uns, der den Blasiussegen nicht braucht? Oh, der Hals ist ein riesiger Übeltäter und Frevler an Gottes ehrwürdigen Geboten. Er schlemmt wie ein Heide, verpraßt dem Weibe das Witwenbrot, den Kindern das Anwesen; er mordet den guten Namen, ist ein unersättlicher Ehrabschneider, ja selbst ein Spötter Gottes und seiner Heiligen; er stiftet den Rausch und alles Unheil, das mit ihm kommt; er lacht zum fremden Herzenleid; er spöttelt die Tugend und lobredet das Laster; er spaßt mit der groben Zote; er lügt in der Rede, im Handel, im Eid und Heiligtume; er grollt und hadert mit dem Allmächtigen; er entzündet den Krieg in der Ehe und Familie, er schleudert tödliche Prozesse und Feindschaften ins Land; er stößt Verwünschungen aus nicht bloß gegen das vernunftlose

Tier, sondern selbst gegen Gottes Ebenbild, ja vielleicht sogar gegen Vater und Mutter, Bruder und Schwester, und beinahe getrau ich's mir nicht zu sagen, selbst gegen den Herrn des Himmels und seine Heiligen; er schändet den Freitag, den Tag des schmerzenreichen Heilandes, mit frevelndem Fleischgenuß, zwar nicht am häuslichen Tisch, aber in der Schrannenstadt; er läutet im lockeren Zecherkreis die Sauglocke und stimmt Lieder an, die den Christen entehren.
Das und noch mehr verübt der Hals. Wahrlich er hat es notwendig, daß ihn der Blasitag zuvor strafredet und zerknirscht, alsdann aber segnet, entsündigt und heiligt. Schaut nur in die Wundertaten des Gottessohnes: am Blinden, am achtunddreißigjährigen Kranken, am Gichtbrüchigen. Erst nach Reue, Vorsatz und Besserungstat gab er dem einen sein Augenlicht, dem andern seine Gesundheit, dem dritten seine aufrechten Glieder.
Das leibliche Gut wird um der Entsündigung willen gespendet. Wenn du jetzt also kommst, um deinen Hals in die geweihten Kerzen zu legen, so weißt du auch deine Halssünde, und besser noch als du selbst wissen die Mitmenschen sie, und am allerbesten weiß der allwissende Gott dieselbe. Mach dich los von ihr.
Behältst du aber deinen sündigen Hals, so darfst du um keinen gesunden Hals kommen weder zu Gott noch zu seinem wundertätigen Freunde Blasius, noch zur Segensspende der katholischen Kirche.
Die Ansprache ist beendet, aber zurück bleibt niemand; alle gehen zu ihrem Pfarrherrn, um sich von ihm einblasln zu lassen. Es kommt der Michlbauer mit seinen vielen weltbekannten Räuschen und legt seinen sündigen Hals zerknirscht zwischen die Blasikerzen, es kommt der Spektakelschuster mit seine tausend Krawallen, es kommt die Steffel-Nazi-Schneiderin mit ihrer streitbaren Zunge und dem Beinamen die »Dorfratschn« und gibt ihren lasterhaften Hals in den Blasisegen. Alles läßt sich einblasln, gut und schlimm, der Mann vom Wort neben dem Lügenschwengel, die Taubensanfte neben dem Hausdrachen.
Die Kirche leert sich; die Wege, Gassen und Häuser füllen sich. »Sakra, heunt hat uns da Pfarrer schö troffa!« sagen die Bauern beim Bier gutmütig und ohne Verdruß. Nicht ganz so glimpflich kommt der Pfarrer beim getroffenen Frauengeschlechte durch; doch, weil sich die Hauptwucht der Halssünden dem Männervolke zuschieben läßt, so schnattert selbst die Schneiderin nicht allzu viel.
Was wohl die pfarrherrliche Ansprache vom Blasltage nützt? Sie bekehrt natürlich nicht alle; ja, um die trockene Wahrheit zu sagen, sie bekehrt nicht einmal ein einziges Pfarrkind ganz, aber etliche Früchte trägt sie doch schon.   *Joseph Schlicht*

Deutsche Fastnachtsspiele.

In einem Briefe, den der Kanzler Kaiser Karls IV. an Margaretha Maultasch schrieb, heißt es: »Jedweder Mensch begehrt seine Fasinacht von Gott.« Wenn hohe Herren und fromme Zeiten so schalkhaft dachten, dann mag es wohl auch uns gestattet sein, an diese heiteren Erinnerungen anzupochen; denn in ihr Bereich gehört ja leider der größte Teil, wenn man von deutschen Sitten spricht.

»Frau Fasinacht« war eine der populärsten Gestalten im Volke; schon im »Parcival« ist ihr Name genannt; sie ward personifiziert und dargestellt als ein verschleiertes Weib, das auf vierspännigem Wagen fuhr, in der Linken eine Pfau und in der Rechten ein grünes Szepter haltend. Ins häusliche und öffentliche Leben griff sie hinein, den Mägden, die ihren Rocken bis zu jener Zeit nicht abgesponnen, zerzauste sie das Haar, so daß man noch heute ein zerrauftes Weib »Du Fastnacht« schilt; Ritter und Herren dienten ihr, und selbst der Pfaffe griff nach ihrer Gunst und nannte sein Erbauungsbuch einen »Geistlichen Fastnachtskrapfen«, um ihm die fehlende Schmackhaftigkeit herbeizuschmeicheln. Im übrigen freilich verpönte es die Kirche sehr, wenn Männer sich als Weiber maskierten und so in die Rechte Gottes eingriffen, »der allein das Geschlecht bestimmt«.

Weit zurück in vergessene Ferne reicht das sogenannte »Schönbartlaufen«, ein Fastnachtsspiel, das auf dem Boden der Reichsstadt Nürnberg heranwuchs. Es war im Jahre 1349, als die Zünfte der Stadt sich verschworen, den Rat zu morden; aber durch einen Mönch ward der geheime Plan verraten, so daß es den Ratsherren gelang zu fliehen. Erst nach langer Zeit stellte Karl IV. die alte Ordnung her, indem er den Magistrat zurückführte und die Störenfriede mit dem Tode bestrafte; denen aber die dem Rate treu geblieben, ward ein Fest gestattet, das um Fastnacht statthatte. Der feierliche Umzug, den man dabei abhielt, wird in einer Schrift geschildert, welche die »Deutsche Gesellschaft zu Altdorf« 1761 herausgab. Voraus liefen etliche vermummte Narren, mit »Pritschen« bewaffnet, um Platz zu schaffen, und dann kam einer geritten mit einem Sack voll Nüsse, die er unter die raufenden Buben warf. Auf die Mädchen aber, die sich an den Fenstern oder unter der Türe zeigten, ward mit Eiern geworfen, die mit Rosenwasser gefüllt waren, und »das hat gar schön geschmecket«, wie es in jenem Buche heißt.

Erst nach diesem Vortrag kam der lange feierliche Zug der »Schönbartleute«, die ein gemeinsames Kleid trugen, alle Jahre in anderen

Farben. In der Mitte des Zuges aber ging die Hauptgestalt, die in der Regel auf die Zeitverhältnisse Bezug nahm. Kurz nach der Entdekkung Amerikas war es ein »indianisches Weib«, ganz mit Kastanien behangen, und 1523, zu Anfang der »gesegneten Kirchenreinigung« machte einer großes Aufsehen, der in lauter Ablaßbriefe gekleidet war, an welchen die päpstlichen Siegel baumelten.

In jedem Zuge befanden sich kleine Schlitten, worauf geharnischte Männer saßen, die mit Turnierstangen ihre Gegner herabstachen; vor dem Rathause wurden Tänze aufgeführt, und vor allen war es die Zunft der Messerschmiede, die mit blank gezogenen Schwertern tanzte; auch viele Bürger in »Teufelskleidern« beteiligten sich an dem Zuge. Erst den Schluß desselben bildete die sogenannte »Hölle«, die von Menschen oder Pferden auf einem riesigen Gerüste gezogen ward und in der sich der bitterste Witz, besonders die politische Satire konzentrierte. Im Jahre 1539 war der berühmte Theologe Andreas Osiander in Nürnberg, dessen hitzige Beredtsamkeit den Haß des freisinnigen Volkes erregte. Als die Fastnacht kam, da stellte die Hölle ein Narrenschiff dar, an dessen Bord ein fulminierender Pfaffe stand, »der Pfaff aber hat dem Osiander so ähnlich gesehen, daß ihn auch jedermann auf den ersten Anblick erkennete«.

Jetzt riß der hohen Polizei die Geduld, obwohl sie damals langmütiger war als heute; die »Schönbartleute« wurden in den Turm gesperrt und das Fest ward ein für allemal verboten. Das einzige, was davon übrig blieb, ist ein verstümmeltes Wort; noch heute nennt man in Nürnberg eine Larve, womit man die Kinder schrecken möchte – »Schembert« (Schönbart).

Der Scherz jener Feiertage reichte auch hinab bis auf die Schule. Die Knaben brachten an diesem Tage Mehl und Schmalz, aus denen die Frau des Lehrers Kücheln bereitete, der Lehrer aber erhielt von jedem Kinde zwei Pfennige für das »Pritschen«, d. h. für die Hiebe, die er das ganze Jahr hindurch unentgeltlich verteilt hatte. Zum dankbaren Gedächtnis an dieselben ward in den Hof eine Bank gestellt, auf welcher der Tyrann mit dem Haselstecken Platz nahm, während ihm die bösen Buben zwischen den Beinen (Scylla und Charybdis) hindurchschlüpften. Wer sich stark genug fühlte, der durfte versuchen, den Lehrer samt der Bank über den Haufen zu werfen, wem es mißlang, der zog sich natürlich durch den verlängerten Aufenthalt in jenem Engpaß eine doppelte Portion Karbatsche zu.

Diese Sitte hatte vor allem in Schwaben ihr Feld; der naive Übermut, der in derselben steckte, fand aber auch in Franken offene Gemüter. Gerade dort, in den fränkischen Teilen des alten Reiches, war es ja, wo der eigentliche Erfinder der »Fastnachtsspiele« erstand: Hans

Rosenblut, dessen urwüchsiger Humor auf das echte Volksleben zurückgriff und der für Hans Sachs die Wege bahnte.
Leider läßt sich das beste, was dieser zarte Name an Derbheit schuf, hier nicht erzählen, denn man durfte in jenen Tagen Luthers nicht bloß weniger, sondern auch wieder mehr sagen als unter dem Schutze moderner Preßfreiheit.
Die Hunderte von Fastnachtsspielen, die uns erhalten sind, berichten ja zum größten Teile von der »Puhlschaft« und dem »Nachthunger«, den schöne Frauen haben; von »bösen alten Weibern« und vom »Futter«, das die treulosen Ehegatten »vertragen«. Wäre der Ton nicht so herzlich und die Sprache nicht so unbeholfen, so könnte man wahrhaftig meinen, daß man mitten in den Komödien von Dumas stünde und daß es schon vor 400 Jahren einen »Père« dieses Names gegeben habe. Aber dennoch, welcher immense Gegensatz zwichen damals und heute! Ein berühmter Kulturhistoriker erklärte einmal, es gebe heutzutage keine nackten, sondern nur ausgezogene Menschen, und dasselbe, was von den Menschen gilt, gilt von dem Witze unserer Zeit. Derselbe will mehr oder minder entblößt sein (und man geht auch hier unendlich weit in der Dekolletierung), aber jene naive Nacktheit, die selbst das Stärkste verzeihlich macht, ist nur das Vorrecht einer vergangenen und wirklich naiven Zeit. Wir wären ungerecht, wollten wir sie mit unserem sittlich-modernen Maßstab messen, der ja überhaupt mehr für die Kleider als für den Leib bestimmt ist.
Die übrigen Gestalten, die neben Jungfrauen und Ehebrechern eine typische Rolle in dem alten Fastnachtsspiele einnehmen, verraten schon die Titel: »Ein Spil von den zwölf Pfaffenknechten«, »Des Arztens Fastnachtspil«, »Ein hübsches Fastnachtspiel von siebzehn Pauern«, und andere dergleichen mehr.
Niemand wird dabei verschont, selbst Papst und Kardinäle müssen Spießruten laufen vor dem Witze des übermütigen Poeten. Ja, eines dieser Gedichte ist sogar benannt: »Ein Fastnachtsspil vom Dreck«; aber wir tragen das »Salva venia« nach, das der Autor vergessen hat, ehe wir es wagen, diesen originellen Titel zu zitieren. Er paßt freilich auf manche Straße des neunzehnten Jahrhunderts ebensogut als auf die Straßen des fünfzehnten. Doch dies alles tut schließlich nichts zur Sache; die Menge jubelt auf kotigen Wegen gerade so fröhlich wie im Trockenen. Freilich ist die allgemeine, die volkstümliche Fastnachtsfeier in den letzten Dezennien vielfach abgekommen, Polizeiluft und »schlechte Zeiten« haben dem Volke den Humor verdorben, aber fragmentarisch geistert wenigstens der alte Brauch noch weiter; er vermummt sich in den »Fastnachtsbären«, der in Schwa-

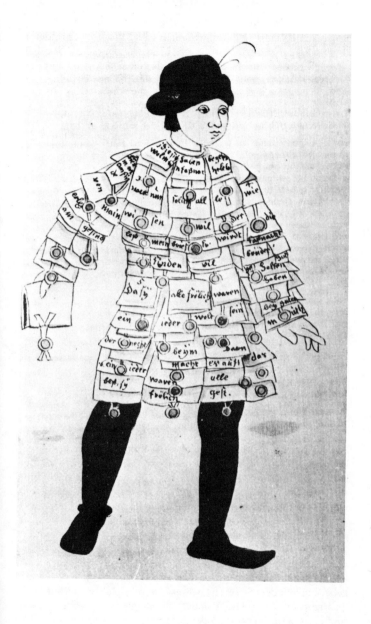

ben durch das Dorf geführt und dann erschlagen wird; er sprudelt in dem »Metzgersprunge« fort, der zu München um diese Zeit gehalten wird, und in dem »Schäfflertanz«, der alle sieben Jahre dort wiederkehrt. Auch in dem »Einritt«, der in vielen Tälern Tirols geläufig ist und mit der Verlesung des »Fastnachtbriefes« endigt, steckt noch ein schöner Rest von heiterem Gemeingefühl. In den meisten Tälern aber (auch im baierischen Gebirge) ist es völlig stille mit solchem »Unfug« geworden, und an die Stelle aller Fastnachtssitte trat das »vierzigstündige Gebet«.

Karl Stieler

Faschingsrezepte

Schon Hans Sachs hat einst gesungen:

> Ich hab zur Fastnach euch geladen,
> daß ihr euch Krapfen holt und Fladen
> und heut mit mir wollt Fastnacht halten,
> dem Brauche nach, dem guten alten.

Faschingskrapfen

25 g Hefe werden in 1 Tasse Milch mit 1 Kaffeelöffel Zucker aufgelöst und mit $1/4$ l Milch an 500 g erwärmtes Mehl gegeben. Man fügt noch 5 Eidotter, 50 bis 100 g zerlassener Butter und etwas Salz hinzu. Der Teig wird gut geschlagen, bis er Blasen wirft, und dann warm gestellt. Man formt kleine Nudeln daraus, füllt sie mit etwas Aprikosenmarmelade und schließt sie wieder. Das muß sehr sauber geschehen, sonst tritt die Füllung in das heiße Fett aus und spritzt und schäumt. Zweckmäßig verwendet man dazu eine Gebäckspritze, die einen Krapfenfüllansatz hat. Die Krapfen werden zugedeckt und müssen schön gehen. Dann werden sie in heißem Fett goldgelb gebacken, mit dem Sieblöffel herausgenommen, abgetropft und mit Puderzucker überstreut. Wenn sie allerdings im Fett sinken, dann sind sie zu wenig gegangen oder das Fett war nicht heiß genug.

Der Fastnachtschimmel zu Laingrub, Parsberg und Tölz.

»Vor Zeiten ist der Fastnachtschimmel überall der Brauch gewesen, von Lenggries weiß ich's bis Murnau, da habe ich ihn selber gemacht.« So erzählte mir 1850 ein 74jähriger Wetzsteinhändler von Ohlstadt, der mit mir von Murnau über den Berg von Schwaiganger nach Schlehdorf ging. Es stehen dabei zwei Mann rücklings aneinander, mit einer Blahen überhangen, und stellen einen Schimmel vor. Der Dritte sitzt oben auf, liest den Spruch ab, auch wenn er ihn auswendig kann, und macht allerhand Jux dazu. Es bedeutet, daß es in dem Jahre gut wachst und die Leute, die zulosten, glauben, daß es wieder bessere Zeiten gäbe, wenn der Umzug noch vor sich ginge.
Der Fastnachtschimmel ward in Benediktbeuern in der Weise aufgeführt, daß die paar Burschen unter der Decke fort und fort nach beiden Seiten gnappten, während ein oder zwei andere sich auf sie schwangen, daß die Schaukler und Gaukler Schweiß tropften. Man meinte, es sei ein großes Tier, das vorn und rückwärts einen Kopf hatte. Dies geschah am Fastnachterchtag im Beisein zahlreichen Volkes, und teilten die Reiter Birnen oder auch Schneeballen an die Zuschauer aus. Dann wurde am Bachfleck, einem Platze in Mitte des Dorfes Laingrub, und zuletzt noch vor dem Wirtshause getanzt, auch eine Bauernhochzeit aufgeführt, und zu dem Zwecke eine Stange voll Bretzen und ein Banzen Bier mitgenommen.
Um Parsberg bei Miesbach ritten die Buben als Fastnachtblaßel. Blaßel heißt der Schimmel, hier mit einer breiten, strohgeflochtenen Ziehe, einen Roßschweif am Hinterteil, am Kopfende klingende Schellen und rote Bänder. Sie sangen oder schrien:

> I' reit' daher also fest,
> Grüß' den Bauern und seine Gäst,
> Wenn i' den ein grüß' den andern nicht,
> Gäb's für mich Reiterlein ein saures G'sicht.
> Bauer und Gäst' gar hoch geborn'!
> In unserem Land wächst Wein und Korn.
> Bäuerin laß' Dir a was sagen,
> I soll' Di zur Hochzeit laden,
> Gibt's n Stück'l von der Henna,
> könnt' ich und der Schimmel recht renna,
> Gibt's a Stück'l von der Sau,
> Thät mich freuen, liebe Frau.

> Krieg ich auch noch Bier und Wein,
> Dann, Schimmel kannst du Juche schrei'n.

Beim Aufzug in Tölz lautete vor Zeiten der Spruch:

> Wir kommen von Schlampampen,
> haben 33 000 Nudel in der Wampen,
> Ich komm daher von Wangen,
> Weiß nicht ist's geritten oder gangen,
> Grüß mir der Herr all' meine Gäst.
> Unser Apotheker ist hochgebor'n,
> In unserm Land wächst Wein und Korn,
> Fleisch essen wir alle Tag,
> Und die Haut geit Hosen ab.
> Bald ich zu morgist früh aufsteh,
> Heb' i' den Schimmel beim Schweif in d' Höh':
> Schimmel wistahe!

In Tölz bedeutet der Spruch: einen Fastnachtschimmel machen oder abgeben so viel, als verkehrt aufgestutzt und aufgeputzt sein, oder sich hänseln lassen. Wer dächte, daß hier eine Vorstellung aus der deutschen Heidenzeit sich forterhalten hat! Der ursprüngliche Sinn war längst nicht mehr begriffen, wie schon die später eingemengten rohen Späße verraten. Eigentümlich ist, daß, wie in der Religion Jehovas von der Haltung der Gebote der Segen von oben abhängig gemacht wird, bei unseren Vorfahren die Jahresfruchtbarkeit mit der Begehung der Festbräuche im Einklang stehen sollte.
Wüete ist Wodan, Bartel Doll (?) sein Beiname Bartold. Die Reiter kommen aus dem Schlaraffenland, wo alles in Überfluß gedeiht. Der Blaßel ist Sleipnir, Wodans Grauschimmel, welcher mit beginnendem Frühjahr umreitet und allenthalben Segen verbreitet. Wer ihn hat, kommt zu seinem Glück, wie schon der Spruch sagt: Wer weiß, wem Gott Vater (oder der Kaiser) seinen Schimmel schenkt. Unter dem Kaiser ist Wodans Stellvertreter, Karl der Große, gemeint. Dies »schleifende« Roß Gottes hat acht Füße, eine Gestalt, als wenn zwei Gäule aneinander gewachsen wären«, wie die Erzählung von Wildg'fahr (wüetige Jagd) bei Naturns sich erhält. Die Religion der alten Bayern trug überall Lebenslust und Fröhlichkeit zur Schau, und sie führten in mannigfachen Aufzügen der Naturgott ein mit all den Beigaben, welche der Bauernglaube mit sich brachte.

Johann Sepp

Fastnacht! Faschingbegraben!

Die Volkspossen, die sich im Mittelalter so eng an die Jahreszeiten, an regelmäßig wiederkehrende Ereignisse, als Taufen, Hochzeiten, kirchliche Festtage usw. und an die religiösen Zeremonien lehnten, haben sich besonders in den Gebirgsländern lange erhalten und scheinen erst in unseren Tagen nach und nach in Vergessenheit zu geraten. Es ist aber, als ob in irgendeinem Winkel des Volkscharakters diese Possen noch einmal einer Auferstehung entgegenharrten, so leicht und lustig können sie bei besonderen Anlässen wieder hervorbrechen.

Die Zeit des Karnevals bis zu den Ostern hinaus ist die zeremonienreichste, weil hier noch die erhaltenen Sitten des Heidentums mit den Gebräuchen der Kirche zusammenfallen.

Zwar die Kirche verhüllt im Angesichte der Fastenzeit schon vierzehn Tage vor Ende des Faschings ihr Haupt. Aber gerade, wenn die Altäre der Pfarrkirche in das düstere Blau gehüllt sind, deckt das Wirtshaus erst recht seine Freuden und Lustbarkeiten auf, und macht der Karneval seine ausgelassensten Sprünge.

Der Pfarrer predigt bereits eindringlicher als je Buße und Bekehrung, aber die Pfarrkinder, und besonders die jüngeren denken: damit hat's noch Zeit, bis der Aschermittwoch kommt; jetzt sind die Musikanten wohlauf, und der Wirt hat drei Schweine abgetan, und überall gibt's fette Bissen, und daß eins sich jetzt ins finstere Winkel ducken sollt, das kann der lieb' Herrgott von einem ordentlichen Christen doch nit verlangen! – Und weiters: wenn man auch ein wenig arg hallodriren tut, 's kommt ohnehin die Osterbeicht', und ein paar Sünden mehr rucken schon noch mit.

Im Hofe gibt es just keine dringenden Arbeiten, nur daß täglich dreimal das Vieh muß gefüttert werden; die Pferde kriegen mehr Hafer als sonst, die Ochsen reichlicheres Heu unter das Stroh, die Kühe bekommen gar Mehltränke, weil ja Fasching ist. Auf einmal aber merkt die junge Kühmagd, es sei bei der »Braunen« der Barren verrückt. Allein vermag sie den großen Holztrog nicht gleichzustellen, da ruft sie den Ochsenbuben, der ist rechtschaffen stark, der ist schon so gut und hilft ihr den Barren zurechtrücken.

Es muß ein schweres Stück Arbeit sein, denn nach derselben sinkt der Ochsenbub nur so in's Heu; und ein wenig rasten, weil Fasching ist, denkt sich die Magd, wird so arg gefehlt nicht sein.

Und in der Küche ist ein Schmoren und Braten, und im Wirtshaus ist ein tolles Musizieren die ganzen Nächte durch. Und am letzten Fa-

schingsonntag kommt gar der Herr Pfarrer auch, und die ganze Nacht bleibt er da und guckt ein wenig in den Winkeln herum, ob denn doch wohl nichts Unrechtes geschieht. Nu, Unrechtes merkt er just nichts, aber vom Bußetun ist schon auch keine Spur.
Der Hausvater hat's nicht gern, wenn seine Leut' zum Tanz gehen, eben des Pfarrers wegen nicht; der setzt sich dann zu seinem Gläschen, nimmt eine Prise und denkt sich: Schau, schau, der und der läßt seine Leut' auch zu sündhaften Unterhaltungen gehen! – und das wirft dann viel Schatten auf den Betreffenden.

Damit die Knechte und Mägde lieber daheim bleiben, so läßt sich's der Bauer angelegen sein, daß durch die ganze Faschingszeit hindurch bessere und reichlichere Kost auf den Tisch kommt. Besonders in der letzten Woche, welche die »Foastwochn« heißt, wird viel Schmalz und Fleisch verzehrt. Und vor allem ist es der Foastpfingsta, Foastsunta, Fronsmonta« und der allerletzte, der »Foschntog«, an welchem sich der Bauer erprobt, ob's denn nicht geht:

Olli Tog a Sau und a Kua
Und an Zenggn (Zentner) Schmolzkouch dazua.

Es ist um so notwendiger, an diesen Tagen möglichst viel zu verzehren, da denselben die siebenwöchentliche Fasten folgt, in welcher ein wahrhaft christlicher Bauer kein Stücklein Fleich und kein Tröpflein Schweinschmalz über die Zunge lassen soll.

Zwar hat in den letzten Jahren der bischöfliche Hirtenbrief, der am »Foastsunta« immer von der Kanzel verkündet wird, das Schweinschmalz an den Fasttagen erlaubt, aber »in Geistlingan därf mar ah nit olls glabn«, meint der Landmann, »ba de hebt der onderi Krist (Antichrist) zerscht on, däs hobn die oldn Leut ollaweil gsogg, und s se habn s ah gsogg, wer Somstas a Fleisch oder a Schweinschmolz ißt: fü den thuat unsa liabi Frau neama fürbittn und mit den is s aus und is s vabei!«

Daß wir wieder auf unser Faschingsessen kommen – sind die jungen Leut' halt einmal so, sie äßen euch lieber den ganzen Tag nichts, als daß sie zu Hause blieben. Sie gehen am »Foastsunta« oder am »Foschntog« (Faschingdienstag) zum Hausvater und bitten ihn demütiglich, daß er ihnen erlaube, ein wenig zum Wirt zu gehen. Da sind nun zwei Fälle möglich, entweder der Hausvater erlaubt es, dann gehen sie ins Wirtshaus, oder er erlaubt es nicht, dann gehen sie – auch ins Wirtshaus, aber heimlich, wenn die Hausherrschaft schon schläft.

Ist Fastnacht vorbei und das Tanzen eingestellt, dann beginnen die Zeremonien.

Das erste ist, daß die Küchenmagd den Fasching hinauswäscht. Sie reinigt nämlich mit der größten Sorgfalt alles Küchengeschirr, alle Gegenstände um den Herd herum, alle Bänke und Stühle in der Stube und besonders den Tisch mit dem Eßzeug, damit ja kein Tröpfchen Fett hängen bleibe und die heilige Fastenzeit entweihe. Die Leute gehen zum Brunnen und spülen sich den Mund aus; knien dann um den Tisch herum und beten den Kreuzweg und die Litanei vom Leiden Christi. Eines oder das andere Mädchen lehnt wohl gar am Brunnentrog, wäscht sich immer und immer wieder die Augen aus und singt vor sich hin:

> »Sida, seit n Foschn her,
> Schmeckt ma gor nix, gor nix mehr,
> Ollaweil, ollaweil kimmts ma für:
> Aus is s mit mir!«

Tritt mit dem Ende des Faschings gleichwohl eine gewisse Abspannung ein, und streut auch die Kriche mit ernster Miene der tollen Ausgelassenheit eine Handvoll Asche ins Gesicht, so legen sich übrigens die hohen Wogen doch nicht so bald; ja im Gegenteile, die erregten Sinne suchen nach neuen Schwänken und Lustbarkeiten, welche den Tanz und die Fleischtöpfe ersetzen sollen. Wirft der Hausvater gleichwohl die Betschnur aus, die Burschen wollen nicht anbeißen.

Am Morgen des Aschermittwoch, da sitzen sie aber schier katzenjämmerlich zusammen im Dorfwirtshause. Die Musikanten sind eingeschlafen und schnarchen, anstatt zu blasen.
Die Mädchen sind verdrossen heimgegangen zu ihren häuslichen Arbeiten, und unter dem Tisch nagt der Hund an den übrig gebliebenen Knochen der fetten Tage. In den Spielkarten fehlt der Herzsiebener, das As oder der Eichelbub und die Schelldam; im Fastnachtsgewirre sind sie abhanden gekommen, weiß Gott, in welchem Winkel sie stecken. Der Wein ist blaß und abgehärmt, der hat viel Wasser trinken müssen unten im Keller. Das Bier hat wässerige Augen, in den Geldbeuteln ist Einöde und Verlassenheit; in den Tabakspfeifen ist tote, kalte Asche – Ascherwittwoch.
Da schlägt plötzlich ein Bursche die flache Hand auf den Tisch und sagt: »Buaben, ich weiß was, jetzt gehen wir den Fasching begraben!«
Hallo! da sind alle gleich dabei. Zwar, die meisten wissen es gar nicht, was nun wird, denn das Faschingbegraben war schon seit vielen Jahren nicht mehr dagewesen, das hatten nur die alten Leute gern getan. Aber der »Anstifter« leitet alles. Er sagt nicht erst, so und so und das tun wir nun und hier greift zu! – gleich den Wirt ruft er: »He, den Kellerschlüssel her!« und gleich in die Küche schreit er hinaus: »Die Sterzpfannen und die Fleischtöpfe und die Hafendekken brauchen wir!« und er gibt Befehl in die Kammer: »Blaue und schwarze Tücher herbei, Fastentücher, Hungertücher, und verhüllt die Fenster damit, und macht einen Vorhang an die Tür und brecht den Bänken und Tischen die Füße um, daß sie niederknien!«
Und nun stürmen alle in den Keller, schleppen die leeren Fässer hervor, überdecken sie mit den noch fetten Tischtüchern und nageln die leeren Brieftaschen und Geldbeutel darauf. Dann beschwärzen sie einander in wildem Balgen die Gesichter mit Kienruß, vielleicht zum Zeichen der Trauer; dann schellen sie mit den Pfannen und Töpfen und Hafendeckeln. Da laden sie die Fässer auf Bahren und tragen sie aus dem Hause, und dann wallen die Verhüllungen über Fenster und Türen, und nun ist es öde und dunkel im Wirtshause – und den Fasching haben sie hinausgetragen.
Vor Zeiten segneten sie diese Bahren in der Kirche förmlich ein, aber derlei leidet der Pfarrer denn doch nicht mehr, und der Meßner schließt nicht auf.
So schellt und johlt denn der Leichenzug an der Kirche vorüber und abwärts gegen den Wiesenrain, oder aufwärts gegen den Waldhang. Dort werden die leeren Fässer und Geldbörsen begraben. Am Grabe wird von dem Mundfertigsten eine ergreifende Leichenrede gehal-

ten, in welcher die Vorzüge und Verdienste des zu Beklagenden gebührend gewürdigt werden, und welche mit dem Ausdrucke beharrlichen Glaubens an eine freudenreiche Urständ schließt.

»Er hat uns gespeist, er hat uns getränkt, er hat uns mit laubfrischen Dirndln beschenkt; vielen hat er ein Weibel gebracht, allen die Taschen leichter gemacht.

Bei der Nacht hat er uns nit schlafen lassen, in die Waden hat er uns gezwickt auf allen Gassen; und zuletzt hat er's soweit getrieben, daß das ganz' Blut angehebt zu sieden. Gekommen ist er wie ein Mäuslein geschlichen, auf Fuchs und Esel ist er geritten, und aus unserer Mitten ist er wie ein Schelm gewichen. Will sein Hallodria nichts mehr taugen, so streut er uns Aschen in die Augen. Aschen, Aschen in die leeren Taschen, sonst gibt's nichts mehr zu naschen.

Alter Geselle, so müssen wir scheiden; Dein Denkmal steht beim Wirt auf der Tür mit der Kreiden; bis sie gelöscht, diese Inschrift dein, wirst du schon lang wieder auferstanden sein.«

Auch viel herbere und derbere Grabreden gibt es; zarten Ohren zu Lieb seien sie mit dem Fasching begraben.

Der Wirt weiß es wohl zu lohnen, daß in seinem Hause das Unterste zu oberst gekehrt, daß sie ihm die Geräte und die Fässer davongetragen, ja vielleicht gar zerschlagen haben. Er trauert sehr um den begrabenen Gast, der der Wohltäter seines Hauses gewesen war im schönsten Sinne. Er ruft die Leidtragenden zusammen zu einem Totenmahle; die Tische wollen sich schier biegen unter der Last der Gerichte – aber in den Schüsseln ist Sand und eitel Asche; der Braten ist zu Staub, das Brot zu Stein geworden. Nur in den Gläsern funkelt Wein. Wer sich von der verführerischen Farbe versuchen läßt und das goldige Naß an die Lippen leitet, der schleudert Glas und Inhalt wohl gar zur Tür hinaus, oder er geht auf den Schwank ein und gibt den Becher mit einem Lobspruch auf Wirt und Wein weiter. Aber der Becher wird geleert von keiner Lippe, es ist der erste, bittere Leidenskelch der Fastenzeit.

Alte Leute erzählen, in ihrer Jugend sei das Faschingbegraben am Aschermittwoch sehr allgemein und pomphaft und lustig gewesen, und sie freuen sich, wenn sie bei ihren Kindern und Enkeln die alte Possen wieder sehen, und gar selbstgefällig fragen sie: »Gelt's, die alte Welt, die ist doch die beste?!«

Peter Rosegger

MÄRZ

In diesem Monat laß kein Blut,
Ein Schwitzbad aber ist dir gut.
Dein Haupt nimm sorglich jetzt in Acht,
Bedenk, nun hat der Widder Macht.
Mit Aderlassen setze aus,
Dafür geh oft ins Badehaus.
Vermeid zu doktern an den Ohren
Und halt dein Barthaar gut geschoren.

Glockendon

Bauernregeln

Märzschnee frißt –
Aprilschnee düngt.

Der März soll wie ein Wolf kommen
und wie ein Lamm gehen.

Trockner März
erfreut des Bauern Herz.

Märzenferkel, Märzenfohlen
haben alle Bauern wollen.

Kunigund, kommt die Wärm von unt.

Gregor zeigt dem Bauern an,
ob er im Felde säen kann.

Josefi licht und klar
gibt ein gutes Honigjahr.

Lostage

 3. 3.   St. Kunigund
10. 3.   40 Märtyrer
12. 3.   St. Gregor
17. 3.   heilige Gertrud
19. 3.   St. Josef
21. 3.   St. Benediktus
25. 3.   Maria Verkündigung

Im März

Der März ist der erste Ackermonat im neuen Jahr. In römischen Zeiten wurde am 1.3. der Jahresanfang gefeiert, und viele Bräuche lassen heute noch an Neujahrsfeiern denken. So wird der Frühling begrüßt, und an »Sonntag Lätare« einem uralten Fest, wurde in Bayern in Spielen und Umzügen der Sieg des Sommers über den Winter gefeiert. Die Märzfeuer, vor allem am Funkensonntag oder Scheibensonntag, sind in Tirol beliebt. Aber der März ist auch der Fastenmonat, und da wird der Kreuzweg gebetet oder gesungen. An den Sonntagnachmittagen pilgert man zum Calvarienberg, es werden Fastenandachten gehalten, und ganz früher gab es noch eine Fastenkrippe. »Seit Jahren werden an verschiedenen Orten wieder solche aufgerichtet; Berglandschaften, auf welchen die einzelnen Abschnitte des Leiden Jesu dargestellt werden, die aber nicht die gemütvolle Traulichkeit der Weihnacht, sondern den blutigen Ernst des Karfreitag atmen.« (Mang) Auch im März gibt es Schellenumzüge und Gregoriusspiele. Am Gertrudentag verlassen die Frauen nun endgültig die Spinnstuben, denn es heißt »Gertraud löscht das Licht aus und schneidet den Faden ab.« Und bald schon kommen die echten Frühlingsboten, die Schwalben: Um Maria Verkündigung kehren die Schwalben um.

H. C. E.

Fastenpredigt

Um das Fasten ist es eine heilige Sach. Der Abbruch der Speisen ist dem Satan ein Abbruch. Viel Essen macht vermessen; viel Trinken macht hinken und st... Wo man den Löffel allzustark braucht, da bleibt das Löffeln (Liebeln; vgl. englisch to love) nicht aus. Entgegen, wo man den Leib kasteit, da nimmt die castitas (Keuschheit) die Herberg. Wo das Maul nicht viel schmutzig, dort ist gemeiniglich das Gewissen sauber. Wo die Zähne nicht stark ins Essen beißen, der hat in jener Welt das Zähneklappern nicht zu fürchten; denn Fasten und Abbruch ist eine Mutter aller Tugenden. Weil vordem die heiligen Einsiedler mit lauter Kräuter sich erhalten, also hat sich wenig Unkraut unter ihnen gefunden. Der sich mit wenig Fischen begnügt, dieser wird selten mit faulen Fischen umgehen.

Abraham a Santa Clara

Leckeres zur Fastenzeit

Gefastet wurde nicht nur vor Ostern, wenn dies auch die strengste Zeit war, aber man kannte auch das Ernte-, Martini-, Weihnachts-, Silvesterfasten. Bis zu 120 Tage im Jahr wurde mancherorts gefastet. Vor allem dem Genuß von Fleisch, Alkohol und Fett mußte entsagt werden. Vor allem Brot, Brezen, Mehlsuppen gehörten auf den Fastentisch. Aber es gab auch Leckeres.

Brezensuppe

In eine Suppenschüssel gibt man aufgeschnittene oder zerbrochene Fastenbrezen, darauf eine Lage Parmesankäse und eine Handvoll feingeschnittene und in Butter hellbraun geröstete Zwiebeln. Dann gieß man kochendes, leichtes Salzwasser darüber und läßt die Suppe noch kurz einmal aufkochen. Man deckt sie zu und hält sie dabei warm, damit das Brot recht schön auflaufen und weich werden kann. Zuletzt streut man Petersilie, Schnittlauch oder Kresse darüber.

Stoaknödel oder Suppenwuchteln

Semmelknödelteig wird mit etwas Fett, am besten Butterschmalz, verknetet. Man rechnet je Knödel etwa 1 Teelöffel voll. Daraus werden Knödel geformt, die man flach drückt und in einer gut gefetteten Reine im Rohr goldbraun herausbackt. Die Knödel werden einmal umgewendet und dann in eine gute Fleischbrühe gegeben; man hat auf diese Weise sogar eine feine Sonntagssuppe in der Fastenzeit.

Eingesetzte Eier

6 bis 8 Eier werden hartgekocht und in der Mitte durchgeschnitten. Man nimmt die Dotter heraus und zerdrückt sie mit etwas saurem Rahm, Salz, Pfeffer, einem Stückchen Butter und gibt reichlich Schnittlauch dazu. Diese Masse füllt man in eine gebutterte, feuerfeste Form, gibt das gehackte Eiweiß darauf und verschlägt nun 3 bis 4 Eier mit 2 Eßlöffeln saurem Rahm, Salz, Pfeffer und noch etwas Schnittlauch, fügt 1 Eßlöffel Mehl und 2 bis 3 Eßlöffel zerlassene Butter hinzu und gießt das Ganze über die eingefüllten Eier. Man läßt die Form in der Röhre fest werden. Diese Eierspeise wird mit Gemüse, hauptsächlich mit Sauerkraut, zu Tisch gebracht.

Der Sommergewinn oder das Todaustragen

Schon floh der grimme Winter, vom Sonnenglanz
Hoch überstrahlt, den Bärengefilden zu,
Schon blinken Erd' und Wasser wieder,
Weste, bezähmten die Kraft des Nordes.

Messerschmid

Im Monat März, an einigen Orten am Sonntag Oculi, an den meisten Orten aber am Sonntage Lätare, sind noch unter den Kindern gewisse festliche Gebräuche üblich, deren Begehung man den Sommergewinn oder auch das Todaustragen nennt.

An den genannten Tagen pflegen Kinder, meistens der ärmren Klasse, einen Umzug durch alle Straßen und vor allen Häusern zu halten und zu verrichten, was vielleicht im Altertume Erwachsene selbst zu tun kein Bedenken trugen. Sie ziehen mit weißen, geschälten Stäben, hölzernen Gabeln und hölzernen Degen bewaffnet aus, und an einigen Orten sind diese Waffen mit Bändern kindisch verziert, auch wohl mit Bretzeln, oder kleinen Kuchen behangen. Einer von den Knaben, zuweilen auch eine erwachsene Person, geht an der Spitze des Zuges in Stroh gehüllt und stellt den Winter, eine andere mit Efeu verziert, den Sommer vor. Auf einem freien Platze hält der Zug, und der Sommer und Winter beginnen unter dem fortwährenden Gesange der übrigen:

Stab aus! Stab aus!
Stecht dem Tod die Augen aus!

einen Zweikampf mit ihren hölzernen Waffen, werden endlich handgemein, bis der Winter überwältigt und ihm die Strohhülle, wie ein Spolium, ausgezogen wird. Auf jenen Gesang bezieht es sich auch, wenn man den Sonntag Lätare an einigen Orten den Stabaus-Sonntag nennt.

Die zweite Art der Feier, welche vorzüglich in Böhmen, Polen, Schlesien, der Lausitz, Nürnberg, Pommersfelden in Franken und einigen andern Orten stattfindet, ist diese:

Kinder tragen groteske Puppen und Bilder umher, Mißgestalten von Stroh oder von Lumpen, die sie zuletzt entweder mit Fackeln verbrennen oder in einen Fluß, Sumpf oder Graben werfen. An einigen Orten wählt man sogar die Nähe des Galgens, damit es desto mehr einer Exekution ähnlich sehe. Hierbei wird nun gewöhnlich ein Lied gesungen, etwa:

> Nun treiben wir den Tod hinaus,
> Den alten Weibern in das Haus,
> Den Reichen in den Kasten,
> Heute ist Mitfasten!

An einigen Orten setzt man in der zweiten Zeile Juden für die alten Weiber, in der dritten Jungen (sc. Weibern für Reichen) und die letzte Zeile heißt auch wohl: Heute wollen wir fasten! In andern Gegenden singt man:

> Nun treiben wir den Tod aus,
> Dem alten Juden in seinen Bauch,
> Dem jungen in den Rücken,
> Das ist sein Ungelücke!
> Wir treiben ihn über Berg und tiefe Thal,
> Daß er nicht wieder kommen soll!
> Wir treiben ihn über die Haide,
> Das thun wir den Schäfern zu Leide.

Hat man an dem Tode, der Puppe, die Exekution vollzogen, so laufen die Knaben schnell davon, gleich, als wenn er wieder aufstehen und sie erhaschen könnte.
Zuweilen teilen sich die Knaben in zwei Parteien; die eine trägt und vernichtet den Tod, die andere schlägt immer nach denen, die den Tod tragen; und der Gesang wird oft auch von Erwachsenen mitgesungen.

> Nun tragen wir den Tod aus dem Dorfe,
> Den Frühling in das Dorf!
> Willkommen, angenehmer Frühling,
> Grün hervorkommendes Getreide!

In einigen Gegenden, wo diese Gebräuche zur Bettelei herabgesunken sind, singen sie, nach Beendigung der Zeremonien:

> Durt drieben steht ein huches Haus,
> Da sieht 'n schiener Herre raus,
> He wird sich wuhl bedenken
> Und wird uns etwas schenken.

Haben sie etwas bekommen, so singen sie dankend:

> Habt Dank, ihr lieben Herren mein,
> Das Himmelreich soll euer seyhn,
> Dazu die himmlische Krone,
> Gott wird's euch wuhl belohne!

Erhalten sie aber nichts, so rächen sie sich durch folgende Verse:

> Stecken wir den Sommer uff de Keller,
> Kratzhals, Krümmhals hat kein Heller,
> He geb uns gern en Gröschle,
> He hat og keins im Täschle.

Die frühere viel zeremoniellere Feier wurde durch einen Befehl der Obrigkeit abgeschafft, die sich durch vielerlei Üppigkeiten und Unglücksfälle, zu denen diese Gebräuche Anlaß gaben, dazu bewogen sah; gestattete jedoch »die unschuldigern Ergötzlichkeiten der Kinder«. –

Über die Bedeutung dieses Festes ist vieles und mitunter sehr Wunderliches geschrieben worden, und nur wenige der älteren Schriftsteller haben die wahre Bedeutung desselben geahnet. Fast alle neigten sich dahin, daß es ein Erinnerungsfest zur Abschaffung des Götzendienstes und Annahme des Christentums sei und erzählen: Gerade am 5. oder 7. März im Jahr 965 habe der erste christliche Herzog in Polen befohlen, die Götzenbilder zu vernichten und in Sümpfe, Teiche oder Seen zu werfen. Hat aber auch Polen damals wirklich an einem Tage alle Götzen abgeschafft, so kann doch nicht bewiesen werden, daß das ganze Deutschland einst an einem und eben demselben Tage – von einerlei Jahre mit Polen kann so die Rede nicht sein – das Christentum angenommen habe. Und wollte man behaupten, daß ein solches Gedächtnisfest der Bekehrung zur christlichen Religion von andern Völkern in der Folge den Polen sei nachgeahmt worden, so würde doch eine solche Nachahmung nur bei den nächsten Ländern, nicht aber von so entfernten Gegenden, wie die Pfalz und Franken sich denken lassen, oder sie müßte sich über die ganze christliche Kirche erstreckt haben, was aber dadurch widerlegt wird, daß oft die allernächsten Orte in den Gegenden, wo jene Frühlingsfeier üblich ist, nichts davon wissen. Ferner widerspricht diesem, daß anfangs die Völker meistens zum Christentume gezwungen werden mußten und also schwerlich Volksfeste deshalb gefeiert haben; wäre es auf Anordnung der Priester geschehen, so müßte seine Allgemeinheit weit größer sein.

Andere wollen unter der Figur bald diese, bald jene Gottheit vorgestellt wissen, ohne auch nur den geringsten Beweis für diese ihre Meinung anzuführen; Andere kamen der richtigen Deutung näher, indem sie angaben, daß jene Gewohnheit noch aus den Zeiten des Heidentums selbst herstamme und, gleich vielen alten Herkommen, hier und da nicht habe vertilgt werden können. So hielten sich die meisten dieser Ausleger zu sehr an die wörtliche Deutung und ahnten selten, daß die tiefe Volkspoesie noch einen reineren, kindlichern Sinn in die Begehung dieses Festes gelegt haben möge. –

Alle alten Völker unterschieden bloß zwei Jahreszeiten, Sommer und Winter, und begannen ihr Jahr mit dem 25. März. Beim Beginne des Jahres nun brachte man den Göttern seinen Dank für den glücklich durchlebten Winter und betete vielleicht zu den bösen Göttern des Todes und der Krankheit (averruncandi causae sagten die Römer) um fernere Abwendung von Lebensgefahren in dem neuen Jahre. Man hielt deshalb vermutlich einen Umgang, wobei man nicht den Tod, nicht den Todesgott, nicht den Krodo, nicht den Winter in effigie verbrennen oder ersäufen wollte, sondern man dachte sich unter dem Bilde den Dämon, der bisher die Sonne in ihren wohltätigen Wirkungen gehindert hatte. Und ist denn nicht der Winter der Tod der Natur, wo alle ihre Kräfte schlummern? Und so verwandte

Ideen, die als Ursache und Wirkung zusammenhängen, können auch ganz füglich untereinander vertauscht werden. Volk, Kinder und Dichter haben, so wie die Sinnlichkeit, auch insbesondere die Personifikation miteinander gemein. So personifiziert Thomson seine Jahreszeiten, wie Petrarch den Tod triumphieren läßt. Oder man wollte statt des Menschen oder des Volks ein Bild darbringen, so wie bei den Römern die oscilla seit Herkules Zeit an die Stelle der Menschenopfer traten, die man vordem, dem Saturn zu Ehren, in die Tiber gewofen hatte. Denn wenn die Heiden auch in einzelnen Fällen die Götzen, die ihre Hoffnungen vereitelten, mißhandelten, so geschah es doch nicht mit einer öffentlichen Zeremonie; und jener Sitte lag ja nicht im entferntesten Unwille, sondern vielmehr Freude zum Grunde, wie ganz deutlich aus den Gesängen hervorgeht. Auch erhellt aus ihnen, daß man dem wiederkehrenden Frühling die Lieder sang und den Umgang hielt. So ist das zu Speyer gesungene Lied eine wahre Siegeshymne zu Ehren des obsiegenden Lenzes; man sang:

> Tra, ri, ro,
> Der Sommer, der ist do!
> Wir woll'n naus in Garten,
> Und woll'n des Sommers warten,
> Jo, jo, jo!
> Der Sommer, der ist do!
>
> Tra, ri ro,
> Der Sommer, der ist do!
> Zum Biere, zum Biere!
> der Winter leit gefangen!
> Und wer nicht dazu kömmt,
> Den schlagen wir mit Stangen!
> jo, jo, jo!
> Der Sommer, der ist do!
>
> Tra, ri, ro,
> Der Sommer, der ist do!
> Der Sommer, der Sommer!
> Der Winter hat's verloren!
> Jo, jo, jo!
> Der Sommer, der ist do!

Feuer und Wasser waren aber bei den alten Völkern – nicht allein bei

den Griechen und Römern – zwei der üblichsten Mittel der Reinigung. So glaubte man Krankheiten durch Feuer vertreiben zu können und daß ein neugeborner Knabe unverwundbar werde, wenn man ihn ins Wasser tauche, und die alten Dänen pflegten mit den mit Wein gefüllten Bechern erst durch eine Flamme zu fahren, ehe sie tranken.

Nach Einführung des Christentums suchten nun die Priester, da sie den neubekehrten Völkern die alten Gebräuche, welchen sie fest anhingen und die sie gleichsam mit der Muttermilch eingesogen hatten, ohne rückwirkenden Nachteil auf einmal nicht nehmen konnten noch wollten, diesen Zeremonien eine religiöse Bedeutung unterzulegen, oder mit einer religiösen Feier zu verbinden. Daher kam dann die verbreitete Meinung, daß ein religiöses Ereignis die Veranlassung zu diesem Fest abgegeben habe.

Fr. A. Reimann

Von bäuerlicher Arbeit

Das Pflügen: Das Pflügen, zumal das erste, ist eine heilige Handlung, die durch Gebete, Weihen, Opfer und andere feierliche Gebräuche ausgezeichnet wird. Bestimmte Tage werden zur ersten Ausfahrt gewählt, und an gewissen Tagen darf überhaupt nicht gepflügt werden. Allerlei geweihte Sachen werden am Pfluge angebracht. Unter den ersten, der vom Hofe fährt, legt man ein Ei und ein Stück Brot, die für den ersten Bettler, der ins Gehöft kommt, zur Gabe bestimmt sind. Im Kt. St. Gallen besprengte der Bauer vor dem ersten Ausfahren mit einem Palmsonntagszweige den Pflug mit Weihwasser, und Familienangehörige, Gesinde, und Nachbarn beteten. Dann erhielt jedes ein Stück Brot, das an Ort und Stelle gegessen wurde. Das ist wohl ein Analogiezauber, durch den man den künftigen Speisesegen vorausbestimmen will. So backt in der Gegend von Salzungen, wenn im Frühjahr zum erstenmal auf den Akker gefahren wird, die Bäuerin Kräpfel und spickt dem Bauern oder dem Knechte damit die Taschen. Auch die Zugtiere erhalten besondere Fütterung.

Die Fruchtbarkeit fördern soll es wohl auch, wenn an badischen Orten beim ersten Ackern der Pflüger eine Jungfrau küßt.

Noch häufiger wird aber das Begießen des zuerst ausziehenden Pflügers, seines Pfluges und der Tiere mit Wasser als ein solcher Fruchtbarkeitszauber vollzogen. Vielleicht ist es, wie der Wasserguß so oft, ursprünglich ein Übergangsbrauch. Auch bei der Heimkehr vom ersten Pflügen wird er häufig geübt, und namentlich sind es die Frauen und Mädchen, die ihn ausführen. Andrerseits wird auch Asche und Kehricht den Pflügern beim ersten Pfluggange von der Frau oder der Magd nachgeworfen. Das wird dahin gedeutet, daß sie »alle Flöhe mitnehmen sollen«.

Das Säen: Die ganze Zeit der Aussaat gilt als heilig. Aller Übermut und alle rauschenden Lustbarkeiten werden eingestellt. Man enhält sich sogar der ehelichen Freuden. Man vermeidet die Wäsche und gibt niemandem in diesen Tagen Feuer aus dem Hause. In Jöllenbeck (Kr. Bielefeld) wird während der Saatzeit vier Wochen lang jeden Morgen um 11 Uhr drei Minuten lang mit der kleinen Glocke geläutet; das soll die Saat vor Ungewitter und Schaden schützen.

Aufs sorgfältigste sucht man die zum Säen geeignete Zeit zu ermitteln. Der Mond spielt dabei eine besondere Rolle, auch die Planeten und die Zeichen des Tierkreises, sowie bestimmte Tage, Vormittag und Nachmittag, die Zeit vor Sonnenaufgang und nach Sonnenun-

tergang, alles meist nach ganz äußerlichen Anhaltspunkten, zufälligen Wortanklängen und irgendwelchen naiven Beziehungen.
Das Sätuch verlangt sorgfältige Herrichtung, damit die Saat gedeihe. Es muß von einem Mädchen unter sieben Jahren gesponnen, es muß rein und weiß und nicht etwa als Bettuch benutzt worden sein. Man darf keine Knoten hineinmachen, sonst kommen Knoten in die Saat. In einen Zipfel bindet der Bauer Brot und Geld oder die Körner der letzten Erntekrone oder geweihte Palmkätzchen. Mitunter trägt der Sämann einen Donnerkeil im Laken. Auch wird die Saat mit Weihwasser besprengt.

Paul Sartori

Die Fastenzeit. Der Kas- oder Funkensonntag

Der Aschermittwoch als Beginn der Bußzeit trifft die mutwilligen Dorfburschen durchaus nicht in fastengemäßer Stimmung. Zwar knien sie beim Morgengottesdienste scheinbar zerknirscht in den Kirchenstühlen und lassen sich vom Pfarrer die Scheitel »einäschern«, aber ihre Gedanken sind nicht sowohl mit der kirchlichen Verrichtung, als vielmehr damit beschäftigt, wie sie den am Aschermittwoch üblichen Brauch des »Faschingeingrabens« möglichst aufsehenerregend in Szene setzen sollen.

Diese Sitte, die noch gegenwärtig, wenn auch abgeschwächt, ziemlich im Schwunge ist, geht auf verschiedene Weise vor sich. Im unterinntalischen Dorfe Hochfilzen wird dasselbe durch einen Strohmann dargestellt, den man in den Schnee wirft und darin vergräbt; jetzt tun dies gewöhnlich nur mehr die Kinder. An anderen Orten des Inntales ist das »Faschingsuchen« üblich. Am Aschermittwoch laufen die Burschen mit Schaufeln, Pickeln und einer Laterne wie besessen in den Dorfgassen herum, hacken überall den gefrorenen Boden auf, leuchten unter jeden Wagen und in jede Scheune hinein und gehen schließlich ins Wirtshaus.

Das Landvolk feiert die Wiederkehr der schönen Jahreszeit durch verschiedene Gebräuche. Ein Seitenstück zu dem beschriebenen Pflugziehen ist das im Vinschgau übliche »Langaswecken« (Lenzwecken) um Petri Stuhlfeier (22. Februar). Dabei hängen Buben große Schellen und Kuhglocken an den Hals und laufen unter dem gellenden Rufe: »Peter Langas, Peter Langas!« johlend und schellend durch das Dorf. Als Hauptspaß schleichen sie sich in die Häuser und fangen vor der Stubentür ein entsetzliches Gepolter und Geschelle an, daß die Hausbewohner nicht wenig erschrecken. In der Umgebung von Bozen feiert man das Wiedererwachen der Natur durch das »Kornaufwecken« am Kässonntag, d.i. am ersten Sonntag in der Fasten. Abends tragen die Buben große Haufen Stroh und Reisig auf den Wiesen und Äckern zusammen und zünden sie an, wobei sie vorzüglich darauf sehen, daß die Flammen recht hoch auflodern. Wenn nun überall im Tal und auf den Höhen die roten Feuer durch das Dunkel strahlen, so lassen die größeren Burschen ihre Büchsen und Pistolen kanllen, während die kleineren mit Schellen und Glocken wie rasend durch das Feld laufen. Das dauert bis gegen Mitternacht. In ersterem Orte bereiten die Knaben einer jeden Häusergruppe einen großen Strohhaufen und zünden ihn bei einbrechender Dunkelheit an, indes sie mit Schellen und Sensen den

größtmöglichsten Lärm machen. In letzterem brennen am letzten Sonntag im März die sogenannten Märzenfeuer, d. h. auf hohen Stangen befestigte Reisigbüschel. Dazu schreien die Kinder und läuten mit Schellen und Glocken. Das »Märzenbrennen« enspricht dem oben erwähnten »Langas«, und »Kornaufwecken«.
Ihm müssen wir eine besondere Beachtung schenken.
Den Namen hat er von dem großen Käsmarkt, der tags vorher am sogenannten Kässamstag in Bozen, Meran und an anderen Orten abgehalten wird. An diesem Tage bringen nämlich die Bauern der Umgegend ihre Käsevorräte, die sie über den Winter ablagern ließen, in die Stadt auf den Markt, damit sich die ehrsamen Bürgersfrauen für die kommende Fastenzeit »einrichten« können. Er führt auch noch andere Namen, welche teils die hohe Bedeutung dartun, die man ihm beilegt, teils von den festlichen Gebräuchen herrühren, die man um diese Zeit übt. Zu ersteren gehören die Namen: Große Fastnacht, Herrenfastnacht, Allermannsfastnacht; zu letzteren: Holepfannsonntag, Funkensonntag, Küchlesonntag und Schafsonntag. Weit bedeutungsvoller sind Bräuche, welche uns die beiden anderen Namen »Funkensonntag« und »Holepfannesonntag« erklären. Sie lenken uns zur näheren Betrachtung jener großartigen Bergbeleuchtung, die am Abend dieses Tages von der Landbevölkerung veranstaltet wird, so prächtig und eindrucksvoll, wie sie kein Fürst der Erde bei seiner Huldigung erhalten kann.
Bei einbrechender Dunkelheit entzünden sich auf allen Höhen unzählige Feuer, die wie Sternlein durchs Tal leuchten. Sie sind besonders in alamannisch-schwäbischen Gegenden im Schwung, also in Schwaben, in der Schweiz, Vorarlberg, im obersten Onberinntal und Vinschgau, während im bajuwarischen Gebirge mehr die Sonnwendfeuer üblich sind. Wenn man von einem erhöhten Punkt aus, etwa vom Gebhardsberg bei Bregenz, das Auge über das dunkelnde Rheintal sendet oder von Mariagrün bei Feldkirch, so gewährt dies besonders in lauer Frühlingsnacht einen ganz seenhaften Anblick. Feuer um Feuer loht auf; der Gebirgszug des bayerischen Allgäu bis zum Pfänder, das Liechtensteinsche Hügelland, die St. Galler und Appenzeller Bergkette bis weit ins Glarner und Bündnerland sind mit »Funken« besät, desgleichen das Vorarlberger Hinterland mit seinen Seitentälern Montafon und Walsertal. Ja, würden wir uns in einem Ballon über den Alpengrat erheben können, so würden wir auch im Oberinntal, an den Flanken des Vinschgaus und im Kessel des Burggrafenamtes diese »Funken« ausgestreut sehen.
Diese »Funken« nun erscheinen, von der Ferne aus betrachtet, nur als kleine Sterne, in Wirklichkeit aber sind es riesige Feuer und bil-

den den Mittelpunkt des »Funkenbrennens«, eines höchst anziehenden und äußerst lebhaften Volksfestes. Der »Funke« besteht in der Regel aus einer schlanken Tanne, die mit Stroh umwickelt und bis weit hinauf mit Reisig und Scheitern förmlich ummauert ist. Am Wipfel trägt sie einen in Lumpen gehüllten Strohpopanz, die »Hexe« genannt. Meist ist diese mit Schießpulver gefüllt. Ringsum steht und lagert das junge Volk, Kinder, Burschen und Mädchen, voll Erwartung, bis der »Funke« entzündet wird.
Dieses feurige Spiel beschäftigt die Dorfburschen schon lange vorher. Wenn nun der Abend naht, meist aber schon nach der Vesper, eilt alles, was Beine hat, zum Scheibenbühel oder Scheibenknot hinaus, um dem erwarteten Schauspiele zuzusehen. Diese »Scheibenböden« befinden sich stets außerhalb einer Ortschaft auf einer passenden Anhöhe, am besten mit felsigem Grund. Im Hintergrunde brennt das Feuer zum Anglühen der Scheiben. Unten am Bergabhang, oft ziemlich weit entfernt, ist das zuschauende junge und alte Volk gelagert. Wie schon erwähnt, werden zuerst die bemalten Scheiben geworfen und erst bei eintretender Dämmerung die feurigen. Dies geschieht aber so. Ein Bursche nach dem andern macht seine an den Stock gesteckte Scheibe am Feuer glührot und tritt dann an den Rand des Bühels. Hier wird die Scheibe unter dem beständigen Rufe: »I reib', i reib, i reib' . . .« in immer stärkere Schwingungen versetzt und endlich durch schleifendes Aufschlagen auf dem Felsen oder auf der Bank kraftvoll hinausgeschnellt, daß sie in weitem Bogen kreisend und funkensprühend entfliegt. Dabei singt der Bursche je nach der Gegend:

> Die Scheibe, die Scheibe
> Will ich itz treibe,
> Schmalz in der Pfanne,
> Küchle in der Wanne,
> Pflug in der Erd,
> Schaug, wie bie Scheib außiröhrt (hinaussaust).

In erster Linie sind es natürlich die Mädchen, denen die Scheiben geschlagen werden. Je weiter die Scheibe fliegt, desto größer ist die Ehre für den Schläger, aber auch für das betreffende Mädchen. Sie muß ihm dafür zu Ostern ebenso viele gefärbte Eier als Gegengabe bescheren.
Über die Mitternachtsstunde hinaus zu bleiben wagt man nicht aus Furcht vor dem Bösen, mit dem um diese Zeit überhaupt nicht zu spaßen ist. Beleg hiefür nur ein paar Beispiele. So schlug einmal in

Schönwies ein betrunkener Bursche dem Teufel eine Scheibe. Sofort kam von der andern Seite des Tales ein Reiter auf weißem Roß herbeigesprengt, ritt zum Feuer und warf die Scheiben unter Gebrüll stundenweit über die Dörfer und Gehöfte, so daß man dem höllischen Scheibenschläger mit Weihbrunn und Ciborium zu Leib rükken mußte. Der Bursche aber verfiel in Siechtum und starb bald darauf. Ähnliches ereignete sich in Perjen im Oberinntale.

Nach dem Scheibenschlagen wählen – so war es wenigstens früher Sitte – die Burschen einen sogenannten Knittelmeister und schwärzen denselben mit Ruß. Er hat die Aufgabe, die Gesellschaft durch verschiedene Späße zu unterhalten. Dafür wird er im Wirtshause auf Gemeindekosten mit Wein, Brot und Käse belohnt. Überhaupt werden oder wurden die Burschen gleich den neuaufgenommenen Viehhirten, dem Kühger, Ober- und Untersenner etc. an diesem Abend von der Gemeinde bewirtet.

Es mag jedenfalls bei dieser nächtlichen Feier früher viel Unfug mitgelaufen sein. Wenigstens klagt schon der alte Imster Dekan Eggenstain im Jahre 1631, daß daselbst »amb Sonntag in der Fasten etliche Scheiben schlagen im namen des Teufels mit großer Ergernus, Insolenz und Geschrai«. Ausartungen, sowie nicht minder die Feuergefährlichkeit des Scheibenschlagens haben diesen Brauch in manchen Tälern, z. B. Lechtal, Außerfern, Kalterer Gegend, teils ganz verdrängt, teils abgeschwächt. Die Verordnungen dagegen reichen weit zurück. So wurde es bei Innsbruck bereits 1560 verboten. Wie lange noch, und es wird dieser schöne Brauch gleich anderen untergegangenen nur mehr in der Erinnerung des einen oder anderen alten Mannes leben, der in der Jugend seiner Herzallerliebsten die Scheibe geschlagen hat.

So reich nun der Beginn der Fastenzeit an echt volkstümlichen, meist im heidnischen Glauben der Vorzeit wurzelnden bäuerlichen Bräuchen ist, so nüchtern und farblos gestaltet sich, wenn wir von der Karwoche absehen, ihr weiterer Verlauf. Das Fastenpatent tut dem Bauern nicht weh. Fleisch kommt ohnehin selten auf seinen Tisch, und einen stärkeren Abbruch von Nahrung verbietet schon die in den März fallende schwere Frühlingsarbeit. In früheren Zeiten wurde es in dieser Hinsicht allerdings stenger genommen, und noch herrscht in manchen alten Häusern die patriarchalische Sitte, sich während der ganzen Fastenzeit des Fleischgenusses zu enthalten. Sehr fromme Leute versagen sich selbst das Tabakrauchen bis zum Karsamstagabend. Ein origineller Brauch herrscht oder besser gesagt herrschte in vielen Ortschaften des Oberinntales am Josefitag (19. März). An diesem Landesfesttage setzt sich Bauer und Gesinde im Festkleid frühmorgens an den großen Eßtisch. Die dampfende Suppenschüssel wird hereingetragen; man betet, wünscht sich gesegnete Mahlzeit und ergreift die Löffel. Aber in dem Augenblikke, als man anpacken will, nimmt die Bäuerin dem eßlustigen Kreise die Suppenschüssel »vor der Nase weg« und trägt sie in die Küche. Die Leute müssen nun fasten bis zum Sonnenuntergang. Sobald aber die letzten Strahlen die Bergspitze röten, fängt es in der Küche an zu prasseln und zu schmoren. Da kocht die Bäuerin eine riesige Schüssel voll Bretzensuppe, gut geschmalzen und mit Käse, Mohn oder Honig übergossen. Für das religiöse Bedürfnis der Bauern sorgen verschiedene Andachten, Predigten und Rosenkränze, die besonders beim frommen Stamme der Oberinntaler im Brauche sind.

Sehr beliebt ist auch der Besuch der sogenannten Kalvarienberge. In der Nähe des Ortes von einem Hügel oder Felsvorsprung blinkt das kleine Kirchlein herunter, zu dem ein Zickzackweg mit den Stationenbildern oder Kapellen hinanleitet. Solche Kalvarienberge trifft man fast bei jeder größeren tirolischen Ortschaft. Sie bilden oft eine reizende Zier der Gegend; ich erinnere nur an den von Imst, Zirl, Arzl, Taur, Bozen etc. An schönen Fastensonntagen nun wimmelt es von Besuchern, die einzeln und in Gruppen die Anhöhe hinaufklimmen, um vor den Stationenbildern ihre Andacht zu verrichten. Am Wege kauern Bettler und Bresthafte, die das Mitleid der frommen Waller in Anspruch nehmen. Im Kirchlein selbst trifft man gewöhnlich einen sogenannten heiligen Ölberg, Christus im Garten von Getsemane, vorn die schlafenden Jünger, im Hintergrunde die nahende Schergenrotte mit Judas an der Spitze. Manche dieser meist plastischen Darstellungen sind nicht ohne künstlerischen Wert, die meisten allerdings von entsetzlicher Plattheit, worüber sich jedoch der fromme Sinn des Volkes nicht im geringsten ärgert.

Nach dem Besuch des Kalvarienberges sind natürlich die Wirtshäuser überfüllt. An manchen Orten gibt es auch während dieser Zeit sogenannte Fastenkrippen, zu denen das andächtige Volk zieht. Sie werden am Ende des Faschings errichtet und bleiben bis zum Palmsonntag stehen, wo sie dann das heilige Grab ablöst. Berühmt ist die Fastenkrippe in dem oberländischen Dorfe Zirl, wo unter anderem der hinter dem Judas stehende Teufel in Frack und Zylinder der tiefgewurzelten Abneigung des Landvolkes gegen die »Herrenleut« kräftigen Ausdruck verleiht.

Ludwig von Hörmann

Von Dornen wundes Haupt
Fastenlied

1. [Von Dornen wundes Haupt, Blut, Speichel, Mark und Tränen
sind, was dein' Schönheit raubt, wer mag dich, Jesu, kennen!]
Dein holdes Angesicht, mein Aug vor Wehmut bricht, trägt eitel Spott und Hohn, verspeiter Gottessohn.

2. Ein Stein zum Thronessitz,
ein Purpur zum Umhüllen,
ein' Kron von tausend Spitz,
so Fleisch und Bein durchwühlen,
ein Moosrohr in der Hand,
zur Schmach ein König g'nannt,
gebeugt mit Heuchelei,
bei zetervollem G'schrei.

3. O Schrecken, welch ein Bild! –
Verlangen der Propheten –
o Jesu, wie so mild,
willst mich vom Tode retten!
Die Luft durch freche G'walt
von Backenstreichen schallt,
und dein so teures Blut
strömt hin durch Tigerswut.

4. Hirt, Heiland, wahrer Gott,
   gern gibt mein Auge Tränen,
   du wählst für mich den Tod,
   dein' Vater zu versöhnen.
   Du zahlst, was ich verschuld't,
   und leidest mit Geduld;
   des Vaters schwere Hand schlägt dich
   und mich verschont.

5. Dein sterbend Aug winkt mir,
   o Schäflein, laß dich finden,
   laß deines Hirten hier sein Herz
   mit dein' verbinden.
   Du fliehst den Hirten doch
   und trägst der Hölle Joch,
   noch liebst du eitle Pracht
   und zollst der Wollust Macht.

Staatliche Religionserlasse und Verbot der überflüssigen Feiertage

Den Maibaum schaffte bereits 1637 eine oberpfälzische Polizeiordnung als ein »unflätig, unchristlich Ding« ab, und Karl Theodor, wie der Cod. Maximil. wollten ihn ebenfalls unterdrücken, bis König Ludwig I. das Verbot widerrief. Man ließ dem Volke kein Recht mehr, und so wurden jetzt in katholischen wie früher in reformierten Landen altgermanische Bräuche willkürlich untersagt.

Das Volk im Isarwinkel ist äußerst religiös; stiftet Jahrtage und Seelenmessen ohne Zahl, nicht weniger Rosenkränze, die selbstverständlich nicht gehalten werden können. In Altötting allein rechnet man jährlich 40.000 überflüssig bestellte Messen, und selbst König Ludwig legte eine Verwahrung ein, daß die Gelder nicht gegen Abzug einer Quote ferner ins Ausland versandt werden dürften. Nichts geht in Altbayern wie im Böhmerwald über den Mutterwunsch: daß der Sohn ein (Geistlicher) »Herr« werde, und wenn er »auf was anderes studiert«, ist er ausgesprungen und findet nicht mehr den Respekt.

Kein Land, nur Tirol ausgenommen, zählte mehr Feiertage zu Müßigang, Raufgelegenheit und Mehrung der Verbrechen, als Bayern. Schon Amort war für die Abschaffung der überflüssigen Kalenderfeste eingetreten. Aus moralischen Gründen und um hinter den arbeitsameren Nachbarstaaten nicht noch mehr zurückzubleiben, wurden nun die Aposteltage und außerordentlichen Feste der Landes- und Diözesenpatrone St. Benno, Corbinian, Wolfgang, Kilian u. a. abgeschafft und nach dem Gottesdienste die Kirchen gesperrt. Wer sich im besseren Gewande sehen ließ und in die Kirche ging, wurde arretiert. Dies führte in dem besonders frommen Tölz zu einem förmlichen Aufstande. Als der Amtsbote und die Cordonisten am Corbiniantage siebzig Personen, Handwerker, Weiber und Kinder, verhafteten, gab es Feuer im Dache: in den Werkstätten wurde Umsage getroffen, an 200 Lohngesellen rotteten sich vor dem Amtshause zusammen, die wegen Blaumontags und Wirtshaussitzens Gefangenen zu befreien. Landrichter Ott drohte, militärische Hilfe von München anzurufen, zog jedoch vor, nachzugeben und »für diesesmal« die in Haft Gehaltenen freizugeben. Am 28. Januar 1803 wurden die Namen der Priester bekanntgegeben, welche den Vollzug der Verordnung betreffend der abgewürdigten Feiertage genau befolgt und die Regierung »in Einführung reiner Religionsbegriffe und Verbannung des Aberglaubens« unterstützt hatten.

Schon den 5. September 1801 erging das Verbot, die Christmette um Mitternacht zu halten, man verwies sie auf 5 Uhr morgens. Erst König Ludwig hat den nächtlichen Gottesdienst neuerdings gestattet, überhaupt manches wieder ins Geleise gebracht, nur daß es nicht so geistlos wie unter Karl Theodor herging. Die Griechen und Russen begehen mit freudiger Illumination die Auferstehungsfeier in der Mitternachtsstunde. Jeder ältere Mann erinnert sich in meiner Jugendzeit noch, wie man jeden Abend um acht Uhr gewöhnlich mit einem eigenen Glöcklein im ganzen Lande Huß ausläutete, bis zur Zeit des Kurfürsten Max III., in Amberg noch 1774. Mithin war es kein Hausausläuten zum Torschlusse. Dabei pflegte man in Amberg noch für die Erhaltung des reinen Glaubens wider das Aufkommen von Ketzereien zu beten. So läutete man früher die Türkenglocke; dies hörte in Weilheim am 1. Oktober 1698 auf, fing aber am 8. November 1713 und 18. Oktober 1716 wieder an. Auch das Läuten der Wetterglocken ward nun abgestellt und kam erst unter Ludwig I. wieder in Schwang.

In Bayern wurden noch 1805 beim Wetterläuten achtzehn Bauern vom Blitze erschlagen. Als Graf Montgelas das Verbot erließ und man die Kirchen absperrte, erstiegen viele zum Läuten die Kirchtürme. Als Kaiser Joseph II. den Salzburgern das Inswetterläuten wehrte, klagten sie laut, daß die Oberbayern ihnen alle Wetter hinüberschickten! Auch die Zeit für das kirchliche Glockengeläute wurde knapper bemessen. Als der Pfarrmeßner einmal während der Rekrutierung auf dem Rathause vielleicht ein paar Minuten länger läutete, zog der »gestrenge Herr« Ott die Uhr, stampfte mit dem Fuß, ließ den Mann sofort holen und drohte, nachdem er ihn ausgeschimpft, er hätte die größte Lust, ihm gleich 25 Stockprügel aufzählen zu lassen.

Augenscheinlich ist das katholische Altbayern im Vergleiche mit Norddeutschland an Wohlhabenheit zurückgeblieben, wie konnte es anders sein? Wir legten die Hände in den Schoß, während in evangelischen Ländern fleißig gearbeitet wurde. Die untere Arbeiterklasse begehrte zwar nicht den Achtstundentag, wie heute, wollte aber dafür die halbe Woche faulenzen. Als am Margaretentag 1770 das alte Schloß in Tölz eingestürzt war, bildete sich die Sage, es sei ein Gottesgericht gewesen zur Strafe dafür, daß der Graf den Dienstboten an diesem Feiertage Feldarbeit zugemutet habe. Wir übersehen nicht, daß in derlei Nachreden sich eine frühe, sozialistische Volksstimmung kundgibt. Nur Tirol hat noch mehr Feiertage als Bayern, weil das Land aller Industrie entbehrt und verarmt ist. Montalembert rechtfertigt die unablässigen Kirchenfeste durch den

Der Altar in der Ludwigstraße.

Lehensstaat, wo man dem Untertan Ruhetage gönnen wollte: damit hat es aber nun ein Ende. Hier legt man uns noch eine peinliche Frage vor: woher es komme, daß statistisch erwiesen mehr Kinder katholischer Eltern sterben, und Evangelische ein höheres Alter erreichen? Offenbar weil sie wohlhabender sind! Soll daran nicht unsere falsche Volkserziehung schuld sein?

Zum Danke, daß im Schwedenkrieg eine Frau Guta in der Stadt Bregenz durch ihre Wachsamkeit den nächtlichen Überfall vereitelt hatte, schrie der Nachtwächter in der Zeit von Martini bis Lichtmeß um neun Uhr nach dem Stundenruf: Ehrenguta! bis jetzt unter bayerischer Herrschaft der Landrichter Weber die geschichtliche Erinnerung abschaffte. Doch 1814 kam zur Befriedigung alles Volkes der Wächterruf wieder auf und dauert bis heute. (Vonbun, »Sagen Vorarlbergs 91«.)

Im Geiste der allgemeinen Gleichmacher oder heutigen Sozialdemokraten beantragte der Tölzer Marktschreiber Trochopöus, alle Privatgräber aufzuheben und aufzugeben und die Leichen ohne Unterschied in der Reihenfolge, wie sie gestorben, fort zu begraben. Damit hörte alle Totenfeier und Grabdenkmäler, also alle Familienpietät auf. Dieser Einführung verdankt Wien, daß man das Grab Mozarts schon nach wenig Wintertagen nicht mehr zu bestimmen wußte.

Die Krippenvorstellungen um Weihnachten, welche der heilige Franziskus zuerst eingeführt, wurden jetzt obrigkeitlich abgeschafft. Just in Tölz waren diese längst hergebracht und schrieben sich vielleicht schon von den unter Ludwig dem Bayer angesiedelten Minori-

ten her. Fast jedes Haus brachte die Vorstellungen zur Schau, von den Bürgern selbst die Figuren geschnitzt, die Köpfe nach Modellen gegossen, und, von den Frauen gekleidet, dann zur größten Freude der Kinderwelt »aufgerichtet«. Sprichwörtlich hieß es: »Da geht es zu, wie zu Haching im Krippel« – wo alles sich bewegte.
Eines übersahen die damaligen Kirchenleerer, nämlich die Beseitigung der überflüssigen Kreuzwege, welche, obschon von irriger Auffassung ausgegangen, jetzt den bevorzugten Gegenstand kirchlicher Kunstbestrebung bilden. Die alte Kirche und noch die Griechen, wie alle morgenländischen Christen, wissen nichts vom Kalvarienberge mit Leidensstationen. In der lateinischen Christenheit sind dieselben durch die Franziskaner in der Nachbildung der Via dolorosa zu Jerusalem eingeführt. Hier läuft ein Irrtum mit unter, denn die dortige Schmerzensgasse ist in falscher Richtung erst nach den Kreuzzügen angelegt, und daß Christus drei Fälle unter dem Kreuze getan, steht im Widerspruch mit dem Evangelium, wonach die römischen Soldaten das Marterholz, welches jeder Kreuzessträfling zur Richtstätte tragen mußte, aus Achtung vor dem großen Nazarener dem Simon von Cyrene aufluden. Aus künstlerischem Beweggrunde, um die Aufmerksamkeit noch mehr auf den Heiland zu ziehen, kam erst Albrecht Dürer auf den Gedanken, ihn unter dem Kreuze erliegen zu lassen, was dann Raphael ihm nachmachte. Von schweren Kreuzen kann bei dem Mangel an Holz im gelobten Lande überhaupt nicht die Rede sein: diese Vorstellungen sind nur zur andächtigen Leidensbetrachtung eingeführt. Insofern wäre die Beseitung der vielen, ursprünglich nur den Franziskanerkirchen von Rom aus erlaubten Kreuzwegen kein Angriff auf das Christentum. Als Nocker die sieben Kapellen am Kalvarienberg stiftete, waren die 14 Stationen keineswegs allüblich.
Zweimal wöchentlich fanden in der Fastenzeit die Kreuzwegandachten statt, ursprünglich in der Franziskanerkirche. Nach jedem der drei Fälle spielte ein wehmütiges Orgellied. In der Pfarrkirche war es an den sechs Wochen vor Gründonnerstag während der Ölbergandachten üblich, daß der Herr Jesus am Altare wie lebendig die drei Fälle that. In Andechs ward die Auferstehungsfeier um zwölf Uhr nachts begangen, in Folge der Verordnung von 1802 verlegte man sie auf den Anbruch der Osternacht. Am 24. April 1803 wurden die leibhaften Himmelfahrten und Geistessendungen in den Kirchen verboten. Das Volk tut es nicht anders, es will mit Händen greifen, um zu begreifen. Jetzt wurde alldas abbestellt, und es blieb dabei, bis Ludwig I. zur Regierung kam. Darauf ist der Riesch am Buchberg selber von Sr. Majestät vorgelassen worden und hat die

Erlaubnis ausgewirkt, auf seine Kosten die Vorstellung wieder herrichten zu lassen; zugleich tritt, um die Phantasie des Bergvolks zu befriedigen, zuletzt der Engel mit dem Kelche in Szene. Die königliche Bewilligung wurde sogar von der Kanzel verkündigt. Die Gruftkirche hieß auch Urstandskapelle, weil dort ursprünglich die Vorstellungen der Krippe, Auferstehung und Himmelfahrt nebst Geistessendung stattfanden.

Nach Verordnung vom 10. März 1803 mußten auch die heiligen Gräber in der Karwoche mit den farbigen Kugeln und umstehenden Personen beseitigt werden. Allerdings wissen die aus dem Seminar Kommenden am wenigsten die wahre Bedeutung, daß nämlich mit dem Tode Christi das Licht der Welt in den Hintergrund getreten und bis zur Auferstehung keines sichtbar in der Kirche brennen soll. Jahre lang durfte man nur mehr das Kreuz nebst schwarzem Katafalk mit Tüchern behängen und ein halbes Dutzend Unschlittkerzen daneben aufrichten, wie es bis kürzlich zu Tölz in der Mühlfeldkirche üblich blieb. Im Volke hieß man sie nur die Montgelasgräber.

Nach Kräften sollte dem Übermaße der Andachten gesteuert, auch der Meßwein und die Wachskerzen beschränkt werden. Überflüssigen Luxus und Verschwendung bei gottesdienstlichen Verrichtungen hatte schon Kaiser Joseph II. in seinen Landen verboten, weshalb ihn übrigens Friedrich II. als den ersten Sakristan im Kaiserstaate bespöttelte.

Johann Sepp

APRIL

In diesem Monat lasse du
Die Mittelader hübsch in Ruh.
Im Monat, den der Stier regiert,
schneid deine Bäume, wie sich's gebührt.
Im Haus magst du den Grund jetzt legen,
Saat, die du säest, bringt keinen Segen.
Laß dich von keinem Arzt verführen,
den Hals mit Eisen zu berühren.

Glockendon

Bauernregeln

Heller Mondschein im April
gibt an Wein und Obst nicht viel.

Aprilregen – großer Segen.

Im April ein Schauer Schnee,
keinem Dinge tut das weh.

Wenn der April bläst in sein Horn,
so steht es gut im Heu und Korn.

Schnurrt der Maikäfer im April,
machen Maienfrost ihn still.

Lostage

	Die Osterfesttage
1. 4.	April, April
3. 4.	St. Christian
23. 4.	St. Georg
24. 4.	St. Adalbert
25. 4.	St. Markus
28. 4.	St. Vitalis
30. 4.	Walpurgisnacht

Im April

April, April, der weiß nicht, was er will. Viel ist gerätselt worden, woher das In-den-April-Schicken kommt. Man hat es auf Judas geschoben, dessen Geburtstag der 1.4. ist. Am einleuchtendsten aber scheint die Erklärung, daß sich hier Reste von Frühlingsfastnachtszeit auf den 1.4. konzentriert haben.

Je näher es zur Karwoche kommt, um so strenger ist die Fastenzeit. Passionsspiele wurden allerorts aufgeführt, und die bildliche Darstellung einer Hauptfreude der alpenländischen Bevölkerung konnte sich ausleben in Palmeselprozessionen und Umgängen, wie wir sie heute nur selten kennen. Geblieben ist aber die Palmenweihe, der wundertätigen Palmkätzchen, die bei den verschiedensten Krankheiten und Gefahren für Mensch und Tier eine große Heilkraft haben sollen. Voller Stolz zeigen die Kinder ihre Palmstangen. Vor Ostern muß gebeichtet werden, und so gibt es für Dienstboten bestimmte Beichttage und für andere wieder solche für die Bauern. Aber alles lebt nun in Vorbereitung. Das Haus wird von unterst zu oberst gereinigt und geputzt. Der Mittwoch vor Ostern, noch ein normaler Werktag, heißt schon der krumme Mittwoch. An Gründonnerstag läuten die Glocken zum letzten Mal, bevor sie nach Rom wandern. Nun hört man die Karfreitagsratschn. Es ist Zeit, das heilige Grab aufzurichten. Denn nun gibt es Ölbergandachten, Passions- und Leidensgeschichtendarstellungen, Calvarienberggehen. Auch die Natur soll mittrauern. Wenn es am Karfreitag regnet, ist die ganze Frucht gesegnet.

Und endlich die Osterfreude dann an Ostersonntag. Die Glocken läuten, ein Frühlingsjubel ergreift alle. Jetzt kann man mit dem Eierpäcken beginnen.

Ein für die Landwirtschaft weiter wichtiger Tag ist der Georgitag, der 23.4. Georg, der Ritter zu Pferd, wird in vielen Pferdeprozessionen, vor allem im Chiemseegebiet, verehrt. Es ist aber auch der Tag der Hirten, die für den Sommer gedungen werden. So sammeln sich viele Hirtenbräuche am Georgitag. Zwei Tage später, am Markustag, vor allem, werden mit Beten und Umganggehen die frisch gebauten Äcker gesegnet.

H.C.E.

Der erste April

gilt nach altem Volksglauben bald als Geburts-, bald als Todestag des verräterischen Erzschelmen Judas. Diesen Tag rechnet man darum seit alters zu den Unglücks- oder doch wenigstens zu den verworfenen Tagen. Ein Tröpflein Blut von der Schelmennatur des Judas scheint ins menschliche Gemüt verspritzt worden zu sein. Denn am 1. April hält man seinen Mitmenschen gern etwas zum Narren. Groß und klein gefällt sich, dem Freunde eine Scherzlüge aufzubinden. Man sucht seinen Nächsten, auf dessen Albernheit bauend, zur Ausführung eines einfältigen, unerfüllbaren Auftrages zu veranlassen (»in den April zu schicken«). »Am 1. April« – so gibt ein alter Volksspruch die Erlaubnis – »kann man seinen Narren schicken, wohin man will.«
Die ältere Schwester sendet z.B. den jüngeren Bruder zum Goldschmiede oder Uhrmacher um ein goldenes Nichtschen oder ein silbernes Warteinweil. Die Köchin verlangt vom Hausmädchen, bei der Nachbarin ein Knödelsieb oder einen Wurstmodel zu leihen zu nehmen. Der Baumann oder Oberknecht läßt durch den Stallbuben beim Kramer nach Dukatensamen oder Buckelblau fragen. Ein Junge soll in der Apotheke um 10 Pfg. Schneckenblut, Muckenfett, Enten- oder Storchenmilch holen. Ein Mädchen wird um Tee aus dem heilkräftigen Kräutlein Owidumm oder Ibidumm geschickt. Oder man läßt Udoramustee und Benedizimustee holen, wie ihn die Mutter Gottes Maria getrunken. Ein berühmtes Aprileigenmittel ist auch der seltene Maurerschweiß etc. Welche Freude, welcher Spaß, wenn ein Aprilnarr auf den Leim geht! Er darf sich für den Spott aber, den man ihm angetan, schadlos halten und kann sich im Kramladen, wohin man ihn scherzweise gesendet hat, hernach eine Kleinigkeit (z.B. Guti) auf Rechnung des Spötters geben lassen.
Verschiedene Gegenden haben natürlich auch ihre verschiedenen, besonderen Aprilraritäten, um die geschickt wird. So z.B. das Allgäu den Sonnenbohrer und Nebeltrenner etc., die Offenbacher in der Pfalz die Dachziegelschere und den Strohbohrer etc. Der Scherzbrauch ist übrigens nicht bloß in deutschen Landen, sondern auch in England (making an April fool) und in Frankreich (poisson d'Avril) allgemein verbreitet. Bei uns übt man den Brauch auch am letzten April. So sind sich dann Anfang und Ende des wetterwendischen, launisch-neckischen Monats, der uns immer zum besten hält, würdig; denn »der April tut stets was er will«.

F.J.Bronner

Von bäuerlicher Arbeit

Das wachsende und reifende Getreide: Es ist eine heilige Zeit, eine Zeit banger Sorge und fröhlicher Hoffnung, wenn die Felder mit verheißungsvollem Segen sich immer reicher bekleiden. Tanz und alle übermütigen Lustbarkeiten müssen nun ruhen, denn sie könnten leicht des Himmels Zorn auf die Fluren herabrufen. Außer Hochgewittern und Hagel bedrohen Diebe, Wild, Vögel und Ungeziefer, aber auch dämonische Mächte das Gedeihen der Saaten, und zahllos sind die Mittel, mit denen man sich gegen diese Gefahren zu schützen sucht. Weißangestrichene Kreuze werden in die Felder gesetzt gegen Vögel und Wild, Wetterkreuze gegen Hagel und Blitz. Gegen die Vögel steckt man auch einen Knochen vom Karfreitagsbraten in den Acker oder Ochsenlungen an Stöcken, Besen, Brennesselstöcke, Sargsplitter. Die Vogelscheuchen, die in so mannigfaltigen Gestaltungen Feld und Garten zieren, sind wohl nicht alle aus rein praktischen Erwägungen hervorgegangen, sondern verkörpern eine fetischartige Macht, die die Pflanzung mit Zauberkräften schützen, aber auch ihre Fruchtbarkeit fördern soll. So wird in Königswartha die beim Ausdrusch der letzten Roggengarbe aus einem mit Stroh umwundenen Holzkreuz gefertigte Menschenfigur, der Alte oder Stary, bis zum Frühjahr verwahrt und dann, mit Rock und Hut bekleidet und mit einem Besen in der Hand, ins Krautfeld gestellt. Um Raupen fernzuhalten, muß eine nackte Frau das Feld umschreiten. Gegen Hagelschlag steckt man geweihte Palmen in die Saat; auch muß am Samstag oder Vorabend eines gebotenen Feiertages von 4 Uhr nachmittags an die Arbeit ruhen. Vor allem wird dem Wetterläuten zwingende Kraft zugeschrieben, namentlich wenn das Gewitter selbst am Himmel steht. Verbreitet ist der Brauch, beim ersten Gewitter sich auf dem Boden oder in der Saat zu wälzen. Die junge Saat erhält die Oster- und die Pfingsttaufe, indem sie von Bauer und Bäuerin mit Weihwasser besprengt wird. Mit brennender Pfeife dagegen umschreitet man im Altenburgischen die Rübsaat. Die schützende und segnende Kraft des Feuers zeigt sich aber namentlich in den Fackelläufen über die Kornfelder. Aber diese werden erst später berührt werden müssen, da sie mehr Gemeindesache sind und meist zu bestimmten Festzeiten des Jahres vorgenommen werden. Dasselbe gilt von den lärmenden Umzügen mit Schellen und Glocken, die »das Korn aufwecken« sollen, und von den ruhigeren, als gottesdienstliche Handlungen unter Beistand der Geistlichkeit vollzogenen Segnungen, Wallfahrten und Flurprozessionen, die Feldschaden und Mißwachs verhüten sollen. Aus ihnen sind wohl die sogen. Hagelfeiern hervorgegangen.

Wenn nun der frische Wind durch die junge, blühende Saat geht, wenn sie wie ein grüngelbes Meer recht wogt und Wellen schlägt, dann sagt man, der Wolf, der Eber oder der Hund jage hindurch, oder der Heiland weide seine Lämmer, das Kornmannl, die Kornfrau, die Roggenmutter gehen um, oder man meint auch wohl, »das Korn heirate«. Dann warnt man die Kinder eindringlich, sich in die

hohen Halme hineinzuwagen, damit sie der Roggenwolf oder Roggenhund, die Kornmutter, Kornfrau, Erbsenmutter oder Roggenmuhme, oder wie die dämonischen Gestalten alle heißen, nicht weghole. Aber während diese Wesen der Saat selbst mehr nützen als schaden, gibt es ein anderes, das in geheimnisvoller Tücke den reichen Segen zu mindern droht, das ist der Bilmesschnitter, Johannisschnitter, Binsenschneider. Er geht an bestimmten Tagen unsichtbar, mit Sicheln an den Füßen, durch die Getreidefelder und schneidet die Halme an. Auch Männer und Weiber, die mit dem Teufel im Bunde sind, vermögen den Bilmesschnitt zu machen. Manchmal sieht man den Saaten nichts an, und erst wenn das Getreide geschnitten wird, erkennt man die schmalen Streifen, wo der Schnitter gegangen ist, oder man nimmt gar erst beim Dreschen die Einbuße am Ertrage wahr. Da müssen denn rechtzeitig allerlei Schutzmittel angewandt werden.

So lassen Hoffnung und Furcht nicht ab, bis zur Ernte hin den Landmann wechselseitig zu erfreuen und zu ängstigen. Ja, selbst ein allzu guter Stand der Saaten hat etwas Bedrohliches. Gedeihen einem Besitzer die Feldfrüchte auffallend gut, so stirbt im laufenden Jahre irgendein älteres Mitglied seiner Familie. Und in gespannter Erwartung werden aus allerlei Anzeichen verschiedenster Art auf den Ausfall der künftigen Ernte und den wahrscheinlichen Preis des Getreides sehnsüchtige Schlüsse gezogen.

Paul Sartori

Volkstümliches vom Palmsonntag

Am Vorabende des letzten Fastensonntags oder Palmsonntags rüsteten ehedem alt und jung in Dorf und Stadt zum bevorstehenden Feste die »Palmboschen, Palmbeserln und Palmbäume« zur kirchlichen Weihe.
Das schöne, schon im 4. Jahrhundert in Jerusalem begangene und im 10. Jahrhundert in Augsburg nachgewiesene Fest bildet eine Erinnerung an den letzten feierlichen Einzug Jesus Christi, auf einer Eselin reitend, in Jerusalem, und die Einleitung der Passionsgeschichte, die die Kirche zum besseren Verständnis des Volkes darzustellen beliebte, und die Palmbüscherln und dergleichen Zweige mit den silberglänzenden, samtigen Blütenkatzerln sollen die wirklichen Palmwedel vertreten, mit welchen die Bewohner Jerusalems dem Heilande entgegenzogen mit dem Rufe: »Heil dem Sohne Davids! Gepriesen sei der da kommt im Namen des Herrn! Hosianna in der Höhe!«
Diesseits der Alpen, in unserem kalten Klima, sind keine echten Palmen, diese Sinnbilder des Friedens, gewachsen, und deshalb begnügte sich unser Volk mit den Blütenknospen der Palmweiden, Silberpappeln, Erlen, Haseln usw., während das bayerische Fürstenhaus die hohen Kosten nicht scheute, um echte Palmzweige und Oliven durch einen Kurier von Mailand für die Karwoche nach München bringen zu lassen.
Die Palmbeserln werden noch heutigen Tags zu diesem Feste vor den Kirchentüren feilgeboten und sind allerorts wohlbekannt und doch verschiedenartig in der Zusammenstellung. Bei uns sind sie in der Art eines Besens, unter Verwendung von Buntpapier gefällig zusammengebunden und an einen dünnen Stab gesteckt. In Triest haben sie beispielsweise die Gestalt eines Fächers mit kurzem Stiel. Die Palmbüscherln bestehen aus mehreren Pflanzen, vor allen ebenfalls

aus Palmweidenkätzchen, dann aus den immergrünen Zweigen der altheiligen Mistel, des zaubervollen Eibenbaumes und auch des von den Hexen gemiedenen Wacholders u. a., die, zu einem Strauße vereinigt, auf den geschälten Stiel der Haselstaude festgebunden werden.

Der Palmbaum endlich ist ein langer, kräftiger Ast vom Felberbaum oder von der Sahlweide, dessen Rinde mindestens zur Hälfte abgeschält sein muß, meist in schlangenförmigen Windungen, und auf dessen oberes Ende wird ein aus den gleichen Ingredienzien bestehender großer Palmbuschen, dem auch bunte Papierrosen, Schleifen und Bänder beigefügt sind, gesteckt. Auch sogenannte »Palmstangne«, lange Fichtenstangen mit kleinen Fahnen, bereitete man da und dort zur Weihe und zum Mittragen bei Prozessionen vor.

Das Binden der Beserln und Büsche besorgen mit fleißigen Händen die Mädchen. Das Abschneiden und Einholen der Stauden und Zweige ist Sache der Buben, zuweilen unter Führung des Oberknechts, der sich schon Wochen vorher den geeignetsten Ast zum »Palmbaum« herausgesucht und sich jedenfalls die mit mehr oder weniger Kunstverständnis erfolgende Abschälung vorbehalten hat, auch manchmal noch ein übriges tut und aus den Abfallstücken des Palmbaumes Kreuze und Heiligenfigürchen schnitzelt.

Am Palmsonntagmorgen steht alles frühzeitig auf, um sich nicht das Prädikat »Palmesel«, das dem zuletzt aus den Federn kriechenden Langschläfer dieses Tages zusteht, zu erwerben, und nach eingenommenem Frühstück begibt sich alles im großen Feiertagsstaat, der zur Vermeidung boshafter Sticheleien unerläßlich ist, unter Vorantragung des Palmbaumes durch den Stallburschen und mit Körben voll Palmbuschen und -beserln zur ehedem gleichfalls mit Palmzweigen gezierten Kirche, wo alsbald der feierliche Gottesdienst beginnt und dann die Weihe der Palmsonntagszeichen, zu welchen in vergangenen Zeiten auch Kultgebäcke in der Form von Palmeselein u. dergl. gehörten, von des Priesters Hand unter Beräucherung und Besprengung vollzogen wird.

Unmittelbar an die Weihe schloß sich eine unter Papst Gregor I. (590/604) eingeführte, den vorerwähnten Einzug Christi darstellende Prozession unter Mitführung eines ursprünglich wirklichen Esels, auf welchem ein Kleriker als Vertreter des Herrn saß. Später trat an deren Stelle ein hölzerner Esel, der Palmesel mit der geschnitzten Figur Christi mit der Gebärde des Segnens, der »Palmreiter«. Der Zug bewegte sich dreimal um die Kirche, vor Zeiten auch durch einige Gassen, und hielt dann vor der verschlossenen Kirchenpforte als Andeutung, daß der Himmel verschlossen war bis zur

Erlösung der Welt durch Jesus Christus. Dreimal klopfte der die Prozession führende Priester mit dem Schafte des hl. Kreuzes an die Kirchentür, die sich darauf öffnete und die Menge einströmen ließ zur feierlichen Messe, während welcher statt des Evangeliums die Passion nach Matthäus ohne Leuchter und Weihrauch gelesen wird. Wiederum zu Hause angelangt, geht es zur Verteilung der Büschel und Beserl. Nach altem Brauch sollte jedes Familienmitglied ein geweihtes Blütenkätzchen verschlucken, um das ganze Jahr vom Fieber verschont zu sein, zu gleichem Zwecke mischte man auch einige Palmknospen unter das Viehfutter. Hinter das Kruzifix im Herrgottswinkel der Bauernstube kam ein recht schönes Büscherl zum Schutze aller Hausbewohner vor Blitzgefahr, Hexen, Truden, Verzauberung, Anwünschung und Krankheit. Auch jedes andere Gemach erhielt zur sorglichen Bewahrung ein Büscherl, und je ein Zweig kam in den Stall, auf den Kornboden, in den Garten und aufs Feld, um auch gegen Verseuchung bzw. Hagelschlag geschützt zu sein. Beim Herannahen eines schweren Gewitters entzündete man ein frisches Herdfeuer und warf ein paar Palmkätzchen ins Feuer, dann nahmen Blitz und Hagelschauer andere Wege. In manchen Gegenden steckt man drei Palmmutzerl in die Getreidehaufen, um sie vor Mäusefraß und sonstigem Ungeziefer zu schützen. Einst war es auch Brauch, die Peitschenstecken zum Viehtreiben am Palmsonntag von der Haselstaude abzuschneiden, und im Lechrain strich man beim ersten Austrieb der Kuh damit über den Rücken, damit sie mehr Milch gibt. Drei Haselzweige ins Gebälk des Hauses gelegt oder drei Haselpflöcke ins Gebälk geschlagen, galten in Bayern und Franken als wirksamer Schutz gegen Feuersgefahr. Schlägt man am Palmsonntag einen Keil von Wacholderholz in den Boden der Dreschtenne, so muß der Feldverwüster, der »Bilwisschneider« kommen, und man erkennt in ihm gewöhnlich einen böswilligen Nachbar, so heißt's im Fränkischen.
Auch als Talismane fanden die »Palmpelzln« Anwendung, und es soll sehr nützlich gewesen sein, solche bei besonderen Anlässen bei sich zu tragen, z. B. an seinem Hochzeitstage, weil dadurch eine gute Ehe und ein reicher Kindersegen verbürgt würde. Es knüpfen sich noch viele Redensarten, Wetterregeln, Neckereien und Rätsel an den Palmsonntag und seine nur einmal im Jahre erschienenen, von der Jugend stets freudigst begrüßten Esel, worauf wir später zurückkommen werden. Für heute bringen wir auf der Titelseite das Bild eines künstlerisch wertvollen, aus dem 15. Jahrhundert stammenden Palmesels, den der Ulmer Maler und Bildhauer Hans Multscher als Meisterstück angefertigt hatte. Wir verdanken dasselbe der Ge-

fälligkeit der Redaktion des »Bayerlandes«. (»Bayerland« Bd. 22, Seite 421.) Das Nationalmuseum in München, das Germanische Museum in Nürnberg und mehrere Bezirksmuseen besitzen Originale der selten gewordenen Palmesel, die den Verfolgungen und Massakres um die Wende des 18. zum 19. Jahrhundert durch den St. Bürokratius glücklich entronnen waren. Dem letzten Münchener Palmesel wurde am 17. März 1806 in der St. Peterspfarrkirche der unschuldige Kopf von Staats wegen abgesägt. Damit war aber der alte Brauch doch noch nicht mit Stumpf und Stiel ausgerottet, und nächst der Tiroler Landeshauptstadt wird es noch heutigen Tages ausgeübt!

Ernst Sachsenhausen

Das Leiden-Christi-Singen in Großarl

...Die Fastenzeit ist vorüber. Am Palmsonntag haben die Buben ihre reichverzierten Palmbäume zur Weihe in die Kirche gebracht, im alten Wettstreit, wer sich des noch größeren erfreue. Mit dem Anbruch der Karwoche hält ein heiliger Ernst die Gemüter gefangen, und so lebenslustig sonst die Äußerungen unseres Volkes sind, in diesen Tagen hört man kein lautes Lachen, noch weniger frohen Sang oder gar einen hellen Juchzer. Am Morgen des Gründonnerstages haben die Glocken Abschied genommen, nur das knarrende, surrende Geräusch der Ratschen verkündet tagsüber die einzelnen Momente des Gottesdienstes. Die Dämmerung hat sich herabgesenkt, und einsam, verödet liegt die Straße des pongauischen Alpendorfes Großarl. Hie und da huscht eine vereinzelte Gestalt die Häuserreihe entlang. Jetzt schlägt es vom Turme der Pfarrkirche dreiviertel acht Uhr, da treten aus dem Hause des Schneiderfranzl sechzehn bis achtzehn Männer: es sind die Passionssänger. Bauern und Bauernburschen, die oft fünfviertel bis eineinhalb Stunden weit hergekommen sind von ihren entlegenen Berglehen. Die meisten von ihnen sind sehnige Gestalten im grünen Raßrocke, die Lederhose ist unter dem Knie gebunden, die Füße stecken in den schweren, mit Nägeln beschlagenen Schuhen, so scheuen sie kein Wetter; ob der Mond sein Silberlicht über das Tal ergießt, ob schwere Regenschauer niederprasseln oder tolles Schneetreiben sie in weiße Mäntel hüllt: durch nichts lassen sie sich abhalten, ihre beschwerliche Aufgabe zu erfüllen. Von acht Uhr abends bis vier Uhr früh harren sie aus, um, den größten Teil der Zeit im Freien verbringend, allstündlich ihr Passionslied zu singen. Es sind ganz kurze Pausen, in welchen sie sich Rast gönnen und sehr oft auch Schutz vor dem Unwetter in den Häusern suchen. Um acht Uhr haben sich die Sänger vor dem Pfarrhof eingefunden, und kaum ist der letzte Glockenschlag verhallt, so setzt der Lerchenbauer als Vorsänger ein:

»Merkt auf ihr Herrn und laßt euch sag'n!«

Die übrigen folgen im Chor, und so ertönt zweistimmig das Gründonnerstaglied in die Frühlingsnacht hinaus. Der Inhalt des Liedes hat den Leidensweg des Herrn zum Gegenstand, daher die volkstümliche Bezeichnung, »Leiden-Christi-Singen« trefflich gewählt ist.
Das Lied selbst lautet:

Merkt auf ihr Herrn und laßt euch sag'n. Hat 8 Uhr g'schlag'n.

Um 8 Uhr be=trach=tet zum En=de der Fa-sten,

be=trach=tet, was Je=sus für uns aus-ge-standen,

am Öl=berg er sit=zet, Blut und Was=ser schwit=zet.

Nur die=ses be=tracht, die=se Nacht. Hat 8 Uhr g'schlag'n.

9 Uhr.

Um neun Uhr alleine die Keuschheit behüte,
Nicht gleich wie Venus die Laster aufbiete.
Dann Jesus wird g'fangen
Mit Spießen und Stangen
Die Ursach allein, wir sein.
Hat 9 Uhr g'schlag'n.

10 Uhr.

Schon zehn Uhr, schon zehn Uhr, der Wachter tut sprechen,
Betrachtet, Pilatus tut den Stab schon brechen,

Und Jesus verdammen,
Der von höchsten Stammen,
Zum schmerzlichsten Tod, ach Spott.
Hat 10 Uhr g'schlag'n.

11 Uhr.
Um elf betrachtet, wie Jesus dermaßen,
Von Juden gegeißelt auf offener Straßen,
Mit Ketten und Geißel,
Das unschuldig Weisel.
Drum meid' die Sünd', mein Kind!
Hat 11 Uhr g'schlag'n.

Gnadenreiche Bildnus des gegeißleten Heilandts in der also genandten Wiß Capellen Steingadischer Pfarr.

F. A. Bühler sc. A. V.

12 Uhr.

Christen betrachtet, Gott wird gar gekrönet
Mit Dornen, gleich einem Narren verhöhnet,
Ach nehmt es zu Herzen,
Was Gott für Schmerzen
Wegen uns'rer Sünd' empfindt!
Hat 12 Uhr g'schlag'n.

1 Uhr.

Das Urteil ist gesprochen, es hilft gar kein Klagen,
Mein Jesus muß das schwere Kreuz hinauftragen,
Wo er drauf muß sterben,
Kein' Gnad' kann erwerben.
Ach nehmet es zu Herz, was Schmerz.
Hat 1 Uhr g'schlag'n.

2 Uhr.

Am Stamme des Kreuzes tut Jesus schon hangen,
Der niemals kein Übel, keine Sünd' hat begangen.
Nur unsre Sünden
Tun ihn ans Kreuz binden.
Betracht Christi Pein allein.
Hat 2 Uhr g'schlag'n.

3 Uhr.

Seht, Jesus tut jetzt schon das Zeitliche enden,
Sein' Seel' auch dem himmlischen Vater zusenden,
Hat die Teufelsketten
Schon wirklich zertreten.
Ist alles vollbracht! Betracht!
Hat 3 Uhr g'schlag'n.

4 Uhr.

Christen, steht auf, denn die Zeit ist vorhanden,
Betrachtet, was Jesus für uns ausgestanden.
In Gott's Nam' erwachet.
Das heilig' Kreuz machet.
Ist alles vollbracht dieser Nacht.
Hat 4 Uhr g'schlag'n.

Jeder Strophe geht der Nachtwächterruf: »Merkt auf Ihr Herrn und laßt euch sag'n« mit der entsprechenden Zeitangabe voraus.

Gewiß, es ist kein Kunstgesang, den hier das Ohr zu hören bekommt; rauh wie die Schroffen der Berge entringen sich die Töne den Kehlen der Sänger, und doch liegt im Liede etwas, was unser Gemüt unwillkürlich rührt und erhebt. Die volkstümliche Einfachheit der Melodie, der schlichte, naive Text, beide spiegeln das Empfinden unseres Volkes unverfälscht wider und wirken ergreifend auf den Zuhörer.

Ist die erste Strophe gesungen, so wandern die Sänger weiter zum Bleiwanghaus und wiederholen sie dort in gleicher Weise, dasselbe erfolgt ferner beim Christianhaus, beim Schornlechnerhaus, bei der Brunnstube und endlich bei der Neuwirtskapelle.

Nun tritt bis neun Uhr eine Pause ein, worauf die zweite Strophe in gleicher Form an die Reihe kommt.

Mit bewunderswerter Treue bleiben die Leute diesem schönen Brauche treu. So wird erzählt, daß Adam Hettegger, Austragbauer zu Unterviehhaus, bis zu seinem 81. Lebensjahre Vorsänger bei dem Leiden-Christi-Singen war. Er gehörte überhaupt durch fünfzig Jahre der Sängergilde an und starb, 85 Jahre alt, am 6. September 1906.

Heinrich Pröhle

Die Karwoche
Von den Antlaßeiern und den Ratschen

Die Tage, an welchen die christliche Menschheit ihrem Heilande, welcher die Schuld der Welt sühnend in Leid und Tod geht, die tiefste Trauer und höchste Liebe weiht.
Das katholische Altbayernland gibt diesem Donnerstage den altehrwürdigen Namen »Der Antlaß-Pfinzta«. Nur mehr in unserm christlichen Volksmund fortlebend, scheint das schöne deutsche Wort »Antlaß« das heilige Abendmahl zu bedeuten; denn die beiden Donnerstage, welche dieses Wunder verkünden und dolmetschen, heißen »Antlaßtage« (jener, an welchem zur Gnade für die Christenheit das Korn der Weizenähre und das Blut der Rebentraube verwandelt wurde, und jener, an welchem die römische Kirche in Glauben und Lobpreis der gottgewordenen Hostie den hehren Triumphzug bereitet). Für »Antlespfinzta« spricht der tiefere Volksmund auch noch »der Oles-Pfinzta« (Obles, Ablaß). So wäre denn mit dem Namen »Antlaß« (d.h. Entlaß aus den Sünden und deren Jenseits- und Diesseitsstrafen durch Beicht, Gottestisch, Buße) jene voll freudige Christengnade bezeichnet, welche keiner anderen hohen Kirchzeit so reich entsprudelt wie den Abendmahlsfesten.
Je inniger sich ein Tag verwebt mit unserm christlichen Heilande, um so heiliger gilt er in dem Altbayernvolk; es schreibt ihm Wunderkräfte zu auf Ewiges und Zeitliches, und die Wurzel dieses Glaubens ist keine ganz unrechte. Freilich begegnet dem ländlichen Altbayernhaus dabei zuweilen der Fehler, daß es über die kirchliche Segenlehre hinausgeht, sich von solch einem hehren Gottestag einen Gegenstand herausgreift und ihm ein mehr wie rechtes Glauben und Vertrauen schenkt. So trägt jedes Ei, welches die altbayerische Henne am heiligen Gründonnerstage legt, den auserlesenen Ehrennamen »Antlaß-Ei«; denn es ist kein gewöhnliches mehr, sondern ein außerordentliches. Sie werden sämtlich gefärbt und als rote Ostereier zur Speisenweihe getragen, überdies ihre Schalen oben und unten eingebrochen aus einem Doppelgrund: damit erstens kein Antlaß-Ei verwechselt werde und zweitens die Weihe in doppeltem Strom eindringe. Jedes in der Altbayernfamilie bekommt sein geweihtes Antlaß-Ei: voran der Bauer und die Bäuerin, nach ihnen Söhne und Töchter, und wenn ausreichend auch noch Knechte und Mägde. Haben die Hühner am Gründonnerstag zu wenig gelegt, so werden in jenen Häusern, in welchen Glaube, Sitte und Väterart am zähesten fortleben, die geweihten Antlaß-Eier sogar zerstückelt,

damit ein jedes Familienglied davon erhalte. Eine kirchlich und damit auch göttlich gesegnete Osterspeise ist das Antlaß-Ei; darin verbleibt der Volksglaube auf dem Boden katholischer Lehre. Er gerät jedoch in die Irre, wenn er vom geweihten Gründonnerstagsei besondere Geheimkräfte erwartet. Zum Beispiel wenn deren Schale vergraben in der Weizenbreite, verborgen in die erste Erntegarbe, hinterlegt in dem Stall, getragen am Leib, dann schütze und feie das Antlaß-Ei den Getreidehalm gegen Pilz und Brand; Scheune und Speicher wider Wetterstrahl, Wasserflut und Brandfackel; das Vieh gegen Pest, Seuche und Fall; und das Männervolk wider Wehtun beim Heben und Tragen. Natürlich Dinge, welche ein geweihtes Ei weder zustande bringen kann noch auch will, denn das Weihegebet enthält davon nicht ein Wort. Das Antlaß-Ei ist auch nur Volkssache und vom Kirchenbrauch nicht begehrt zur Weihe.
Am Gründonnerstage sterben beim Gloria des Hochamtes die Glocken: die Klänge der Freude verstummen vom Turm und von der Orgel; die düstere Holzklapper tönt durch die Kirche; die Trauer um den lieben Heiland beginnt. Die Priester und Hausväter vom katholischen Altbayernland halten in der Pfarrkirche ihr österliches Abendmahl. Die Hausfrauen können die Eierfarben proben, denn sie haben am Tag der schmerzhaften Gottesmutter schon gebeichtet und gespeist; es werden von einem Haus zum andern die roten Eier gemustert, und die Kleinen freuen sich bereits unsäglich. In den Abendstunden regen sich die männlichen und weiblichen Dorfhände, um das Grab des Heilandes in Stand zu setzen: die einen zimmern und schreinern, die anderen füllen die farbigen Glaskugeln; man trägt von allen Häusern die Blumentöpfe herbei; heute schon ist die Schlummerstätte bereit für morgen. Ein echt katholisches Schaffen, worin das Göttliche und Menschliche, die Religion und das Volkstum sich so ungezwungen und natürlich vermählen. –
Im Karfreitag findet das Altbayernvolk seine Pfarrkirchen so, wie das ganze Jahr nicht mehr: nämlich in die dunkelste Wittwenfarbe gekleidet und eindringlich beredt durch die Sprache der heiligsten, ernstesten Zeremonien. Nicht als wäre ein Kirchgang geboten, aber wer nur immer kann, der geht doch zur Kirche.
Es tritt nun der Priester, gehüllt in die schwarze Kirchenkleidung und vollziehend den katholischen Ritus, mit seinen Meßknaben aus der Sakristei und wirft sich vor dem Altar auf sein Angesicht nieder: in tiefem Reueschmerz den Gekreuzigten anbetend. Das ist der Beginn der so außerordentlichen Karfreitagsmesse, deren Evangelium die letzte »Passion«.

Was schon die Augen in den so frommen Zeremonien geschaut, das sollen nun auch die Ohren vernehmen; der Priester steht nämlich jetzt auf der Kanzel, um zu predigen von dem Tage, welcher an Gnaden und Pflichten so reich wie kein anderer mehr. Die Karfreitagsmesse, welche alsdann vor sich geht, hat keine Wandlung, sondern der Priester entnimmt dem Sakramenthäuschen eine gewandelte Hostie vom Gründonnerstag und trägt sie in anbetender Prozession zum Altar, erzeigt dem göttlichen Heilande mit dem Weihrauch die königliche Ehre, erhöht die Hostie in die Augen des andächtigen Volkes, aber heute nicht mit seinen beiden Priesterhänden, sondern nur mit der rechten, und nimmt sein heiliges Abendmahl nur in der Hostie allein (nicht auch aus dem Kelch, wie sonst immer). Denn die Karfreitagsmesse hat wegen ihrer schmucklosen Kürze nicht mehr ihresgleichen. Und nun, da die kirchliche Morgenfeier zu Ende ist, liegt der liebe Heiland unter dem katholischen Altbayernvolk durchaus nicht einsam und verlassen in seinem Grabe: die Familienhäuser halten ihm die Gebetstunde und Ehrenwache; die der Kirche benachbarten die mittägliche, die entfernten die nachmittägliche. Den Wetteifer belebt noch das heilige Grab (die Kirche heute eine Schaubühne mit farbigen Kugeln, welche ihr buntprächtiges Licht in das Kirchendunkel ausstrahlen).
Gegen Abend vollzieht sich noch eine wundersam ergreifende Andacht: die Trauermette; es sind die »Lamentationen« (Klagelieder des Propheten Jeremias). Sie reden von Sünde, Strafe, Reue und Gnade so bewegend, daß sie, gemischt mit gleichartigen Psalmen, in diesen Karwochentagen das Gebet der neutestamentlichen Kirche bilden (von den Priestern unter weihevollen Orgelharmonien zu singen). Dabei steht ein triangelförmiger Leuchter in der Kirche, mit fünfzehn Kerzenflammen so besteckt, daß je sieben rechts emporlaufen und je sieben links; die Hochkerze sinnbildet den Heiland, die übrigen seine Apostel und Jünger. Sowie ein Psalm gesungen ist, sieht man jedesmal den Kirchendiener, von unten anfangend, eine Jüngerkerze löschen. Es führt uns jenes erschütternde Menschenschauspiel vor Augen, wie von den treuesten Jüngern einer um den andern seine Liebesglut verliert und seinen Heiland verläßt, dahin flüchtend und dorthin. Nur die einzige erlischt nicht: die Heilandskerze, welche immer hell in das Dunkel flammt bis zum Ende der »Trauermette«. Die bewegte Holzratsche hinter dem Altar verkündet dieses Ende; ihr kurzes, befremdendes Geräusch sinnbildet die Störung der Natur beim Tode des heiligsten Gottmenschen. –
Am Karsamstage beginnt die Morgenfeier mit der kirchenlichen Feuerweihe, vom Altbayernmund die »Scheitlweich« genannt und

vor dem Kirchenportal vollzogen. Jährlich am Karsamstagmorgen wird alles alte Kirchenlicht ausgelöscht, sogar jenes in der Gotteslampe, denn es kommt nun ein neues. Der Sakristan schlägt es aus dem Kiesel, der Priester weiht es, und jede Familie der Pfarrei läßt ihr Palmscheit von diesem Feuer anbrennen. Hauptsächlich das junge Rangenvolk besorgt dieses heilige Geschäft zuweilen ein wenig unheilig; wenn nämlich keine starke ordnende Manneshand hinter ihnen. Aber es fehlt aus keinem Hause das Scheit, denn es ist nun doppelt geweiht (am Sonntag der Palmen und am Samstag der Karwoche) und man schnitzt daraus die Kreuzchen für die Feldweihe. Der Priester geht mit dem neuen Licht in die Kirche und singt ihm nun in herrlich bewegten gregorianischen Choraltönen einen Preisgesang, in welchem er zur Freude aufbietet: den Himmel, die Erde, die apostolische Kirche. Die katholischen Gottestempel erheischen ein heiliges »Ewiges Licht« bei Tag und Nacht, denn sie herbergen in ihrem schmuckreichsten Altarstübchen jenes »Licht der Welt«, welches in der Lehrhalle von Jerusalem sprach: »Die mir folgen, irren nicht im Dunkel.« Diese Weltleuchte anzeigend und anbetend, darf nun in den katholischen Kirchenampeln die geweihte Flamme niemals erlöschen: wo das ewige Licht, da der ewige Christus.

Dieses die Karwoche in der Kirche; nun rankt sich aber auch außerhalb der geweihten Mauern (in den Familienstuben und Dorfgassen) noch so manche weltliche Volkssitte um diese Tage. Wie schon gesehen, so führt in der Zeit vom Sterben bis zum Wiedererstehen der Glocken die »Ratsche« den Herrscherstab im Altbayernland: der anbrechende Tag, die kirchlichen Andachten, die häuslichen Gebetszeiten, die anbrechende Nacht werden nicht mehr geläutet, sondern nur noch geratscht; der Küster dreht die große Standratsche, welche entweder im Turme steht oder im Freithofe; die Meßknaben laufen mit ihren Handratschen durch das Dorf (jeder seine eigene Gasse nehmend und die Zeiten ausratschend). Dafür erhalten sie ihren Sold in roten Eiern, in einem Mitteldorfe immerhin doch fünfundzwanzig Stück ein jeder, jedoch nur, »wo es der Brauch is«. Das lustige, rüstige Volk der Buben ratscht in Altbayern ohne allen Sold schon so gern, nun natürlich erst recht um die roten Eier. Es geschieht eher zu viel wie zu wenig, und so bekommt denn die Klapper, welche in der Kirche den heiligen Karwochendienst tut, heraußen im Dorfe einen Übelnamen; unser Volksmund tauft nämlich die recht redseligen Weiber: junge und alte »Karfreiterratschen«.

Das ländliche Kindervölkchen, welches in den ersten Höschen und Röckchen steht, hat auch seine Karwochenfreuden. Auf allen Wegen kommt es (an der Hand und Huckepack) mit Vater und Mutter in größtem Putz herbei zur Pfarrkirche: zuerst um die vielfarbigen Feuerkugeln des heiligen Grabes zu schauen und den lieben Heiland zu »schmatzen«, und alsdann das gute Eierweckl zu schmausen, das der Bäck eigens für die heilige Grabschau in seinem Laden führt und welches den altbayerischen Schmeichelnamen »Maunl« trägt. Regnen soll es nicht an den Karwochentagen. Schon am grünen Donnerstag nicht, denn da regnet es sonst den ilmländischen »Gänseltod«, d. h. es fallen keine goldgelben schnatternden Gänschen aus von den Eiern. Aber am Karfreitage auch nicht, denn in einem solchen Jahre, in welchem es dem Heilande in sein Grab regnet, gibt kein anderer Regen mehr aus (sonach Dürre und Futtermangel). Seine katholischen Abstinenztage hält das Altbayernland sonst ganz gewöhnlich bei der Dampfnudel und ohne Fisch; nun aber seinen Karfreitagskarpfen möchte ein jedes Haus haben, denn wer diesen speist, dem geht dieses Jahr das Geld nicht aus, jedem andern aber schon. Am seltsamsten belebt das Karsamstagsgeläut einen Altbayernhof. Sowie nämlich (aus ihrer Totenklage wieder erstehend) die geweihten Glocken sich regen und schwingen in den altersgebräunten Eichenstühlen und hintönen über Tal und Hügel, so laufen hurtige drei, um ja ihr wichtiges Geschäft nicht zu versäumen: 1) Diejenige Maid, welche unschöne Sommermale im Gesicht hat, schleicht sich verschämt und verstohlen, aber vertrauend zum Bach und wäscht sich darin ihr Antlitz (denn unter dem Karsamstagsgloria soll der reinen Wasserflut die Geheimkraft innewohnen, die verlorene Schönheit zurückzugeben). 2) Eine andere Maid aber, welche ein Schönheitsanliegen nicht hat, rupft eilfertig und mit emsigster Hand ein ganzes Fürtuch voll junges saftiges Heckengras (denn dieses unter dem Karsamstagsgeläut gesammelte Gras gilt als ein auserlesen Schmalzfutter für die Kühe). Die Maid selber glaubt, sie könne dann doppelt so viel Milch zeideln und sich bei ihrer Bäuerin damit hoch einschmeicheln. 3) Und noch jemand rennt beim Karsamstagsgloria, der Bursch, und treibt mit dröhnenden Hackenschlägen einen Pflock in die Mitte des Hofes (denn so weit nun dieser Schall hingeht in die Felder und Hölzer, so weit ist rund herum der Bauernhof gefeit und der räuberische Fuchs von ihm gebannt; er kann in diesem Jahr weder Henne noch Gans und Ente anschleichen und würgen). Wunderliche Glauben und Bräuche, natürlich nichts helfend und ohne Grund in die heilige Karwoche eingerankt; sie stehen zumeist in Blüte an der Ilm und Abens, jedoch auch schon mehr erlöschend wie zunehmend. –

Mit dem »Herrgottschmatzen«, welches schon zahlreich am Karfreitage und noch zahlreicher am Karsamstage geschieht nimmt es

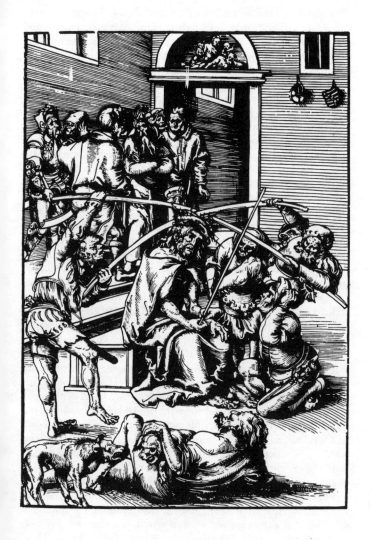

der Altbayer recht umständlich und gründlich: das dornendurchstochene Gotteshaupt, jede durchbohrte Hand, das vom Lanzenstoß eröffnete Herz, jeder durchnagelte Fuß werden (wie sie es millionenmal verdienen) bedeckt mit den Küssen der dankbarsten Liebe. Und namentlich das fromme Geschlecht der kleinen Mädchen ist eifrig in diesem Heilandbusseln. Freilich werden sie dabei (selten zwar, aber doch, um auch ein Schattenbildchen nicht zu verschweigen) das Opfer eines rechten Bubenstückes: während nämlich das Mädchen die göttlichen Füße abküßt, gibt ihm ein lauernder Kirchenschänder verstohlen einen Stoß, und plautsch fährt sie mit dem gespitzten Mäulchen nieder zum Pflaster. Aber das tun, am heiligen Ort und zu heiliger Stunde, nicht etwa die erwachsenen Bursche den mannbaren Jungenfrauen (wie man außer katholischen Landes diesen Kirchenunfug sich einbildet), sondern nur ein achtelswüchsiger Bube, der eigentlich doch mehr tatendürstig als ruchlos ist und welchem der volle Verstand über das Heiligtum noch nicht ganz aufgegangen; und übrigens kuriert die Rute schon von solchen Bubenstückchen.

Der Karsamstagsabend verwandelt zuletzt die altbayerische Landwie Stadtkirche in ein Lichtmeer, denn die Auferstehungsstunde schlägt: der Priester singt es dreimal in feierlich erhöhten Tönen »Christ ist erstanden«. Die Orgel, auch wieder auflebend, gibt ihre freudigsten Akkorde, die sämtlichen Glocken jauchzen zusammen, die Meßknaben vertauschen ihre dumpf traurigen Holzklappern mit den harmonisch klingenden Altarschellen. Der gekreuzigte Heiland wandelt (bereits glorreich auferstanden) durch die Kirche, und das katholische Volk der Altbayern jubelt ihm zu: »Hochgelobt und gebenedeit«! Die schöne Auferstehungsfeier vorbei, heißt es nun auch noch die heilige Grabstätte abzimmern; flinke Hände in Menge tragen die Leuchter, Glaskugeln, Blumentöpfe, Ampeln, gemalte Grotte, Ölbäume und Grabsoldaten hurtig von dannen; weibliche Arme waschen, scheuern und fegen die heiligen Räume; unter emsiger Küsterhand ersteht die hochfestliche Zier der Altäre. Der späte Sonnabend zeigt die Pfarrkirche schon im vollen Osterschmuck.

Vorüber sind Fasten und Karwoche mit ihrer Trauer und Buße. Das fröhliche Alleluja ist in das katholische Altbayernland geläutet. Die schönste der Kirchenzeiten kommt mit dem lachenden Frühling Arm in Arm, und jedes liebe Gottesgeschöpf in Kirche, Haus, Wiese, Feld und Wald atmet Freude, Freude, Freude.

Joseph Schlicht

Passions- und Osterspiele

In altersgrauer Zeit, wahrscheinlich schon im 4. Jahrhundert unserer Zeitrechnung, übte man in der christlichen Kirche zu Jerusalem den Brauch, während der Karwoche an den Leidensstätten unseres Herrn Jesus Christi Gottesdienste mit Vorlesungen über seine Gefangennahme, das Gericht, seinen Leidensweg und Tod, Grablegung und Auferstehung zu halten.
In der Nacht von Gründonnerstag zum Karfreitag las man in Gethsemane das Evangelium Matthäi, Kap. 26 (36-58) und darauf in der Kreuzeskirche die Verhandlungen vor Kaiphas und Pontius Pilatus. Beim Morgengottesdienst am Karfreitag folgte ebenda der Bericht über die Kreuzigung und den Tod des Herrn und am Abend des gleichen Tages in der Grabeskirche der der Grablegung. Die Vorlesungen bezweckten die Erinnerung an die Leiden und den Tod des Welterlösers im Volke wach zu erhalten und die Verlegung an Ort und Stelle der Geschehnisse, um sie eindrucksvoller zu gestalten. In den damit verbundenen Umgängen erblickten wir unschwer die Anfänge der »Karfreitagsprozessionen«, welche eine Vervollkommnung der Passionsfeier bedeuteten.
Eine weitere Ausgestaltung und Erhöhung der Feier erfolgte mit der Entwicklung der Gesangeskunst durch Einführung der Chöre, durch den Wechselgesang zwischen Priester und Chor und namentlich durch die Teilung des Sängerchores in zwei Halbchöre, worin schon der dramatische Keim lag. Frühzeitig stellte sich denn auch das Verlangen ein, zur größeren Verherrlichung den Passionsworten und -gesängen auch figürlichen Ausdruck zu geben und zunächst den Hauptpersonen des Evangeliums Gestalt zu verleihen und sie selbst auftreten zu lassen.
Über Rom, wo sich der Papst persönlich an den Karfreitagsumgängen beteiligt hatte, war die Passionsfeier gegen Ende des 8. oder Anfang des 9. Jahrhunderts nach Deutschland gekommen, und aus der Zeit vor dem Jahre 900 ist uns ein kurzes Osterspiel aus St. Gallen erhalten, welches, von Klerikern in lateinischer Sprache in der Kirche gespielt, die Ostermesse einleitete. Dem Spiele liegen die Worte des Evangeliums Matthäi, Kap. 28 (2-7) zugrunde. Ein Kleriker mit der schneeigen Albe als Engel bekleidet, mit einem Palmzweig in der Hand, setzte sich am leeren Grabe Christi nieder. Dann kamen drei andere Kleriker in Chormänteln, mit Weihrauchfässern in den Händen, langsam heran, unter suchenden Gebärden.
»Wen suchet Ihr im Grabe, Ihr Christen«, frug der Engel. »Den ge-

kreuzigten Herrn Jesus von Nazareth, du Himmelsbote«, antworteten die drei, worauf der Engel erwiderte: »Er ist nicht hier, er ist auferstanden, wie er vorausgesagt hat, gehet hin und verkündet die Auferstehung des Herrn aus dem Grabe!« Darauf wendeten sich die drei Priester zu dem Chore mit den Worten: »Halleluja, der Herr ist auferstanden!« und erweitert sang der Engel: »Kommet herbei und sehet die Stätte, da der Herr gelegen ist.« Darauf folgte das Tedeum und die Messe.

Das geistliche Schauspiel ist also aus dem kirchlichen Gottesdienst hervorgegangen, wurde anfänglich nur in der Kirche und lediglich von Geistlichen und Leviten in lateinischer Sprache aufgeführt. Die Gesangseinlagen machte die Heranziehung stimmbegabter weltlicher Personen und die deutsche Sprache notwendig, und als der Raum in der Kirche nicht mehr ausreichte, verlegte man die Vorstellungen auf den Friedhof und später auf öffentliche Plätze oder breite Straßen.

Von den Passions- und Osterspielen war nur ein Schritt zur Aufführung von Weihnachts- und Dreikönigsspielen, und allmählich zog man auch andere Stoffe aus Bibel, Legende und Geschichte zur theatralischen Darstellung heran. Die Verfasser waren teils geistlich, teils weltlich, und zur Aufführung bildeten sich eigene Gesellschaften, aus welchen sich die Berufsschauspieler entwickelten.

Alle der heiligen Schrift entnommenen und an die Feste des Kirchenjahres sich anschließenden Schauspiele nannte man im Mittelalter »Mysterien«, jene aber aus dem Leben der Heiligen oder aus der christlichen Legende »Mirakelspiele« und eine Abzweigung der letzteren mit moralischer Tendenz und mit allegorischen Zutaten »Moralitäten« und bei uns in Deutschland auch »Schulkomödien«. Nach E. Knorrs »Entstehung und Entwicklung der geistlichen Schauspiele in Deutschland« reichen die Aufführungen der Mysterien in Bayern bis ins 9. und 10. Jahrhundert zurück. Um 1189 soll vor Kaiser Friedrich Barbarossa zu Tegernsee ein lateinisches Osterspiel des vielgenannten Mönches Werinher aufgeführt worden sein, und sicher entstand vor dem Jahre 1208 das Benediktbeurer Ostermysterium, das Schmeller in seiner Carmina burana aufführte.

Passionsdorf Oberammergau mit Theater

Stofflich erweiterten sich sämtliche Spiele immer mehr und mehr, so daß im 14. und 15. Jahrhundert schon mehrere Tage zur Aufführung notwendig wurden, 1514 in Bozen sogar acht Tage, um die sich z. B. von Erschaffung der Welt oder doch vom Sündenfall bis zur Auferstehung des Heilands oder bis zum jüngsten Gericht erstreckenden Spiele an sich vorüberziehen zu lassen. Die Hingebung der Darsteller an ihre Rolle geschah mit tiefstem Ernst und solchem Eifer, daß 1437 in Metz der gekreuzigte Christusdarsteller beinahe tot und einer in Schwaz 1551 wirklich als Leichnam vom Kreuz herabgenommen wurde. Auch der »erhängte Judas« arbeitete 1437 in Metz so realistisch, daß man ihn schleunigst vom Baume abschneiden mußte, um ihm das Leben zu retten.

Mit dem Ausgang des Mittelalters hatten die geistlichen Schauspiele den Höhepunkt ihrer Entwicklung erreicht. 1510 führte man in München das jüngste Gericht in nie gesehener Pracht auf, 1530 ebenda, beim Einzug Kaiser Karl V. wurde auf drei Bühnen gespielt. Dann traten die Jesuitenkomödien in den Vordergrund, wobei viel von der naiven Ursprünglichkeit des Textes verloren ging. In entlegenen Gebirgsorten am Inn, an der Isar, Mangfall, in Südschwaben und in Tirol erhielten sich die Passionsspiele am längsten, doch arteten sie allmählich so aus, daß seitens der weltlichen und geistlichen Obrigkeit Verbote dagegen erlassen werden mußten.

Nur ein einziges, aber kostbares Überbleibsel, das auch mehrfach verboten, aber immer wieder freigegeben wurde, blieb uns im Oberammergauer Passionsspiel erhalten, dessen Anfang auf einem Ge-

lübde beruht. Das vor mir liegende Textbuch zum Passionsspiel der Gemeinde Oberammergau 1890 äußerte sich darüber, wie folgt: »Es war am Kirchweihfeste des Jahres 1633, als die furchtbare Pest, welche damals in Bayern und Schwaben hauste, mit dem ganzen greulichen Gefolge ihrer Schrecken auch in Ammergau ihren Einzug hielt. Ein Mann (Kaspar Schisler) aus der hiesigen Gemeinde, welcher in dem benachbarten Eschenlohe als Feldarbeiter beschäftigt und von jener gräßlichen Krankheit bereits angesteckt war, gelangte trotz sorgfältiger Bewachung des Ortes in sein Haus, um im Kreise der Seinigen das Kirchweihfest zu feiern. Zwei Tage darauf war er eine Leiche, und in kurzer Zeit folgten ihm 84 Personen im Tode nach. In dieser Drangsal traten die Vorgesetzten der Gemeinde, die Sechs und Zwölf, zusammen und legten das Gelübde ab: »Die Passionstragödie alle zehn Jahre zu halten«, und von dieser Zeit an starb niemand mehr, obwohl viele schon die Pestzeichen an sich hatten. Dankerfüllten Herzens ging die Gemeinde an die Vorbereitungen, und bereits im Jahre 1634 wurde die Leidensgeschichte des Herrn zum ersten Male auf dem Gottesacker dargestellt.«
Der älteste Text der Oberammergauer Passion stammt von dem Augsburger Schneidermeister und Meistersinger Sebastian Wild auf Grundlage einer älteren, schon im 15. Jahrhundert bei St. Ulrich und Afra aufgeführten und gedruckten Leidensgeschichte. Mannigfache Veränderungen und Verbesserungen wurden seit den 288 Jahren, seit welchen nunmehr die Oberammergauer Passion besteht, vorgenommen, so insbesondere zwischen 1740 und 1750 von dem Ettaler Pater Ferdinand Roßner, 1811 durch Pater Ottomar Weiß, durch die erhebende Musik des 1822 verstorbenen Lehrers Rochus Dedler (dessen Grabtafel auf dem Oberföhringer Friedhof, am Eingang zur Pfarrkirche noch erhalten ist) und 1860 durch den 1883 heimgegangenen Geistlichen Rat J. A. Daisenberger.
Seit 1830 ist die Aufführung vom Gottesacker auf den sogenannten Passionsplatz verlegt, auf einen außerhalb des Dorfes gelegenen Wiesenplan, auf welchem 1840 ein eigenes Theatergebäude primitiver Art errichtet worden war, das dann im Jahr 1890 einem stattlichen Neubau mit modernen bühnentechnischen Einrichtungen von Meister K. Lautenschläger aus München wich. Was die im Laufe der Dezennien veredelten Oberammergauer Passionsspiele bedeuten, das haben Hofrat v. Oken, Guido Görres, die Professoren Dr. Ringseis und Dr. Sepp, Ludwig Steub, Wilh. Heinr. Riehl, Joh. Friedr. Lentner, Devrient, Deutinger, Hartmann u. a. der Welt seit den 1840/60er Jahren verkündet, und aus allen Weltteilen kamen Zuschauer mit hochgespannten Erwartungen und auch mit Voreinge-

nommenheiten; sie sahen das Spiel und, überwältigt von der Großartigkeit, wie Schlichtheit des tiefempfundenen Spiels, kehrten sie hochbefriedigt und auch geläuterten Herzens in die Heimat zurück.

Möge es den Oberammergauern auch in diesem Jahre beschieden sein, getreu den Sitten ihrer Väter, ihre Passion so würdig und naturwahr, und so voll hoher und ergreifender Schönheit zu gestalten, wie sie der Verfasser dieses seit einem halben Säkulum in Erinnerung hat!

Ernst Sachsenhausen

Vertraute
Briefe
eines
Geistlichen in Baiern
an
seinen Freund.
1786

Heute mahle ich Ihnen die Scenen einer geistlichen Komödie aus, die ich in der letzten Fastenwoche mit angesehen habe. Ich hatte seitdem nicht Musse. Sie wissen wohl, daß die österliche Zeit für uns die grosse Aernte ist.
Die heilige Handlung geht in einem Marktflecken vor, und heißt: der Oelberg.
Zuerst trat ein bärtiger Kapuziner auf, und predigte ganz im Tone eines Bruders Gerundio. Das Werk ist zu tief unter der Kritik. Aktion war höchst gezwungen; und das Ganze sang er in abgemessenen Kadenzen durch die Nase. Die Modulation der Stimme blieb immer die nämliche, er mochte Gutes oder Schlimmes zu sagen haben.
Nach der Predigt machte der Schulmeister auf der Bühne den Kristus. Er fiel dreimal auf das Angesicht nieder; da kam nun flugs sein Töchterchen hergesprungen – ein tröstender Engel, den Kelch und das Kreuz in der Hand; und sang mit zugedrückten Augen durch die Zähne so was hin, das ich nicht verstehen konnte; worauf er allemal wieder aufstand, und mit vielen Händeringen und abscheulichen Griemassen Knittelverse entgegen trillerte. – Himmel, dacht ich, wenn ich hier Pfarrer wäre: Aber da ist nichts zu hoffen. Der Pfarrer sagte mir, aufs Jahr bekämen sie einen viel schöneren Oelberg; es wäre schon eine hübsche Summe Geld beisammen. Die Bäcker und Bräuer hätten sich besonders freigebig erzeiget. Aber diese, setzte er hinzu, gewinnen auch am meisten dabei. Und in der That laufen die Leute weit umher schaarenweise zu, und kehren trunken und lärmend zurück. Jeder Knecht führt seine Dirne, jeder Handwerksjunge sein Liebchen in die Schenke, und gleitet sie am Arme durch Wäldchen und Thäler nach Hause, indeß die dringendsten Geschäfte unbestellt bleiben. – Es ist noch ein Markt in unsrer Gegend, wo man, um diese Quelle des Gewinnes einzuleiten, künftiges Jahr eben auch den Oelberg pie aufrichten will. Dieß hat die hiesigen Einwohner auf den Entschluß gebracht, neue Dekorationen mit ih-

rem Theater vorzunehmen, damit die Leute nicht etwa den alten Oelberg verachten, und dem neuen in dem benachbarten Markte zulaufen möchten. – Mich däucht, ihr Besorgniß ist nicht ohne Grund. So verdrängt z.B. eine neue Wallfahrt die alte. Mann kennt ja den Pöbel.

Der äusserliche Gottesdienst ist ein wichtiger Zweig der Religion. Aber man muß stets darauf bedacht sein, ihm die rechte Richtung zu geben. Man muß ihn auch von Zeit zu Zeit, wenn er auswachsen will, stutzen; Nebengeschosse, die ihn nur verunzieren, abschneiden. Weil man hierinn nachläßig war, und manches versah, so entstanden Mißbräuche in unsrer Kirche. Denn sie sind nicht alle dem Geiste der Eigennützigkeit und der Gewinnsucht anzurechnen.

Vor allen muß Würde in äusserlichen Vorstellungen, und Hoheit in sinnlichen Bildern herrschen. Ich weiß nicht, ob unsre Krippen, Oelberge, Charfreitagsprozessionen, und so manche kirchliche Ceremonie auf dem Lande diesen Charakter behaupten. Statuen und Gemälde gehören auch hieher. Diese Gegenstände machen frühe Eindrücke auf die Jugend, und selten wissen sie sich mehr von diesen ersten Ideen loszuwinden, und zu höheren Vorstellungen und würdigeren Begriffen aufzuschwingen. Der Bauer denkt sich wohl sein Lebenlang Gott den Vater als einen alten Mann mit grauen Haaren. Ich bin der Meinung eines grossen und rechtschaffenen Mannes. Man hätte sich nie unterwinden sollen, Gott zu malen. Der Name Jehova nur hätte mit stralenden Flammenzügen können geschrieben werden, um als ein sinnliches Zeichen uns an den Ewigen zu erinnern, und zu seiner Anbetung aufzufordern. – Den Erlöser am Kreuz hätten nur Künstler darstellen sollen.

Stellen Sie sich itzt das Bild einer schwangeren Maria vor, welcher der Stümper auf den gesegneten Leib ein Kindlein hingemalet hat; und denken Sie den Eindruck, welchen dieser Anblick auf die Imagination, besonders die eines Mädchens, machen muß. – Ich wollte Ihnen die Kirche nennen, wo so ein Gemälde aufgehangen ist.

Ein anderer Zug des äusserlichen Gottesdienstes ist – prunklose Einfalt. Wie in der Person des Stifters unsrer Religion Hoheit mit Simplicität gepaaret war; so solls in seinem Gottesdienste sein. Vielleicht hat man schon gleich anfangs den Judenchristen zu gefallen zu viele Ceremonien aus dem Judenthume in die christliche Religion aufgenommen, wo Gott im Geiste und in der Wahrheit will angebethet werden. Mit jedem Jahrhunderte, ich möchte sagen, mit jedem Papste und mit jedem Mönchsorden, kamen neue Ceremonien in den Gottesdienst der Kristen, der endlich damit überladen, und verunstaltet wurde. Die Folgen davon sind traurig: das Volk steht ge-

dankenlos, gafft und staunt; hängt am Aeusserlichen, und dringt nie in das Wesen der Religion ein; schreibt Gebräuchen übernatürliche Heilungskräfte bei, und erwartet von der Mitmachung derselben die Seligkeit. – Der Flitterstaat der Kirchen ist auch hieher zu rechnen. In dem jüdischen Tempel mochte Reichthum und Schmuck noch hingehen, meint Hieronymus: Jtzt aber, da der arme Heiland die Armuth seines Hauses eingeweiht hat, soll nur sein Kreuz der Gegenstand unsrer Verehrung sein.

Ich stelle mir oft mit vielem Vergnügen die Kirche zu Ferney vor. Ein ehrwürdiger Tempel mit einem einzigen marmornen Altare, und auf diesem nichts als das Kreuzbild!

Doch ich werde so weitläufig, als ein Buch in folio, das ein gelehrter Duns geschrieben hat. Ich sage kein Wörtchen mehr, als daß ich bin.

J. Dietl

Ostern

Die stille heilige Osternacht ist vorüber, und der Festmorgen bricht an. Wenn Ostern später im Jahre fällt, so erblickt man bereits überall die Vorboten des nahenden Frühlings. Lichtblau und duftig wölbt sich die Himmelsdecke über den Kuppen und Spitzen, auf denen das Gold der Frühsonne glänzt. Der Hermelinmantel der Berge ist schon arg schadhaft geworden, überall blickt das dunkelgrüne Tannengewand hindurch, während einzelne weiße Schneelappen bis zum Fuße hinabhangen. Laubbäume und Gesträuch sind noch kahl, aber auf den sonnigen Halden sproßt schon das junge Grün, aus welchem Hunderte von blauen und roten Anemonen und weißen Gänseblümchen hervorlugen. Auch auf den Feldern im Tale beginnen schon die Frühlingsarbeiten, wie das braune, frischgepflügte Erdreich zeigt, von dem sich die grünen Winterkornäcker wie viereckige Teppiche abheben. Heute aber stört kein Pflug oder Düngerwagen die feierliche Sonntagsruhe, nur die langgezogenen Klänge der Kirchenglocken hallen durch die frische Morgenluft.

Desto lebendiger ist es schon in aller Frühe in den Bauernhäusern. Unterdessen eilt die fromme Hausmutter hinab in Küche und Keller, nimmt einen Handkorb hervor und bepackt ihn mit allerlei Lebensmitteln: Duftendem Schinken, kaltem Braten, Eiern, besonders den am Gründonnerstag gelegten, und Osterbrot »Fochaz« genannt. Dies alles schleppt sie sodann zur Kirche, um es weihen zu lassen, damit die Seele beim Ostermahl nicht Schaden leide. Dies gipfelt in dem Braten, der nach der vierzigtägigen Fasten doppelt gut mundet. Als Schaustück prangt auch ein Osterlämmchen auf dem Tische, zierlich aus Butter gearbeitet, mit rotem Bändchen um den Hals und einer Osterfahne an der Seite.

Während aber die Erwachsenen sich die guten Bissen trefflich schmecken lassen, wollen die Kinder nicht recht zugreifen. Die kleinen Schelme wissen ganz gut, welche Leckereien heute noch ihrer warten. Sie gehen nämlich nachmittags »österlen«, d. h. die »Taufgodel« hat sie auf eine »Merende« (Jause) eingeladen. Schon am »Weihenpfinstag« hat sie zu dem Zwecke Eier rot gefärbt und mürbes Brot gekauft. Letzteres wird in verschiedener Form gebacken; die Knaben bekommen Hirsche oder Hasen, die Mädchen Hennen. Festlich herausgeputzt, mit freudegeröteten Wangen und leuchtenden Augen erscheinen die kleinen Gäste. Die »Godel« führt sie an den sauber gefegten Tisch, von welchem den Leckermäulchen allerlei Näschereien entgegenlachen: Kuchen, Krapfen mit süßer Fülle, Hasenöhrlein, Äpfel und Käsküchlein. Bald schnabulieren die Kleinen mit vollen Backen, und wenn die Mäulchen einmal leerstehen, so plappern sie ganz aufgeregt vor Festfreude der »Godel« von allen möglichen wichtigen Dingen vor, so daß selbst dieser das Herz aufgeht, wenn sie die beneidenswerten, unschuldigen Erdenwürmlein ansieht, die noch »über jede krumme Hölzchen lachen« können. Zum Schluß packt sie den Kindern noch die roten Eier in ein Körbchen und hängt ihnen die Brothähne und Hennen an den Arm, die oft so groß sind, daß die Kleinsten daran zu tragen haben. »Wie werden Vater und Mutter und die Kameraden schauen«, denkt sich jedes der Beschenkten; fast vergessen sie der guten »Godel« zu danken, so eilig haben sie es nach Hause, um die vielen schönen Sachen herzuzeigen.

Dort wird sogleich das »Eierpecken« versucht, ein Spiel, darin bestehend, daß mit der Spitze des einen auf jene des andern Ostereies gepickt wird. Das zerbrochene Ei gewinnt der Besitzer des ganz gebliebenen. Die Buben unterhalten sich nebstdem mit dem »Eierkegeln«, einer Art Kegelspiel. Sie legen nämlich ein Brett schief und lassen einer nach dem andern ein Ei hinunterlaufen. Wenn ein späteres Ei an ein schon unten liegendes anprallt, so wird dieses vom Besitzer des ersteren gewonnen. So sah ich es noch an den letzten Ostern in Gufidaun ober Klausen.

Gesetzte Leute jedoch, die längst in den ruhigen Hafen des Ehestandes eingelaufen sind, ich meine die ehrsamen Hausväter und Mütter, besorgen am Ostersonntag und Montag des Geschäft des »Palmens«. Man steckt nämlich kleine Palmzweige, die am Palmsonntage nebst Karsamstagskohlen, welche an diesem Tage bei der Feuerweihe geweiht wurden, auf die Äcker, und zwar in die vier Ecken und in die Mitte derselben. Später beim Pflügen legt man drei kleine Kreuze aus Palmzweigen in die erste Furche. Nach dem Palmen der Äcker nimmt man das gleiche in Haus, Stall und Tenne vor, damit wie das schädliche Ungeziefer und der Hagelschlag von den Feldern, so auch Viehseuchen, Krankheiten, Blitz und Feuersbrunst und vor allem die bösen Hexen, welche bekanntlich aus Privatvergnügen ihren Mitmenschen derlei Schädlichkeiten anwünschen, von Haus und Hof fernbleiben mögen. In bezug auf die Feuersgefahr wäre oft wirklich ein schützender »Palm« wünschenswert, denn wenn man sieht, wie leichtsinnig die Burschen und Knechte mit den brennenden Tabakspfeifen im Munde zwischen den Heu- und Strohschobern in der Tenne herumhantieren und sich oft gleich darauf ebenso sorglos schlafen legen, so möchte es einem kalt über den Rücken laufen. Aber wie gesagt, gegen das Feuer schützt ja der »Palm«, und wenn es der nicht tut, so tut es doch der heilige Florian, der alle Abende nach dem Rosenkranz deshalb einen Extravaterunser kriegt.

Abgesehen vom Palmen verläuft der Ostersonntag ziemlich ruhig. Die rechte Osterfreude bricht noch nicht durch, dazu ist der Tag zu heilig. Desto lustiger geht es allerorten am Ostermontag her. Die Städter gehen in förmlichen Karawanen »nach Emaus«, d. h. sie machen nach altem Brauch pflichtschuldigst eine Landpartie. Die Annehmlichkeit ist dabei nicht allzugroß, denn in den Wirtshäusern trifft man überall tabakqualmende Bauern, die sich einen guten Tag antun. Sind diese in die rechte höhere Stimmung gebracht, so wirft einer das zündende Wort ins Gerede, der Streit beginnt, und nun geht die Keilerei los, denn, »wo nicht gerauft wird, da ist's gar nicht lustig«. Schließlich fliegen die Besiegten mit blauen Augen und blutenden Nasen zur Wirtshaustür hinaus.

Die andere Prophezeiung knüpft sich an das Bild des auferstandenen Christus. Dieser weist nämlich mit dem Zeigefinger der rechten Hand gen Himmel, die andern Finger sind geschlossen. Die Jünger wollten einst, so erzählt die Legende, den Herrn ausforschen, wie lange die Welt noch stehen werde. Er erwiderte: »Tausend und« – allein da verstanden sie nicht, ob er sagte: »und immer tausend« oder »und nimmer tausend«. Deshalb hat der Heiland außer dem Zeigefinger alle geschlossen zum Zeichen, daß die fragliche Zahl darunter verborgen liege.

Ludwig von Hörmann

Ostereier und Ostereierspiele

Der Gebrauch, sich gegenseitig mit Ostereiern zu beschenken, ist, wie bereits erwähnt, auch in Tirol allgemein üblich. In vielen Gegenden erhalten der Pfarrer, der Meßner und der Schullehrer Ostereier als Abgabe, entweder in wirklicher Gestalt oder in Geld unter obigem Namen. Meistens werden dieselben von Haus zu Haus eingesammelt. Von der Hochhaltung der »Gründonnerstagseier«, also solcher, welche am »Weihenpfinstag« gelegt wurden, haben wir schon bei Beschreibung der »Karwoche« gehört. Ebenso werden am Gründonnerstage die Ostereier gefärbt und gesotten, mit denen sich dann die Hausgenossen beschenken. Gewöhnlich sind auf den roten Grund mit Scheidewasser Blumen, Osterlämmchen oder lehrreiche sowie komische Sprüche, meist in haarsträubender Rechtschreibung darauf gezeichnet. Größere Bedeutung gewinnt das gegenseitige Beschenken mit Ostereiern bei der reiferen Jugend, weil dabei die Liebe eine ausgezeichnete Rolle spielt und manches Herzensglück durch Ostereier und deren Verse geschaffen oder zertrümmert wird. Es beschenken sich sowohl Burschen und Diendln, die bloß miteinander bekannt sind, als solche, zwischen denen ein »Dechtlmechtl« oder ein bereits erklärtes Liebesverhältnis besteht; die Ostereiverse sind daher eine willkommene Gelegenheit, die eigene Gesinnung dem andern merken zu lassen. Ich will nur eine kleine Blütenlese dieser bäuerlichen Verliebtheit hiehersetzen, und zwar, um den Duft der Ursprünglichkeit nicht zu verwischen, wörtlich, wie ich sie mir abgeschrieben.

> Ich wünsch' gute Ostern
> Und viel der guten Zeiten,
> Ein ring's (leichtes) Gemüth, ein frisch Geblüt
> Und Glück von alten Seiten.

> Rosen, Dulben, Nelken,
> Und alle Blumen welken,
> Nur dein Glieck alein
> Soll stets blihend sein.

> Ich gebe dir ein Ostereu,
> Zu ein Angedenken,
> Und wenn du es nicht willst,
> So kannst du es verschenken.

Bei einem anderen Paare ist das Verhältnis schon weiter vorgeschritten:

>Freindschaft habe ich dir versprochen,
>Und noch nie mein Wort gebrochen,
>Zum Zeichen meiner Treu
>Schenke ich dir ein Osterey.

>Ein treues Herz das hab ich schon,
>Das will ich dir auch schenken,
>Schön und reich das bin ich nicht,
>Das macht dir kein Bedenken.

>Die Lieb' ist groß, die Gab' ist klein,
>Damit sollst du zufrieden sein.

>Mein Herz das brend wie eine Glud,
>Möcht wissen, was das deine thut.

>Du talgater Bua,
>Kommst vor fragen nit dazu.
>Wenn d' a Bußl willst haben,
>Mußt mi nit so lang fragen.

>Flig hin, du schönes Ey
>Zu meinem Schatz ins Haus,
>Frag, was er hat im Sinn,
>Richte den Gruß fein aus.

>Lieben und nicht (nichts) haben,
>Ist herter, als Stein graben.

Auf die Zärtlichkeit folgt Schmollen, Eifersucht, Klagen über Untreue; manche Anfrage wird gleich anfangs mit kühlen Worten oder mit herbem Spott zurückgewiesen:

>Ja, ja und na, na
>I möcht und i muß,
>Ist oft dein ganzer verliebter Diskurs.

>Ich hätte schon einen andern kriegt,
>Wär ich ach! nicht in dich verliebt.

Alle güte Ding seynd drey,
Drum schenck ich der drey Oster Ey
Glaub ü: Hoffnung sambt der Lieb
Niemahl auß dem Hertzen schieb
Glaub der kirch vertrau auf Gott
Liebe ihn bis in den Tod.

> Mennertreu und Rosenbleter
> Gleichen den Aprüll Weter.

> Ich liebe dich in der bestendigkeit,
> Von 11 Ur bis es 12 Ur Leit.

Auch für fromme Seelen ist durch erbauliche Sprüche gesorgt, z. B.:

> Willst du mit Jesu Rosen brechen,
> So achte nicht das Dornen stechen.

Die Ostereier geben auch Veranlassung zu mancherlei Belustigungen. Ein sehr beliebtes derartiges Spiel ist das »Eierklauben«, wie es im Oberinntale nächst dem Dorfe Zams stattfindet. Die Dorfburschen betteln schon am Tage zuvor von allen Bäuerinnen eine tüchtige Anzahl Eier zusammen. Diese tragen sie am Osterdienstag, an dem gewöhnlich das Spiel abgehalten wird, in einem Korbe auf eine weite freie Wiese unfern des Dorfes. Dort werden auf einem runden, mit einer Schichte Sand bedeckten Platze die Eier, 170-175 an der Zahl, derart hingelegt, daß jedes fünf Schuh vom andern entfernt ist und auf je zehn ein gefärbtes kommt. Der Korb steht daneben. So lang als an diesem Tage dünkt wohl keinem je der Nachmittagsrosenkranz, denn beim letzten Segengeklingel ist schon die ganze Kirche leer und alles eilt, so schnell es die Füße erlauben, auf den Spielplatz, wo sich bereits eine unabsehbare Menge Zuschauer von allen umliegenden Ortschaften eingefunden hat.

Endlich kommt die Spielgesellschaft selbst, welche oft aus einigen achtzig Köpfen besteht. Sie ist in zwei Heerlager geteilt, an deren Spitzen sich einerseits zwei Schnelläufer, andererseits der »Eierklauber« befindet. Die übrigen erscheinen in einem Aufzuge, als gelte es noch einmal Fastnacht zu halten. Türken, Mohren, Zigeuner, Dörcher, Hexen, wilde Männer usw. in den seltsamsten Verkleidungen, welche die bäuerliche Phantasie aufbieten konnte, sieht man da in brüderlicher Eintracht mitsammen verkehren. Den Hauptgegenstand der Aufmerksamkeit bilden jedoch die Schnelläufer und der Eierklauber. Alle drei sind sehr leicht gekleidet, mit Blumen und Bändern geschmückt und um die Mitte fest geschnürt, um sich, wie sie sagen, vor Rücken- und Seitenstechen zu bewahren.

Ist nun die ganze Spielgesellschaft auf dem Platze versammelt, so gibt der »Herold« zur bestimmten Stunde das Zeichen zum Anfange, und der Wettkampf beginnt. Während der Eierklauber jedes Ei einzeln auflesen und in den Korb legen muß, wobei er nur drei Eier zerbrechen darf, eilen die Läufer über die Zamser Innbrücke nach Lötz, Perjen (Ortschaften im Oberinntale), über die Purschler Brücke nach Landeck und von da wieder nach Zams zurück zum Eierkorbe. Auf der Hälfte des Weges rasten sie einen Augenblick, um eine »Halbe« Wein zu trinken. Dieses angestrengte Laufen und schnelle Trinken ist begreiflicherweise sehr schädlich. So ereignete sich vor beiläufig 60 Jahren in Starkenbach der Fall, daß ein Läufer auf der Hälfte der Bahn beim Weintrinken wie tot umfiel und einige Wochen darauf starb. Langt ein Läufer eher, als das letzte Ei im Korbe liegt, auf dem Kampfplatze an, so hat seine Partie gewonnen und die andere muß die Kosten des Spieles und des darauf folgenden Festmahles bestreiten; wird aber der Eierklauber früher fertig, so tritt der entgegengesetzte Fall ein. Stürmischer Jubel und Beifall der Zuschauermenge begrüßt den Sieger. Auch werden auf den mutmaßlichen Ausgang des Spieles häufig Wetten gemacht. Obwohl der Weg nach Landeck über eine Stunde beträgt, gewinnt doch meistens einer der Läufer den Vorsprung, denn das Auflesen der 175 Eier, ohne sie zu zerbrechen, ist eine äußerst langsame Arbeit.

Damit ist aber das Schauspiel nicht zu Ende, sondern es fängt erst recht an. Unter den Türken befindet sich einer, der sich vermöge seines abenteuerlichen Anzuges als Sultan kennzeichnet. Dieser tritt nun mit majestätischem Schritte in die Mitte des Platzes und frägt die ihn umgebenden Masken mit erhobener Stimme: »Sagt an, was gibt es Neues in Zams, Landeck, Fließ, Grins, Stanz und Schönwies?« Auf diese Frage treten die »Spieler« einer nach dem andern vor und erzählen. Wer nun das Jahr hindurch einen dummen oder boshaften Streich gemacht, jemanden betrogen oder eine heimliche Liebschaft »angebandelt« hat, dem wird die Hölle heiß gemacht. Alles kommt da ans Licht, denn die Burschen haben sich schon lange die größte Mühe gegeben, es auszuspionieren. Es gibt arge Witze und nicht endenwollendes Gelächter. Schließlich marschiert die spielende Gesellschaft mit zahlreichem Gefolge ins Wirtshaus. Dort bäckt die Frau Wirtin aus den 175 Eiern einen riesigen Pfannkuchen, der gemeinschaftlich verzehrt wird. Bei Wein und Tanz vergnügt man sich dann, bis der helle Morgen durch die Fenster scheint. Beim sogenannten Tschallener, einem Bauernhause in Telfs, soll sich noch ein altes, ohne Zweifel auf diese Sitte bezügliches Gemälde befinden, das einen Mann darstellt, der auf einem Korbe sitzt und dem kritischen Geschäfte des Eierlegens obliegt.

Ludwig von Hörmann

Christus ist erstanden

Chri - stus ist er - stan -den von To - ten er - freut euch. Al - le - lu - ja singt!
Er schickt uns ein En - gel als Bo - ten in Lüf - ten vor Freu-den er singt

Der Hei - land schwingt s'Fähn - lein ganz trost - reich em - por
und hat uns er - öff - net das himm - li - 'sche Tor.

Wahr-haf-tig ist Je - su dein Wort! Er ist aus dem Gra-be schon fort.

Was macht denn ihr schläfrigen Juden, was wollt ihr denn dort bei dem Grab?
Den ihr da bewacht, ist erstanden, ganz glorreich an dem Ostertag.
Alleluja singet und stimmet zusamm, ihr Christen frohlocket und lebet all fromm!
Dankt ihm für sein Leiden und Pein, er ladet in Himmel uns ein.

O ihr drei heiligen Frauen, helft loben die Christi Urständ!
Die ihr seid das Grab gang beschauen und habet es wahrhaft erkennt!
Daß Christus von Toten erstanden schon ist und hat uns von Banden der Hölle erlöst.
Alleluja singet noch all mit Freuden und fröhlichem Schall!

Abschaffung von Prozessionen und Bittgängen

Wer weiß noch, wie es vorher mit der geistlichen Andachtsübung stand? Die Karfreitagsprozession, wobei der ganze Leidenszug stattfand, kam schon vor 1802 in Abgang; sie schrieb von Herzog Wilhelm dem Frommen sich her. Beim Fronleichnam zogen früher neben den Bruderschaften auch die zwölf Söhne Jakobs mit; der junge Christ, das Kreuz schleppend und andere hinter ihm, auch Genien als Engel gekleidet gingen vor den Sodalitäten einher, ebenso die sieben Todsünden, die Verzweiflung usw. Es kam aber bei dem verkleideten Aufzuge auch Unfug genug vor. Bis 1763 waren die Umzüge der Geißler am Abend des Karfreitags in Ammergau gebräuchlich. Noch länger in Tölz, wo ich selber noch zwei Geißeln erhielt. Man konnte sich in die Zeit des schwarzen Todes zurückversetzt glauben, denn mancher nahm es so ernst, daß das Blut ihm über den Rücken floß, und als einer erschöpft sich an die Mauer lehnte, war die Wand ganz gerötet. Soweit die Passionsvorstellungen nicht schon eingestellt waren, wurden sie jetzt verboten. Die Prozessionen des bitteren Leidens mit Szenen aus der hl. Geschichte konnten eher für eine Entweihung gelten, dies fühlte man längst. Beim hohen Antlaß in München, wozu die Herzoge selber das Programm entwarfen, zogen bis zu Ende des vorigen Jahrhunderts alle Tugenden und Laster persönlich auf, die Hoffart sich in einem Spiegel beguckend, dahinter der Teufel.

Kein Kreuzgang wurde laut Edikt vom 13. Mai 1805 mehr erlaubt, und später durften höchstens die Pfarrkinder noch mit dem Kreuze aus- und einziehen. Nicht weniger als 328 Orte zogen mit dem Kreuze nach dem hl. Berge Andechs oder spendeten wenigstens Votivkerzen jährlich auf Christi Himmelfahrt. Wie viele Arbeitstage gingen so mit frommem Müßiggange verloren! Vollberechtigt und darum frisch ins Leben getreten ist die Wallfahrt der Zimmerleute von der Vorstadt Au zur Erinnerung an die Sendlingerschlacht, wo 34 der Ihrigen den Tod fürs Vaterland gestorben sind. Allen Wallfahrtszügen gingen und gehen die nach Altötting vor. Die Bürgerschaft von Tölz hatte an Bittgängen verlobt:

1. Den Maria Achtertag am 22. August nach der Mühlfeldkirche, weil wegen der Pest 1634 während des Schwedenkrieges die Tölzer von den Gaißachern mit Dreschflegeln und Gabeln zurückgejagt wurden, worauf hier das Sterben nachließ, in Gaißach aber der Sage nach das ganze Dorf ausstarb, bis auf einen Mann, der in Krücken ging (??). Seitdem wurde in Gaißach im-

mer nur eine Messe gelesen, der Hauptgottesdienst aber am Mühlfeld gehalten, wohin sich die Vertriebenen geflüchtet hatten, und wo die anfängliche Kapelle bald zu einer freundlichen Kirche ausgebaut wurde. Der zur selben Pestzeit 1634 bei Errichtung des Sebastianaltars in der Pfarrkirche verlobte Bittgang nebst Sterbebrot kam 1802 bei der Kirchen- und Klosteraufhebung in Abgang.

2. Am Mittwoch in der Kirchweihwoche (vier Wochen nach Ostern) war ein Kreuzgang nach dem Mühlfeld verlobt wgen der Kriegsgefahr durch die Panduren und Tolpatschen 1742, wo Bürgermeister und Rath bis an die Ellbachbrücke dem Obersten Trenk entgegenzogen und kniend um Gnade flehten, nachdem schon die Pechkränze hergerichtet waren, den ganzen Markt in Brand zu stecken;
3. Am Markustag zieht man nach Gaißach wegen des in der ganzen Christenheit gebotenen Regenbittganges;
4. Am Pfingsterchtag ging es nach Benediktbeuern;
5. Auf Jakobi nach Längriß;
6. Am Bennotag nach dem vier Stunden entfernten Tegernsee. St. Benno hat nämlich den Quirinus verdrängt. Bei dem hundertsten Bittgang dahin am 16. Juni 1626 hielt der aus Tölz gebürtige P. Roman Krinner die salbungsvolle Festpredigt;
7. Am Margarettentag nach Dietramszell;
8. Auf Lorenzi nach Königsdorf;
9. Am Feste Johannis des Täufers zog man nach der Filiale Fischbach, und kam nüchtern wieder zurück, da es dort, wie in Ellbach und Greiling, kein Wirtshaus zur Stärkung gab;
10. Auf Peter und Paul ging's nach Wackersberg;
11. An den drei Bittagen in der sogenannten Bitt- oder Kreuzwoche vor Christi Himmelfahrt ging man einmal zu den Franziskanern;
12. Zum zweiten nach Reichersbeuern;
13. Zum drittenmal nach Ellbach;
14. Endlich ging man alle Samstage nach Fronleichnam, bis die Ernte vorüber war, um $^1/_2$ 5 Uhr aus der Pfarrkirche zu den Franziskanern, wo um 5 Uhr die Litanei gebetet wurde. Acht Tage vor Fronleichnam halten die Franziskaner ihren aparten Umgang, dann folgt die große Antlaßprozession, und wiederholt sich am Sonntag und in der Oktave.

Noch weit mehr Kreuze aber kamen von den umliegenden Orten nach Tölz herein, so daß namentlich am Pfingstag in der Kreuzwoche oft 22 bis 23 Kreuze, zum Teil bis von Sindelsdorf und Königsdorf, also auf zwei bis vier Stunden weit heranrückten, und Volk über Volk sich zu Amt und Predigt in der Pfarrkirche versammelte. Die Wackerberger und Fischbacher kommen, die ganze Gemeinde, Buben und Mannet, Jungfrauen und Bäuerinnen, noch am Feste Mariä Himmelfahrt, Mariä Geburt und am Rosenkranzsonntag, ebenso die Gaißacher, seltener die Ellbacher und Reichersbeurer. Dabei besteht der Wetteifer mit den fast kirchturmhohen Fahnenstangen, die der stärkste Bursche in der Gemeinde trägt. Am Antonitag gingen die Längrißer nach Tölz mit dem Kreuz. Das Volk wußte sich nicht zu helfen und will noch heute dem Viehfall auf den Almen mit Andachten steuern, wie man früher Gebetlein gegen den Wolf verrichtete – dafür arbeitete man weniger. Wenn sich die Tugend erbricht, setzt sich das Laster zu Tisch. Das halbe Leben war mit kirchlichen Verrichtungen verloren. Daher der notwendige Rückschlag; bei Freiheits-, Geld- und Leibesstrafen wurde das Wallfahrten verboten. Jede Überspanntheit wird wieder dazu führen. Augenfällig blieb das damalige Bayern, wie sich nicht leugnen läßt, im geschäftigen Leben verarmt und an wissenschaftlicher Bildung hinter dem übrigen Deutschland weit zurück.

Altertümlich waren derlei Umzüge nicht selten und darum über weite Länder verbreitet, wie in Marseille der voranziehende Ochse am Corpus Christi-Feste, der wohl einst zur Opferung bestimmt war. Bei der Einführung des Fronleichnamsfestes in York hatte jedes Werk eine Szene aus der hl. Schrift vorzustellen, und die Prozession ging unmittelbar ins Schauspiel über. Ein kirchlicher Festumzug war der Neuerern jedenfalls entgangen, in dem jährlich am Sonntag nach Christi Himmelfahrt zu Vilgertshofen bei Wessobrunn, wo der uns bekannte Joseph Schmutzer die reizendste Rokokokirche erbaute, der Herr mit dem Kreuz, begleitet von Büttlen, und zum Schluß im Gefolge des Klerus der Umgegend mit dem Sanktissimum durch Feld und Wald den Leidenszug darstellt, zur großen Erbauung des zugeströmten Volkes.

All diese kirchlichen Prozessionen, mit Ausnahme des einzigen Fronleichnamsfestes, wurden bei der Säkularisation 1802 von oben herab verboten. Der alte Färber Philipp Sonderer hatte, aus der Fremde heimgekehrt, den Bund der Junggesellen aufgerichtet, wie der Nagelschmiedgesell Thomas Prugger von Tölz denselben 1750 in Weilheim stiftete – sie gehen noch heute im Antlaßzuge. Als 1816 dann die Teurung kam, baten die Gaißacher zuerst wieder, ob sie nicht mit dem Kreuze gehen dürften, um eine glückliche Ernte zu erflehen. Landrichter Eder erklärte ihnen darauf: erlauben könne er es nicht, aber man werde durch die Finger sehen. Er hatte recht. Noch

S. MARIA Schuttersna apud RR. PP. Augustinianos in Ingol- stadt.

Da der so Edle Mann Mariam freudig traget
Was Wunder? wan die Fluth nit solchen Dienst abschlaget
Verbergt dann deine Schätz beglücktes Meer, Gestatt
Die Schutter schencket uns den Abgrund aller Gnad.

C Klauber Cath. Sc. Aug. Vind.

mehr recht aber hatte der Herr Landrichter von Rosenheim, als er noch zu König Maximilians Zeit einem Kapuziner, der auf Besuch dahin kam, jedoch vom ehemaligen Hospiz nichts mehr übrig fand als den Brunnen, in seiner Kutte gefesselt wie einen gemeinen Verbrecher auf der Landstraße nach München transportieren ließ, und als er deshalb von Seite der königlichen Regierung einen Verweis erhielt, sich auf die bestehende Verordnung berief – die man gleichwohl nicht aufhob.

Die Not lehrt allemal beten, aber wie müßte es in der Welt durcheinandergehen, wenn Gott all die Gebete erhören sollte! Die Andachten und Bittgänge sind kein besonderes Merkmal eines guten Christen, wenn man weiß, daß der Islam dieselben geistlichen Orden hat, der Moslem sich in Wallfahrten und Prozessionen ergeht und überflüssige Betbrüder die Moscheen besuchen. Es ist ein fortgesetzter Pharisäismus, beständiges Liegen am Tempel, unablässig fromme Verrichtungen und kirchlicher Zeremoniendienst, ein beständiger Sabbat, wogegen Christus, der Erlöser von Juden- und Heidentum, so sehr sich ereiferte. Der Jude hat als eifriger Gesetzesknecht mit seinem Mosaismus den Sinn für das politische Leben eingebüßt, sein Staatswesen ist darüber untergegangen. Und wie lag unser armes Bayern noch vor hundert Jahren darnieder, wo das alte Reich zu Grabe ging! Damals gab es noch kein nationales Leben, daß man den Maßstab deutscher Gesinnung hätte anwenden können. In jüngster Zeit warnte Rom selber vor dem Übereifer, immer neue Andachten einzuführen, wie den lebendigen Rosenkranz unter wöchentlicher Verteilung der abzubetenden und zu wiederholenden Gesätzel. In den Kriegen mit dem ersten Napoleon, dem Welteroberer, bestürmte man den Himmel mit Stoßseufzern und Schußgebetlein, um den Frieden zu erzwingen – da kannte man aber den Korsen schlecht. Uns haben auch gegen den dritten Napoleon nur drei große Heilige geholfen: Infanterie, Kavallerie und Artillerie! In Zukunft wollen wir auch diese wieder anrufen, wenn eine Macht uns anfeindet, und einen Rosenkranz von Kanonenkugeln abbeten.

Johann Sepp

Rezepte im April

Ein Scherzrezept

Süße Blutwurst

100 g geriebene Schokolade, 1 bis 2 Kaffeelöffel Kakao, 1 Kaffeelöffel Pulverkaffee, je 50 g Puderzucker, geriebene Mandeln und Himbeermark sowie 1 Eiweiß werden vermengt. Man formt eine Wurst daraus und legt dabei 80 bis 100 g in Streifen geschnittenes Marzipan ein, um eine schöne Speckblutwurst zu erhalten. Zuletzt wird sie in eine dünne Haut aus ausgewalktem Marzipan gehüllt, mit etwas Schnur abgebunden und kalt gestellt. Man schneidet von der täuschend nachgeahmten Wurst schräge Scheiben. (Aus einer alten Münchner Rezeptsammlung.)
In der Karwoche spielte der Fisch als Zeichen Christi auch auf dem Speiseplan eine wichtige Rolle.

Grüne Krapfen

Einen einfachen Nudelteig aus Mehl, 1 Ei, etwas Wasser und Salz walkt man dünn aus und radelt große Vierecke daraus. Sie werden mit Spinat gefüllt, den man mit einer Mehlschwitze oder 1 bis 2 Eiern oder etwas Bröseln binden kann. Man würzt ihn mit Salz, Muskat und etwas Suppenwürze und hält das Gemüse dicklich. Dann gibt man je 1 bis 2 Kaffeelöffel davon auf die Teigflecke, bestreicht die Ränder mit zerklopftem Eiweiß und schließt diese Taschen. Sie werden in Salzwasser gekocht und mit braunen Bröseln, brauner Butter oder gebräunten Zwiebelringen übergossen.

Kreuzbrote

Einen einfachen Hefeteig, den man nach Belieben mit etwas Zucker oder Vanillzucker oder Zitronensaft würzen kann, formt man zu kleinen Bällchen, die gut zugedeckt gehen müssen. Dann schneidet man sie an zwei Seiten etwas ein und biegt die nun abstehenden Zipfel ein wenig länger und nach außen, so daß Kreuze entstehen. Diese werden mit zerklopftem Ei bestrichen, mit etwas Zucker bestreut und nach neuerlichem Gehen goldbraun gebacken. In manchen Gegenden liebt man sie mit Mohn bestreut.

Osterbaum

Aus 500 g Mehl, 25 g Hefe, 80 bis 100 g Butter, 150 g Zucker, 1 bis 2 Eiern, Salz, geriebener Zitronenschale und etwas Milch bereitet man einen strengen Hefeteig. Man formt vier verschieden lange Rollen daraus und läßt den Teig gut gehen. Danach bestreicht man ihn mit Eidotter, streut etwas Zucker darauf und bäckt ihn gleichmäßig und schön goldbraun aus.

St. Georg

Den 24. April – an dem Fest des hl. Georg – finden in manchen Gegenden zu Ehren des ritterlichen Heiligen große Prozessionen zu Pferd mit großem Prunk in althergebrachten Formen statt; so namentlich ihm Chiemgau, wo viel Pferdezucht getrieben wird. Besonders feierlich wird dieser Georgiritt gehalten am nördlichen Ufer des Chiemsees im alten Gericht Stain, Pfarrei St. Georgen. Im Jahre 1804, wie alle ähnliche Feste abgestellt, wurde diese Feier 1833 durch kgl. Reseript wieder erneuert. Um 6 Uhr morgens versammeln sich nach dem Frühgottesdienst die Reiter aus allen umliegenden Dörfern, mehr als hundert an der Zahl, im Schloßhof zu Stain, jeder mit zwei Rossen; um 7 Uhr bricht der Zug auf, geführt von zwei berittenen Postillonen, 6 blasenden Trompetern und ebenso vielen Engeln, d. h. kleinen Bauernbuben in weißen Jacken mit fleischfarbenen Strümpfen und roten Schuhen, auf schneeweißen Rossen, in ihrer Mitte der heilige Ritter Georg selbst in Gestalt eines Burschen aus St. Georg, der sich zu diesem Zweck besonders den Schnurrbart hat wachsen lassen; sein Schimmel trägt das Sattelzeug des 17. Jahrhunderts, er selbst den Blechharnisch, den Helm mit wallenden Federn, einen roten Mantel, hohe Reiterstiefel mit Sporen, in der linken hält er die rot und weiß bekreuzte Fahne, in der Rechten das Schwert. An diesen Vortrab schloß sich früher die Gutsherrschaft von Stain samt dem Burgkaplan in Chorrock und Stola hoch zu Roß, jetzt ersetzt durch ein Mitglied des Landgerichts; darauf folgen zwei Zechpröpste, d. h. Vorsteher der Georgibruderschaft mit großen kranzgeschmückten Kerzen, und nun endlich die Reiter, paarweise, nach Pfarreien geordnet, vor jeder Schar ein Fähnrich. Der Zug geht auf der alten Salzburgerstraße über Weisham nach der St. Georgenkirche zu Weisbrunn, deren Pfarrer samt Klerisei den Pilgern mit dem Sanktissimum entgegengeht, begleitet von den Männern der Georgibruderschaft, von denen jeder im weißen Talar mit rotem Kragen einen Stab mit dem Bild des Patrones trägt. Darauf wendet dieser Zug von Fußgehern und macht Halt vor einer uralten Linde in der Nähe der Kirche, woselbst der Pfarrer zuerst allen Versammelten den Segen gibt und dann die Reiter, welche einer nach dem andern im Galopp an ihm vorüberjagen, mit Weihwasser besprengt. Nach einer Predigt und einem Hochamt in der Kirche des Heiligen zecht man oder treibt Roßhandel, da alles auf den schönsten Pferden erschienen ist, und endlich geht man zu Fuß nach Haus. Die Pferde werden von anderen nach Stain zurückgebracht. Anderwärts werden die Feste anderer Heiligen mit solchen Ritten gefeiert, namentlich der Tag des hl. Leonhard. – Am Georgsabend wird in manchen Gegenden, so im Traungau, junges Gras, mit blanker Sichel geschnitten und mit geweihtem Salz bestreut, dem Vieh gegeben. Übrigens gehört die Georginacht – nebst der des ersten Mai und des weißen Sonntag – als Freinacht den ledigen Burschen; sie dürfen allerhand Mutwill und Übermut ungeahndet begehen, und diese Freiheit wird dann gehörig ausgebeutet. So schleppen sie das Ackergerät weit hinaus ins Feld und türmen es dort hoch auf, häufig am Stamm eines wilden Birnbaumes, ja, wenn es das niedere Dach eines Hauses irgend gestattet, wird wohl gar ein Leiterwagen auf den First gesetzt. Am Palmsonntag wird die Palmweihe gehalten; die Palmbüschel werden an diesem Tag gebunden und geweiht; das Heft derselben bildet der Stab der heiligen Haselstaude – in welche niemals mehr der Blitz schlägt, seit sie der Mutter Gottes auf der Flucht nach Ägypten Schutz gegen Gewitter verlieh –, daran werden gebunden die Blütenkätzchen der Palmweide, die altheilige Mistel und der Sayling (juniperus sabina), dessen Geruch alle Hexen vertreibt; doch muß der Haselstiel wohl geschält sein, denn Hexenspuck vermag sogar zwischen Holz und Rinde zu nisten. Für jedes Gemach des Hauses wird ein Palmbusch geweiht und das Jahr über wohl verwahrt; zieht ein Wetter herauf, so verbrennt man einen Teil davon im frisch entzündeten Herdfeuer, dann nehmen die Blitze ihren Weg an dem Haus vorbei.

Felix Dahn

Hiaz kimbt dö scheane Fruahlingszeit

3. Treib mars aufe durch das Bluamantal,
   gebn dö Gloggn an schean Widerhall – Jodler –,
   laß mars gräsn bei dar Heah – Jodler.

4. Und der Küahbua, der haßt Michl
   und der tanglt heint no mei Sichl – Jodler –,
   damit se schneid den grüanan Klea, juchhe! – Jodler –.

(Die 3. und 4. Strophe werden nach der Melodie der 2. Strophe gesungen)

MAI

Im Mai, da ist die rechte Zeit
Zum Bad und aller Lustbarkeit.
So lang der Zwilling führt den Mond
Beim Ader laß den Arm verschont.
Zum Schnitt der Nägel an den Händen
Darfst du kein Eisen jetzt verwenden.
Was man dir in dem Mai verspricht
Hat leicht bei dir zuviel Gewicht.

Glockendon

Bauernregeln

Maifröste – böse Gäste.

Der Bauer nach der alten Art
trägt seinen Pelz bis Himmelfahrt.
Und tut ihm dann der Bauch noch weh
so trägt er ihn bis Bartholomä.

Gewitter im Mai – schreit der Bauer juchei.

Mairegen auf die Saaten –
dann regnet's Dukaten.

Nasse Pfingsten – fette Weihnachten.

Mai kühl und naß
füllt dem Bauer Scheun und Faß.

Lostage

 4. 5.   St. Florian
25. 5.   St. Urban

Im Mai

Der Mai ist der Monat des Frühlings, der Fruchtbarkeit des Lebens, der Liebe und der Hoffnung. So steht es jedenfalls in allen Kalendern. Und danach richtet sich auch das Brauchtum. Nach der gespenstischen Walpurgisnacht am 30.4., wo Hexen auf Besen durch die Lüfte reiten und in einer für den Jahresfortlauf einmaligen Weise Macht und Zauber ausüben, wird voller Freude zu Beginn des Maies der vielgeliebte Maibaum aufgerichtet. Grade die Pfingstbräuche oder die Walpurgisnacht, um nur einige zu nennen, sind wohl besonders stark mit alten germanischen Fruchtbarkeitsriten verbunden. Man wetteifert, wer wohl den schönsten Maibaum weit und breit hat. Schon im Mittelalter war der Maien vor allem der 1. Mai, der beliebteste Tag für Dichtung, Spiel und Tanz. Voller Freude nimmt man das Blühen und Sprießen der Natur mit in das Brauchtum auf. So wird von den Schulbuben durch Peitschenknallen oder Maipfeifen die Saat von bösen Einflüssen geschützt. Auch der Schlag mit der Lebensrute verheißt Fruchtbarkeit und Segen. Die Altäre der Kirche prangen in schönsten Blumen, das heißt Maienschmuck für die Maienandachten, bei denen die schönen, alten Marienlieder gesungen werden. Auch Wallfahrten werden gerne im Mai gemacht. So z.B. zu St. Florian (4.5.), dem Schutzpatron gegen Feuergefahr. Heiliger Florian, behüte mein Haus, steck andere an.
Maibäume werden nicht nur auf den Marktplatz gesetzt, auch besonders tugendsamen Mädchen oder jungen Ehepaaren setzen die Burschen eines Dorfes gerne einen solchen Baum auf den Dachfirst. Auch die Wettspiele aller Art, Wettläufe, Wettschießen, Kranzstechen sind besonders im Mai bzw. zu Pfingsten beliebt. Es gibt ein Maibrautpaar oder auch Pfingstpaar genannt, um das sich so manch schöner Frühlingsbrauch rankt. Christi Himmelfahrt ist durch seine Prozessionen und Bittgänge bestimmt. Aber nicht nur über Feld und Flur gehen die darstellungsfreudigen Bräuche, sondern in der Kirche auch kann man miterleben, wie leibhaftig eine schön geschnitzte Christusfigur in den Himmel des Kirchengewölbes auffährt, und oft kommen dann Blumen auf die Betenden nieder. Auch die Ausschüttung des hl. Geistes wird mit einer leibhaftigen Taube versinnbildlicht. Heiter sind die Bräuche an den Pfingsttagen: Peitschenknallen, Pfingstellaufen, Wasservogeljagen, Pfingstlümmel finden und Umzüge aller Art gehören hierher. So ausgelassen ging es zu, daß Anfang letzten Jahrhunderts des öfteren aufklärerische Regierungen versuchten, diesen Gebräuchen durch Verbote zu begegnen. Ende

Mai dann (25.5.) hat St. Urban, der Patron des Weinbaues, seinen Festtag. Auch dieser wichtige Tag darf im Pfingstbrauchtum nicht fehlen. Daß in einem Monat, in dem alles blüht und sprießt, viele Naturkräfte auch für die Gesundheit des Menschen nützlich sind, zeigen viele Bräuche wie das Sammeln des Mairegens, das Maitauen für die Schönheit, vor allem aber sollte man so steht es in den alten Badebücher, sich die Wirkung der Naturquellen im Mai zunutze machen.

H.C.E.

Die Walpurgisnacht im bayerischen Volksglauben

Seitdem Goethe im »Faust« der Walpurgisnacht ein unsterbliches Denkmal gesetzt hat, ist diese »Hexennacht« literarisch allgemein bekannt. Weniger bekannt dagegen dürfte – besonders in städtischen Kreisen – das sein, was heutzutage noch an abergläubischen Meinungen und Bräuchen in der und über die Walpurgisnacht im Volke lebendig ist oder noch bis vor kurzem lebendig war, denn gerade in unseren Tagen verschwindet das alte überlieferte Volksgut mit unheimlicher Schnelligkeit. Einiges was sich in Bräuchen und Meinungen über die Walpurgisnacht in bayerischen Landen noch erhalten hat oder doch vor nicht allzulanger Zeit noch bekannt war, sei hier kurz wiedergegeben.

Als den Tag der hl. Walpurgis (Walburga), der Äbtissin des Klosters Heidenheim im Bistum Eichstätt, jetzt der Kalender (neben dem 25. Februar) den 1. Mai an. Die Walpurgisnacht ist also die Nacht vom 30. April auf den 1. Mai. Diese Walpurgisnacht dürfte wohl ursprünglich eine heidnische Frühjahrsfeier gewesen sein, die dann später von den christlichen Glaubensboten zu einer unter dem Einfluß des Teufels stehenden Hexennacht gestempelt wurde. Dieser Glaube an die Umtriebe der Hexen (Truden) in der ersten Mainacht hat sich durch die Jahrhunderte hindurch im Aberglauben des Volkes bis auf unsere Tage gehalten.

Um die Hexen zu vertreiben oder ihr böses Tun unschädlich zu machen, werden die verschiedensten Mittel genannt. Aus den fünfziger Jahren des vorigen Jahrhunderts berichtet der fränkische Pfarrer A.J. Jäckel zu Neuhaus in Oberfranken, der sich nicht nur als vorzüglicher Kenner der heimischen Vogelwelt einen Namen gemacht hat, sondern sich auch durch Aufzeichnung alter Volkssitten seiner Heimat große Verdienste erwarb: »In der ganzen hiesigen Gegend, der alten terra Slavorum, werden alljährlich am Abend des letzten Aprils die Truden ausgeknallt. Sobald es Abend wird, kommen die Knaben und jungen Burschen mit Peitschen vor die Häuser heraus und knallen, einen greulichen Spektakel aufführend, bis zu eintretender Finsternis die Truden aus. Keine Weibsperson läßt sich um jene Zeit auf der Straße sehen; sie würde sonst als Trude angesehen, der Gegenstand groben Exzesses werden. Kommt eine fremde Weibsperson in das Dorf, so wird sie unter zahlreicher Eskorte mit Peitschengeknall aus dem Dorfe getrieben. Um Mitternacht reiten uraltem Volksglauben nach die Hexen auf Ofengabeln und Besen durch die Lüfte dahin auf den Walburgisberg bei Forchheim und den

Staffelstein. Das Trudenausknallen ist auch im Oberlande gebräuchlich.« Dieses Vertreiben der Hexen an Walburgi wurde auch vor noch nicht allzulanger Zeit in der Gegend von Hersbruck geübt. Die Dorfjugend verfertigte sich aus der Rinde der Traubenkirsche (Prunus Padus), einer in Wäldern und Hecken häufig wildwachsenden Verwandten des Kirschbaumes, tütenförmige Blasinstrumente, die sogenannten Trudenpfeifen, mit denen die Truden »ausgeblasen« wurden. Böse Geister durch Lärm zu vertreiben ist übrigens sicher ein uraltes Zaubermittel, das in die Kindheitsstufe der Menschheit zurückgeht. Die afrikanischen Neger suchen die Krankheitsdämonen durch Trommeln, Rasseln und Klappern zu verjagen, Türken und Albaner geben gegen den behexenden »bösen Blick« Pistolenschüsse ab, ja sogar der bekannte Glaube, daß das Läuten der Glocken (Wetterläuten!) ein drohendes Gewitter – nach primitiver Auffassung ja das Werk böser Dämonen – abhalte, dürfte in diesen Anschauungskreis zu stellen sein.

Daß man sich die Hexen der Walpurgisnacht recht körperlich vorstellt, erhellt daraus, daß man ihnen durch Dornsträucher oder spitze Gegenstände den Eintritt in Haus und Stall zu wehren sucht. Nach Schönwerth (Aus der Oberpfalz, 1857-1859) legte man in der Oberpfalz auf den Boden vor die Stalltüre drei ausgestochene grüne Wasen (Rasenstücke); in diese wurden Kreuz- oder Stachelbeerdornen, die Spitze nach oben gerichtet, gesteckt: dann konnte keine Hexe in den Stall hinein. In der Nabburger Gegend wurden noch in jüngster Zeit am Walburgiabend Bündel von Stachelbeerzweigen an den Stallfenstern angebracht, um die Hexen abzuhalten. Der oben erwähnte Pfarrer Jäckel sagt über diesen Brauch: »In der Walburgisnacht legt der oberfränkische Bauer (Münchberg, Berneck, Thurnau) ein großes Stück ausgestochenen grünen Rasens vor die Stalltüre, besteckt denselben mit drei Büschen von Stachelbeeren, Kreuzdorn oder anderem Dorngesträuch, desgleichen den Mist in der Dungstätte mit Dornen und macht an die Türe drei Kreuze. In den Dornen soll die Hexe, wenn sie des Nachts, das Vieh zu schädigen, in den Stall will, hängen bleiben oder doch von raschem Vordringen abgehalten werden; über die Schwelle aber kann sie nicht, bevor sie nicht alle Grasspitzlein des hingelegten Rasens gezählt hat. Ehe noch diese mühevolle Arbeit vollendet sein kann, bricht der Tag an und verscheucht die Hexe. Damit das Zählen der Grasspitzlein zeitraubend werde, legt der Bauer ein ansehnliches Stück Rasen hin. Ebenfalls zum Schutze des Viehs werden im Oberlande (Oberfranken) drei Kreuze, aus grünem Rasen gemacht, vor die Stalltür gelegt.« Aber nicht nur Dornsträucher, auch andere Zweige gelten als

hexenabwehrend. In der Gegend zwischen Roding und Falkenstein (Oberpfalz) steckt man noch jetzt am 1. Mai Birkenzweige auf den Misthaufen, und zwar so viele, als Kühe im Stall sind, um das Vieh vor Verhexung zu schützen. Um Kulmbach befestigte man am Walpurgisvorabend die stark riechenden Blütenzweige der »Mandel- oder Hexenblüt«, worunter man die bereits erwähnte Traubenkirsche versteht, an den Stalltüren. Es hieß, daß der starke Geruch dieser Blüten die Hexen verjage. Auch hier sei daran erinnert, daß nach uraltem Glauben stark riechende Sachen den bösen Geistern unangenehm sein sollen. Man denke nur an die Räucherungen (den »Hexenrauch«), wie sie besonders im Mittelalter zur Heilung von »angezauberten« Krankheiten angewendet wurden.

Verschiedene Frühlingsblumen, die dem Vieh am Walpurgistag gegeben werden, sollen es ebenfalls vor Behexung schützen. In verblaßter oder auch beschönigender Form heißt es meist von diesen Kräutern, daß ihr Genuß durch die Kühe diesen eine gute Milch verschaffe. Das Primäre wird aber wohl der Gegenzauber durch die Frühjahrsblumen sein, da nach ländlichem Aberglauben gerade im Molkereiwesen die Hexen viel ihre Hand im Spiel haben (wenn die Milch sauer wird, sich nicht buttern läßt usw.). Im Döritzgrund erhält das Vieh an Walburgi »a Grätzn vull Bluma«, und zwar nur gelbe wie Butter- und Schlüsselblumen, damit die Kuhmilch das Jahr über recht viel gelbe Butter gibt. In der fränkischen Schweiz gab man aus demselben Grunde die gelbe Zwiebel des bekannten Türkenbundes (Lilium Martagon), der daher auch »Goldwurz« genannt wird, dem Vieh ins Futter. Siebenerlei (heilige Zahl!) verschiedene Kräuter mußte man an Walburgi in der Kulmbacher Gegend den Kühen geben, daß sie das ganze Jahr über recht gut melken. In Obernsees (BA. Bayreuth) sind es neunerlei Gräser, die man an Walburgi dem Vieh gegen das Verhextwerden reicht. Die Neunzahl spielt ja auch sonst bei zauberischem Tun eine bedeutsame Rolle. An Walburgi, heißt es um Ansbach, soll man neunerlei Blumen rupfen (Schlüsselblumen müssen dabei sein) und in eine Truhe legen; ist es in der Nacht nicht ruhig darin, so hat man eine Hexe gefangen. Mit Hilfe von »neunerlei Holz« kann man die Hexen erkennen: An Walburgi soll man vor Sonnenaufgang hinausgehen und »unbeschrien« neunerlei Holz schneiden. Das Holz verbirgt man in der Tasche. Treibt dann in den nächsten Tagen der Hirt zum erstenmal aus, und gehen sämtliche Mädchen und Frauen des Dorfes mit, so kann derjenige, der das wunderkräftige Holz in der Tasche hat, sehen, welche von den Weibspersonen eine »Trud« ist. Die sämtlichen Truden tragen nämlich einen Melkeimer auf dem Kopfe. Es ist übrigens ein weitverbreiteter Aberglaube, daß, wer in der Christmette auf einem Schemel aus neunerlei Holz knie, die Hexen der Gemeinde sehe.

Sehr alt ist gewiß der Glaube, daß der Tau der Walpurgisnacht eine besondere heilkräftige Wirkung habe. Wir dürfen hier wohl noch

einen Nachklang der Anschauung über die magische Kraft des vom Himmel gefallenen Wassers, einer Anschauung, die in alten Reinigungsriten eine große Rolle spielt, sehen. Sich in der Osternacht im betauten Gras wälzen, soll nach einem weitverbreiteten Volksglauben das ganze Jahr von Krankheiten schützen. Ähnliches glaubt man vom Tau der Johannisnacht. Nach einer oberpfälzischen Volksmeinung, die ebenfalls Jäckel aufgezeichnet hat, besitzt der Walpurgistau bei Krankheiten des Viehs wundertätige Wirkung. Wäscht man nämlich die Hände unredet mit Walpurgistau, wonach man sie je-

doch den Tag über nicht weiter waschen darf, so empfängt man auf ein Jahr die Kraft, aufgelaufenes, gebähtes Vieh durch Streichen mit der Hand heilen zu können. Man spricht dazu:

> Ich wasche meine Hände mit Walpertau,
> Was ich anfaß, lauf mir nicht auf.
> Im Namen Gottes usw.
> (Gaisgrund, Gegen von Schlüsselfeld).

Wenn wir den ganzen Walpurgisglauben nach seiner regionalen Verbreitung etwas genauer betrachten, so muß auffallen, daß wir in schwäbischen und in altbayerischen Landen kaum Spuren von ihm treffen. Besonders verbreitet ist es aber da, wo in früheren Jahrhunderten slawische Bevölkerung saß (also in gewissen Teilen Frankens und der Oberpfalz). Wenn wir erfahren, daß in slawischen Ländern der Georgstag (23. April) als der eigentliche Frühlingsanfang gilt und als solcher gefeiert wird, so liegt die Vermutung um so näher, daß auch der ganze Walpurgisaberglaube als Rest einer heidnischen, slawischen Frühlingsfeier aufzufassen ist.

D. Marzell

Schauerfreitag
Von Prozessionen und Bittgängen

Die Tage, welche die Himmelfahrt des Heilandes umgeben, führen die schönen christlichen Namen: Kreuzwoche, Bittwoche; vom Kreuzbild, welches vorausgeht, und vom Gebet, welches stattfindet. Es ist gerade die passende Zeit, in der die Saaten sprossen und die ländliche Arbeit ziemlich ruht. Da vollziehen sich denn am Montag, Dienstag und Mittwoch religiöse Gänge: eine jede katholische Pfarrgemeinde wallt von ihrer Kirche aus in eine andere; der Zweck besteht in aufrichtigem Christengebet, und in drei Morgenstunden ist es abgetan. Am Donnerstage feiert sich als uraltes Christenfest die Auffahrt des Heilandes; und der Freitag bringt dann in unserm Altbayernland das größte und stärkste Volksbeten vom ganzen Jahr.

Zwei Grundeigenschaften sitzen nämlich im ländlichen Altbayer: er glaubt fest und praktisch an den persönlich weltregierenden Gott und hängt mit Leib und Leben an seiner geliebten Feldscholle. Er trägt auch dem heiligen Erlösungstage, welchen abergläubige närrische Heiden zu einem Unglückstage stempeln möchten, gerade im Gegenteil alle Andacht und alles Vertrauen entgegen. Und nach dem eigentlichen Karfreitage zeichnet er am höchsten aus jenen Freitag nach der Himmelfahrt des Heilandes: denn da vollzieht das ländliche Altbayernvolk seinen jährlichen »Gebetsgang um die Felder«, in welchem es den Allmächtigen im Himmel anruft, damit keine bösen Wetter die Feldfrucht in Grund und Boden »schauern« (daher bündig und markig der Name »Schauerfreitag«). Am heiligen Auffahrtstage hält man geziemende Feierruhe, gute Festtafel und gehöriges Gliederstärken, denn es ist Familienbrauch, daß beim Gang um die Felder niemand fehlt; was mit gesunden Beinen gesegnet ist, muß dazu: Vater, Mutter, Sohn, Tochter, Knecht, Magd, klein und erwachsen.

Ist um halb fünf die Morgenmesse zu Ende und die Orgel verhallt, so beginnt der Zug sich zu formen. Voraus der Kirchenmann mit dem »Herrgott« (Kreuzbild, die heilige hehre Standarte der erlösten Menschen); hinter ihm reiht sich die ganze Pfarrjugend. Die Werktagsschule verlauft sich in die Feiertagsschule und diese in die stämmigen Burschen; nach der männlichen die weibliche Jugend, ebenfalls so, daß die kleinen Mädchen übergehen in die volljährigen Jungfrauen. Daran fügt sich der feste Stamm der Pfarrei: die Männer, auftretend mit wuchtigem Stiefelgedröhn und achtbarem Lebensernst auf den Gesichtern. An ihrer Spitze geht im Vespermantel und die Feldmonstranz mit der gewandelten Hostie in Händen der Pfarrer; seine sämtlichen Kirchenpfleger um ihn. Deren zwei tragen auf Stangenlaternen das ewige Licht, welches dem Heilande geziemt; Meßknaben schwingen (taktmäßig abwechselnd) ihre Altarschellen, um auch einem jeden Ohr schon das Allerheiligste anzuzeigen. Kleine Mädchen (frommsittig, weißgekleidet und Lilien tragend), gehen neben dem Heilande, drei links und drei rechts. Schließend den Zug folgen nun noch die ländlichen Ehefrauen, aber nicht mehr allzu viele; denn das Weib muß haushüten, und da kann sie denn höchstens ein Stück Weg um die Fluren mitwallen: die eine nur bis zu diesem Feldaltar, die andere nur bis zu jenem.

Die Ordnung erheischt, daß der Zug an den Straßensäumen geht in zwei getrennten langen Zeilen; in Mitte der Ordner, welcher da wieder knüpft, wo das verschiedenaltrige Gefüge zu zerreißen droht. Den braven Fähndrich, welcher den Herrgott vorausträgt, hat ein altbayerischer Bauer von freien Stücken in seinen hochroten Pilgrimsrock gekleidet. Er kann nämlich jung unter die Muskete, aber dennoch wieder gesund und heil aus dem russischen Feldzuge zurück. Dafür seinem Gotte dankbar und fromm in Sinn und Wandel, stiftete er vieles, auch den Fähndrichsrock mit den markigen Worten: »Bin i amol gstorben, dann soll die Pfoarr in der Kreuzwochen meiner gedenken.« Entscheidend für die Ordnung ist der, welcher den Herrgott trägt. Dadurch nämlich: daß er jenen richtigen Mittelschritt einzuhalten versteht, welcher die zehnjährigen springenden Muskeln dämpft und die siebenzigjährigen steifen Sehnen nachtrippeln läßt. Natürlich, daß auch der Geistliche mit dem Allerheiligsten im Mittelraume geht. Die kernige (diesen Kreuzgängen wie angegossene) Gebetsform ist der katholische Rosenkranzpsalter: es brauset beinah wie ein mächtiger Orgelton durch die Getreidefluren und besonders durch die Wäldchen, wenn die eine Reihe vorbetet und die andere nach.

Da der Schauerfreitag sozusagen den Kreuzgang mit dem Fronleichnamsfeste verschmilzt, so besitzt eine jede katholische Pfarrei im Altbayernland ihre vier Feldaltäre: sie ruhen seit ältester Zeit und wie eine Ehrenpflicht auf den bestimmten Häusern (welchen eben das Feld gehört). Nicht selten ist diese geweihte Gottesstätte ausgezeichnet durch ein Feldkreuz und eine weitästige Feldlinde, in deren Laube sich dann der Altar ländlich fromm und schmuck einbaut. Die vier Evangelien sind die vier Grundsäulen des Christenglaubens; während nun der Geistliche beim ersten Feldaltar im ernsten Kirchenton das Matthäusevangelium singt, steht die Pfarrgemeinde aufrecht und rüstig (zu einem Zeichen und Zeugnisse, daß man vom

Worte des Heilandes wie ein bereitwilliger Hörer so auch ein tatkräftiger Befolger sein müsse, wolle und werde). Das Evangelium gesungen, kniet sich alles vor dem Allerheiligsten demütig und andächtig in den Rasen hin. Und nun ertönt, von dem Priester an den wahren Gott in der Feldmonstranz gerichtet, das gläubige ergreifende Gebet: »Sei uns ein Befreier vom Blitzesstrahl und Schauergewitter.« Den Schluß bei jedem Feldaltar bildet dann jene erhabene katholische Glaubensszene: daß der ewige Gottheiland aus Hostie, Monstranz und Priesterhand (augen- und ohrenzeugend) segnet das Volk der Altbayern, seine Fluren und Häuser; dafür ihm dankbar und zum Weitergehen aufbrechend stimmt es den Gebetsruf an: »Hochgelobt und gebenedeiet das heiligste Sakrament! Von nun in Ewigkeit.«

Da die vier Altäre (eigentlich Evangelien) als Wechselposten dienen, so wurde teils ein Abströmen und teils ein Zufluten bemerklich. Vom Bauer und Hausherrn ist nämlich so angeordnet: nach dem ersten Evangelium hat die Bäuerin heimzugehen und die Oberdirn zu kommen; nach dem zweiten Evangelium der Baumann usw. Der Bauer selber macht den ganzen Gang um die Felder. Sein Hofgesind aber führt er in den Schauerfreitag beinahe so taktisch und praktisch wie ein kluger Feldoberst, welcher hier ablösend, dort nachschiebend seine sämtlichen Truppen in das entscheidende Feuer sendet. Nur zwei (Kerntruppe und Kanonenfutter) löst er nicht ab, sondern läßt sie in der ganzen Gebetsarbeit: 1) Oberknecht und Underdirn, ältere gesetzte grundchristliche Leutchen, welche auch beim Beten etwas ausrichten. 2) Die jungen Bürscheln, weil diese doch nicht viel taugen. Übrigens, Wohl und Weh hängen auch beim Gesind so sehr an der Feldfrucht (z.B. frohe Gesichter, Lohn, insbesondere der Rauchnachtstisch usw.), daß am Schauerfreitag sogar die sonst Gebetsscheuesten unserm lieben Herrgott wegen seiner allmächtigen Ernte- oder Schauerhand ein gutes Wort geben; das Gegenteil wäre eine schnöde Sünde am achtbaren Dienstbotenbrauch. Ohne das eine und das andere Fremdartige geht es nicht ganz ab, selbst unter den Besten (den Männern). Der jährliche Schauerfreitag schlägt nämlich zwei Fliegen mit einer Klappe: freilich ist er vor allem ein Gebetsgang; aber daneben doch auch ein altbayerischer Hausherrenmarsch, bei welchem die Fluren und Saaten gemustert werden. »Da schau nur grad dem Toni sein Repsfeld an, wie sakrisch schön dös steht«; solche und ähnliche Zwischenrede fällt schon mitten in das heiligste Gebet. Auch die ländliche Höflichkeit unterbleibt im tapfersten Rosenkranzeifer nicht; muß ein Altbayer kräftig niesen, so sagen ihm Vor- und Hintermann »Helf Gott«. Nächstenliebe und

Freundschaft dürfen erst recht nicht fehlen: bald dieser, bald jener zieht sein Tabaksgeschirr, haut dem Nachbar eine saftige Schmalzlerprise auf die hingehaltene Pfote und schnupft hernach selber herzhaft und erquickend.

Nach einem zweistündigen Wallen zieht die Prozession in die Tochterkirche ein, wo der Pfarrer nun gemeinschaftlich mit seinem Pfarrvolke die große Kreuzgangslitanei zum Himmel emporsendet. Bei diesem tausendjährigen Kirchengebet, welchem der Hauptstamm der Pfarrei anwohnt, gerät eine jede Saite des katholischen Seelen- wie Körperlebens ins Zittern und Klingen; kein christliches Anliegen in Ewigem wie Zeitlichem, welches darin vergessen wäre.

Da kommt derjenige, dessen selbstmächtiges Erbarmen angerufen wird, und das ist der dreifaltige Gott allein. Da kommen dann jene, deren einflußreiches Fürbitten erfleht wird, und das sind: 1) Maria, die Heilandsmutter und »ewige Maid« (wie mittelalterliche Stifturkunden so schön sagen). 2) Die Engel, welche ihr in Rang, Würde und Macht unterstehen. 3) Die Heiligen der Christenheit, d. h. die glorreichen Zwölfboten, Blutzeugen und Kirchenlehrer voran, und ihnen nach lauter ehrenbrave Menschen, welche sich in diesem Erdenleben den Himmel erobert haben. Und dabei geht niemand ganz leer aus; denn sind die heiligen Männer zu Ende, so gehen die heiligen Frauen an. Es trifft also der katholische Altbayer in dem Himmel genug viele seinesgleichen, die einen Fürspruch machen können und ein Herz für ihn haben müssen. In dreiundzwanzig Anliegen und Bitten ist in kerniger Weise das gesamte Diesseits wie Jenseits zusammengedrängt. Keine einzige Anrufung, welche nicht überaus praktisch: daß alle Obrigkeiten (weltlich und geistlich) ihr schönes Amt auch recht erfüllen; den Lebendigen und Verstorbenen die göttliche Huld werde; es wohlergehe den Brüdern, Freunden, Guttätern eines jeden. Ein wahrhaft solidarisches, d. h. alle Menschen (insbesondere Christen) umspannendes Gebet: Einer für alle und alle für einen. Der katholische Südländer, bei welchem kein Hagel, fürbittet, daß es dem katholischen Altbayer seine Feldfrüchte nicht in den Boden schlägt; dagegen der Altbayer, bei welchem kein Erdbeben, erfleht dem Südländer, daß ihm nicht Haus, Dorf und Stadt in Trümmer fallen. Und nun gar noch die ausdrückliche vorletzte Bitte der Litanei: »Du wollest die Früchte der Erde uns geben und erhalten«, ruft der Pfarrer dreimal zum allmächtigen allgütigen Gott; und ihm nach ruft sein gesamtes Pfarrvolk auch dreimal zum Himmel: »Wir bitten dich, erhöre uns.«

Die Litanei beendet, ist nunmehr sogleich die blaufärbige Buß- und Bittmesse (unter Gesang, Orgeltönen und Gebet des Pfarrvol-

kes) durch den Kaplan, welcher vom Pfarrer die Prozession übernimmt, um sie aus der Tochter wieder heimzuführen in die Mutterkirche; sonach auch die beiden Geistlichen abwechselnd, also jeder teilnehmend am Schauerfreitag.

Zwischen Messe und Wiederaufbrechen schob sich längst ein weltlicher Altbayernbrauch ein: nämlich halbstündige Einkehr (etwa nach dem weißen Wahlspruch: »Erst leben, d.h. leibstärken, dann beten«). Die Friedhofpforten und der Ortswirt zeigen denn auch ein jahrmärktisches Gepräge: Semmeln, Weckeln, Kuppeln, und ein frischer, schäumender Trunk. Weil das vielköpfige Gesind in seinem Schauerfreitagsgebet denn doch weniger eine eigene Christenpflicht erblickt, sondern vielmehr eine Arbeit für die Dienstherren, so hat jeder Knecht wie jede Magd zum Zehren ein Geld vom Bauer, aber mit der ernsten Mahnrede: »Macht unserm Herrgott eine Ehr und keine Unehr, und euerm Bauer auch!« Wenn die geweihten Glocken einrufen, dann räumen sich Wirtsstube und Dorfgassen; der Zug bewegt sich weiter. Beim dritten Feldaltar ertönt zum Heilande der Bittrufe: »Sei uns ein Befreier von jähem und ewigem Tod.« Und beim vierten die Bittrufe! »Von Pest, Hungersnot, Kriegszeit und allem Übel«. Der Altbayer sieht in Leben und Gesundheit ein schönes und kostbares Gottesgeschenk; er liebt sein leiblich Dasein, noch mehr aber seine unsterbliche Seele, und da graut ihm mit Recht vor

einem gähen, unbereiten Sterben. Die Kirchenuhr zeigt schon elf, da der lang gedehnte Schauerfreitagszug (noch ungeschwächt und in voller Stärke) der Pfarrkirche zuschreitet, deren Glocken ihn freudig empfangen; die Häuserreihen durch und in die Tempelhalle hinein erschallt in einem tausendstimmigen Sopran, Alt, Tenor und Baß das christliche Lobgebet »Ehre sei dem Gott dem Vater, Ehre sei Gott Sohn, Ehre sei Gott dem heiligen Geist«, den altbayerischen Felderumgang beendend. –
Wo der Unglaube die Bildung und die Gottfremdheit der Lebensgang, da zieht man hoffärtig und kalt die Brauen und findet natürlich an Kreuzwoche und Schauerfreitag keinen Geschmack. Ein Gebet um die Feldfrüchte dünkt unvernünftig: Versichern statt Beten, das ist der Rat. Nun, so manch ein Pfarrer und so manch ein Bauer im Altbayerland versichern; aber um die Felder gehen sie dennoch. Es ist gut, wenn man versichert; jedoch besser ist es, wenn es nicht hagelt. Und dann, es gibt ja auch andere Übel, gegen welche sich selbst die steinreichsten Leute bei einer irdischen Dividendengesellschaft doch nicht versichern können. Wie es immer deutlicher zu Tage kommt, so möchte man mit dem pomphaften Gerede von lauter Naturgesetzen den guten alten Gott in die Austragsstube verweisen; aber da tun wir katholischen Altbayern schön nicht mit. Ein göttlicher Weltregent gefällt uns tausendmal besser als menschliche, wären es auch die mächtigsten und gescheitesten; denn auch unter dem gelehrtesten Doktormantel und der stolzesten Ordensbrust menschelt es doch ganz kläglich. Das Naturgesetz ist ja selbst wieder nichts anderes wie eine Schöpfungsgabe: ein Gottes- und kein Menschenwerk, und aus ihm erst lernen die Gelehrten eine wahre Weisheit. Und sogar auch das Letzte noch, der Verstand, ist seinem eigentlichen Urgrund nach ein gnädiges Gottesgeschenk und wäre vom gebildetsten Menschen ein aufrichtiges Dankesgebet wert. So gottesscheu ist nun der katholische Altbayer durchaus nicht; und er scheint mir gerade der Vernüftigere, wenn er zu Gott bitten geht (besonders unter der kraftvoll lebendigen, weil anstaltlichen Gebetsform der Kreuzgänge und des Schauerfreitages).
Dieses Anrufen des Himmels setzt sich nun vom Felderumgange bis zum Erntefest täglich fort, solang die Feldfrüchte im Bann der bösen Hagelgewitter stehen. Es ist das ein eigenes Flurgebet, welches ein jeder Pfarrgeistlicher am Altare nach seiner täglichen Messe vollzieht; es führt den Namen »der Wettersegen«. Dessen Grundgedanke ist: »O Gott, beleidigt durch Sünde, aber durch Buße versöhnt, halte zurück Deine Strafruten, Blitz- und Hagelschlag gnädig abwendend von uns.« Der tägliche Wettersegen geschieht meistens

feierlich, d.h. es kündet das Turmgeläut ihn an und geht auch die Orgel dabei. Und der, welcher sie spielt, singt ein Kirchenlied, das sich den Gebetsgedanken anschmiegt (je genauer um so besser); am besten aber singt er die Gebetsworte selber in schön kirchlichen Tönen. Denn dichtet, setzt und spielt der Mann auf der Orgel sich etwa einen eigenmächtigen Wettersegen, so kann dadurch gar leicht der Ernst des Gotteshauses einen Schaden nehmen. Solch einen Wettersegen weiß man z.B. im Isargau zu erzählen; freilich nicht aus der neuesten Zeit, welche ja auch der Orgel wieder mehr und mehr den Geist der guten kirchlichen Vorschriften einzuhauchen strebt und versteht; aber ein ganzes Jahrhundert ist er auch noch nicht alt, sondern gut ein viertel. Nämlich der Pfarrkirchner von Altheim (unterstützt vom Geistlichen und den Bauern) griff sein ehemaliges Stolrecht wieder knapper, und dabei gingen dem Filialküster von Essenbach einige bisherige Bezüge verloren. Um seine Stolarien streiten in und außer Gericht, das tat nun der ganz friedliebende Mann nicht; aber etwas tat er dennoch: er reimte, sang und orgelte einen Rachewettersegen. Bei einem wundersam süßen, weichen und liebkosenden Orgelflöten sang er in schmelzend sanftem und zarten Tenor zuerst: »Schein, Sunnerl, schein – Auf d' Essenbäcker Gmein.« Aber dann gleich (sämtliche Register herausgerissen, unter einem erschreckenden Brumknurren und Kreischen der Orgel und mit seinen allerwildesten Baßgängen): »Auf d' Althamer nöt! – Auf d' Althamer nöt!«

Joseph Schlicht

Geleite durch die Welle

(Wallfahrer-Marienlied)

Ge - lei - te durch die Wel - le das Schiff-lein treu und mild zur

hei - li - gen Ka - pel - le, zu dei-nem Gna-den - bild und

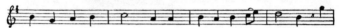

hilf ihm in den Stür - men, wo sich die Wo - gen tür - men, Ma-

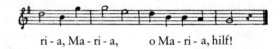

ri - a, Ma - ri - a, o Ma - ri - a, hilf!

2. Du gnadenreiche Taube,
o segne unser Land,
die Ähre und die Traube,
den Fleiß und Schweiß der Hand,
und die voll Hunger darben,
den Armen ohne Garben,
Maria, hilf!

3. Und die verlassen klagen,
in Sturm und Frost und Wind,
die unterdrückt, geschlagen,
verwaist und hilflos sind,
wenn jeder Trost entschwunden,
den Kranken, Todeswunden,
Maria, hilf!

Maibaumbilder

Über den Maibaum und seine Bedeutung ist so viel, und vor allem durch Manhardts grundlegende Arbeit geschrieben worden, daß es keines weiteren Eingehens bedürfte, wenn ich nicht neben einigen Nachträgen aus Oberbayern, die der neuesten Zeit entstammen, bildliche Darstellungen der Maibäume bringen möchte, die bisher wenig beachtet wurden, aber besser als das Wort ihre Gestaltung vor Augen führen. Die Zeichnungen erhalten besonderen Wert dadurch, daß die der oberbayerischen Maibäume auf Skizzen beruhen, die einer unserer bedeutendsten Architekten, Gabriel v. Seidl in München, die Güte hatte, mir zur Veröffentlichung zu überlassen. Als Freund der Volkskunde hat er sie gezeichnet, nicht minder aber angezogen durch das künstlerische Empfinden des Volkes, das in der Gestaltung dieser Maibäume sich ausprägt. Ihm sei daher hier mein herzlicher Dank für seine Mitwirkung ausgesprochen.
Regel ist noch überall, daß der Baum am 1. Mai von den Burschen des Dorfes gesetzt wird. Beim Anbruch des Tages soll er noch grün und unversehrt im Walde stehen, und oft beginnt die Arbeit schon um 1 Uhr nachts, um rechtzeitig zur Stelle zu sein. Den schlanken, oft 30 und mehr Meter hohen Stamm erhalten die Burschen vom Besitzer des Waldes oder dem Förster zugewiesen. Ist der Baum gefällt, entästet und entrindet, bei dem nur der Wipfel, der »Maibuschen« unberührt stehen bleibt, und zeigt er nicht die gewünschte Höhe, so muß ein zweiter daran geschäftet werden. Zu St. Wolfgang am Übersee (Oberösterreich) wird in der ersten Mainacht heimlicherweise eine schlanke Fichte oder Tanne aus fremdem Walde von den Burschen gefällt, geschmückt und an Ort und Stelle gebracht. Das »Aufputzen« besorgen die Mädchen, welche die Burschen bei ihrem nächtlichen Raubzug begleiten, und das dem Baume entnommene Reisig dient zur Herstellung von Kränzen und Gewinden, den den Stamm des Maibaumes schmücken. Wenn der Morgen graut, erhebt er sich schon an seinem Platze vor dem Wirtshause.
In Niederösterreich sowie im Innviertel Oberösterreichs wird der Stamm nicht nur glatt geschält, sondern noch mit Wachs oder Seife eingerieben, da er auch als Kletterstange dient, und es auf diese Weise schwieriger wird, die in Absätzen an ihm angebrachten Preise (»Beste«), meist Hals- oder Taschentücher, zu erringen. Der wertvollste Preis ziert den Wipfel selbst. Jene, welche das Klettern versuchen, bestreichen sich Hände und Fußsohlen mit Pech und führen in den Taschen Asche bei sich.

Schmucklos bis zum Wipfel ist der Maibaum auch im Salzburgischen. In den Tauerntälern ist sein Transport oft recht mühselig; er muß schon am Vorabend zur Stelle geschafft und von den Burschen während der Nacht abwechselnd bewacht werden, da die bei der Aufrichtung nicht Beteiligten ihn heimlich abschneiden und irgendwo anders wieder aufrichten würden, denn es ist stets für den eine Ehre, vor dessen Hause er errichtet wird, und eine Schande für das Haus, vor welchem er gestohlen wurde. Diese Abwehr gegen den Raub des Maibaumes kostete im Raurisertal in der Nacht vor dem 1. Mai 1898 einem der Bewachenden das Leben. Lorenz Schott aus Embach hielt Wache bei dem Baum in stockfinsterer Nacht, als ein Schlag des herannahenden Gegners ihn tötete.

Überall ist die Sitte verbreitet, daß die Burschen ihren Maibaum gegen das Umwerfen oder Wegschleppen durch Burschen der Nachbardörfer bewachen und verteidigen.

Der Grund dieses Raubens beruht vielleicht auch darauf, daß dem 1. Mai die Walpurgisnacht vorangeht, in der es Brauch ist, daß Haus- und Hofgeräte, selbst Leiterwagen und kleine hölzerne Häuschen »vertragen« (verschleppt) und irgendwo anders aufgerichtet oder auf das Dach gelegt werden, wo sie die Eigentümer wieder zusammensuchen müssen.

In Kärnten sind die Maibäume durchweg einfach und der Vorgang beim Aufrichten ganz ähnlich wie in Bayern. Er erscheint schon reich geschmückt, wenn er dem unter Fig. 145 aus Pragerhof bei Marburg in Steiermark gleicht, den ich 1906 dort zeichnete.

Diesen bisher erwähnten österreichischen Maibäumen stehen die modernen oberbayerischen allerdings viel mannigfaltiger in der Ausgestaltung gegenüber. Wer die oberbayerischen Dörfer durchwandert, dem fallen sofort die hoch über alle Dächer emporragenden figurenreichen Maibäume auf.

»Wir haben den schönsten in der Gegend«, sagte ein Mann in Benediktbeuren zu mir, »der unsere hat 30 Sprossen, und alle sind mit fein geschnitzten und bemalten Figuren besetzt.« Solch ein Baum muß daher mehrere Jahre aushalten, bis ein neuer an seine Stelle tritt, denn die Kosten seiner Herstellung sind nicht so gering. Da wird schon lange vorher von den Burschen des Ortes bei den Mädchen und Bauern gesammelt. Wie der in volkskundlicher Beziehung so tätige Kurat Frank in seiner Zeitschrift berichtet, tragen die verschiedenen Glieder und Stände einer Gemeinde je nach Vermögen bei. Die Figuren auf den Sprossen besorgt der Dorfschreiner, und alle Handwerker, die im Orte vorkommen, sind durch symbolische Darstellungen vertreten, zu denen sich noch Figuren der Dorfkirche,

Wappen und Fahnen gesellen. Oft ist der von der Rinde entblößte Stamm nur mit Girlanden von Reißig umwunden, aus denen der Wipfel im vollen Nadelschmuck ragt, oder es umschweben ihn Kränze aus Reifen aus Tannenreisig in mehreren Stufen nach oben sich verjüngend; im Isarwinkel ist meist nur der Fuß des Stammes blau-weiß mit den bayerischen Rauten bemalt.
Alle aber zeigen stets in Spruch und Schmuck eine gut königstreue und kirchliche Gesinnung; so bestehen z.B. die Maibäume in der Gegend von Tegernsee einfach aus einer blau-weiß bemalten Stange mit goldener Krone darauf. In Ingerndorf hat der Maibaum ein Wappenschild mit der Inschrift: »Heil dem Könige, Frieden dem Lande, Segen der Gemeinde 1894.« Der Maibaum zu Königsdorf besitzt drei Schilde mit blau-weißen Fähnlein und auf dem untersten steht ein frommer Wunsch: »Die Gesundheit des Hirschen, das Alter des Adlers, die Stärke des Löwen – das in seiner Gnade möge Gott unserm König Otto geben.« – Auf dem Mittelschild: »Die Gesundheit der Seelen besorgst du mit Fleiß, mit himmlischen Mitteln mit göttlicher Speis, mach daß unser Sinn sich dorthin neiget, wohin dieser Maibaum die Richtung uns zeiget.«
Im nördlichen Oberbayern findet man statt der blau-weißen häufig rot-weiße Fähnchen, was wahrscheinlich eine kirchliche Bedeutung

hat. In der Gegend von Pfaffenhofen tritt als typischer Schmuck auf den Sprossen des Maibaumes stets ein tanzendes Brautpaar auf, das dort »Hansl und Gretl« heißt.

Wie auch die neue Zeit auf die Ausschmückung des Maibaumes einzuwirken beginnt, erkennt man daraus, daß auch schon ganz moderne Dinge auf ihnen zur Darstellung kommen, wie Fahrräder und Lokomotiven, und wie lange wird es dauern, bis selbst das Automobil auf den Sprossen des alten Maibaumes seinen Einzug hält? Wie anders berührt der Rest aus alter Zeit, die Armbrüste, die ganz unten an dem Maibaum von Ellbach bei Tölz angebracht und drohend nach allen Seiten gerichtet sind. Sie sollen symbolisch die Abwehr böser Feinde darstellen, den Maibaum gleichsam gegen Angriffe schützen, die von den Burschen anderer Dörfer gegen ihn ausgeführt werden könnten.

Auf den 30 Sprossen des schon erwähnten Maibaumes von Benediktbeuren ist folgendes dargestellt: Zu unterst das bayerische Wappen nebst zwei blau-weißen Fähnlein, darüber der Gasthof zur Post, vor dem der Maibaum steht, diesem gegenüber das Kloster mit seinen zwei Türmen, auf den Sprossen darüber einerseits ein Rad, die Müller, und andererseits eine Brezel, die Bäcker symbolisierend. Es folgen nun weiter ein Fuhrwerk für die Fuhrleute, ein Holzschlitten für die Holzknechte, ein Schütze für die Jäger, ein Pflügender für die Bauern, Symbole der Krämer, Bierbrauer, Flößer, Fischer, Metzger usw., alles gut geschnitzt und bunt bemalt, einen lustigen heiteren Anblick gewährend und Zeugnis ablegend von der Freude des Volkes an diesen farbigen und nicht ohne Kunstgeschmack ausgeführten Maibäumen.

Vieles von den alten Sitten, die einst mit der Anpflanzung des Maibaumes verknüpft waren, hat sich in letzter Zeit verloren. Meist wird er vor dem Wirtshaus aufgestellt, nicht mehr umtanzt, und der Wirt des Dorfes zahlt nur beim Errichten einen Trunk. Um so erfreulicher ist es, wenn man findet, daß doch an einigen Orten sich noch Reste der alten Bräuche in die Gegenwart herübergerettet haben. So ist z.B. in Schäftlarn im Isartal noch der alte Maireigen um den Baum erhalten, bei welchem die Paare für den Maitag einander zugesprochen werden. Ein Bericht der Münchener Neuesten Nachrichten vom 11. Mai 1906, der sich auf den 6. Mai 1906 bezieht, lautet folgendermaßen:

»In Hohenschäftlarn folgte am letzten Sonntag das eigentliche Maifest in seiner herkömmlichen Originalität. Zur Ergänzung der Kosten, deren einer Teil durch Sammlung aufgebracht worden war, hatten die Burschen das Holz des alten Maibaumes und die Gerüst-

stangen im Wirtshaus versteigert, wobei weit über den Wert geboten wurde. Sonntag nachmittag um 1 Uhr versammelten sich – natürlich festlich gekleidet – die Burschen um den Maibaum, die Jungfrauen am Feuerhaus gegenüber. Die Blechmusik spielte einen flotten Marsch, von gellenden Juchzern der Burschen begrüßt. Dann nahmen zwei Vertrauenspersonen die Auslosung vor, indem der eine den Namen eines Burschen, der andere den Namen eines Mädchens aus zwei verschiedenen Behältern zog. Die Namen wurden verkündigt, und die beiden waren damit bis abend 7 Uhr füreinander bestimmt., so verlangt es der alte Brauch. Als die Paare alle zusammengelost waren, blieben – da sich nur 22 Jungfrauen gemeldet hatten – vier der Burschen mit langen Gesichetern ›vanschichti‹. Die Paare stellten sich auf und nachdem zuerst die Ehrenpaare getanzt hatten, begann der allgemeine Reigen um den festlich bekränzten und beflaggten Maibaum. Hierauf bildete sich ein kleiner Festzug, der mit klingendem Spiel vor die Wirtschaft Riedl zog; sofort schleppte die Kellnerin ganze Lasten Bier hinaus, wofür nach Ansprache des Vorstandes die Anwesenden mit schallendem Hoch dankten. Dann ging's zur Post, wo im Saal bereits eine lange Tafel für die Festteilnehmer gedeckt war, die auch niemand sonst in den Saal ließen. Sofort begann der Tanz, dem mit großem Eifer gehuldigt wurde. Beim Mahl hatten die Mädchen altem Herkommen gemäß den Burschen

Braten und Salat zu bezahlen, während die letzteren bis 7 Uhr die gemeinsamen, nicht gerade geringen Kosten für den beiderseitigen Bierverbrauch zu tragen hatten. Abends 7 Uhr begann das sogenannte Abschaffen, d.h. es wurden in mehr oder minder holprigen anzüglichen ›G'sangln‹ den einzelnen ihre Fehler und Sünden vorgehalten, was natürlich ebensoviel ›Gaudi‹ und gegenseitige ›Frozzelei‹ verursachte, wie das Zwangsverhältnis des Nachmittages.«

In Nieder- und Oberösterreich fehlt der Tanz beim Aufrichten des Baumes, dafür tritt am Semmering und Umgebung eine andere Volksbelustigung hinzu, docherstam letzten Maitag. Ein Zug maskierter Gestalten erscheint, darunter Bauer und Förster, zwischen denen sich ein dramatisch belebter Handel über den Maibaum entwickelt. Der Förster erwirbt endlich den Baum, und er wird gefällt. Den Wipfel aber trägt man auf den Tanzboden, und dort findet um jenen der erste Tanz statt.

Aus dem Mitgeteilten ersieht man, wie der Maibaum sich bis heute erhalten hat, und zwar siegreich gegenüber mancherlei Verboten, die ihn betroffen haben. Bereits im Jahre 1637 schaffte eine oberpfälzische Polizeiverordnung den Maibaum als ein »unflätig, unchristlich Ding« ab, und Kurfürst Karl Theodor von Bayern, wie der Codex Maximilianus Bav. civilis (München 1756) besagt, wollte ihn ebenfalls unterdrücken, bis König Ludwig I. das Verbot widerrief.

Maria Andree-Eysn

Christi Himmelfahrt und Pfingsten

Das Fest Christi Himmelfahrt bildet eigentlich erst den vollständigen Schluß der Osterzeit; denn während der fünf seit dem Osterfeste verflossenen Wochen steht auf dem Altare der Dorfkirche noch immer der »Auferstandene«, bis er am »Auffahrtstage« in einer der Karsamstagszeremonie ähnlichen Feier unter Sang und Klang zum Himmel emporsteigt.

Diese Himmelfahrt wird an vielen Ortskirchen bildlich dargestellt, d.h. man zieht ein Christusbild empor und läßt es durch eine Estrichlücke verschwinden, eine Hauptfreude für alle Kinder.

Zur Mittagszeit, gewöhnlich um 12 Uhr oder 1 Uhr, ruft das Geläute aller Glocken die Andächtigen in die Kirche; wer aber einen »guten Platz« haben will, wo man »etwas sieht«, mag sich schon eine geraume Weile früher auf die Beine machen. Manche wohlstehende

Bäuerin gibt auch einem armen Weibe einen »Sechser« und läßt für sich und dasHansle oder Moidele einen Platz aufbehalten. Die bezahlte Beterin pflanzt sich dann recht breit in einen Stuhl und legt rechts und links neben sich ein Gebetbuch, um zu zeigen, daß diese Plätze ebenfalls in Beschlag genommen seien, zu nicht geringer »Galle« minder begünstigter Kirchenbesucher. Nach und nach wird die Kirche zum Erdrücken voll, sämtliche Kinder des ganzen Tales, die sonst nicht regelmäßig zum Gottesdienste kommen, sind heute gegenwärtig und sitzen oder stehen erwartungsvoll auf Stühlen oder erhöhten Plätzen. Alle Blicke schauen nach dem weißüberdeckten Tische, der gerade unter einer Öffnung des Kirchenplafonds aufgestellt ist. Ein hölzernes Bild des auferstandenen Heilands von Engeln umgeben, steht darauf.

Unterdessen brennt die Mittagssonne glühend durch die Fensterscheiben und erzeugt, verbunden mit der Ausdünstung der Menschenmenge, eine drückende Schwüle in dem engen Raume. Die dicke Sternwirtin wischt sich »einmal ums andere Mal« den Schweiß vom Gesichte, da und dort hört man das Lallen eines Kindes, dem es unbehaglich wird – endlich erscheinen die Geistlichen in weißem Chorrock, beqleitet von Ministranten, und schreiten auf den Tisch zu. Der Priester segnet und weiht nun das Christusbild, hebt es empor, und unter Orgelton und Glockenklang schwebt es langsam an einem Strick mit den begleitenden Engeln aufwärts. Die Kinder gaffen sich fast die Äuglein aus, und auch das erwachsene Volk folgt mit aufmerksamen Blicken der Figur, um zu spähen, wohin dieselbe vor dem Verschwinden das Antlitz wende. Diese Himmelsgegend gilt für den beginnenden Sommer als diejenige, von der alle bösen Donner- und Hagelwetter kommen.

In Reit bei Rattenberg hatte ehemals der aufgezogene Heiland einen Apfelbaumast in der Hand, an dem Äpfel und Bilder hingen. Während er aufstieg, kamen ihm von oben herabschwebend zwei Engel entgegen. Sobald er in der Öffnung an der Decke verschwunden war, wurden aus derselben Bildchen und Äpfel in die Kirche herabgeworfen, welche von den Glücklichen, die sie erhaschten, als geweiht und wunderkräftig lange aufbewahrt wurden.

Schlimm soll es bei der Auffahrtsfeier einmal den Hallern ergangen sein. Als nämlich das hölzerne Bild bei Trompeten- und Paukentusch emporkreiste, riß das Seil und – o Schreck! die Gestalt lag in Stücke zerbrochen auf dem Steinboden der Kirche. »Auffi (hinauf) muß er«, denkt sich der im Estrich hantierende Meßner, läuft schnell in die Sakristei um einen Kübel, gibt die Stücke hinein, bindet das Seil daran und läßt vor den Augen der freudig bewegten Menge den

Herrgott im Kübel gen Himmel fahren. Von dieser Zeit an führen die Bewohner der Stadt Hall den Spottnamen »Haller Kübel«.
Der Auffahrtsfeier geht im Dorfe Schlanders in Vintschgau eine Prozession voran, bei der man das Bild des Heilandes auf einer »Ferkel« (Trage) durch das Dorf trägt, wohl um Gedeihen für die wachsende Saat zu erbitten. Für das irdische Wohl der Menschen aber scheint man diese Zeit als nicht günstig zu betrachten; der Volksglaube sagt, ein da getrautes Paar müsse bald sterben. So prophezeit man wenigstens in Obernberg (Wipptal).
Pfingsten, das Fest der Freude, wie es Uhland nennt, ist in Tirol ärmer an Gebräuchen, als man erwarten möchte. Der Vorabend wird durch eine tüchtige Portion »Maibutter« gefeiert, welche als besondere Köstlichkeit auf den Nachttisch kommt. Diese Maibutter – geschaumtes Obers oder halbgeschlagene Butter mit Zucker und Zimt bestreut – ist eine beliebte Leckerei der Städter, deren man an schönen Tagen ganze Züge meistens aus Personen weiblichen Geschlechtes und Kinder bestehend, nahen Dörfern und Gehöften zuwandern sieht. Die Bauersleute selbst tun sich nur einmal mit dieser schaumigen Speise gütlich, und zwar, wie bereits gesagt, am Pfingstsamstag. Nach dem Nachtessen gehen die Burschen der Meraner Gegend »Maibutter ausschnöllen«, d.h. sie knallen mit großen Peitschen um die Wette, oft bis gegen Mitternacht. Dieses Peitschenknallen scheint ein Überbleibsel der ehemaligen Pfingstritte zu sein, jenes beliebten Frühlingsfestes, welches einst in ganz Deutschland mit großer Pracht unter Beteiligung von jung und alt aller Stände gefeiert wurde. Heutzutage finden nur mehr in Schwaben Pfingstritte statt, freilich jenes mittelalterlichen Glanzes entkleidet. Tirol, sonst ein wahres Schatzkästlein für derartige alte Bräuche, weiß nichts davon, ebensowenig vom Tanz um den Maibaum und von der Maikönigin. Statt die Häuser geliebter Mädchen mit grünen Birken zu verzieren, wie es in Norddeutschland Sitte ist, machen sich die Tiroler Burschen am Pfingstsonntag, ähnlich wie am Ostermontag, einen Spaß ganz anderer Art, der übrigens jetzt auch schon ganz abgekommen ist. Sie verüben nämlich allerlei Bubenstreiche, stecken z.B. einen Rauchfang voll langer Stangen, hängen ein Schaff voll Wasser ober der Haustür auf, so daß der Bauer, wenn er in der Frühe ahnungslos herauskommt, über und über begossen wird, oder leiten gar den Brunnen ins Haus, daß dieses voll Wasser steht. Nicht wahr, recht gemütlich! Das Spätaufstehen am Pfingstsonntag gilt wie überall so auch in Tirol als Schande. Jeder eilt aus den Federn zu kommen; der Unglückliche, dem es passiert der letzte zu sein, wird als »Pfingstdr. ...« oder »Pfingstknödel« den ganzen Tag über ausgelacht und ver-

spottet. An andern Orten heißt der Betreffende »Pfingstzol«, was mit dem erstgenannten Ehrentitel ziemlich aufs Gleiche herauskommt. Sogar das Wirtshaus verwandelt sich für den armen Ertappten zum Fegefeuer, obwohl es sonst dort besonders lustig zugeht. Um Pfingsten gehen nämlich die Bauern allenthalben dorthin, wo ein guter Tropfen fließt. Bringt es als großer Lostag einen blauen Himmel, so trägt es schon ein paar Halbe Roten, denn das schöne Wetter verspricht eine gesegnete Ernte. Ein regnerischer Pfingstsonntag hingegen verregnet, wie das Sprichwort sagt, die halbe Nahrung und verdirbt noch dazu den Naschmäulern die »Schnabelweide«, das sind Erdbeeren »Moosbeeren«, und Kirschen. Unter so bewandten Umständen begnügt man sich denn, einige »schofle« Krügel Bier zu trinken.

Die kirchliche Feier des Pfingstfestes besteht außer dem vormittägigen, mit besonderem Pomp abgehaltenen Gottesdienst in einem Vorgange, welcher der oben beschriebenen Himmelfahrt etwas ähnelt. Es wird nämlich die Herabkunft des »heiligen Geistes« ebenfalls bildlich dargestellt. Wie bereits gesagt, befindet sich in der Decke der meisten Dorfkirchen eine runde Öffnung, das sogenannte »Heiliggeistloch«, und durch eben diese wird am Pfingsttage der »heilige Geist« herabgelassen. Unter letzterem versteht man ein hölzernes Rad von ungefähr 46 cm im Durchmesser, an dessen unterer vergoldeter Fläche die Taube mit ausgespannten Flügeln angebracht ist, gewöhnlich das Erzeugnis eines Dorfgenies oder eines Schnitzkünstlers aus dem Grödner Tale oder aus Fassa, deren Bewohner sich mit dieser Beschäftigung manches Stück Geld verdienen. An den vier Hauptstrahlen sind große Rauschgoldbüschel befestigt. Während nun auf dem Chore das »Veni creator spiritus« in klassischem Latein oder in schulgerechter Übersetzung abgesungen wird, richten sich aller Augen nach der bedeutungsvollen Estrichlücke. Endlich öffnet sich dieselbe, und der »heilige Geist« wird sichtbar. Langsam senkt er sich nieder, wobei das Seil, das ihn hält, in eine kreisende Bewegung gesetzt wird. Diese vergrößert sich natürlich, je tiefer die Taube sinkt, bis sie endlich unmittelbar über den Köpfen der andächtigen Menge hinschwebt.

Das kunstgerechte »Herabwerfen« oder Schwingen des »heiligen Geistes« ist nicht so leicht, als man denken möchte, sondern erfordert eine eigene geschickte Handbewegung, die der Meßner schon lange vorher einübt, um bei diesem Ehrenamte würdig sich auszuzeichnen.

In früherer Zeit stellte man die Sache noch anschaulicher dar, indem man eine wirkliche Taube durch die Lücke herausließ, die sich dann in natürlichem Antrieb auf oder hinter den Hochaltar flüchtete. Aus welchem Grunde man diese Darstellungsweise für nicht mehr zeitgemäß hielt, verschweigt die Geschichte; genug, man ist davon abgekommen. Aber ein ergötzliches Histörchen erzählt man sich noch davon, für das die armen Stilfser den Sündenbock abgeben müssen. Es war Pfingsttag, und die andächtige Menge gaffte schon lange mit offenem Munde nach der bewußten Plafondöffnung. Schon war gewiß zum sechsten Male das bekannte Lied gesungen worden:

>Komm, Komm,
>Komm, Heiliger Geist,
>Mit deinen sieben Gaben all,
>Bewahr uns vor dem Sündenfall.

Umsonst! Der »heilige Geist« wollte nicht erscheinen. Schon ging ein äußerst bedenkliches Murren durch die harrende Gemeinde. Endlich öffnete sich die Lucke, aber, o weh, statt der Taube steckte der Meßner seinen bärtigen Kopf heraus und rief mit angststickter Stimme:

>»Singt it (nicht)
>Er kimmt it,
>Die Katz hat'n g'freßa.«

Mag nun dieser beklagenswerte Fall sich ereignet haben oder nicht, sicher ist jedenfalls, daß wir in so schnurrigen Überlieferungen keineswegs eine Mißachtung der Religion und der kirchlichen Gebräuche, sondern nur Ausflüsse des derben Volkshumors und der angeborenen Spottsucht des Tirolers zu erblicken haben, welche selbst das, was ihm sonst das Heiligste ist, in ihren Kreis zieht.

Ludwig von Hörmann

Das Miesbäcker Maiensäen und der Maibaum in Wessobrunn

Je mehr wir die altdeutsche Religion kennen lernen, desto einleuchtender wird die Sittenstrenge unserer Altvordern. Namentlich im Punkte der Ehe verstanden sie keinen Spaß, und Liebhaberei, die nicht zu diesem Ziele führte, oder wo ein Teil dem anderen das Versprechen brach, war ihnen gründlich verhaßt. Es galt nicht bloß ihn durchzuhecheln, sondern man gab dem allgemeinen Unwillen durch Spreusäen bildlichen Ausdruck, und wollte durch die Häckerlinge deutlich machen, die Ärgernis gebende Person verdiene wie Hülsen vom Weizen gesondert, auf die Gasse geworfen und mit Füßen getreten zu werden.

Im Rotthal säet man einer ins Geschrei gekommenen Dirne und ihrem Verehrer, besonders wenn er nicht aus dem Bauernstande ist, Kleien und Sägspäne, Agen und Gräten oder die Abfälle vom Flachsbrechen auf dem ganzen schmalen Wege, der von einem Hause zum andern führt. Wird im Werdenfelser Landel die Braut in der Liebe untreu und mit einem andern getraut, so schüttet man vom Hause des Verschmähten bis zu dem des falschen Mädels Kohlen. Der Brauch geht durch ganz Deutschland. Zu Waldstetten in Schwaben sät man Spruile, die Hülse vom Fesen einem Hochzeitspaar auf den Weg, welches oder wovon eines seiner ersten Bekanntschaft abgesagt hat. In der Nacht vor einer Haubenhochzeit streut man am Herrenberg in Oberschwaben Spreu vom Hause der Hochzeiterin bis zum Stall des Dorfhagen. Am Niederrhein wurden der neu verlobten Witwe Häcksel gestreut, falls sie ihren ersten Mann nicht ordentlich behandelt hatte.

Das Spreusäen ist namentlich in Hessen üblich. In Frankfurt diente 1624 das Häckselstreuen zur Verhöhnung bei einer Hochzeit, wenn die Frau vorher den Schnellgalgen erfahren hatte. Goethe lernte dieses altdeutsche Volksgericht kennen, denn er läßt den Bruder Valentin zu Gretchen sprechen:

> »Das Kränzlein reißen die Buben Ihr
> Und Häckerling streuen wir vor die Thür.«

Noch am 21. Februar 1873 kam die uralte Landessitte in Hilpoltstein vor. Man säet aber damit Haß und Feindschaft. Unsere Zeit versteht überhaupt die alte deutsche Sitte nicht mehr, und die an die

Stelle des Volksrechtes getretene Polizei nimmt lieber die Ärgernisgeber in Schutz. Anfangs der Siebziger Jahre wurde zu Neumarkt in der Oberpfalz ein junger Mensch aus solchem Anlaß erstochen. Erst kürzlich ward in der Nacht vom Ostersamstag auf Sonntag, 20. bis 21. April 1889, von der Gemeinde Wies der ³/₄stündige Weg von Miesbach, welchen ein Stationsmann beging, bis zu einem benachbarten Hof mit Sägmehl bestreut, um aufmährig zu machen und das Ärgernis abzustellen, daß so ein Liebhaber die gewisse Bauerntochter besuchte. Ja den Galan fand man als ausgestopfte, sprechend gekleidete Puppe sogar im nahen Gehölz an den Baum gehangen. Darob flammte brennender Zorn auf, und da man die Urheber des Streiches nicht herausbrachte, bekam die Gemeinde von Wies von Amts wegen eine Strafe diktiert: allnächlich zwei Mann sechs Stunden Patrouille gehen zu lassen, wo nicht, werde ein Bataillon Soldaten gerufen und einquartiert. – Allzuscharf macht schartig!
Sonst pflegte man auf Fastnacht gewisse Markts- und Dorfgeschichten an den Pranger zu stellen. Fremde verstehen auch hier den Spaß nicht. Als der Lederer Andes, ein geborener Mainzer, hereinheiratete und die Miesbäcker ihm während des Hochzeitsmahles die Braut entführten, die er mit Bier auslösen sollte, riß er von den Gästen aus und drohte vom Fenster aus mit geballter Faust, die ihm am Altare Angetraute gar nicht ins Haus zulassen. Das gab beim nächsten Fasching einen Hauptaufzug. Heute wird aus allem gleich ein Ehrenprozeß formuliert.
In Oterfing setzt man einer anrüchigen Person den Pfingst-Hansel aufs Dach, das geht für das Maisäen hin. Hie und da stellt man der Verführten eine Strohpuppe vors Fenster. Zu Sontheim in Schwaben wird der Strohmann von der Brücke in die Zusam geworfen. In Wessobrunn stellt man Kirche, Kloster und Wirtshaus auf den Maibaum, und die Dorfjungfern hängen vor jedes Bild einen Kranz: wehe jener, deren Strauß herabfällt, es war 1867 wirklich ein fatales Wahrzeichen. Es gehört sich, auf Kirchweih den Maibaum zu umtanzen, nimmt aber eine Entehrte daran Teil, so wird in Mittelfranken derselbe umgesägt.

Johann Sepp

Der »Pfingstlümmel«

Einem merkwürdigen alten Volksbrauch bin ich vor einigen Jahren in der Oberpfalz begegnet. Auf einer Pfingsttour kam ich auch in das kleine Bergstädtchen Neustadt am Fuße des »Rauhen Kulm«, unweit der Stadt Weiden. Als ich am Pfingstsonntag früh einen Rundgang durch den Ort machte, hörte ich lautes Stimmengewirr und Gelächter und sah vor einem Bauernhause eine Menge Erwachsener und Kinder stehen, die in einemfort riefen: Pfingstlümmel, Pfingstlümmel! Bald darnach kam aus dem Haustor eine Anzahl junger Burschen heraus, die einen schweren Sack auf den Schultern trugen. Ich erschrak nicht wenig, als ich bemerkte, daß sich's in dem Sack regte und bewegte. Auf meine Frage, was diese bedeute, sagte mir ein pfiffiger Bäckerjunge, daß dies der »Pfingstlümmel« oder »Pfingstschwanz« sei, der eben zum Pfingstlümmelfahren gebracht werde. Gleich darauf wurde der arme Kerl im Sack auf einen bereitstehenden Schubkarren geladen und unter dem Gaudium der Umstehenden durchs ganze Städtchen von Haus zu Haus gefahren, wobei die liebe Jugend in einem fort rief: Der Pfingstlümmel ist da, der Pfingstlümmel ist da! Auf dem Marktplatz wurde der Eingesackte vom Schubkarren gehoben und etwas unsanft aufs Pflaster gesetzt. Er machte natürlich einige täppische Gehversuche, die jedoch stets mit einem Purzelbaum endigten, was ein schallendes Gelächter der Umstehenden zur Folge hatte, dann luden ihn die »Pfingstler« wieder auf den Schubkarren und fuhren den »Pfingstlümmel« unter allgemeiner Heiterkeit in sein Haus zurück. Dort hatte seine Mutter, eine Bäuerin, inzwischen Eier und Schmalz an die Pfingstler verteilt, was nach Schluß des Umzuges zubereitet und gemeinschaftlich verzehrt wurde, wobei auch der arme »Pfingstlümmel« oder »Pfingstschwanz«, der indessen aus seinem dunklen Käfig befreit worden war, mitessen durfte.

Was ist nun die Moral von diesem seltsamen Volksbrauch? Nichts anderes als das, daß derjenige, der am Pfingstmorgen einen Siebenschläfer macht, zum »Pfingstlümmel« gestempelt wird. Wer dieser Siebenschläfer ist, haben die Burschen des Ortes bald heraus, sie ziehen vor das Haus, holen den Langschläfer etwas unsanft aus dem Bett und stecken ihn in einen Sack oder in einen alten Bettüberzug, worauf sie mit ihm in der eben geschilderten Weise verfahren. Der »Delinquent« läßt sich diese Tortur in der Regel widerstandslos gefallen, weil er sonst das ganze Jahr der »Pfingstlümmel« oder der »Pfingstschwanz« geschimpft wird. Aus diesem Grunde beeilen sich in dieser Gegend die Burschen am Pfingstsonntag früh stets, sobald als möglich aus den Federn zu kriechen, um ja den Pfingstlern nicht in die Hände zu fallen. Diese finden aber in der Regel jedesmal doch einen solch armen Sünder, der sich verschläft und dann wohl oder übel die Figur zum Pfingstlümmelfahren abgeben muß. An einigen anderen Orten wird der Pfingstlümmel (Pfingsthansl oder Jakl) als Strohmann oder ausgestopfte Figur am Pfingstmontag von den jungen Leuten in Prozession herumgetragen und nachts gemeinlich vor dem Hause, in welchem die faulste Magd wohnt, abgestellt oder auch rittlings auf den Dachfirst desselben gesetzt. Hie und da wird die an diesem Tage am spätesten zur Herde getriebene Kuh auserwählt, um den Pfingstling daraufzusetzen und ihn der Dirn, welche die Kuh zu besorgen hatte, als Bräutigam zuzuführen. Wieder an anderen Orten muß sich der am spätesten zurechtgekommene Bursche in eigener Person als Pfingstlümmel oder Pfingstling, und wo ein Teich oder ein Bach ist, als Wasservogel produzieren. Er reitet, wenn der Nachmittagsgottesdienst vorbei ist, inmitten seiner Kameraden in den nächsten Wald, wo er um und um mit Laub und Zweigen oder Schilf eingebunden wird. Dann wird das Dorf im Triumph durchritten, und alles, was junge Beine hat, folgt dem Zug zum Teich oder Bach, wo der Pfingstlümmel oder Wasservogel vom Pferd herab feierlich ins Wasser geworfen wird. Nun folgt eine Sammlung von Eiern, Butter, Schmalz, auch Geld, wovon man ein gemeinsames Abendmahl mit Sang und Klang und Tanz im Wirtshaus veranstaltet. Zunächst auf die Kollekte, den »Santrügel« scheint es abgesehen zu sein, mit dem Hans und Gretel aufm Rad (ausgestopfte Figuren, welche an den entgegengesetzten Enden eines umlaufenden Rades befestigt, sich wie zum Tanze die Hände reichen), die am Pfingstmontag unter allerlei Sprüchen von Truppen reitender Bauernburschen herumgeführt werden und die sich, wie Schöppner erzählt, ehemals sogar in München sehen ließen.

August Sieghardt

Rezepte im Mai

Pfingstkrone

Ein geschlossenes Stück Rindsbraten ohne Knochen wird oben 4- bis 5mal tief eingeschnitten und mit Pfeffer und Salz sowie Senf gewürzt. Man steckt in die Einschnitte Paprikaspeck und Apfelscheiben und bindet dann das Fleisch in Form. Es wird unter häufigem Begießen fertig gebraten und nach dem Lösen der Schnur in nicht zu dünne Scheiben geschnitten. Die wie Kronen ausgehenden Schnitten werden gefällig angerichtet und mit etwas Soße übergossen, die mit saurem Rahm, Paprika, etwas Preiselbeersaft und Senf sehr pikant süßsauer nachgeschmeckt wurde.

Feine Erdbeersulz

500 g Erdbeeren, am besten Walderdbeeren, werden zerdrückt und mit 200 g Zucker durchgerührt. Man gibt ein Likörglas Rum, 1 Pakkerl Vanillzucker und so viel Wasser dazu, daß 1 Liter Flüssigkeit entsteht; man kann auch leicht verdünnten Weißwein nehmen. Darin löst man 12 Blatt Gelatine auf und füllt die Masse in eine gespülte, glattrunde Form, die nach dem Erstarren gestürzt wird. Man streicht eine dicke Schicht Schlagrahm darüber und macht mit einer Gabel oder mit einem gezackten Buntmesser gleichmäßige Rillen hinein. Zuletzt garniert man noch mit schönen Schlagrahmschnörkeln und Erdbeeren. Die Sulz muß sehr kalt serviert werden.

Das Jackelschutzen der Schlosser am Pfingstsonntag

Abgekommen ist bei uns der Festaufzug mit dem Pfingstochsen oder Lümmel, er hieß von seiner Schwerfälligkeit auch der Pfingstjackel. Dagegen hat sich ein anderer Brauch die längste Zeit gerade in Tölz erhalten. Jährlich am Pfingstmontag pflegten von Alters her die Schlosserlehrlinge, wenigstens fünf an der Zahl, den Jackel, ein aus Lumpen gebildetes Männlein im Leilach oder einer großen Blahe herumzutragen und vor den Häusern das Spiel mit dem Gesang zu eröffnen:

> Schutzt mir an Jackel in alle Gottshöh',
> Daß ihm's Weiß' im Aug' umgeh'.
> Der Jackel hat ein groß' paar Augen,
> Taugt uns recht zum Geldaufklauben.
> Der Jackel hat a große Nasen,
> Taugt uns wohl zum Fuiranblasen.
> Eins, zwei, drei, hupfauf!

Dabei schnellten ihn ihrer vier durch gleichzeitiges Anziehen an den Zipfeln mitunter haushoch empor. Trafen sie mit dem kräftigen Ruck zusammen, so ernteten sie den Beifall der Zuschauer und bekamen aus den Häusern etwas Geld, wo nicht, so wurden sie ausgelacht.
Noch heißt Jackelhammer der schwerste in der Schmiede, wie der Riese Grendel dem Wellenbaum seinen Namen gelassen hat. Auch ging sonst das Sprichwort von Jackel im Todbett, wie vom Hanswurst im Kindbett, um einen plumpen Gesellen zu bezeichnen.
In Rosenheim übten die Kupferschmiede das Jackelschutzen mit dem Rufe: Der Jackel ist ein großer Schroll usw. In München ward ein nachgemachtes Männlein auf weißem Tuche emporgeschnellt und wieder aufgefangen, wie ein Plumpsack, doch kam nach Burgholzers Wegweiser 1796 »das Jäckelschutzen der Schlosserjungen durch wohltätige Verordnung« (sic!) bereits in Abgang. Selbst die Seilergesellen genossen das Vorrecht und bekamen dafür, daß sie einen eisernen Beugel in der neuen Beste schutzten, einen Gulden.
Die Leonhardskirche zu Nußdorf am Inn schließt einen Kirchenjakkel ein. Der jetzt abgebrochene Jackelturm zu Traunstein hatte wohl von so einer plumpen Figur den Namen. Am Hofe zu München gab

es einen Jackelkrug für die Dienerschaft, und noch hebt mancher im Antiquarium daselbst den eisernen Jackel, welchem man nicht ansieht, welch ein Gewicht er hat. Ihn zu lupfen gilt sogar als Keuschheitsprobe. Wir haben dabei an einen ursprünglichen Dienst und wohl an die Herabwürdigung eines alten Riesenbildes zu denken.

Johann Sepp

Der Wasservogel von Sachsenkam und die Dudel von Haching

Wer noch mit Leuten aus dem vorigen Jahrhundert gesprochen, die nicht in die Schule gegangen, dafür aber ein viel lebhafteres Gedächtnis besaßen, der hat manches erfahren, wovon sich die Jetztlebenden nichts träumen lassen. Wie vieles, was echt deutsch war, ist seitdem abgekommen! So war bis gegen Anfang unseres Jahrhunderts in Sachsenkam zur größten Belustigung des Volkes auf Pfingstmontag der Wasservogel herkömmlich. Er hatte ein aufgemachtes Werg über dem Kopf, zog vom Wirtshaus aus, eine Menge Leute kamen zusammen, ein Sprecher tat sich in Knittelversen hervor. – Die Hauptsache war das Untertauchen im Wasser, dies machte den Pfingstvogel oder Sonnenschwan aus. In Wurmannsquick bei Eggenfelden gilt dies für ein »ursprünglich heidnisches Volksfest«, man begeht es jährlich um Mittesommer, den 23. Juli; anderwärts ist Benefiziat Schlicht im Rechte, wenn er ausspricht: Dieses »vorväterische Heidentum«, die Sommerfeier, kam ab, weil die Pfarrer sich nicht dafür einlegten!«

Die von Sauerlach ließen es sich nicht nehmen, noch 1840 den Wasservogel aufzuführen. Das ganze Dorf war dabei lebendig, doch beteiligten sich an der Vorstellung weiblicher Personen nur Mannsbilder, wie beim Fastnachtaufzug der Altweibermühle – Die Hauptfigur war seit undenklicher Zeit der Mann im Schwanhemd, dessen Kopf mit langem Risenhals an drei beweglichen Reifen weit hinter Roß und Reiter hinausschwankte. Voran zogen Trompeter und Pauker zu Pferde, und wohl vierzig bebänderte Reiter, Fähnriche und Feldmesser, Nachtwächter und Kaminkehrer, Hanswurst und Hausgrobian, der Krügelmann und der Jungfer Hochzeiterin ihr Vater. Nun der Pfingstvogel! Bachus am Bierfaß, der Herr Landrichter und der Pfarrer mit dem untertänigen Teufel, Doktor und Apotheker, Klausner und Tiroler, dahinter die Perchtfrau als Hexe, und Hansel und Gredel von Stroh, gedreht auf einem Schleipfrad, der

Der Waßervogel.

Flachsschwinge auf einer Eggenschleipfe, der Kuchelwagen mit zerbrochenem Hausgeschirr und einer alten Himmelbettstatt, Braut und Bräutigam, Martin Luther mit der in München wie zu Wertheim nicht bezahlten Bratwurst, und sein Katherl, Jäger und Wildschütz, Roßdieb und Gendarm, endlich der bayerische Hiesel. Galt doch der Schimmeldiebstahl von Indien bis ins Abendland für eine Heldentat, und der Wildschütz oder Geradschauer ist noch eine volkstümliche Figur.
Der Zug langte außer dem Dorfe bei der Bühne an, die Führer traten auf und sprachen ihre anzüglichen Verse zur größten Belustigung der Zuschauer. Der Landrichter nahm den Hiesel ins Verhör, der Hochzeitlader dankte im Namen des Brautpaares ab, der Wunderdoktor progelte mit seiner Quacksalberei; auf dem Marodewagen kam nämlich eine kranke Alte an und ging als lebensfrisches Mädel davon. Endlich ward auch der Klausner über seine Frömmigkeit ins Examen genommen, er bestand schlecht, beschloß darum die Kutte auszuziehen und ließ sich zum Tanze aufspielen. Dies sind weitere Zusätze, zum ursprünglichen Wesen aber gehört, daß drei baumstarke Burschen den Wasservogel auf Stangen unter lautem Hallo an den Weiher trugen und ihn oder das elastische Geripp mit grünem Laubwerk und Goldpapier ins Wasser schnellten. Damit ging die Komödie zu Ende. Die Puppe des Schwans gehörte schließlich der Pfingstbraut und ward auf den First des Stadels gesetzt für die nächsten Pfingsten.
Der Wasservogel war früher in halb Bayern und weithin in Deutschland gebräuchlich, das allein schon muß einen gewissen Respekt einflößen. Doch was soll die Geschichte bedeuten? Wir erklären wieder: es war ein Weltbrauch. Der Schwan ist der Zeitvogel, der den Sonnenkahn durch den himmlischen Ozean steuert, der Sonnenheld ist der Schwanritter. Auf Pfingsten fällt die Hochzeit des Jahres, aber auch die größte Hitze, und die Erde schmachtet nach Regen. Danae heißt ihre Repräsentantin bei den Griechen, sie ist die Schwan-Jungfrau, und der goldene Regen, welchen Jupiter, der Donnergott, auf ihren Schoß niederträufelt, ist der Saatregen, auf Kreta heißt dieser noch der goldene. Bis heute wird bei den südlichen Völkern: Griechen, Rumänen, Bulgaren und Serben das Regenmädchen getauft oder untergetaucht in dem Sinne: so solle die Erde unter Wasser gesetzt und wieder fruchtbar werden. Die Tiroler nennen sie Kübele Maja, weil die Pfingstbraut eben im Mai mit Kübeln Wassers übergossen ward, sie kömmt auch beim Berchtellaufen vor.
Die Dudel von Haching hat einen etwas windischen Anstrich, auch heißt die nächste Ansiedlung Winden. Diese wurden als Kriegsge-

fangene hereingeschleppt und zur Kulturarbeit oder als Viehhirten verwendet, daher tragen viele Almen noch fremde Namen, wie Scharnitz, Trausnitz, Schildlitz; zwischen dem Kessel und Klausenkopf liegt aber die Dudelalm. Dudel, serbisch Dodola, heißt nämlich das bestimmte Regenmädchen, und der Dudelsack war und ist das Instrument, welches bei diesen Volksaufzügen spielte und zum Tanze einlud. Bei den Serben tritt die Regenbraut, wie sie Gott erschaffen, aber ganz in Bilsenkraut, Schilf und Laub, Gras und Blumen gehüllt, als Tänzerin vor den Häusern auf und wird von der Hausmutter, mit einem Kübel Wasser überschüttet. Dabei ertönt von den Lippen der Begleiterinen litaneiartig das Regenlied mit dem Schlußreim: »Oj dodo oj dodole!« Für Gelehrte will ich bemerken: Doto hieß schon bei den Griechen eine Nereide oder Wasserjungfrau.

Johann Sepp

JUNI

Den Aderlaß im Juni meiden,
Am Müßiggang hab keine Freuden.
Zur Zeit des Krebses bringt Verlust
Ein Aderlaß an Lung und Brust.
Wohltuend wirkt ein frischer Trank.
Auf einer Reis wirst du nicht krank.

Glockendon

Bauernregeln

Juni feucht und warm
macht den Bauern arm.

Donnert's im Junimond
Gott es am Getreide lohnt.

Hat Margerete keinen Sonnenschein
kommt das Heu nicht trocken heim.

Vor Johanni bet um Regen
nachher kommt er ungelegen.

Brachmonat naß
leert Scheuer und Faß.

An St.-Peter-Fest
schuf der Storch sein Nest.

Lostage

5. 6.	St. Bonifatius
8. 6.	St. Medardus
10. 6.	St. Margareta
11. 6.	St. Barnabas
15. 6.	St. Vitus
22. 6.	10 000 Ritter
24. 6.	Johannes der Täufer
26. 6.	Johann und Paul
27. 6.	Siebenschläfer
29. 6.	Peter und Paul

Im Juni

Juni wird auch der Brachmonat (weil in diesem Monat bei der Dreifelderwirtschaft das Brachfeld verarbeitet wurde), aber auch Sommermonat und Rosenmonat sowie Johannismonat genannt. Das wichtigste Fest ist neben Fronleichnam die Sonnwendfeier zu Johanni, am 24.6. Vorzugsweise ist sonst dieser Monat von der Arbeit auf dem Felde, dem Almauftrieb, der Heuernte und später dem Kornschneiden bestimmt. Gewöhnlich werden bei den berühmten Fronleichnamsprozessionen große Feldaltäre mit Blumen geschmückt, und bei den Prozessionen kann man wie nirgends sonst heute noch oder wieder die schönsten Trachten sehen. Früher waren die Nächte vor St. Veits, Sonnenwend und Peter u. Paul sog. Freinächte, wo man allerlei Unwesen treiben durfte.

Die Kranzeltage, meistens Donnerstage nach Fronleichnam, zeigen die Heiligenbilder mit Kränzen und Blumen. Vor der Heumahd werden die Sensen gedengelt, und nicht selten geht man schon morgens um 3 Uhr auf die Wiesen, denn bei Sonnenaufgang läßt sich's besser schneiden. Mähen ist Männerarbeit. Die Frauen machen sich ans Zerteilen des Heus. Besonders reichhaltig ist das Mittagessen, das man den Arbeitenden auf die Felder bringt. Verständlich, bei so harter Arbeit.

Johanni ist der Sonnwendtag, an dem man die großen Sonnwendfeuer anzündet. Auch hier sind die guten und bösen Geister dicht beieinander. Hexen und Geister muß man mit Abwehrmitteln verscheuchen. Aber dann entfaltet die Johannisnacht, in der der Farn blüht, ungeahnte Heilkräfte. Vor allem für die jungen Paare ist das Johannisfeuer Orakel und Versprechen.

> Unterm Kopf und überm Kopf
> tu i mei Hütl schwingen.
> Mädl, wenn du mi gern hast,
> durchs Feuer mußt mit mir springen.

Und so hoch, wie man da springt, so hoch wächst auch der Flachs. Das Holz zum Johannisfeuer wurde vorher gesammelt und wie bei vielen andern Feuern, so zu Pfingsten, Ostern, sind auch die Reste der Asche und der Kohle von diesen Feuern segensbringend. Alle Kräuter, vor allem Johanniskraut, entfalten nun ihre besondere Heilkraft.

Feierlich mit Glockengeläute wird das Vieh aufgetrieben, und die Roßheiligen St.Stefan und St.Lorenz bekommen viele Opfergaben und Umgänge. Auch der Bauernheilige St.Veit wird im Juni verehrt. Peter u. Paul ist vor allem der Tag der Priesterweihe und der Hochzeitslader. Denn der Juni ist auch ein beliebter Hochzeitsmonat.

H.C.E.

Preiset, o ihr Menschenzungen

Fronleichnams-Prozessionslied

Prei - set, o ihr Menschen zun gen, das der Fron-leich-nam
ge - heim - nis-vol - le Gut,
sei be - sun - gen und ge - lobt das teu - re Blut,
das der Kö - nig al - ler Völ-ker, dei-ne Frucht, o ed - ler Schoß,
für das Heil der Welt er - goß.

2. Uns geboren, uns gegeben,
von der Jungfrau keusch und rein.
kam er an, mit uns zu leben,
guten Samen auszustreu'n
Da nun jene Zeit verflossen,
die wir hatten zum Genuß,
macht er einen Wunderschluß.

Das Fronleichnamsfest

Der heilige Bluts- oder Antlaßtag, wie in Tirol das Fronleichnamsfest genannt wird, bringt schon ein paar Wochen vorher die Dorfbewohner, besonders die Jugend, in Aufregung. Was die Mädchen betrifft, so liegt ihnen vorzüglich der Putz am Herzen. Da wird das schmucke »Korsetl« probiert und dutzendmal das Halstuch herumgelegt, ob es wohl schön dazu passe, dann das weiße Musselinfürtuch sauber gewaschen, gesteift und geplättet. Die Burschen aber putzen ihre Gewehre und üben sich jeden Feierabend mit großem Eifer ein, denn die Schützenkompagnie nebst Musikbande bildet einen Glanzpunkt des »Umgangs«. Deshalb hört man in stillen Abendstunden häufig musizieren; hier in der Stube probiert ein Flötenbläser allerlei mögliche und unmögliche »Passagen« für den neuen Festmarsch, während aus dem Nachbarhause energische Trompetenstöße dazwischen schmettern. Unter solchen Vorbereitungen naht endlich der Vorabend des Festes.

Um 12 Uhr mittags verkünden Böllerknall und die langgezogenen Klänge der Kirchenglocken den Feierabend. Die Feldarbeit ruht, aber die fleißigen Dirnen haben noch lange zu schaffen, bis das Innere des Hauses sowie der Platz vor den Türen und die Gassen, welche die Prozession durchzieht, sauber gekehrt sind. Unterdessen holen die Burschen Birkenbäume aus dem Walde und pflanzen sie als Spalier zu beiden Seiten der Wege auf. Auch die Düngerhaufen werden mit grünen Zweigen zugedeckt. Während der Arbeit fliegt wohl auch mancher banger Blick zum Himmel und betrachtet die aufsteigenden Wolken, welche in ihrer Tücke das ganze schöne Fest zunichte machen können. Doch »der heilige Antonius wird schon helfen«, denkt sich das kleine Lisele, das heuer zum erstenmale »Kranz aufsetzen« darf, und betet zu obigem Heiligen nach dem Rosenkranz noch ein besonderes Vaterunser, wie sie es noch nie so inbrünstig gebetet hat.

Und siehe, ihr Vertrauen hat sie nicht getäuscht. Wie sie beim Böllerdonner, welcher den Anbruch des Festtagmorgens verkündet, die schlaftrunkenen Äuglein aufschlägt, lacht sie der klare lichtblaue Frühhimmel an. Nun beginnt das »Schröckläuten«. Die kleinste Glocke fängt an, dann verstummt sie, und es folgen stufenweise die größeren, bis endlich alle zusammenklingen. Dieses eigentümliche Geläute dauert wohl eine Stunde. Nach und nach wird begreiflicherweise alles wach und schlüpft aus den Betten. Die Hausgeschäfte werden flink abgetan, das Vieh versorgt und die Frühsuppe gegessen. Die Mädchen eilen in ihre Kammer, schmücken und frisie-

ren sich trotz einer Stadtschönen; die Burschen, welche heute als Schützen ausrücken, versammeln sich allmählich in festlicher Schützentracht auf dem Kirchplatze.
Um drei Viertel auf acht Uhr läutet die Glocke »das Erste« zum feierlichen Gottesdienst, und nun strömt groß und klein der Kirche zu, um dem Hochamte beizuwohnen. Ist dasselbe vorüber, so setzt sich die Prozession in Bewegung. Wir wollen uns zu jener Hausecke stellen, wo unterschiedliches Landvolk steht, um sich nach und nach dem Zuge anzuschließen. Der Prozession voran wird ein Kreuz getragen. Hinter demselben geht ein Knabe in gesticktem, schimmernden Kleide mit einem Stabe, der in ein Kreuz ausläuft; er soll einen Schutzengel vorstellen. Ihm folgen die Schulknaben, vom Schullehrer geführt, und mit helltönenden Kinderstimmen den Rosenkranz betend. Dann kommen die ehrsamen Junggesellen um die »Bubenfahne« geschart. Vier aus ihnen tragen das Standbild des Schutzengels oder des »Guten Hirten«. Ihnen schließen sich die Ehemänner an mit dem Bildnisse ihres Patrons, des heiligen Josef. In ihrer Mitte befindet sich auch oft der heilige Jjidor, der besondere Schutzpatron der Landleute, aber nicht aus Holz, sondern aus Fleisch und Blut von einem Knaben dargestellt. Er trägt einen grünseidenen Hut mit breiten, aufgestülpten Krempen, einen roten Rock von feinem Tuche, erst kürzlich beim »Lunger« in Innsbruck gekauft – die Elle hat drei Gulden gekostet –, kurze Lederhosen, weiße Strümpfe mit roteingenähten Zwickeln und weitausgeschnittene Schuhe mit silbernen Schnallen. In der Rechten hält er eine Schaufel als Sinnbild des Ackerbaues. Inzwischen folgen auch die verschiedenen Zünfte und Bruderschaften mit ihren flatternden, goldverbrämten Kirchenfahnen. Jetzt aber erscheint die Krone des ganzen Zuges, nämlich die Kranzjungfrauen.
Die ersten Paare derselben sind kleine Schulmädchen, ganz weiß gekleidet, Lilienstengel oder Schäferstäbe in der Hand.
Nach den ländlichen Schönheiten folgt, den schmetternden Festmarsch blasend, die Musikbande und eine Abteilung Schützen. Letztere bilden den zweiten Glanzpunkt des Festes, und ich wollte wirklich den frommen Jungfrauen ein verstohlenes Zurückschielen nach den schmucken stattlichen Burschen nicht allzu sehr übelnehmen. Der kleidsame Schützenhut mit der blutroten Nelke und dem Rosmarinzweig neben der kecken Spielhahnfeder, die graue Lodenjoppe, die gestickte Bauchbinde, die kurzen Hosen und die blühweißen Strümpfe an den strammen Waden stehen ungemein gut.
Schon kommt die Kirchenmusik, Sänger, Trompeten und Pauken und dahinter das »Allerheiligste«, vom Herrn Pfarrer getragen, unter dem geschmückten »Traghimmel«. Kleine weißgekleidete Mäd-

chen und Ministranten mit Schellen umgeben dasselbe. Hierauf folgt wieder eine Abteilung Schützen, und den Schluß macht die endlose Reihe des andächtigen Weibervolkes.
So bewegt sich die Prozession durch die Hauptgassen des Dorfes hinaus in die Felder. An geeigneten Stellen sind Altäre errichtet. Diese bestehen aus einem Holzgerüst, das mit bunten Teppichen und Heiligenbildern behangen und mit Laubgewinden, Blumensträußen und Lichtern geschmückt ist. Hier hält der Zug still, der Priester mit dem »Altarssakrament« tritt an den Altar und singt das Evangelium, auf das der Chor der Kirchensänger antwortet. Dann gibt die Klingel das Zeichen zum Segen, und die Menge sinkt in ehrfurchtvoller Stille auf die Knie. Doch kaum hat der Priester mit feierlichem et maneat semper die letzte Himmelsgegend gesegnet, so ertönt auch schon der laute Ruf des Schützenhauptmanns: »Richt-Euch!« Die Hähne knacken. »Man wird die ›generalische Scharsche‹ machen, schlagt an, hoch! Feuer!« Ein Blitz, und die Schießprügel erknattern, daß die blauen Rauchringe weithin über die grünen Kornfelder fliegen, während von ferne Böllerdonner den Festgruß zurückgibt. Die kleinen Kinder schreien, der lange Blasi richtet sich seine geschundene Backe wieder ein und das Beten beginnt wieder. Pum, pum, tschin-tschin-tschin, fällt die türkische Musik ein, der Zug ordnet sich und setzt unter den Klängen des flotten Spingeser Marsches seinen Weg fort.
Es ist wirklich eine wunderliebliche poesievolle Szene, die sich dem Auge darbietet. Der lange Zug der Beter mit den bunten wehenden Fahnen und bekränzten Bildern, die blitzenden Gewehre und die malerischen Schützentrachten, die weißgekleideten Kinderscharen und die bekränzten frischrosigen Mädchenköpfe; diese ganze Staffage hineingestellt in die grünen Wiesen und reifenden Kornfelder, dahinter der dunkle Wald, und darüber der tiefblaue Sommerhimmel, in dem die Lerchen trillern, bis sie das Krachen der Böller und Gewehrsalven verscheucht, – alles dies macht auf den unbefangenen Beobachter einen ergreifenden Eindruck.
Nachdem man so den ganzen Vormittag bei Gottesdienst und Gebet zugebracht hat, ist es allerdings nicht mehr als billig, wenn man sich nachmittags dafür gehörig erquickt. Dies geschieht durch die Sitte des »Kranzeinweichens«. Man führt nämlich die Kranzjungfrauen ins Wirtshaus und setzt ihnen da Wein, Kaffee und Braten vor. Bei den Erwachsenen tut es der Liebhaber, bei den Kleinen oder bei solchen, deren Herz von Minne noch nichts weiß, tun es die Eltern. Zur Gesellschaft gehen auch Brüder, Schwestern, Vettern, Basen etc. mit, und da die ledigen Männer ohnedies fast jeden Sonntagnach-

mittag bei Trunk und Spiel verbringen, so kommt es, daß am Nachmittag des Fronleichnamsfestes die Häuser des Dorfes sämtlich leer, die Wirtsgärten und Stuben aber gedrängt voll sind.

Merkwürdig ist der »Antlaßritt« im Brixentale, der am Nachmittag des Fronleichnamsfestes stattfindet. Eine Schar Bauern aus den Dörfern reiten am genannten Tage auf ihren Rennern, richtigen Ackergäulen, laut betend und singend zu einer alten Kapelle, dem sogenannten Klausenkirchlein. Dort hält der abenteuerliche Zug an, der Dechant steigt ab und liest die vier Evangelien. Hierauf kehrt die seltsame Reiterprozession auf dem gleichen Wege in ihre Heimat zurück. Über den Ursprunq des Gebrauchs erzählt die Sage folgendes: »Bis hierher und nicht weiter kamen die schwedischen Reiter.«
Zur Zeit des Dreißigjährigen Krieges bedrängten die Schweden auch das Brixental. Die Bauern bestiegen ihre Rosse und zogen kecken Mutes dem Feind entgegen. Wirklich gelang es ihnen, die Schweden gänzlich in die Flucht zu schlagen. Zum Andenken an diese glänzende Waffentat der Brixentaler erbaute man die Kapelle, über deren Portal noch die Inschrift zu lesen ist:
»Bis hierher und nicht weiter
Kamen die schwedischen Reiter.«

Auch gelobte man zum Danke für die Abwendung der Kriegsgefahr alljährlich eine Prozession in obiger Weise abzuhalten, welchem Versprechen noch immer treu nachgekommen wird. Über diesen »Antlaßritt« der Brixentaler wird in den »Neuen Wanderungen in Tirol und Vorarlberg« ausführlich die Rede sein.

Ludwig von Hörmann

Der vierundzwanzigste Tag im Juni
Das Leben des heiligen Johannes des Täufers

Als der grausame Herodes das jüdische Reich tyrannischerweise unterdrückte, wohnte in der Gegend von Bethlehem ein Priester, Zacharias mit Namen, welcher sich mit einer gottseligen Jungfrau vermählet hatte, so Elisabeth hieß. Sie lebten lange Jahre miteinander ohne Erben und dienten Gott dem Herrn treulich. In diesem gottseligen Leben wurden sie beide alt und hatten keine Hoffnung mehr, Kinder zu bekommen. Dies schmerzte die heiligen Eheleute höchlich, denn die Unfruchtbarkeit hielt man im alten Testamente für einen Fluch. Der heilige Zacharias mußte eines Tages nach seiner Ordnung Gott dem Herrn im Tempel dienen, und die im Gesetze verordneten Opfer schlachten helfen.
Es trug sich aber zu, daß die Priester nach ihrem Gebrauch das Los warfen, wer unter ihnen in den heiligen Ort gehen und Gott dem Allmächtigen den Weihrauch aufopfern sollte. Aus besonderer Anordnung Gottes fiel das Los auf den heiligen Zacharias.
Indem er also mit seinem Rauchfaß zu Gott seufzend und betend herumging, da stand ein Engel auf der rechten Seite des Altars, wo das Rauchopfer geschah, und der heilige Zacharias fing an zu zittern, und sich sehr zu fürchten. Der Engel aber sprach zu ihm: »Fürchte dich nicht, o Zacharias! Denn dein Gebet ist vor dem Throne des Allerhöchsten erhöret worden. Denn sieh, dein Weib Elisabeth wird dir einen Sohn gebären, welchen du Johannes nennen sollst. Er wird auch viele der Kinder Israel zum Herrn ihrem Gott bekehren, und vor ihm hergehen im Geiste und in der Kraft des Elias.«
Als der heilige Zacharias diese Reden hörte, sprach er zum Engel: »Woran soll ich das erkennen? Denn ich bin alt, und mein Weib ist vorgerückt in ihren Jahren.« Da antwortete der Engel: »Ich bin Gabriel, der vor Gott steht, und bin gesandt worden, mit dir zu reden, und dir diese frohe Botschaft zu bringen. Und sieh, du wirst stumm sein und nicht reden können bis auf den Tag, an welchem dies geschehen wird, darum weil du meinen Worten nicht geglaubet hast, die zu ihrer Zeit in Erfüllung gehen werden.«
Als nun die Tage seines Amtes vollendet waren, ging er nach Hause, und Gott der Herr segnete die heilige Elisabeth, daß sie schwanger ward. Des erfreuete sie sich samt ihrem Ehemann dem heiligen Zacharias höchlich, und beide dankten von ganzem Herzen Gott dem Herrn für diese so große Gnade. Sie verbarg sich vor Freuden fünf

Monate lang und ging während dieser Zeit auch nicht unter die Leute. Im sechsten Monat ward die heilige Jungfrau Maria auch vom Erzengel Gabriel besucht und vom heiligen Geist überschattet, daß sie den Sohn Gottes und Heiland der Welt unter ihrem jungfräulichen Herzen empfing. Nachdem der Engel von ihr geschieden war, stand sie eilends auf und besuchte die heilige Elisabeth in ihrem Hause. Sie hatte aber kaum angefangen, dieselbe zu grüßen, so fing das Kind an in dem Leibe der heiligen Elisabeth vor Freuden aufzuspringen, und sie ward mit dem heiligen Geiste erfüget, wie am Feste der Heimsuchung Mariä weitläufiger erzählt werden soll. Die allerseligste Jungfrau Maria blieb drei ganze Monate bei der heiligen Elisabeth, nach welchen diese mit größten Freuden Johannes den Täufer und Vorläufer Christi gebar.

Am achten Tage nach der Geburt wollten sie das Kindlein beschneiden und dasselbe nach dem Namen des Vaters »Zacharias« nennen. Die Mutter aber sprach: Mitnichten, sondern er soll Johannes heißen. Da sagten ihre Freunde zu ihr: Es ist doch niemand in deiner Verwandtschaft, der diesen Namen hat. Die Freunde wendeten sich zum heiligen Zacharias und winkten ihm, wie er seinen Sohn wollte nennen lassen? Da forderte er eine Schreibtafel, schrieb und sprach: Johannes ist sein Name. Hierüber stutzten alle Freunde und verwunderten sich höchlich.

Alsdann tat der heilige Zacharias seinen Mund auf und fing an, Gott mit heller Stimme zu preisen und mit den Umstehenden vollkommen zu reden, als wenn er niemals einen Mangel an der Zunge gehabt hätte.

Da der heilige Johannes ungefähr anderthalb Jahre alt war, ließ der tyrannische König Herodes alle Kinder in und um Bethlehem zusammensuchen, und allesamt mörderischer Weise umbringen. Daher nahm die heilige Elisabeth ihr heiliges Kind mit Furcht und Zittern auf die Arme und lief eilends damit in die Wüste. Sie suchte in großer Angst einen Ort darin, wo sie sich samt ihm verbergen könnte. Als aber kein Platz daselbst zu finden war, da fing sie an zu schreien und zu sprechen: O du Berg Gottes, eröffne dich, und verbirg die Mutter samt dem Kinde! Da tat sich der Berg alsbald auf und nahm sie hinein.

Unterdessen blieb der heilige Johannes in der Wüste mit seiner heiligen Mutter und ward von ihr zu gewöhnlicher Zeit von den Brüsten abgewöhnt. Die Höhle, darin er sich aufhielt, hatte sieben Schritte in der Länge und Breite und liegt in einem sehr hohen, rauhen und jähen Felsen. Sie hatte einen gefährlichen Zugang, einen engen Einschluß und eine hohe Spitze in ein wildes Tal. Die Speise, woran sich

der heilige Johannes von Kindheit auf gewöhnet hatte, waren Heuschrecken und wilder Honig, und das kalte Brunnenwasser sein Trank. Er ging nicht allein barfuß, sondern auch schier nackt, woraus man die strenge Buße, welche dieser große Heilige von Kindheit auf verrichtet hatte, leicht ermessen kann.

Da nun die Zeit der Erlösung herzu kam, ging der heilige Johannes aus der Wildnis hervor und fing an, bei dem Fluße Jordan dem Volke zu predigen, und die Menschen bereit zu machen, den Heiland zu empfangen. Ein jeder von den Juden wollte der erste sein, diesen wunderbaren Mann zu sehen, welcher fast mehr einem wilden Tiere als einem Menschen gleichsah. Denn sein Bart und Haare waren gewachsen und seine Haut von der Sonne verbrannt und haarig, sein Angesicht und ganzer Leib sah wegen des strengen Fastens sehr mager und verstaltet aus, und weil er halb nackt und nur eine rohe Kamelshaut um sich gewickelt hatte, so hatte man fast meinen können, er müsse kein Mensch, sondern ein wildes Tier sein.

Da liefen nun jung und alt, reich und arm, Geistliche und Weltliche, Soldaten und Hofleute hinaus an den Jordan und verlangten diesen wunderlichen Propheten zu sehen und zu hören. Er predigte ihnen allen mit großem Eifer und es entstand solche Besserung unter dem Volke, daß auch die Publikanen, Hurer und öffentliche Sünder ihr ärgerliches Leben verließen und vom heiligen Johannes die Taufe empfingen.

Als nun der heilige Johannes eine Zeitlang gepredigt und viele Leute getauft und bekehret hatte, kam Christus auch an den Jordan und begehrte vom Johannes getauft zu werden. Dieser weigerte sich indessen sehr, sprechend: »Ich sollte von dir getauft werden, und du kommst zu mir!« Dennoch mußte er ihm willfahren und seinen Gott und Erschaffer taufen. Nach dieser Zeit bezeugte er nicht allein dem Volke, sondern auch den Pharisäern, ja selbst dem Könige Herodes, daß Christus der Messias sei. Der Name seiner Heiligkeit ward je länger je weiter ausgebreitet, und viele edle Herren und Standespersonen kamen zu seiner Predigt, unter welchen auch etlichemal der König Herodes war. Dieser hatte sich zuerst mit der Tochter des Königs in Arabien verheiratet; weil sie aber unfruchtbar war, trug er keine sonderliche Liebe zu ihr. Nach seines Vaters Tod reisete er nach Rom, damit seines Vaters Herodes Testament von dem Kaiser möchte bestätiget werden. Unterwegs kehrte er bei seinem Bruder Philippus ein, verliebte sich in dessen Gemahlin, Herodias mit Namen, und redete mit ihr ab, daß, wenn er wieder von Rom zurückkommen würde, er sie mit sich nehmen und sein Weib verstoßen wollte. Dies tat er bei seiner Zurückkunft, lebte mit seines Bruders

Frau in dem Ehebruch und ärgerte das ganze Land. Niemand hatte das Herz, ihn hierüber zu strafen; der heilige Johannes aber sprach ihm mit ernstlichen Worten ins Angesicht: »Es geziemt sich nicht, daß du deines Bruders Weib habest.« Wegen dieser scharfen Ermahnung ergrimmte Herodes so heftig, daß er diesen heiligen Mann gefangennehmen und nach Samaria in den Kerker führen ließ.

Nach einem halben Jahre kam der Geburtstag des Herodes herbei, an welchem er alle seine hohen Beamten zu Gaste lud und sich mit ihnen erlustigte. Alsdann putzte die böse Mutter ihre leichtfertige Tochter Salome und schickte sie hinein, daß sie zur Freude aller Gäste tanzen sollte. Dies tat sie so zierlich, daß sich allesamt darüber erfreueten und Herodes zu ihr sprach: »Begehre von mir, was du willst, so will ich dir's geben, wenn du schon den halben Teil meines Königreiches begehren solltest.« Die Tochter fragte ihre Mutter, was sie begehren sollte? Diese aber sprach: »Begehre nichts anderes, als das Haupt des Johannes.« Da sie nun dies tat, betrübte sich zwar Herodes darüber, dennoch ließ er den großen Freund Gottes enthaupten und der bösen Tochter das Haupt in einer Schüssel geben. Die Rache Gottes aber blieb über diese nicht aus, sondern als sie im Winter über das Eis ging, brach dasselbe unter ihren Füßen und versenkte sie in den Fluß. Und als Herodes nach dem Tode Christi nach Rom reisete, um den Kaiser zu bitten, daß er ihm sein Reich vergrößern möchte, ergrimmte der Kaiser so heftig darüber, daß er ihn samt seinem Weib nach Gallien, jetzt Frankreich, ins Elend schickte und ihm all sein Hab und Gut abnehmen ließ, wo Herodes vor lauter Kummer armselig gestorben und ewiglich verdorben.

Den heiligen Leib des Johannes begruben dessen Jünger; sein heiliges Haupt aber, welches von Herodes Weib bei Jerusalem war vergraben worden, ist im Jahre Christi 453 am 29. Tag des August von den Christen aufgefunden worden, wo jährlich das Fest der Enthauptung des heiligen Johannes gefeiert wird.

Pater Martin von Cochem

Sonnwendfeuer. Johanniszauber
Feuerkult

> Ehret, was die Kraft jungsprießenden
> Lebens versinnbildlicht!

Um Johanni ist die Zeit der sommerlichen Licht- oder Sonnenwende. Die Sonne hat den Sieg errungen und schreitet prangend am Himmel dahin, das jetzt zur Reife führend, was ihr belebender Strahl auf dem Frühjahrslaufe aus der Erde lockte und fröhlich sprießen und wachsen ließ. Schon im grauen Heidentum begingen die Germanen diesen wichtigen Wendepunkt im Jahre mit einer großen, festlichen Veranstaltung. Von dieser hat sich das Sonnwendfeuer durch Jahrtausende bis auf die Gegenwart in vielen deutschen Berggebieten erhalten. Hirten und Holzknechte oder andere junge Burschen tragen etliche Tage vor dem Feste dürres Astholz, Prügelwerk und Reisig zusammen und schichten es auf. Am Johanniabend werden dann die Holzstöße angezündet. Da kann man von den Spitzen und Hängen der Berge durch die dunkle Nacht weit in das flache Land hinein riesige Feuerbälle leuchten sehen. Früher einmal nahm auch die weibliche Jugend der Dörfer an diesen Freudenfeuern teil. Singend und jauchzend und mit gefaßten Händen wurde um die wabernde Lohe gehüpft und getanzt. Blumen, Heilkräuter und Wacholderdaas (Reisig), zu Kränzlein gebunden, wurden in dieselbe geworfen. Der Rauch und die sprühenden Funken verbreiteten deren Segen weithin. Je größer der Rauch war, desto größer galt der Segen für Feld und Vieh. Und war schließlich die helle Glut etwas niedergebrannt, so ward über dieselbe zu Paaren Hand in Hand oder Arm in Arm gesprungen, um vom Fieber und anderen »schelmischen Krankheiten« befreit zu bleiben. Denn die Flammen des Sonnwendfeuers, das zu Ehren des Licht- und Sommergottes entfacht wurde, besaßen nach dem Glauben unserer Altvordern (luft)reinigende Kraft und vermochten Krankheitskeime, die man sich als böse Geister oder Schelmen dachte, auszutreiben. Es ist ja bekannt, daß im Hochsommer gern Seuchen bei Menschen und Tieren auftreten. Unsere heidnischen Vorfahren wähnten darum die Luft in dieser Zeit besonders vergiftet.

Ein Buch aus dem Anfang des 17. Jahrhunderts gibt vom Sonnwendfeste folgende anschauliche Schilderung: »Männer und Frauen springen um das Feuer, bis sie ganz matt sind. Auf dem Kopfe tragen sie Kränze aus Beifuß (Artemisia) und Eisenbart (Verbena), in der

Hand Blumensträuße aus Beinwell (oder Rittersporn). Durch die Ritzen des Straußes sehen sie von Zeit zu Zeit ins Feuer, weil sie glauben, sich so für das ganze Jahr gegen Augenkrankheiten schützen zu können. Wer vor dem Erlöschen des Feuers sich entfernen will, wirft seinen Kranz und Strauß in die Glut und spricht dazu:

> »Wie dieser Kranz mög' all' mein Mißgeschick
> verbrennen und in nichts zergehen!«

Der Sprung übers Johannesfeuer diente der heiratslustigen Jugend auch als Orakel. Wenn sich die Paare beim Sprunge durchs Feuer nicht losließen, so war das ein gutes Zeichen und deutete sicher auf Hochzeit. Nach dem Sonnwendfeuer führten die Burschen die Mädchen zum Met, um Schönheit und Stärke zu trinken.

Hier sehen wir also die ursprünglich heidnische Feier in den Schutz fast sämtlicher christlicher Sommer- oder Feuerheiligen gestellt, wie ja auch in manchen Gegenden Niederbayerns, wenn das Feuer am Erlöschen war, die Zuschauer sich um die Stätte sammelten und gemeinsam den »Engel des Herrn« beteten.
Angebrannte Holzstücke vom Johannisfeuer steckte man in das Flachsfeld. So lange das Kohlenstück war, so lange sollte der Flachs gedeihen. Kohlen legte man unter die Dachsparren, damit der Blitz nicht einschlage.
Im Schwäbischen (Allgäu) war folgender Spruch gang und gäbe:

> »Heunt isch Sankt Johannista!
> keit (werft) a Scheit vom Lada
> ra!
> Zu unsers Herrgotts Fuirle
> gebt uns au a Stuirle:
> a Prügale, a Scheitle –
> oder an gstumpata Besa!
> Himmel, Himmel Fuirle,
> geant (gebt) uns au a Stuirle!
> Wöllnt ihr uns koi Stuirle geba,
> lant uns do mit Freude leba!
> Scheitle raus, Scheitle raus,
> geh ma in a anders Haus!«

Kohlen, Asche oder angebrannte Holzstücke vom Johannis- oder Muckenfeuer (Muckenrauch), wie es da vielerorts genannt wurde,

galten auch dort als wachstumfördernd, ungezieferabwehrend und wurden in Getreide- und Flachsfelder gesteckt, damit Blitz und Hagelschlag ferngehalten bleiben.
Wie der heidnische Brauch des Sonnwendfeuers zu einem ganz und gar christlichen wurde, können wir im Walsertal (Allgäu) sehen. Dort wird an einem recht schönen Abend in der Zeit um Johanni auf einer Almweide ein großes Feuer aus Reisig angezündet. Alle Leute, welche zur Alm gehören, setzen sich um das Feuer. In dieses wird der Rest vom geweihten, vorjährigen Kräuterbüschel geworfen; dann besprengt man das Feuer mit Weihwasser und betet, während eines ein geweihtes Wachslicht hält, einen Rosenkranz für die armen Seelen. Nun wird in die Sennhütte zurückgekehrt. Da kommt schließlich doch die jugendliche Freude und Fröhlichkeit zu ihrem Rechte: man singt und tanzt.
Sogar auf den Marktplätzen der Städte wurden ehedem (im Mittelalter) Sonnwend- oder Johannisfeuer angezündet, und das versammelte Volk tanzte einen Reigen um dasselbe. Hernach erquickte man sich beim Trunk süßen Mets. Eine uralte Münchener Urkunde aus dem Jahre 1401 berichtet von der »Sunbentnacht, da Herzog Stephan (der Kneyßl) und sein Gemahel (Elisabeth von Cleve) und das frawel auf dem margkt (wohl dem heutigen Marienplatz) tanzten mit den purgerinnen bei dem Sunbentfewr«. Von König Friedrich III. ist bekannt, daß er gelegentlich des Reichstages zu Regensburg 1473 sich mit schönen Frauen um das Feuer auf dem Marktplatze im fröhlichen Reigen schwang. Zu Augsburg auf dem Fronhof wurde 1497 in Anwesenheit des Kaisers Maximilian I. der Tanz um das Sonnwendfeuer aufgeführt. Da tanzte Erzherzog Philipp mit der schönen Jungfrau Susanna Neithart, welche den Holzstoß angezündet hatte. (In München-Au erhielt sich der Brauch bis Mitte des 19. Jahrhunderts.)
Ist heute auch die Bedeutung des ehemaligen Sonnwendfeuers im Volke fast geschwunden, die ländliche Freude an den Bergfeuern blieb. An hohen kirchlichen oder patriotischen Festtagen werden sie als Ausdruck der Begeisterung, als Freudenfeuer, gerne abgebrannt. Im steierischen Oberland ist mancherorts am Sonnwendtag bei Burschen und Mädchen das Scheibentreiben oder Radschlingen üblich. Eichene Scheiben werden, nachdem sie glühend gemacht worden sind, auf einem Haselstecken in die Luft geschleudert oder den Berghang hinabgeworfen. Aus der Richtung, wohin sich die Scheibe wendet, kommt Braut oder Bräutigam. Mädchen, welche am Sonnwendtag neun Feuer sehen, bekommen bald einen Mann.
Viele Bräuche des heidnischen Sonnwendfestes vermischten sich

aber im Laufe der Zeit mit dem nahen christlichen Lichtfeste Pfingsten, und wir finden daher, daß mancherorts die Schmückung der Dorfbrunnen und Quellen schon zu dieser Zeit vorgenommen wird (Ober- und Niederhessen). Klimatische und Vegetationsverhältnisse (ein etwas früheres oder späteres Sprießen, Wachsen und Blühen hier oder dort) mögen dabei nicht ohne Einfluß gewesen sein. (Im Zellertal in der Oberpfalz geschah die Schmückung der Brunnen, die sogen. Brunnenkrönung, schon auf Christi Himmelfahrt.)

Um die Sommersonnenwende (beziehungsweise Pfingsten) steht die Natur in ihrer üppigsten Entwicklung. Tausend wundersame, geheimnisvolle Kräfte regen sich und schaffen unausgesetzt. Auf Feld und Au, in Hain und Garten quillt und schwillt es von strömendem Saft. Dem Volke gilt der Johannistag geradezu als ein Wendepunkt im Wachstum des Grases. Der Pfälzer drückt dies mit dem Spruche aus: Vor dem Ghannestag Gras, nach dem Ghannestag Gräsel (wegen der Hitze). Die Kräuter und Blumen duften da am stärksten und würzigsten. Balsamischer Wohlgeruch durchzieht die laue Nacht. Johanniszauber! Was Wunder, wenn unsere Vorfahren den Blumen und Kräutern um diese Zeit eine erhöhte Heil- und Zauberkraft zuschrieben und wenn sie deshalb an Johanni damit die Häuser schmücken und diese zu schützen suchten! Das geschieht beispielsweise fast allgemein noch in der Vor- und Hinterrhön.

Im bayerischen Walde (Regen) macht man noch heute zum Sonnwendtag aus Zittergras (Sonnwendschepperln). Johannisblumen (Arnika), weißem und rotem Klee und Haselnußreißig Sträußchen und hängt sie an die Fenster. Auch aus dem roten Thymian (Kronkrautarat) vom Kranzltag (Fronleichnam) werden Kränzchen geflochten und damit das Kruzifix zu Hause und die Feldkreuze gekrönt.

In der Steiermark nimmt man zum Sonnwendbuschen Pfingstrose, Frauenmantel, Skabiose, Johanniskraut, Feuerlilie, Maßlieb, Wetterdistel, Thymian, Bergkraut, Butterblümel (Dotterblume), Eichenlaub, Zittergras und Sauerampfer (13erlei). Sehr beliebt ist auch folgende Zusammensetzung: Johanniskraut, Frauenhaar, Wucherblume, Thymian, Dotterblume, Bocksbart, Rotklee, Vergißmeinnicht und Haselnußzweige (9erlei).

Noch wirksamer als Mauerpfeffer und Thymian gegen Wildfeuer galt in alter Zeit die fettblättrige Haus- oder Dachwurz (Sempervivum tectorum). Besonderer Ruhm war ihr auch als Heilmittel gegen Brandwunden zuteil. Ich selbst entsinne mich noch aus meiner Jugendzeit, daß wir bei Brand- oder Schnittwunden rasch die kühlende Haut der Hauswurz ablösten und auf die Wunde legen mußten; sie wirkte gleich einem englischen Pflaster. In den Wurzgärten oder in erdgefüllten Ziegelscherben auf den Dächern der Bauernhöfe ist die Hauswurz mancherorts heute noch zu sehen. Kaiser Karl der Große, der sich um die Einführung und Verbreitung aller Gartennutzgewächse verdient gemacht hat, soll die Anpflanzung des heilsamen Krautes geradezu befohlen haben. In Steiermark hat die Pflanze den charakteristischen Namen »Donnerbart« (bei den Römern hieß sie Jovis barba, Jupiterbart, nach dem unserem Donar entsprechenden römischen Donnergotte Jupiter.) Die Hauswurz besaß nicht bloß die Kraft, den Blitz Donars vom Hause abzuwenden, sondern auch Seuchen und Hexen abzuhalten. Nicht ohne wohlweisliche Überlegung pflanzten unsere Vorfahren daher das Wunderkraut auf den Dächlein der Kamine an; durch den Schlot ging ja bekanntlich der Lieblingsweg der Unholdinnen. In hohem Ansehen stand die immergrüne Hauswurz auch als Lebensorakel. Von ihrem mehr oder weniger üppigen Wachstum und Aufblühen zog man Schlüsse auf das Gedeihen und Absterben der Menschen, ja des ganzen Geschlechtes, über dessen Haus sie grünte. Das deutet auf Donar als Gott des absterbenden Lichtes, des Todes und der Unterwelt.

Eine hübsche Anzahl Pflanzen, die mit dem Feste und Namen des hl. Johannis verknüpft wurden, waren in heidnischer Zeit dem Donar geweiht. So der Bärlapp (Lycopodium clavatum), den man an Stalltüren nagelte, in Schlafkammern aufhing, auch als Gürtel um den Leib trug; der Beifuß oder Johannisgürtel (Artemisia vulgaris), womit man sich in der Johannisnacht bekränzte oder umgürtete, der nicht müde werden ließ, wenn man ihn in den Schuh tat; das Johannisblut oder der Knauel (Scleranthus annuus); das Eisenkraut (Verbena), von dem man meinte, daß es das Eisen über alle Maßen zu härten vermöge und daß es alles »zusammenziehe, was zerrissen sei, gleichviel ob Wunden, die durch Eisen geschlagen worden, oder Menschen, die uneins geworden«; auch sollte es die Kraft besitzen, einem die Menschen geneigt oder hold zu machen. Als Zauber- und Heilkraut um die Zeit der Sonnenwende stand aber immer obenan das Johanniskraut oder 77-Löcher-Kraut (Hypericum perforatum). »Es heilte Krankheiten, es verjagte böse Geister, es schirmte im Kriege, es feite.« Heiratslustige Bursche und Mädchen befragten es als Orakel. Mädchen pflückten es mitten in der Johannisnacht und streuten es ins Wasser. Aus dem Aufblühen oder Verwelken erkannten sie, ob sie demnächst einen Freier bekommen würden oder nicht. Bursche rieben das Kraut und achteten auf die Farbe des Saftes. Rötliche Farbe bedeutete Gunst, grüne Untreue. Mädchen riefen auch den Kuckuck an:

»Gugg, auf allen Krautgarten,
wie lang muß ich noch auf den Bräutigam warten?«

So oft der Gauch darauf hintereinander antwortete, so viele Jahre sollte es noch bis zur Hochzeit dauern.
Nach dem Glauben unserer Vorfahren war die Johannisnacht fast so reich wie die Walburgisnacht mit gutem und bösem Zauber erfüllt. Hexen und unholde Geister trieben ihr Unwesen. Ein alter Volksspruch behauptete geradezu: An Johanni ertrinkt eins, verbrennt eins und derfällt eins (fällt sich eines tot. Also Unglück in Wasser, Feuer und Luft). Darum hatte auch der Volksmund für die Johannisnacht den Mahnspruch: »Ihr Läufer, ihr Schwimmer, ihr Klimmer habt acht!« Doch auch Elfen und Heinzelmännchen gingen um und zeigten den Menschen, denen sie wohlgesinnt waren, die Spuren verborgener Schätze. Darum blühte in dieser Nacht die Schatzgräberei. Leichtgläubige vergruben sogen. Glückstöpfe, damit diese die guten Erdgeister mit Gold füllen sollten. Kranke stapften auf nahe Höhen, schleuderten ihre alten Kleider den Hang hinab und murmelten geheimnisvolle Sprüche, um Genesung zu erlangen.

F. J. Bronner

Sagen zu Johanni

Niederösterreich

Auch in der Gegend von Mauer bei Wien werden am Johannisabend die Johannesfeuer angezündet. Bevor jedoch die Holzstöße angezündet werden, geschieht folgendes: Die Mädchen des Dorfes flechten sich Kränze aus Sternblumen und werfen mit ihnen nach dem Ast eines Kirschbaumes. Hat nun ein Mädchen, nachdem es dreimal geworfen, den Ast getroffen, so schließt man, daß es sich in kurzer Zeit verheiraten werde.

Steiermark

Vor Zeiten ward alljährlich am Fest Johannes' des Täufers von den gemeinen Bewohnern der Stadt Graz ein Popanz verfertigt, dem man den Namen Tattermann gab; dieser wurde nach der Leinwandbleiche ans Ufer der Murr geschleppt, dann auf einer hohen Stange befestigt und mit brennenden Besen so lange beworfen, bis er Feuer fing und ihn die Flammen verzehrten. Länger als ein halbes Jahrtausend war dieses Volksfest gefeiert worden.

Theodor Vernaleken

Predigt wider das Sonnwendfeuer
1720

Ist schon ein alter Brauch, daß man dise Täg hinum, sowohl auf dem Land draussen, auf den Bühlen, und Bergen, als auch in denen Städt, und Märcken, auf denen Plätzen und Gassen gegen dem Abend pfleget Holz zusammen zu tragen, und Feuer aufzumachen. Was aber solche bedeuten, gibet der Nahmen selbsten zu verstehen, massen solche Feuer von etlichen S. Joannes-Feuer, von anderen aber Sonnenwend-Feuer benambset werden... Sonnwend-Feuer aber werden sie dessentwegen genennet, weilen sich um dise Zeit auch die Sonnen wendet; dann indem sie nunmehro allbereit den höchsten Grad erreichet hat, so fanget sie auch wiederum an, sich von uns abzuwenden, und ihre große Hitz einzuhalten, gleichwie das Feuer alsgemach aufsteiget, endlich aber widerum nachlasset, niederbrinnet, und auslöschet. Andächtige Zuhörer! Ich ware auch gesinnet heuntigen Tags ein fröliches Sonnenwend-Feuer aufzumachen, und mit ihnen hinüber zu springen; muß aber mit meinem grösten Mißfallen sehen, daß schon hier und dorten in denen Gassen und Strassen Sonnenwend-Feuer angezündet, und gantz hoch auf brinnen. Pfui! mercket ihr nit, wie dieses Feuer stincket? schmäcket ihr nit, was für ein abscheulich übler Dampf davon in die Höhe steiget? und durch die Wolcken hinauf dringet? also zwar, daß nit nur einem keuschen und unschuldigen Menschen der Magen darvon solle wehe thun, sondern Gott selbsten samt allen seinen Englen, und Heiligen heget gleichsam an demselben den grösten Grausen. Pfui der Schand! Es ist das greulich, und abscheulich stinckende Venus-Feuer, daß wilde, häßlich Feuer der Geil- und Unlauterkeit, welches anjetzo so gar an allen Orth und Enden, auf dem Land, und in denen Städten, in allen Gassen, und Strassen aufgehet und aufbrinnet...

Wahrlich diß schändliche Laster kan mit allem Fug ein Sonwend-Feuer genennet werden; dann kaum daß der Mensch mit demselben behafftet wird, so wendet sich alsobald die Göttliche Gnaden-Sonne von ihm ab, und verlasset ihne in der Druncke und Finsternuß des Gemüths dergestalten, daß er seinen elenden Stand fast nimmermehr erkennet. Und dises erschröckliche Sonnenwend-Feuer, sage ich, bemühen sich die böse Geister auf das äußerste, an allen Orth und Enden anzuzünden; weilen sie aber solches aus eigenen Kräfften nit vermögen, also machen sie es, gleich denen Buben, welche von Hauß zu Hauß herum gehen, und Scheiter sammlen, damit sie einen Scheiter-Hauffen aufrichten, ein grosses Feuer anmachen, und lustig darüber springen mögen. Also, und fast eben auf disen Schlag gehen auch die schwartze Höll-Buben von Hauß zu Hauß herum, und sammlen dort und da Scheitter zusammen, daß sie nur in der Stadt ein grosse gefährliche Brunst mögen anrichten, sie aber frölich darüber springen, weil sich die Teuffel ob solchen schändlichen Laster sonderlich erfreuen. Dorten bey jenem Hauß überkommen sie ein gutes wohl taugliches Scheit, nemlich ein sauberes Töchterlein, ein freches Mägdlein, ein Weibsbild, es seye eine Frau, oder Jungfrau, welche sich fein leichtfertig hervorbutzet, ein Buschen grauste, Hobel-Schaitten auf den Kopf setzet, um dem nackenden Halß, und halb entblösten Brust einen Pech-Krantz hänget, und auf dise Weiß das geile Venus-Feuer in grosse Flammen zu bringen überaus tauglich ist. Da bey einem Herren, dorten bei einem Handwercks-Hauß gibt man denen Höll-Buben ein wohl grobes Scheit heraus, nemlich einen unflättigen Bedienten, Jung, Knecht oder Gesellen, dessen Conversation, Umgang und Discurs nur von dem stinckenden Höllen-Bock riechet, aus dessen säuischer Goschen anders nichts, als die wildiste Zotten, Possen, und Rauppen-Schnitz hervorbrechen, daß also dessen Rachen dem Teuffel taugt zu einem Pulver-Sack, welcher auseinander sprenget; und leichter Dings die umstehende Zuhörer, die unschuldige Seelen anbrinnen kan. Widerum gibt man hier aus einem Würths-Hauß ein zu dißem Sonnenwend-Feuer trefliches Scheit her, nemlich ein liederliches Dienst-Mensch, welches von darumen alldort aufgehalten wird, damit die liederliche unflättige Toback-Brüder je und allzeit bey derselben Feuer finden, sohin das Gewerb beym Hauß verbleiben solle. Dort bekommen sie in jenem Hauß ein gar dürres Scheit, welches zum leichtisten Feuer fanget, nemlich einen losen, faulen, schlentzenden Buben, der weder in die Schul, noch in die Werckstatt, noch in die Kirchen geht, also an der Sonnen durch den Müssiggang rechtschaffen dürr und tauglich wird, alles Leichtfertiges geschwend und leicht zuergreiffen ist auch gewißlich dem Teuffel ein solches dürres Scheit weit lieber als ein sanfftes Beth. Damit aber diß Scheit noch eher brinne, und der Bub recht Gelegenheit habe allem Muthwillen nachzulauffen, daß Unzucht-Feuer desto leichter zu fangen, so schüttet der Vätterliche oder Mütterliche Beutel das Öl darauf, spendiret und schencket ihme Geld, damit er es mit anderen gleich dürren Scheiteren halten könne. Weiters dorten in einem Eck, und Winckel erhalten die Teuffel ein gar trefliches Scheit, welches man schon lang bey, und in der Stadt hat ligen lassen, und ihm ein Eck und Winckel vergunnet; dann dorten auf der Erden, oder ober der Stiegen hocket bey dem Spinnrad, oder Neheküß ein loser Schleppsack; jener weiß das Hauß schon zu finden nit nur bey dem Tag, sondern auch bey der Nacht. Von disen und dergleichen Scheitern richten die teufflische Höll-Buben hier und dort große Scheiterhauffen auf, zünden es an, und treiben dabey ihr Kurtzweil, und grösten Muthwillen. Sein übel stinckender Dampff steigt über die Wolcken hinauf, und die Funcken fliegen weit und breit herum: wehe dir unschuldige Seel, wann dich ein solcher Funcken ergreiffet! O mein Jungfrau, du darffest über diß Sonnenwend-Feuer weiters nit zu hoch springen, es kan dennoch die Hur ins Feuer fallen. Und dannoch getrauen die Mägdlein sich noch darzu, gleichwie um das Sonnwend-Feuer in einem fröhlichen Reyen herum zu singen, und zwar nichts, als lauter leichtfertige Buhl- und Venus-Lieder anzustimmen...

P. Jordan

Rezepte im Juni

Hollerküchel

Etwa 125 g Mehl, 1/4 l Milch, etwas heiße Butter, 2 bis 3 Eier, Salz und ein Beutel Vanillzucker werden gut geschlagen. Der Teig muß dicklich rinnen. Man taucht eine ganze Hollerdolde, die gut ausgeschüttelt war, in den Teig und dann sofort in heißes Schmalz und backt sie goldbraun. Zuletzt streut man noch Zucker darüber und bringt sie möglichst frisch und heiß zu Tisch. Auch aus reifem Holler kann man solche Kücherl backen.

Hochzeits-Herzen

Die Biskuitherzen, die man auf alten Bayerischen Hochzeiten, besonders auf dem Land, als Nachtisch dargeboten bekam, waren geschmacklich recht leer, denn es handelte sich um ein billiges Wasserbiskuit. Wesentlich feiner sind die nachfolgenden Herzen, die in einer großen oder in zwei bis drei kleineren Herzformen ausgebacken werden.

200 g Butter und 300 g Zucker werden schaumig gerührt; man gibt die Schale von 1 großen oder 2 kleineren Zitronen und 4 Eier dazu. Dann folgen 400 g Mehl, 1 Packerl Vanillzucker und 1 Packerl Backpulver oder 100 g Mondamin. Der Teig wird mit Salz, reichlich Mandelöl, dem Saft einer Zitrone, 1 bis 2 Tassen Milch und 200 g gewaschenen und gemehlten Rosinen vermengt. Man füllt die Masse in gefettete Herzformen bis dreiviertel voll, damit der Teig steigen kann, und bäckt sie etwa 3/4 Stunden bei mäßiger Hitze.

Dann überzieht man die Herzen mit einer erhitzten glatten Marmelade und hierauf mit einem weißen oder rosagefärbten Guß aus je 100 g Puderzucker und etwas Zitronen- oder Himbeersaft. Aus dunklem Zuckerguß macht man einen dicken Rand darum, und in den noch weichen, hellen Guß streut man reichlich aufgeschnittene geschälte Mandeln. In die Herzgrube steckt man echte oder künstliche Röschen.

Auffahrt zur Alpe

Wenn die Speiern und Schwalben ins Dorf kommen, hört man schon allenthalben singen:

» Jetzt kommt bald die schöne Frühlingszeit,
Wo man d'Küh'le auf d'Alm auffi treibt«.

oder weil diese festliche Auffahrt gewöhnlich am Veitstag (15. Juni) stattfindet:

»Veitstag bricht an,
Wo man auf d'Alm fahren kann.«

Allmählich fangen die Auen und Wiesgründe voller und üppiger zu grünen an, die Saat sprießt, und in den blühenden Obstbaumgärten schlagen die muntern Finken. Da kommt eines schönen Tages der Alpenhirt, der während des Winters bei einem Bauer Fütterer gewesen, läßt die Kühe aus dem Stall und treibt sie zum ersten Male auf die Gemeindeplätz-Atzungen zur Weide.

Ein solcher erster Viehaustrieb ist natürlich ein Fest für das ganze Dorf, vorzüglich aber für die Buben, welche von diesem Ereignis schon den halben Winter hindurch phantasiert haben. Die Kühe, der langentbehrten Freiheit froh, setzen in mutigen Sprüngen schellenklingend durch das Dorf und, sind sie erst auf der freien Wiese draußen, so senkt jede kampflustig ihre Hörner und mißt ihre Stärke mit der andern. So ein Zweikampf ist nun jedesmal ein Hauptspektakel für die Jungen.

Der Sepp prahlt mit seiner Braunen, der Jörgl aber will es nicht gelten lassen und wettet sogar den neuen Silbersechser, den er erst vorigen Sonntag vom »Göth« (Paten) bekommen, daß seine »Tscheckete« den »Stafel« (Sieg beim Zweikampf) haben werde. Nun wird hin- und hergestritten, Parteien bilden sich, und der glückliche Besitzer der siegenden Kuh läßt sich von seinen Kameraden bejubeln und beneiden, wie ein Feldherr nach gewonnener Schlacht, während jener, der die Wette verloren, ein essigsaures Gesicht schneidet. Indes, die erlittene Schmach ist bald wieder vergessen, und wenn es gilt, ein lustiges Spiel oder einen tollen Streich auszuführen, so ist die ganze Rotte einträchtig dabei. Da werden Vogelnester gesucht und ausgenommen, der Kuckuck nachgeäfft, dann wieder mit Steinen »gewatschelt« und wie diese ländlichen Bubenvergnügen alle heißen. Zur

Abwechslung zieht ein Hungriger sein Stück Schwarzbrot aus dem Sack und beißt herzhaft hinein; es schmeckt trefflich, besser als fette Nudeln und Nocken, mit welchen sich unterdessen Eltern und Geschwister beim heimatlichen Mittagstisch gütlich tun.

Erst abends kehren die Buben mit Hirt und Herde heim, wobei sie dem ersteren noch fein ordentlich die Kühe nach Hause treiben helfen. Es gewährt ein recht hübsches Bild, wenn eine solche Rinderherde mit Schellenklang, gefolgt vom Hirten und den barfüßigen jauchzenden und schnalzenden Jungen in das friedliche Dorf einzieht, während die Männer und Burschen plaudernd und pfeifenschmauchend auf den Hausbänken sitzen, um nach der Tagesarbeit Rast zu halten. Die Ankömmlinge bringen natürlich einen Heidenappetit mit. Die Buben stürmen in die Küche und erbetteln von der Mutter einen frischgebackenen »Küchel«; der Hirt setzt sich an den Stubentisch, wo allsogleich die dampfende Suppenschüssel aufgetragen wird. Er bekommt nämlich nach der »Rod« (Reihe) bei den Bauern die Kost.

Unterdessen wird auf der Alpenhütte alles zum Empfang der zwei- und vierbeinigen Gäste hergerichtet. Im Oberinntal, wo es größtenteils Gemeindealpen gibt, nimmt man die Sache besonders genau. Die Gemeinde entsendet eine Kommission, an ihrer Spitze den »Bergmeister«, der die ganze Almwirtschaft zu überwachen hat, zur Besichtigung aller Räumlichkeiten und Vorrichtungen. Da werden die Zäune, die sich um den Hag herum oder an anderen gefährlichen Stellen befinden, sorgfältig ausgebessert, die Geräte und Milchgeschirre geordnet und in gehörigen Stand gesetzt. Ferner düngt man die sogenannten Nachtgampen mit dem Mist, der vor der Almhütte oder, wie man in jener Gegend sagt, »Taie« aufgeschichtet liegt. Ein Mann, derselbe, welchem später das Amt eines »Grashirten« obliegt, bleibt schon jetzt auf der Alpe, um Holz herbeizuschaffen und das »Geziefer« (Ziegen und Schafe) von den Grasplätzen fernzuhalten.

Am Vorabend des Veitstages endlich begibt sich der Bergmeister auf den Kirchplatz, wo der tägliche Abendrosenkranz die Dorfbewohner versammelt, und kündigt kurz und bündig an: »Morgen früh fahrt man ab.« Nun gibt es in jedem beteiligten Hause Arbeit in Hülle und Fülle. Vor allem packt die Hausfrau die Lebensmittel für die Sennleute in einen Korb oder Sack. Es besteht nämlich die Vorschrift, daß jede Partei ein nach der Anzahl der Kühe berechnetes Anteil von Mehl, Brot, Salz und Hülsenfrüchten zur Verköstigung des Sennvolkes auf die Alpe schaffen muß. Diese Versorgung mit Zehrbedarf geschieht zweimal, am Tage der Auffahrt und später beim ersten »Abtragen«, d.h. wenn der erste Teil des Alpennutzens in das Tal geschafft wird. Auch die Buben machen sich mit ungewohnter Geschäftigkeit zu tun. Sie suchen auf der Bodenkammer die Stricke und großen Kuhschellen (Klumpern) zusammen und lärmen damit Tür aus, Tür ein. Schöne »Klumpern« zu haben, ist der Stolz des Besitzers. Der Bauer aber geht in den Stall, wo seine lieben Kühe zum letztenmal der Nachtruhe pflegen, und gibt ihnen die »Mieth« zu fressen, d.i. geweihtes Mehl mit Salz vermengt, damit sie auf der Alpe kein Unglück treffen möge.

Ähnlich, nur viel großartiger, sind die Vorbereitungen zur Auffahrt im wohlhabenden und vielgesegneten Unterinntal, wo fast jeder bessere Bauer seine eigene Alpe besitzt und einen Stolz darein setzt, sein lebendes Kapital in würdiger Weise aufmarschieren zu lassen. Wollen wir die Auffahrt mit ansehen, so müssen wir uns mit den andern zeitig zu Bett begeben. In der Kammer, wo Bauer und Bäuerin schlafen, ist so schon alles dunkel, auch bei den Dirnen und Knechten rührt sich keine Maus mehr; nur am äußersten Fenster, wo die schmucke Burgel ihre »Liegerstatt« hat, wispert und pispert es noch eine gute Weile.

Ein herrlicher Junitag dämmert durch das Tal herauf. Reine kühlende Lüftchen streichen über das tauige Gras, und am blaugrauen wolkenlosen Himmel steht noch der glänzende Morgenstern. Schon vor dem ersten Hahnenschrei spürt man im Hause eine gewisse Lebendigkeit. Durchs Küchenfenster leuchtet heller Schein, und aus dem Schornstein wirbelt dichter Rauch mit kleinen Fünkchen, die wie Johanniskäferchen über das Dach fliegen. Die Bäuerin steht am Herd und kocht das Beste, das sie hat, nämlich Küchel, wie solche sonst nur der Kirchtag bringt, und die köstlichsten Nocken. Der Bauer zieht zu Ehren des Tages bessere Kleider an und eilt mit leuchtendem Gesicht zum Stalle, um beim Vieh nachzusehen. Hier geht es ebenfalls schon laut und geschäftig. Die Kühe werden beim Scheine der Laterne gemolken und die großen Glocken und Schellen mit den prächtigen Riemen in Bereitschaft gestellt. Vor dem Hause steht das »Almwagerl«, auf dem sich die verpackten Lebensmittel, Almgeräte, auch Kleider, Decken und dergleichen für die Sennleute befinden. Unterdessen sind ein paar Stunden vergangen, die Sonne strahlt in goldener Pracht am östlichen Himmel und die Kirchturmuhr schlägt die sechste Morgenstunde. Nun setzt sich der Bauer samt seiner ganzen Familie, der Senn, die Hirten und jene Knechte, welche die Herde der größeren Sicherheit halber begleiten müssen, an den gro-

ßen Stubentisch zum Ausfahrtsfrühstück, bei dem nebst den benannten Kirchtagsspeisen noch rahmige Milch mit – was eine Seltenheit ist – weißen Semmeln aufgetischt wird. Zum Schluß macht jeder einen tüchtigen Zug aus der gefüllten Schnapsflasche. Hierauf wird Abschied genommen. Die Bäuerin und die Töchter des Hauses verehren den Almfahrern, riesige »Reisebüschel« von Frühlingsblumen oder gar Rosmarinsträußchen, dort und da mit »Taglgold« (Büchelgold) beklebt, zu welchen in Ermangelung natürlicher künstliche Röschen, »Wienerrösln« genannt, gebunden sind und schmücken ihnen damit die Hüte. Darauf drückt man sich mit einem herzlichen »Wünsch' Glück und b'hüt' Gott so« die Hand. Der Stall wird geöffnet, die Kühe springen mit lautem Schellengeklümper und Glockengetön heraus und der Zug setzt sich in Bewegung. Bauer und Bäuerin bleiben unter der Haustüre stehen und schauen den Scheidenden nach, bis sie dem Auge entschwinden.
Dem Zuge voran schreitet als Führer pfeifend und jodelnd der Senn. In der Rechten hält er einen künstlich geschnitzten Bergstock, auf dem Rücken trägt er eine Kraxe, auf der das schön bemalte »Trücherl« prangt, welches seine Habseligkeiten birgt. Hinter ihm geht die schöne »Leitkuh«, welche schon ein paarmal auf der Alpe war, daher den Weg kennt. Ihr folgen die Milchkühe nebst einem oder zwei Stieren. Sie alle haben gestickte Riemen um den Hals, an denen tönende Glocke oder große »klumpernde« Schellen baumeln. Die Stiere müssen nebstdem die Ketten tragen. Hierauf kommt das Galtvieh, Kälber, Schafe und Ziegen, welche ein beigegebener Knecht in Zucht und Schranken halten muß, dann die grunzenden Schweine und endlich zum Schluß das wohlbepackte Almwagerl. An manchen Orten machen die Ziegen den Anfang des Zuges, weil sie gerne voran sind und sehr schnell gehen. Die Ordnung wird streng eingehalten, nur der muntere Spitz hat davon Erlaß und schnobert bald links bald rechts herum. Oft begleitet der Bauer mit seinen Buben das Vieh noch eine Strecke, bis der eigentliche Alpenweg beginnt, wo er Abschied nimmt und seinen Schatz noch besonders eindringlich der Obsorge empfiehlt. »Schaugt's ma«, sagt er, »daß All's wieda g'sund hoam kimmt«.
Sobald man aus dem Bereich der Wohnungen gekommen ist, nimmt man dem Alpenvieh die schweren Glocken ab. Gewöhnlich werden sie in einem bekannten Hause bis zur Rückkehr zur Verwahrung gegeben. Die kleinen Schellen aber behält man. Von da an bewegt sich der Zug freier, der Senn sieht nicht mehr so genau auf Ordnung, und hält an geeigneten Stellen öftere Rast.
So gelangt man endlich auf die »Vorasten« und »Niederleger«, wo

das Vieh die ersten Wochen der Almzeit zubringt, bis es mit dem fortschreiten des Pflanzenwuchses zu den oberen Almen, den sogenannten »Hochlegern« aufrückt. Es sind nur ein paar niedrige Hütten von Holz, manchmal auch von Stein, mit kleinen Fensterchen und einem Dach von großen Schindeln mit Steinen beschwert. Die Tür ist mit ein paar Brettern notdürftig geschlossen, denn hier gibt es keine Schätze zu stehlen. Neben der Hütte befindet sich oft ein umzäunter Platz für Schweine oder Kleinvieh und nicht weit davon ein Brunnen mit weitem Trog zur Tränke. Ebenso einfach ist auch die Einrichtung der Alpenhütte, die oft kaum so hoch ist, daß man aufrecht darin stehen kann. In einer Ecke liegt die Herdgrube mit einem beweglichen Tragbalken zum Aufhängen des Käsekessels. Einige Gestelle, auf denen der Senner die Käseformen zurecht legt, ein Pfannenholz mit ein paar rußigen Pfannen, ein notdürftig gezimmerter Tisch, mit Sitzbank – das ist die ganze Einrichtung. Mehr Sorgfalt wird auf den Milchkeller verwendet; er ist der Stolz des Senners. Oft befindet er sich halb in den Boden eingegraben, oft sprudelt auch eine frische Quelle darin, die immer Kühlung verbreitet.

Das sind nun freilich die Sennhütten einfachster Art, gewöhnlich auf Kleinalmen, die nur den Auftrieb einer beschränkten Anzahl von Kühen gestatten.

Wir können von der Alpe nicht Abschied nehmen, ohne zuvor noch der »Almsprüche« zu gedenken, welche an der Innen- oder Außenseite mancher Sennhütte angebracht sind. Leider ist auch diese Sitte, gleich den Hausaufschriften, dank der immer mehr um sich greifenden Niederreißungswut gegen alles Hergebrachte im Absterben begriffen und man muß jetzt schon froh sein, wenn man bei derlei Nachfragen vom betreffenden Sennen nicht ausgelacht wird. Diese Sprüche sind nicht immer durch die Schrift festgenagelt, sondern laufen häufig nur so im Volksmund um; wo sie erhalten sind, findet man sie entweder über der Eingangstür oder an einem Pfahl oder innen, gewöhnlich an der tür zum Milchgaden. Meistens enthalten sie eine zutreffende Charakteristik der Lage und Gegend, in der sich die Alpe befindet, oder sie berichten oft mit Lob oder beißendem Spotte von dem reicheren oder geringen Erträgnis derselben. so heißt es von der herrlichen Alpe Klausen in Brandenberg:

In der Klausen
Thut der Kübel brav sausen.

Den gleichen Spruch führt die Alpe Klausen im Zemmgrunde. In diesem reizenden Seitentale des Zillertales hat fast jede Alm ihren

Denkspruch. Zuerst kommt Kaselar:

> Z'Kaselar wär 's schon fein,
> Wenn man nit müßt' tragen
> Das Schmalz von außen herein.

Die Melker oder Hirten tragen gewöhnlich jeden zweiten oder dritten Tag die Vorräte der letzten Tage dahin. Von da werden sie durch einen eigenen Träger ins tal befördert, d.h. der Käse; denn Butter und Schotten wurden wenigstens früher schon von der Alpe aus weiter verkauft. Dieser eben genannte Umstand gab auch Veranlassung zum Spruche der zweitnächsten Alpe, nämlich Grawand. Er lautet:

> Z'Grawand
> Ist der Schinder bei der Hand.

Von der Alpe Schönbichl im Schartental geht der Spruch:

> Z'Schönbichl ist den Kühen wohl
> Und wohl aa' dem Kübel,
> Den Melchern aber übel,

weil die Weide gut ist, die Melker aber viel Arbeit haben. Ebenso heißt es von der Alpe Sattl:

> Auf Sattl
> Gehn d'Melcher sell (selbst) mit der Gschpattl (Schachtel).

Mit solchen Denksprüchen sind sehr häufig auch die innern Räume der Sennhütte verziert, sowie auch mit andern, die religiöser Natur sind, z.B.:
> Dem Senn und Vieh auf Wegen
> Gibt Gott der Herr sein' Segen.

oder:

> Man sammelt einen schönen Nutz (Alpennutzen)
> In dieser Vorratskammer,
> Bewahre sie, o großer Gott,
> Vor Einbruch, Feuer, Jammer.

Diese aufgezählten Denksprüche der Alpen ließen sich leicht fast ins hundertfache vermehren, wenn sich mancher Alpenbummler die Muße nehmen wollte, bei seinem Aufenthalt auf der Alm sich um noch etwas anderes als um Nocken und um die Waden der Sennerin zu interessieren.

Ludwig von Hörmann

Auffahrt zur Alm.

Und wann's amal schön aper wird...

Salzburg

Und wann's amal schön aper wird
und auf de Alma grean,
wann da Goassa mit de Goaslan geht
und d'Senndrin mit de Küah.

Die Senndrin führt ihr frischer Muat
schnurgrad da Alma zua,
sie sagt, juchhe, mir geht's scho guat,
wann kimmst des erschtmal, Bua?«

Und wiar i auf die Alma kimm,
da brummelt scho der Stier,
da siach i scho die Hüttn steh
und jautz vor ihrer Tür.

JULI

Ich will dir im Vertrauen sagen:
Nimm dich in acht vor den Hundstagen.
Der Löwe mehret alle Schmerzen
Wie an der Lunge, so am Herzen.
Meid jetzt der neuen Kleider Tracht
Lädt man dich ein, nimm dich in acht.
Recht wenig nützt jetzt Arzenei,
Noch weniger die Schröpferei.

Glockendon

Bauernregeln

In der Juliglut
wird Obst und Wein dir gut.

Hundstage hell und klar
zeigen an ein gutes Jahr,
werden Regen sie begleiten,
kommen nicht die besten Zeiten.

Regnet's, wenn unsere liebe Frau übers Gebirge tut gehen,
bleibt der Regen 6 Wochen am Himmel stehen.

Jakobus in seiner hellen Gestalt
macht den Winter kalt.

Ist der Juli trocken,
hat der Bauer gute Brocken.

Magdalene weint um ihren Herrn,
drum regnet's an diesem Tage gern.

Lostage

 2. 7.   Maria Heimsuchung
 4. 7.   St. Ulrich
10. 7.   7 Brüder
13. 7.   St. Margareta
15. 7.   Apostel Teilung
22. 7.   Maria Magdalena
25. 7.   Jakobus
26. 7.   St. Anna

Im Juli

Die ersten Juliwochen sind vor allem durch die Primizen, die Feiern der Neupriester, Glanzpunkte im Gemeindeleben. Von weit her kommen Verwandte und Bekannte zu diesem großen Ereignis. Der Monat, der sonst ganz unter der Feldarbeit steht, hat noch die Feste zu St. Ulrich (4.7.) und St. Magdalena als kirchliche Höhepunkte. Aber der Pilgerheilige St. Jakobi (25.7.) ist doch wohl das wichtigste Fest dieses Monats. Es ist ein Rechnungstermin im Bauernjahr, der Erntetaler wird an das Gesinde bezahlt, und Prozessionen zu ihm geweihten Kirchen werden in großer Zahl abgehalten. Er, der Schutzpatron der Pilger, wird gleichzeitig mit St. Christopherus ebenfalls als Beschützer der Reisenden verehrt. St. Anna, am 26.7., (die Mutter Marias) ist die Schutzheilige der Ehefrauen, und so manche lustige Geschichte rankt sich um St. Anna und ihre Gläubigen.

H. C. E.

Rezepte im Juli

St. Jakob nimmt hinweg die Not,
bringt erste Frucht und frisches Brot.

Der Sommer steht in höchster Pracht,
vom Baum der goldne Apfel lacht.

Bayerischer Apfelrahmstrudel

Für den Strudelteig verknetet man 300 bis 400 g Mehl mit Salz, 3 bis 4 Eßlöffel Öl und 1 bis 2 Eßlöffel Essig. Der Teig wird sehr fein verknetet, bis er sich glatt ballt und nicht mehr klebt. Dann schlägt man ihn kräftig auf den Tisch (auf einem Brett geschlagen, gäbe es einen Höllenlärm), bis er ganz feinporig ist. Er kommt nun etwa 1 Std. unter eine vorgewärmte Schüssel. Wenn man ihn offen liegen läßt, bekommt er eine harte Haut und reißt dann beim Ausziehen. In 3 bis 4 Teile geschnitten, walkt man diese jetzt einzeln auf ganz wenig Mehl aus und zieht dann den Teig, am besten zu zweit oder über die Tischplatte so dünn wie möglich aus. Man muß eine Zeitung hindurchlesen können. Er wird mit zerlassener Butter beträufelt, mit Zucker und viel, viel feinen Apfelscheibchen, Rosinen und dicken sauren Rahmkleckserln bestreut. Nach Belieben kann man auch Zimt oder Topfenbröserl daraufgeben. Nun rollt man den Strudel auf (manche machen es mit einem Tuch), bestreicht ihn mit Butter und gibt ihn in eine Reine, in der Rahm, etwas Butter und Zucker kochen, ähnlich wie zu Dampfnudeln. Die fertiggefüllten Strudel werden dicht nebeneinander in ihr Rahmbett halb versenkt und dann langsam im Rohr goldgelb fertig gebraten. Sie müssen ringsum saftige Ramerl haben. Bequemerweise kann man sog. Strudelteig auch fertig kaufen. So schön wird der Strudel aber dann freilich nicht.

Wenn's bald Jakobi werd

Wenn's bald Ja-ko-bi werd, is wohl a Freud, a Freud, wia si da d'Send-rin rührt, grad vol-ler Schneid.

Auf da Alm Kir-ta werd'n tuats net all Tag, all Tag, drum eßt's und trinkt's no gern,

Vor da Tür steht scho
voll Freudn da Bua, da Bua,
möcht d'Senndrin holn zum Tanz,
laßt ihr koa Ruah.
Hüatabua, schwegl no,
lusti dazua, dazua,
schwegl, i zahl di scho
morgn in da Fruah.

Von bäuerlicher Arbeit

Der Beginn der Ernte: Am Jakobitage (25. Juli) oder um diesen Tag herum pflegte die Ernte ihren Anfang zu nehmen; in Böhmen am Tage der hl. Margaretha (13. Juli), bei den Kaschuben am Dominiktage (4. August). Bestimmte Wochentage sind oft maßgebend. In Nienburg a. S. begann man früher mit dem ersten Mähen erst nachmittags 4 Uhr.
Früher, als die Bauernfelder noch im Gemenge lagen, wurde von Gemeinde wegen der Erntebeginn festgesetzt. Im Anhaltischen gingen die Gemeindevorsteher auf die Felder, prüften, ob der Schnitt beginnen könne, und gaben dann den Tag durch das »Umklopfen des Hammers« bekannt. In Rohrberg läutete ehemals der Schulze die Ernte ein, und zwar durfte niemand eher mähen, als bis der Schulzenknecht den ersten Schnitt getan hatte. Auch mußte abends alles aufhören, sobald er geläutet hatte (aber nur am ersten Tage). Außerdem mußte jede Gemeinde, wenn sie mähen wollte, drei Ähren aufs Amt bringen und um Erlaubnis zum Mähen bitten.
In früheren Zeiten tat sich auch die Nachbarschaft zusammen zu wechselseitiger Erntehilfe, und abends gab der Unterstützte ein Fest für die Genossen.
In katholischen Gegenden wohnt der Landmann, bevor er hinauszieht, einer Messe bei. Auf größeren Gütern hält der Geistliche vor dem Auszuge auf dem Hofe eine Ansprache.
Zur Ernte geht man mit guten, womöglich neuen Kleidern und reiner Wäsche. Die Binderinnen schmücken sich mit weißen Schürzen und Miedern, die Mäher ihre Sensen und Mützen mit Sträußen, farbige Bändern und Knittergold. Der festliche Schmuck besteht oft aus gegenseitigen Geschenken.
Der weitere Verlauf der Ernte: Die anstrengende Arbeit rechtfertigt eine reichere und ausgewähltere Fülle von Speise und Trank. Vor dem Beginn der Ernte ist geschlachtet, Kuchen gebacken, Tabak, Bier und Branntwein reichlich beschafft worden. Früh am Morgen gibt's Kaffee und Kuchen; dann den Tag über mehrere gute Mahlzeiten, Tag für Tag die gleiche Speisenfolge. Eine Vespermahlzeit wird eingefügt. Jede Magd, die bei ihrer jeweiligen Herrschaft zum erstenmal am Roggenmähen teilnimmt, wird gehögt und muß dafür eine Flasche Branntwein zum besten geben. Ein gleiches Opfer muß jeder bringen, der eine Arbeit verrichtet, die nicht seines Amtes ist. Vor Zeiten hatte auf dem Maifelde jede Rotte Schnitter ihre Musik, und Sonntags war Tanz. Früher wurde in der Erntezeit viel mehr ge-

sungen als jetzt. In Scharrel sammelten sich früher während des Roggenmähens allabendlich nach getaner Arbeit Schnitter und Schnitterinnen. Es wurde gefeiert und getrunken; die Mädchen umfaßten die Beine der Schnitter und diese die der Mädchen, und so aneinander geklammert rollte und wälzte man sich herum. Das nannte man »walen«.

Die Ernte kann nicht genug vor schädlichen Einflüssen gewahrt und dem Schutze göttlicher Macht anempfohlen werden. Täglich zu bestimmten Zeiten wird geläutet. Die Erntearbeiter begegnen einander mit dem Gruße »Helf Gott!« oder »Walt's Gott!«. Auch Vorübergehende rufen statt des sonst üblichen Grußes die Hilfe Gottes auf die Arbeiter und ihr Wirken herab. Wenn während des Schnittes der Besitzer des Feldes, einer der Seinen oder ein Fremder aufs Feld kommt, so wird er unter einem Spruche »gebunden« mit einer Handvoll Ähren oder einer Schnur, oder er wird gar in eine Garbe eingewickelt. Der Gebundene muß sich mit einem Trinkgelde lösen.

Obstbau und Obsternte: Wie der Baum überhaupt als beseelt und als Sitz geistigen Lebens betrachtet wird, so werden namentlich die Obstbäume am Hause ebenso wie die Haustiere gleichsam mit zur Familie gezählt und zu ihr in nahe Beziehung gesetzt. Bei der Geburt eines Kindes pflanzt man ein Bäumchen, und wenn der Hausvater gestorben ist, zeigt man den Bäumen seinen Tod an, damit sie nicht eingehen. Plötzliches Absterben wie ungewöhnliches Blühen der Obstbäume deuten auf baldigen Tod des Besitzers. Aber auch zur Krankenheilung und zu Liebesorakeln dient der Obstbaum.

Das Pflanzen und Pfropfen der Bäume muß zu bestimmten Zeiten geschehen. Wenn man sie pflanzt, muß man sie mit beiden Händen anfassen, und es muß noch jemand dabeistehen, dann tragen sie gut. Um Fruchtbarkeit der Obstbäume zu erzielen, werden überhaupt die verschiedensten Mittel angewandt, wozu namentlich die Zeit der Zwölften geeignet ist. Da schüttelt man sie, schlägt sie mit Stöcken oder Ruten, umwickelt sie mit Stroh, behängt sie mit alten, abgelegten Kleidungsstücken. Man schüttet Speisereste unter sie oder vergräbt Nußschalen am Fuße des Stammes, oder steckt Geld in ihre Wurzel oder Rinde. Man schießt in sie hinein, küßt sie, umtanzt sie, trinkt ihnen zu, bedroht sie, umfaßt sie mit den teigigen Armen beim Kneten des Weihnachtskuchens. Auch werden Tiere unter den Bäumen vergraben oder die Eingeweide geschlachteter Tiere in ihren Zweigen aufgehängt. Ebenso ist es der Fruchtbarkeit förderlich, wenn man einen Stein zwischen ihre Äste legt oder hängt.

Den Ausfall der Obsternte deuten mancherlei Vorzeichen zu verschiedenen Zeiten an. Man muß sich aber ja hüten, Knospen, Blüten oder Früchte zu zählen, weil sie dann abfallen. Sehnsüchtig blicken die Kinder zu den reifenden Früchten empor und suchen durch Zauberspruch ein fallendes Stück zu ergattern. Aber auch die Beraubung eines Obstbaumes gilt kaum als Diebstahl, wenn es auch heißt, daß ein bestohlener Baum gar nicht oder erst nach sieben Jahren wieder trage. Die ersten Früchte eines jungen Baumes soll man überhaupt nicht abpflücken, sondern hängen lassen. Wenigstens soll sie nur der Hauswirt oder ein Kind abnehmen. Oder der Eigentümer schenkt sie einer schwangeren Frau, weil dann der Baum sehr fruchtbar wird. Oder man tut sie in einen großen Sack, damit auch im nächsten Jahre die Säcke recht voll werden. Ein paar Früchte aber bei jeder Obstlese am Baume übrig zu lassen, ist allgemeiner Brauch.

Wie auf den Arbeiter, der bei der Ernte die letzten Halme schneidet oder bindet, so oft der Name des Korndämons übertragen wird, so geht auf die Person, die die erste Frucht von dem Apfelbaum nimmt, auf den man im April die Strohpuppe gesetzt hat, die den grand mondard darstellt, dieser Name über.

Paul Sartori

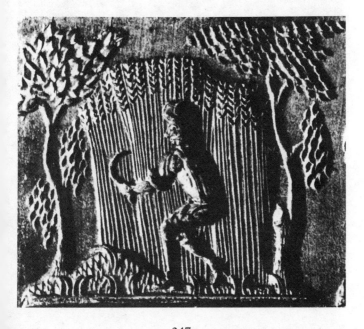

AUGUST

Wohlauf, jetzt ist die Erntezeit,
Das Korn zu schneiden, seid bereit.
Zur Eh ein Tropf nur Neigung steht
Im Monat die Maid regiert.
Auf Aderlaß und Chirurgie
laß ein in diesem Mond dich nie.
Sorg, daß man dir dein Weh bespricht,
Auch fahr jetzt auf dem Wasser nicht.

Glockendon

Bauernregeln

Was der August nicht kocht
bratet der September nimmer.

Im August wenig Regen
kommt dem Bauer sehr gelegen.

Hitze an St. Dominikus
ein strenger Winter kommen muß.

Regen an Maria Schnee
tut dem Getreide weh.

An Bartl baus Korn
und wart nit bis morgen.

Lostage

10. 8.   St. Laurentius
15. 8.   Maria Himmelfahrt
20. 8.   St. Bernhard
24. 8.   St. Bartholomäus

Im August

Der 1.8. (sowie 1.4. und 1.12.) zählt zu den Unglückstagen, denn an ihnen soll der Teufel aus dem Himmel geworfen worden sein. So wird auch an diesen Tagen auf dem Lande nie geheiratet. Der Monat steht noch ganz über dem Zeichen der Erntearbeit, wenn auch schon hie und da Erntedankfeste gefeiert werden. Um Laurenti (10.8.) fallen die Sternschnuppen. Aber langsam schon schleicht sich der Herbst ein. Die Sonne hat in der 2. Hälfte schon etwas von ihrer Kraft verloren. Der Volksmund sagt darum vom Herbst, er sei: um

Laurenti am Spitz
und Bartholomä am Zaun
um Gall im Stall und überall.

Das schönste Fest des Monats aber ist Maria Himmelfahrt (15.8.), das eigentliche Sommerhochfest. Es ist ein Patroziniumsfest, und wer könnte die Kirchen zählen, die unserer lieben Frau geweiht sind. Große Prozessionen und Umgänge werden ihr zu Ehren gehalten. Nun beginnt der Frauendreißiger, das sind die Tage von Himmelfahrt bis M. Geburt (8.9.), und es heißt, daß zu dieser Zeit »die Natur dem Menschen am meisten hold ist, giftige Tiere verlieren während derselben ihre schädlichen Eigenschaften, die wohltätigen Kräuter und Wurzeln aber haben nun ihre feuchte Kraft« (Dahn). Auch die Eier, die in dieser Zeit gelegt wurden, sind besonders nahrhaft und geben wundertätige Kraft. So werden an Maria Himmelfahrt die Kräuterbüschel, auch Weihbüschel, geweiht, die mit 77 oder auch nur 7 bestimmten Kräutern bestückt sein sollen. Hierzu gehören: Himmelbrand oder Königskerze, Wermut, Scharfgabe, Johanniskraut, Gartenblumen, und viele Heilkräuter. Nicht selten werden die schönsten Kräuterbuschen ausgezeichnet, und voller Stolz steckt man sie zum Herrgottswinkel oder einen sonst bevorzugten Ort im Hause. Hie und da wird schon Markt gefeiert. Der 16.8., Tag des hl. Rochus, des Viehpatrons aus der Pestzeit, ist als Schütze eines Viehmarktes beliebt. St. Bartholomäus am 24.8. gilt vielfach als Herbstbeginn. Oft wird nun bei der ländlichen Arbeit kein Vesperbrot mehr gereicht, und die Schäfer begehen jetzt ihre Feste und Tänze. Man findet Schäferwettläufe, Barfußlaufen über Stoppelfelder und Erntefeste sowie frohe Fischzüge. Gegen Ende August ist es nicht mehr leicht, Wetterprophet zu sein, denn, um Barthelmä haben die Wolken kein Hirt mehr.

H.C.E.

Von bäuerlicher Arbeit

Die ersten Ähren, die erste Garbe, das erste Fuder: Wir müssen noch einmal zum Beginn des Mähens zurückkehren, denn mit den ersten Ähren und der ersten Garbe ist eine Anzahl wichtiger Bräuche verbunden. In Hessen läßt man die ersten Halme bei der Ernte von einem Kinde unter fünf Jahren schneiden, das erste Strohseil zu den Garben von einem unter sieben Jahren winden. Häufig nimmt der Schnitter stillschweigend drei Halme, ehe er mit der Arbeit beginnt, und bindet sie um sich, damit er beim Schneiden keine Kreuzschmerzen bekomme und vor Verwundungen geschützt sei. Öfter noch werden sie übers Kruzifix der Wohnstube, über den Spiegel oder über den Tisch an die Zimmerdecke gehängt oder auch als Weihbrunnwedel benutzt, an die Haustür genagelt und im Frühling in die erste Furche eingeackert. Auch überreicht man sie mitunter schon am ersten Tage des Mähens der Gutsherrschaft unter einem Spruche als Strauß, Kranz oder Krone. Es handelt sich bei diesen Gebräuchen weniger um ein Opfer als vielmehr darum, daß man sich in den ersten Ähren so etwas wie einen Geist der Fruchtbarkeit wohnen dachte, der dem Hause und seinen Bewohnern Glück, dem in der Scheuer aufgespeicherten Getreide Schutz und der künftigen Ernte Segen verleihe. Dieselben Kräfte wohnen auch der ersten Garbe inne.

Beim Binden werden die erste oder die ersten Garben mit der Ährenseite feldeinwärts gelegt, dann »sammelt man mehr«. Auf die erste Garbe legt die Binderin einen Blumenstrauß, eine Semmel und eine Flasche Branntwein für den Vormäher. Man setzt sich auch darauf gegen Kreuzweh und Verwundungen. In Hessen wirft man sie nachts zwölf Uhr durch die hintere Scheunentür, ohne weiter danach zu sehen. Sie ist für die Engel vom Himmel und heißt der Erntesegen. In Groß-Kühnau (Anhalt) wurde sie in die Banse geworfen und mußte dort liegenbleiben, wohin sie gefallen war. In manchen Gegenden legt man sie für die Mäuse auf die Tenne. Man bindet auch wohl einen Käse oder andere Dinge hinein. Bevor das erste Erntefuder abgeladen wird, drischt man die mit Tannenreisig geschmückte erste Garbe als Abschreckungsmittel gegen böse Geister und Hexen. Aus ihr wird auch gern der Erntekranz für die Kirche gebunden.

Beginnt man das abgemähte Getreide in die Scheuer zu fahren, so schmücken die Knechte ihre Pferde mit bunten Bändern, und die Mädchen binden an die Mützen und Peitschen der Knechte den glei-

chen Schmuck. Beim Aufladen und Einfahren des ersten Fuders darf nicht gesprochen werden. Bei Dinkelsbühl in Mittelfranken wird die erste Fuhre, mit einer bebänderten und bekränzten Fichte geschmückt; jauchzend empfangen. Rollte im Anhaltischen der erste Getreidewagen in den Hof des Bauern, so wurden Knecht, Pferde, Wagen und Korn von den Mädchen mit einem Eimer Wasser begossen. Anderswo wird der erste Erntewagen mit Weihwasser besprengt. In Rotweil sieht man kleine Buben und Mädchen als feierlich gekleidete Schnitter und Schnitterinnen neben dem ersten Garbenwagen einhergehen oder mitfahren. Kinder treten auch sonst wieder in Tätigkeit. An der oberen Nahe hielt der erste Wagen vor dem offenen Scheunentor. In der Scheune standen die Kinder und riefen dem Vater zu: »Was bringst du?« Dieser antwortete: »Brot für mich, meine Kinder und die Armen.« Die Kinder antworteten: »Dann wünschen wir für die Mäuse und Ratten den Tod.«

Paul Sartori

Geh ma ause am hintern Ran

1. Geh ma au-se am hin-tern Ran, schaun, wia die Mah-der mahn, und wia die Wei-ber-leut hin-tn-nach stran.

2. Schau, wia der Michl maht,
   wia si' der Toni draht,
   [:jauchzn tuans a dabei,
   gibt a guats Hei.:]

3. Schau, wia der Jaggl wetzt,
   der Seppl hat si niederg'setzt
   [:eine ins grüane Gras,
   wia lustig is das.:]

Der fünfzehnte Tag im August
Von der glorwürdigen Himmelfahrt Mariä

Andächtiger Leser! Damit du die Glorie dieses herrlichsten Festes desto besser erkennest, will ich allhier ausführlich beschreiben, wie Maria gestorben, begraben und gen Himmel gefahren sei. Wisse deswegen, daß, je länger sie lebte, sie desto mehr auch in aller Heiligkeit und Vollkommenheit zunahm. Sie spürte in ihrem Herzen von Tag zu Tag eine solche inbrünstige Liebe, ihren allerliebsten Sohn in der Glorie zu sehen, daß sie kaum diese ihre Begierde einhalten und verbergen konnte. Siehe, da kam der Erzengel Gabriel in großer Klarheit zu ihr und trug einen grünen Palmzweig in seinen Händen und sprach: »Gegrüßt seist du Maria, du gebenedeite Mutter meines Herrn; derjenige, so den Segen Israel gegeben hat, läßt dir seinen Segen verkündigen.«

Maria sprach: »Mein lieber Engel! Was soll dies bedeuten, daß du mich so freundlich grüßet?« Da sprach der Engel: »Dein Sohn schickt mich, dir zu verkündigen, daß die Zeit nun da sei, in welcher du zu ihm kommen sollst, die Krone zu empfangen, welche dir bereitet ist; denn alle Engel des Himmels verlangen nach deiner Ankunft.« Über diese Botschaft erfreuete sich die allerseligste Jungfrau höchlich und sagte der allerheiligsten Dreifaltigkeit Lob und Dank. Sie sprach zum Engel: »Wenn ich in den Augen meines Sohnes Gnade gefunden habe, so will ich ihn vor meinem Ende um drei Dinge gebeten haben: erstens, daß er sich würdige, zu mir zu kommen und meinem Ende beizuwohnen; zweitens, daß alle Apostel zu mir kommen und meinen Leib begraben; drittens, daß ich in meinem Tode keinen bösen Geist sehen darf.«

Sobald sie nach Hause kam, ließ sie alles reinigen und ihr Bettlein aufs beste zieren. Sie ließ auch alles zubereiten, was zu ihrer Leiche vonnöten war, und machte sich auf die Reise zur Seligkeit fertig. Gleich darauf wurde sie krank, daß sie sich zu Bett legen mußte. Dies aber war keine leibliche Schwachheit, sondern die Hitze der göttlichen Liebe machte sie so schwach und krank.

Die heiligen Apostel setzten sich um das Bett der heiligsten Jungfrau Maria herum und hörten die Worte an, welche aus ihrem Munde gingen. Sie offenbarte ihnen viele geheime Sachen von Gott und führte solche hohe Reden von himmlischen Dingen, daß alle Herzen der Apostel mit neuem Feuer der göttlichen Liebe entzündet wurden. Sie lag allda in ihrem Bette wie eine Rose in ihrer vollen Blüte, und wie eine wohlriechende Lilie zur Zeit des Frühlings.

Als unterdessen die dritte Stunde des Nachmittags des 13. Augustes ankam, wurde die glorwürdigste Jungfrau dermaßen in den Abgrund der göttlichen Liebe verzückt, daß sie darin bis in die dritte Stunde der Nacht verharrte. Da kam ihr geliebter Sohn mit unzählbaren Engeln in solcher Klarheit, daß das ganze Haus mit einem ungewöhnlichen Lichte erfüllt wurde.

Der gebenedeite Heiland aber trat zu dem jungfräulichen Bette und gab seiner werten Mutter einen lieblichen Kuß, sprechend: »Sei gegrüßt, meine allerliebste Mutter! und erfreue dich; denn nunmehr ist die glückliche Stunde herzu gekommen, daß du mit mir in das himmlische Paradies fahren sollst.« Da sprach Maria: »Gebenedeit seist du, mein allerliebster Herr und Gott! daß du dich würdigest, zu mir zu kommen und mich aus diesem elenden Jammertal zu führen.« Sie sprach weiter zu ihm: »Mein geliebter Sohn! tröste doch deine lieben Kinder, welche wegen meines Hinscheidens sehr betrübt sind. Lege doch deine Hand auf meine Hand, und gib ihnen deinen göttlichen Segen.« Da nahm Christus ihre rechte Hand in seine gebenedeite Hand und machte damit das heilige Kreuzzeichen über seine Jünger. Er erfüllte dadurch ihre Leiber und Seelen mit solchem himmlischen Trost, daß sie sich vor Inbrunst des Herzens und brennender göttlicher Liebe kaum begreifen konnten.

Als nun die Mitternacht herzu kam, lud der liebreichste Jesus seine gebenedeite Mutter zu ihrem demütigsten Herzen, und erfüllte dasselbe mit dem süßesten Einfluß seiner göttlichen Wollüste so überflüssig, daß ihre allerheiligste Seele ganz und gar in Gott versenkt wurde. So schied die unbefleckte Seele Mariä mit unaussprechlicher Freude von ihrem gebenedeiten Leibe.

Indem die Apostel sahen, daß die allerheiligste Jungfrau verschied, fielen sie auf die Erde und beklagten ihren Tod, wie liebreiche Kinder den Tod ihrer Mutter zu betrauern pflegen. Sie sahen mit Verwunderung den jungfräulichen Leib an, der gar keine bleiche Farbe hatte, sondern ganz rot aussah, als wenn er noch lebte. Ihr Fleisch war so zart, wie das eines säugenden Kindes, und alle Glieder ließen sich nach Belieben hin und her biegen.

Am dritten Tage nach dem Begräbnisse, nämlich den 15. August, als die Apostel bei dem Grabe beteten, ward eine glänzende Wolke aus den Lüften herabgelassen, welche das heilige Grab bedeckte, und es erfüllte ein süßer Geruch die ganze Luft. Da kam Christus mit vielen tausend Engeln vom Himmel herab, grüßte seine lieben Jünger und sprach: »Was dünket euch, was ich meiner Gebärerin für eine Ehre antun soll?« Sie antworteten: »Herr! Deinen Dienern dünket es billig zu sein, daß, gleichwie du mit Leib und Seele gen Himmel gefah-

ren bist, du ebenso deine Mutter auferwecken und sie mit Leib und Seele gen Himmel führen sollst.« Da sprach der Herr: »Ihr habt recht geredet; denn derjenige Leib, wovon ich Fleisch und Blut genommen habe, soll nimmermehr verwesen, sondern zu meiner rechten Seite im Himmel gesetzt werden.«
Da kam der heilige Michael mit einer unzählbaren Schar der Engel und präsentierte Christo die alleredelste Seele seiner glorwürdigsten Mutter. Da sprach Christus zum Leibe: »Steh auf, meine Geliebte! Du Tabernakel der Glorie, du Gefäß des Lebens, du Wohnung Gottes! Steh auf von deinem Schlafe, und erwache zu dem ewigen Leben!« Er vereinigte mit diesen Worten die Seele mit dem Leibe, und alsbald kamen Leib und Seele vereinbart glorwürdig aus dem Grabe hervor, glänzend mehr als die Sonne.

Pater Martin von Cochem

Marienruf

Dich fraw vom him=mel ruf ich an
gen gott ich mich ver=schul=det han,
in di=sen gro=ßen nö=ten mein
sprich daß ich sei der die=ner dein;
gen dei=nem kind, Ma=ri=a, went
sein —zorn —von mir! tröst=lich zu=flucht
hab— ich— —zu dir hilf bald, ich forcht,
der— tod— —kom schier!

2. Maria, mein beschirmerin,
   du mutter gots und jungfraw zart,
   wie gar betrübt sind all mein sinn,
   so ich gedenk an todes fart!
   und stirb vor angst,
   das mir vorlangst
   hett wol gebürt
   zu bdenken was mein sel anrürt,
   mich hat doch freier will verfürt.

Maria-Himmelfahrt
Der Kräuterbuschen

Maria Himmelfahrt oder gewöhnlich Maria Kräuterweih genannt, ist ein hoher schöner Feiertag, an welchem vor Beginn des Gottesdienstes die Sangen geweiht werden. Dies sind große Kräuterbuschn, von welchen jedes Haus einen weihen läßt. In diesen Sangen sollen vorzugsweise folgende Kräuter eingebunden seyn: vor allem die Himmelkerzen in Mitte des Busches und hoch hinausragend, das Wollkraut (verbascum thapsus; davon der Wollenblumenthee bereitet wird); gewöhnliche Mooskolben (typha latifolia); Bibernell (pimpinella saxifraga); Frauenkraut (Hartheu; hypericum perforatum); Glocken Rapunzel-Glocke (campanula rapunculoides); Teufelsabbiß (scabiosa succisa); Gemeiner Kümmel (carum carvi); Geschwulstkraut (mentha sylvestris, Waldmünze); Mühlkraut (Reinfarrn, tanecetum vulgare); Rauten (ruta graveolens); Unseres Herrn Kron (scirpus); Kraftwurz (carlina acaulis; die Wurzel der Wetterdistel); Liebstöckel (levisticum officinale); dann noch Teufelsklatten und Fünffingerkraut, welche mir leider nie zur Blüthezeit vorkommen wollten, deßhalb auch nicht botanisch bestimmt werden konnten. Diese Sangen werden zu oberst dem Boden aufbewahrt, und sind gut gegen den Wetterschlag. In den Rauchnächten werden sie verbrannt und mit ihnen geräuchert, besonders in den Stallungen. An Maria Himmelfahrt beginnt der Frauendreißigst, darauf freuen sich schon alle Kräuter, blühen ihre Blumen alsdann am schönsten Unserer lieben Frauen Tag der Ehren (wie man ihn vor Alters genannt) zur Ehr und Zier. Nach Unserer lieben Frauen Namenstag, an h. Kreuz-Erhöhung (14. September), endigt der Dreißigst. Während dieser Zeit ist die ganze Natur dem Menschen am freundlichsten gesinnt, die Kräuter und Wurzeln haben die mehrste Kraft, weßhalb man sie jetzt auch brocken und graben muß, die giftigen Thiere (Ottern, Schlangen, Blindschleichen, Eidechsen, Wiesel, Iltis, Fledermäuse und Krotten) sind während dem nicht giftig und die beste Zeit sich ihrer zu bemächtigen. Besonders die Krotten fängt man gerne im Frauendreißigst, spießt sie an langen, geschälten Gerten und läßt sie mit dem Sonnenniedergang verenden, worauf sie in Ställen aufgehängt werden. Da sammelt sich denn alles Gift, so etwa im Stalle befindlich, in ihren Körpern und weicht nimmer aus. Vor allem vorzüglich sind die Eier, welche während dem Frauendreißigst gelegt werden. Diese werden gut aufbewahrt und im Auswärts den Hennen zum Brüten untergelegt.

An Maria Himmelfahrt soll es schönes Wetter seyn.
24. Barthlmä, ein halber Feiertag. Jetzt beginnen schon die großen Kirchweihen. Dieser Tag ist für die Witterung ein Lostag; es soll schön warm seyn. Auch hat man um diese Zeit keinen Schauer mehr zu fürchten, denn da kommen die Wetter des Nachts.
Mit diesem Monat endet gewöhnlich die Erntezeit. Je nachdem sie ausfällt ist Alles fröhlich und guter Dinge oder traurig und in Sorgen. Darnach fällt auch der Schnitthahn aus. Dieß ist das Erntefest, welches jedoch bei jedem Bauern einschichtig von seinen Ehehalten,

Taglöhnern und Schnittern begangen wird. Dasselbe wird an dem Abend gehalten, wo der Schnitt zu Ende geht. Da werden denn Küecheln und Datschen gebacken und Bier gegeben, für den Mann bis fünf Maas. Dieß erhöht die Lustbarkeit ungemein; es wird gesungen und getanzt bis tief in die Nacht. Von den heimgehenden Burschen wird dann fast viel Muthwillen verübt, und des Schnitthahns muß mancher Bauer noch lange und nicht gerade mit Freuden gedenken. Uebrigens werden während dem Schnitt täglich zu Mittags Küecheln, und auf die Nacht Nudel gegeben; jedem Mann fünfzehn bis zwanzig Küecheln zum essen und sechs zum heimtragen. Die Knechte und Dirnen erhalten dasselbe, jedoch kein Bier. Für den Schnitt erhält auch jede Dirn ein weißes Schnitt-Fürtuch. Um halb drei Uhr wird während dieser Zeit schon aufgestanden und bis neun Uhr Abends gearbeitet. Den Tag nach dem Schnitthahn geht der alte Lohn und das gewöhnliche Essen wieder an.

Die Stoppeln des Durchschnitts schneidet man ab und verbrennt sie gleich auf dem Acker. Auch schiebt man den ersten Erntewagen von einem Acker, auf dem ein Durchschnitt geschehen, verkehrt in den Stadel und besprengt die ersten Garben mit h. Dreikönigwasser, h. Dreikönigsalz und Pfingsttaufwasser, dann ist dem Wegele-Schneider der Nutzen wieder genommen und auf diesen Acker traut er sich nimmer.

Karl von Leoprechting

Der Frauendreißigst

Der »Frauendreißigst« oder die sogenannten »Dreiß'gen«, wie man die Zeit zwischen dem »hohen« oder »großen Frauentag«, d.i. Maria Himmelfahrt (15. August) und dem »kleinen Frauentag«, d.i. Maria Geburt (8. September), nennt, zählen beim tirolischen Bauern zu den wichtigsten Festzeiten des Jahres. Gleichwie um Sonnwend glaubt man, daß in diesen Tagen ein dreifacher Segen auf Tieren und Gewächsen ruhe, vorzüglich auf jenen, welche den Menschen nützlich sind, weshalb auch deren heilsame Wirkung um das dreifache erhöht sei, während andererseits alle giftigen Tiere und Pflanzen keinen oder doch nur geringen Schaden zu bringen vermögen. Daher ist es die angelegentlichste Sorge jeder Bäuerin, einen oder mehrere solche Sträuße zu sammeln oder durch Kinder und Dirnen sammeln zu lassen. Dazu gehören außer jenen Blumen und Kräutern, die man zu Tee und Medizinen braucht, noch eine gewisse Anzahl anderer, welche aus irgendeinem Grunde von altersher im Geruche der Heiligkeit stehen. Es sind vor allem Himmelbrand, Frauenschuh, Wegwart, Mohn, brennende Lieb, Rauten, Johanniskraut, Wermut, Wohlgemut, Mutterkraut, Sinngrün, Tausendguldenkraut und das heilige Karbendelkraut (thymus serpyllum), von dem die Legende erzählt, daß sich die Muttergottes, als sie »übers Gebirg« zu Elisabeth ging, darauf niedersetzte, weswegen die Pflanze mit dem »Schreibnamen« Marias Kar-ben-del benannt worden sei. Auch Donnerkugeln (Stechapfel) und »Baslgoam« (basilicum), Edelweiß, Sonnenblumen, gelbe Ringelblumen und dergleichen werden dazugebunden.

Das Sammeln beginnt schon am Vorabend des Maria-Himmelfahrts-Festes nach dem Feierabendläuten, das an solchen Tagen schon um zwölf Uhr mittags geschieht, denn da fängt nach der Volksmeinung bereits der Feiertag an. Kinder, Mädchen und Weiber machen sich auf den Weg, durchstreifen Wiesen und Wälder und füllen ihre Schürzen oder Körbe mit diesen Wunderkräutern. Besonders haben es die alten Weiblein geschäftig, die gern »doktern«, und lassen sich keine Mühe verdrießen, die nötigen Pflanzen herbeizuholen, aus welchen sie dann die Salben und Mixturen für ihre Hausapotheke brauen. Von den Almen und Bergmähdern, besonders von der Seiseralpe, bringen die Senner und Mäher ganze Ladungen solcher duftender Kräuter herab. Diese gesammelten Kräuter und Blumen werden nun in »Büschel« zusammengebunden oder in Körbe gegeben, um sie am darauffolgenden Maria-Himmel-

fahrts-Tage von dem Priester weihen zu lassen. Die Einsegnung geschieht gewöhnlich in der Kirche, hie und da auch vor der Kirche oder in der Totenkapelle, wie zum Beispiel in Ötz und Untermieming, und zwar meist vor dem Festgottesdienste. Die Weiber bringen ihre Büschel oder gefüllten Körbe und stellen sie auf das »Speisgatter« (Kommunionbank) oder auf die Stufen, falls die Weihe, wie es häufig der Fall, vor dem Seitenaltare vor sich geht. Alle da unterzubringen, ist oft schwer, denn man schleppt besonders von den größeren Bauernhöfen die Kräuter in umfangreichen, oben mit großen Blumen verzierten Tragkörben herbei. Auch in Navis, wo die Feier überhaupt einen äußerst erbaulichen Charakter trägt, sind die niedlichen Körbchen mit Bändern und Rosen geschmückt, so daß die ganze Kirche von Blumenduft erfüllt ist. Nach der Weihe, welche aus den üblichen Gebeten und der Besprengung mit Weihwasser besteht, eilt man nach Hause, wo die »Weihbuschen« meist ins »Unterdach« zum Ausdörren gegeben werden.
Bemerken will ich hier noch hinsichtlich der Weihe, daß es den Bauern durchaus nicht gleichgültig ist, von welchem Priester die Weihe vorgenommen wird. Man traut in dieser Beziehung den P.P. Franziskanern und Kapuzinern einen ganz besonders »kräftigen« Segen zu und macht stundenweite Wege, um ein solches Kloster zu erreichen. Auch das Prämonstratenserstift in Wilten und die Pfarrkirche daselbst erfreuen sich diesbezüglich eines bedeutenden Zulaufes, und am Morgen des Marienfestes kann man ganze Karawanen von Weibern mit Büscheln auf den Armen von den Dörfern des Mittel-

gebirges herabsteigen sehen. Übrigens wird in beiden genannten Kirchen die »Büschelweih« nicht um Maria Himmelfahrt, sondern erst um Maria Geburt, also am 8. September, vorgenommen. Dies ist auch in ganz Unterinntal und Brixental der Fall, obwohl sie nach dem kirchlichen Rituale am erstgenannten Frauentage stattfinden sollte. Doch entspricht diese Verschiebung dem Wunsche vieler Landleute. Sie haben so die ganze Zeit der »Dreißgen« Muße, die heilsamen Blumen und Kräuter zu sammeln, wenn auch der Blütenstand mit der vorrückenden Herbstzeit täglich kleiner wird und man dann häufig Gartenblumen, besonders Georginen und Astern, verwenden muß, welche »die Weih' nicht annehmen«. Dafür hatten sie früher reichlich Gelegenheit, die berühmten »Dreißgen-Höppinnen«, das sind die während dieser Zeit unterkommenden Kröten zu fangen, wobei man besonders einer gefleckten Art nachstellte. Man spießte sie bei lebendigem Leibe auf und ließ sie auf dem Dache von der Sonne ausdörren. Dann nagelte man sie an die Türen der Ställe und Sennhütten als Schutz gegen Hexerei; auch anderen abergläubischen Unfug trieb man mit ihnen, wie wir gleich hören werden. Zu dem Zwecke praktizierte man sie heimlich sogar in die »Weihbüschel«, um durch die Einsegnung ihre Wirkung zu verstärken. Doch geschieht letzteres wohl selten mehr. Das Volk scheint selbst zu fühlen, daß es sich damit zu tief in das finstere Gebiet des Aberglaubens verirrt, und hat deshalb auch manche Pflanze, so die Alraunwurzeln, die Doppelwurzel der Veitsblume (Brunelle), sowie den Beifuß, eine Wermutart, die man ehedem acht Tage vor oder nach Bartelmä ausgrub und zu allerlei unsinnigen Schwarzkünsten gebrauchte, aus den Weihebüscheln verbannt. Auch die »vürnehmste« Blume »Oahaggen« (Einhaken), ein von Sennern sehr geschätztes »Läusekraut« (rotblühende Pedicularis), wird nicht dazugegeben, weil man glaubt, sie besitze alle himmlischen Gaben und Gnaden schon ohnehin.

Was nun die Verwendung der geweihten Kräuter, beziehungsweise gewisser heiliger Tiere der Dreißgenzeit betrifft, so ist diese eine ziemlich mannigfaltige. Erstere werden, wenn sie gedörrt sind, zum Teile zerrieben und so aufbewahrt. Wenn Blitz und Hagelschlag droht, dann holt die Hausmutter Weihekräuter vom Estrich und wirft sie mit einigen Palmkätzchen in die Herdflamme. Im Eggental, wo die gedörrten Kräuter in einer »Zisten« (Tragkorb) verwahrt werden, geschieht dies in einer auf die Schwelle der Haustüre gestellten Glutpfanne, und »sofort hört der Hagel auf und geht in Regen über«. So erzählte mir die alte Mehlwürmerverkäuferin unter den Lauben in Innsbruck, eine geborene Eggentalerin. Noch wirksamer ist es, wenn man, wie wir schon im vorherigen Abschnitt hörten, etwas »Paterpulver« dazu gibt, das ist das Pulver, das die Kapuziner beim »Buttersammeln« am St.-Ulrichs-Tag den Bäuerinnen als Entgelt zurücklassen. Auch bei dem üblichen »Räuchern« in den drei »Rauchnächten« wird solches »g'weihtes Kraut« verwendet und ebenso dem Vieh am heiligen Abend davon zu fressen gegeben. Daraus erklären sich die großen Mengen von Blumen und Kräutern, die man besonders im Unterinntal und Brixental in Körben zur Weihe trägt. Erkrankt ein Stück Vieh, so mengt man ihm natürlich solches Krautwerk unter das Futter.

Aber auch wenn eine Person im Hause krank ist, erhält sie zu allererst einen Tee aus geweihten Dreißgenkräutern, und hilft das nicht, so schüttet man wohl etwas Pulver von gedörrten »Höppinnen« in die Medizin; dann wird der Leidende unfehlbar gesund, es müßte denn sein, daß »seine Zeit aus wäre«, in welchem Falle nach weitverbreitetem Glauben kein Arzt und überhaupt nichts mehr helfen kann. Das Krötenpulver gilt auch als besonders heilsam für die »Wildnis« (Rotlauf). Wenn weiters die Bäuerin mit dem Butterschlägeln nicht zustande kommt, woran meist eine sogenannte »Butterhexe« schuld ist, so streut sie etwas von diesem Pulver in den Kübel, und siehe – die Butter gerät. Guten Appetit dazu!

Zu den Tieren, denen die Dreißgenzeit besonderen Wert verleiht, zählt auch das Wiesel oder Harmele. Es ist nach der Volksmeinung eines der gefährlichsten Tiere, da es den Menschen nicht nur giftig »anbläst« und »anpfeift«, sondern ihm wie der Blitz mitten durch den Leib fährt. In der heiligen Dreißgenzeit aber verliert es sein Gift und läßt sich gefahrlos einfangen und ausbalgen. Fell und Fett gelten als gesuchtes Heilmittel für Kühe, denen man das kranke Euter damit einreibt. Sehr geschätzt sind endlich, wie jede Hausfrau weiß, die sogenannten »Dreißgeneier«, das sind die während dieser Zeit gelegten Eier. Man rühmt ihnen nach, daß sie nicht faulen, und behält sie deshalb für den Winter, in dem die Hennen weniger Eier legen, mit dem »Gupf« in Sand gesteckt auf. Aus alledem sieht man, welch wichtige Zeit die Dreißgen für Menschen und Vieh sind. Jetzt hat sich von den vielen abergläubischen Vorstellungen und Bräuchen, die sie begleiteten, viel verloren, und auch die »Kräuter-« oder »Büschelweihe« am »großen Frauentag« hat viel von ihrer früheren Bedeutung, die man ihr beimaß, eingebüßt, besonders in der Stadt, wo man ohnehin die Kräuter, die einstmals unter gewissen Formalitäten und frommen Sprüchen gepflückt und gesammelt werden mußten, gleich den Palmzweigen am Markte zu kaufen bekommt.

Ludwig von Hörmann

Ernteleben

In den Stromtälern der Donau und Isar neigt sich die goldgelbe Weizenähre unter dem sengenden Jakobistrahl dem Schnitter entgegen. In endlos langen Zeilen standen sich die Ernteleute (im altbayerischen Volksmund »Arnkerl und Arnmensch«) auf dem Straubinger Stadtplatze: um »gehandelt« zu werden. Auch der riesige Bauer durchschritt den Arbeitsmarkt; nach ihm schielten die gebläuten Böhmerwäldler mit bösen trotzigen Blicken. Von ihnen keiner, aber ein Gäuländischer (ein kräftiger und bekannter Bursch) bot und trug sich als Ernteknecht an. Dem sagte der Bauer bündig und trocken: »Woaßt d' was, jetz geh vorher zu an andern Bauer; gibt dir dersel mehr, so will i dein Glück nöt entgegen sein. Von mir, dös merk dir, kriegst du dreiundvierzig Gulden und an g'hörigen Fras; aber arbeiten muaßt d' wie a Bär!« Der Ernteburschkannte seinen Bauer schon länger; nickte, schlug ein und sprach ebenso bündig und trocken: »Dös Geld is mir gnua; der Fras is mir recht; und arbeiten thua i aah wie a Bär.«

Vom Sklavenmarkte fährt alsdann ein jeder Schrannenbauer einen Wagen voll »Arnleut« nach Hause; jede Stunde an diesem Sonnabend (mit dem Schlage Zwölf bis zu Gebetläuten) klappern auf allen Haupt- und Nebenstraßen die Fuhrwerke mit lustigem Schnittervolk. Das sind aber fein nicht des Bauern »Sklaven«, sondern vielmehr (während sie ihm allerdings seine Scheunen mit Getreid füllen) speisen sie dagegen auch seine Braten, trinken sein Bier und heben sein Geld. Der Sonntag ist noch eine Rast; nach dem saftigen Bauerntisch erschallen in den Wirtsgärten des Gäulandes die langen Lieder der sang-, aber auch streitlustigen Wäldler. –

Am Montage jedoch (in grauender Morgenfrühe schon) zieht es von sämtlichen Höfen heraus in die Feldbreiten. Das gibt ein buntes Erntebild: voraus ein Fiedelböhm, welcher tanzt und geigt; und hinter ihm drein ein ebenso leichtes Schnittervölkchen, auch tanzend, lachend und schäkernd; die Bursche und Bürschchen ein ausgelassen munteres »Juchhuhu!« nach dem andern in die Lüfte stoßend. So bewegt es sich durch die Dorfgasse. Einer jedoch bewahrt Würde und Ernst: der »Knet« (wie er im Altbayernmund und kurzhin heißt, nach schriftdeutscher Zunge der »Oberknecht«). Er ist am reifen Ährenfeld die Angel, um welche das ganze Schnittervolk sich dreht; der Bauer gibt seine Tagesbefehle nur an ihn, und er mit seinen Leuten vollzieht dieselben. Er führt sein Volk zum und vom Acker, zum und vom Tisch. Er ruft um drei Uhr morgens mit seinem dröhnen-

den »Auf!« seine sämtlichen Leute aus den Federn. Um vier Uhr steht er am Acker; da läutet in unserm katholischen Altbayernland die Gebetsglocke den Tag an. Der »Knet« zieht seinen Hut und betet, die andern ihm nach. Dann fahren die Erntesicheln zischend in die Ähren, jedes seinen Pifang nehmend, und zwar in der altgeordneten Rangfolge: nach dem männlichen Schnitter ein weiblicher; und der Erste der »Knet«, denn vor ihm darf niemand sein und hinter ihm niemand fehlen. In der Auswahl seines Oberknechtes geht bei uns der Bauer sehr sorgfältig zu Werke: kein allzu junger und kein allzu alter, denn er soll christliche Zucht halten und doch auch

schneidig vorarbeiten; ist er recht, so bezieht er von seinem Bauer ein eigenes stattliches »Arngeld« (ehemals drei Krontaler, jetzt wohl ebenso viele Fünfmarktaler).
Punkt acht und drei Uhr erdröhnt in den Feldbreiten die Stimme des Oberknechtes: »Zum Broudt!« Denn ebenso Punkt ist auch der Hausbote da mit einer mächtigen Krugel Bier und einem nicht kleinen Laib Brot. Die Dirn gießt das Bier in eine echte altbayerische Bauernschüssel (welche beinahe so weit und tief wie eine Badewanne); dagegen der Knecht schneidet Scheiben vom Brotlaib nicht viel dünner wie Tennläden, welche die andern ihm geschickt von der Hand abfangen und emsig in die Schüssel brocken. Das gibt die altbayerischen »Bierbrocken«: ein beliebter, aber auch kräftigend nahrhafter Schmaus! Zum Morgen- und Abendbrot sitzen die Ernterinnen weiblich sittig. Von den Schnittern liegen drei auf den Bäuchen und stechen die größten Bierbrocken aus dem Schüsselweiher; zwei schmausen im Gras kniend; zwei hocken auf ihren Beinen wie Türken und spießen fleißig in die Gurgel; Einer liegt auf dem Buckl (auch an seinem Bierbrocken knatschend und dabei in den blauen Himmel guckend); die beiden Jüngsten und Letzten kugeln (den Bierbrocken im Maul) wie Schweinchen vom Bauch auf den Rücken und vom Rücken auf den Bauch. Es kommen zum Brot auch Rettiche (groß wie Kinderköpfe und als würzig und kühlend hochwillkommen), dann süße Hutzel und die Brühe davon. Am zweimaligen »Broudt« dürfte niemand rütteln: denn die eisern gefugte Erntearbeit währt täglich von der vierten Morgen- bis zur achten Abendstunde.
Wer schreit denn aber die vielen Grünschnäbeljuh durch die Feldbreiten? Das sind die »Wasserbuben«, welche die altbayerische Ernte beleben. Da radelt ja so eben einer vom Hof heraus in das Feld: das »Wasserlagel« auf seinem Zweiradkarren. Ist das Fäßchen hinuntergeglückt in die heißen Kehlen, so lauft er (wie ein übermütiges Fohlchen wiehernd und ausschlagend) und kommt hurtig wieder mit einem frischen Lagel: vom Schnittervolke jedesmal begrüßt wie ein Schutzengel!
Ist das Getreide unter Sichel und Sense gefallen, so beginnt ein anderes wichtiges Erntegeschäft: das Einfahren. Drei aufgeleiterte Wägen stehen im Hof; an jedem zwei markige, schneidige Gäule; und nun hinaus in das Feld! Der Ober- und der Anderknecht geben die Weizengarben und Gerstenbüschel auf; der »Bamer« (Baumann) und der Drittelknecht fassen die Fuhre, und zwar jener im Vorder- und dieser im Hinterwagen; der Wasserbub reitet auf dem Sattelgaul und muß vorfahren; die Dirnen rechen nach. Das geht hurtig und

wie am Schnürchen auch ohne Bauer; aber er selbst greift auch zu, namentlich wenn unbeständige Sonne. Die vier Scheunentore stehen flügelweit offen. Die samtlichen Erntekerle harren im Speicherviertel und mit ihnen der Ochs, der muß »tretten« (das Getreide eintreten, sonst hätte es nicht Platz in der Scheuer). Zwei Fuder (das mit dem ersten Weizen und das mit der ersten Gerste) fährt der Bauer eigenhändig vom Feld in die Scheune, denn es handelt sich dabei um einen religiösen Familienakt. Er hält nämlich am Scheunentor; daselbst reicht ihm die Bäuerin das Krügelchen mit dem katholischen Weihbrunn. In dieses langt der Bauer und sprengt einige Tropfen gegen die Fuhre unter dem heiligen Kreuzeszeichen und im Namen des dreifaltigen Gottes: wie der Altbayer seine Saat im Feld segnet, so auch seine Ernte in der Scheuer. Und er tut christlich und weise, wenn er seinen Erntesegen in die Hand und Huld des Allmächtigen legt. Es gibt noch mancherlei Gefahren: Orkan, Wetterstrahl, Brandfackel (fröhlicher Familientisch und schöne Schrannensümmchen wären verloren!)
Die schwerste Erntearbeit ist im Scheunenviertel und namentlich Gerstenstock; da kniff ja sogar der Trettochs aus, aber die Leute müssen halten und leiden: Backofenhitze, herumgewirbelte Staubwolken, fliegenden Distelflaum, einbohrende Gräten, geschwärzte Hemden, Schweiß in Bächen und Strömen, zerlechzte Kehlen. Und keine Rast, sondern Fuhr auf Fuhre: von Morgenbrot bis zum Gebetläuten (dreiundzwanzig Gerstenfuder!). Daher geht kein eigentlicher Dienstbot in den Stadel; das muß der »Arnkerl«, denn nicht umsonst bezieht er vom Erntemonat dreiundvierzig Gulden. Nach jeder eingescheuerten Fruchtsorte gibt es schon einen Kleinschmaus: genannt »Weizenbier« und »Gerstenbier«, nämlich ein Fäßchen (soviel Kehlen, soviel Maß) und dazu altbayerische »Küachelin«. Ist aber mit der letzten Linsfuhre die gesamte Ernte im Stadel, dann feiert man nach uraltem Brauch das »Arnmahl«. Dabei macht der Bauer den eigenhändigen Wirt; und soll der gute Name seines Hauses nicht in Stücke gehen, so muß an diesem Ehren- und Freudentag des fünfzehnköpfigen Dienstvolkes der Schmaus und Trunk ein sehr reichlicher sein!
Vom Mittagstisch hineingehend tief in die Nacht verwandelt sich beim Erntemahl die Bauernstube in einen Tanzboden. Aus der Harmonika zieht man einen Walzer um den andern: die jungen Dirnchen hüpfen gern in den Erntereigen; die schon etwas verwitterte »Moad« sperrt und ziert sich ein Weilchen, läßt sich aber dann auch altbayerisch gemütlich herumhutschen. Vor wie nach jedem Tanz greift der Knecht (allzeit und unabänderlich mit Vorhand) zur Bier-

krugel, und von ihm geht sie dann durch die Tischrunde. Aber indes die »Weibeten« nur nippen, schütten die »Manneten« jedesmal einen festen Schluck hinter die Schnauzbärte. Und damit ja nichts Heiteres und Lustiges diesen Stunden fehlt, ist auch der eine und andere Erzähler mit einer rechten faustdicken Scherzlüge und Bauernschnurre zur Hand. So erzählt z. B. der Anderknecht vom »Ammer z'Ousen« (Ostenhof im Donautal): da sei beim Arnmahl die Bratrein (in welcher das Bratl liegt) so groß, daß sie mit zwei Ochsen zur Haustür gefahren und durch die vier stärksten Knechte mit Dautremmeln in den Tisch gehoben wird. Darüber lacht der Stallbub unbändig, schnalzt mit allen Fingern und ruft: »Herrgott, da möcht i aber aah mitessen!« Die Anderdirn jedoch schaut den Erzähler kopfschüttelnd an und schimpft lachend: »Du loigada Doifei!« Das weibliche Volk geht noch zu guter Zeit in die Betten; das männliche dagegen trennt sich bis Mitternacht nicht vom Bierfäßchen: dann fahren sie auch zickzack in den Weihbrunn, lallen dem Bauer »Gute Nacht!« und händeln sich zu ihren Schlafstätten. Der Bauer selbst (am Zapfen zuletzt eingenickt) reibt sich in seinem Hausherrnstuhl die Augen, sieht sich allein und die Stube leer. »Speis und Trunk ist ihnen vergönnt; ihre Räusche werden sie schon wieder ausschlafen; weil nur in Gottesnamen nichts gestritten und gerauft worden!« frohlockt er in sich hinein, bekreuzt sich mit Weihbrunnen und legt sich auch schlafen. –

Das Leben des Atlbayernvolkes ist gegossen in feste Formen d. h. Sitten, Bräuche, Tage. Auch das Hauptereignis, die Ernte, schließt mit einem brauchfesten Tag: und das ist der sogenannte »Louher Kirter« (nämlich die Kirchweih in der gauländischen Herrgottwallfahrt Loh). Er fällt in den ersten Septembersonntag und ist in der Kirche ein bedeutender Beichttag, außer der Kirche aber eine sehr belebte Gäudult. Im Dienstbotenmund führt der Loher Kirter auch den Namen »Die kloan Lichtmessen«: denn da werden die »Arnleut« ausgezahlt und entlassen. Ein volles Dutzend Beichtherren haben vom Taganläuten bis zum zwölften Glockenschlag zu tun, um das religiöse Geschäft zu vollziehen, d. h. mit den Erntesünden aufzuräumen. Ein tüchtiges Seelenbad tut nach der Ernte schon den Gäuländischen not, noch mehr aber dem Böhmerwäldler (»Arnkerl und Arnmensch«), welche nicht gut angeschrieben stehen bei unserer christlichen Gäubäuerin, weil sie den bösen Spruch führen: »In der Arn gibts koan Sünd!«

»Auf der Alm gibts koan Sünd!«, so wollte man uns schon den stockwunderlichen Leumund anklecksen: nun gebe es in ganz Altbayern weder Gottesgebot mehr noch Sünde! Eine allerliebste Mähr

in die protestantischen Ohren draußen, nur eben nicht wahr. Solch ein laxer Glauben steht weder im Katechismusbuch, noch kommt er vom Predigtstuhl, noch wächst er in der Familienstube. Vielmehr: Sünde ist Sünde, und zwar überall und jederzeit, ob in der Arn, ob auf der Alm. Aber wo die Leichtfüße (auch die altbayerischen!) zuströmen und wortführen, da streuen sie ihren Glauben halb in den Wind und ihren Christenwandel ganz. Die »Türkeln«, welche den Spruch und Grundsatz haben, daß in der Gäulandsarn und auf der Oberlandsalm kein Lumpen eine Sünde sei, das sind nur altbayerische »Freidenker« im groben Zeuch!

Da in dem schwitzreichen Monat von Jakobi bis zur Dult in Loh das Altbayerndienstvolk wirklich ein hartes riesiges Tagewerk zu leisten hat und leistet, so steht am passendsten zuletzt vom Ernteleben der Dienstbotentisch. »Unser Fras und Suf« titeln ihn die derbmäuligen Gäuknechte; er dürfte ein leuchtender Beweis sein, wie kräftig Altbayern seine Knechte und Mägde nährt. Dadurch daß dieser Tisch ein »Brauch«, liegt er so sicher wie in einem feuerfesten Gewölb. Auf den tausend und abertausend Höfen geht er nur von Mund zu Mund, jedoch ganz gedächtnistreu und genau bis zum Düpfel. Einigemal hinterliegt er auch geschrieben. Es stehen nun drei solche altbayerische Schmausbriefe zur Aussage. Ein älterer (oberbayerisch und vom Jahre 1699); ein mittlerer und ein neuerer (diese beiden niederbayerisch vom Isar- und Aitrachgau aus den Jahren 1820 und 1860). Die drei Briefe sollen A, B, C heißen und jeder reden über seinen Tag und Tisch:

Altbayrische Schmausbriefe

A. (1699)	B. (1820)	C. (1860)
	1) Neujahr.	
Zu beiden Mahlzeiten Fleisch und Bier (Mittags ein vier-, Abends ein dreimäßiger Krug).	Ein Mittagstisch mit Suppe, Semmelknoden, zwei Fleisch (zum Schweinsbraten Kraut), Küchel »was sie mögen«, Bier eine Halbe die Person.	Semmelknödel, Voressen, Mittags- und Nachtbraten »was sie mögen«, bei jeder Mahlzeit eine Krugel Bier.
	2) Dreikönige.	
Am Vorabend Knoden oder Nudeln. Das Andere wie Neujahr.	Der Neujahrstisch (nur ohne Küchel).	Blos ein Mittagsbraten (Jedes »sein Stückl«).
	3) Drischelmahl.	
Schweigt.	Das Fleisch wie beim Neujahrstisch, aber Bier »was sie mögen«, auch Küchel (Jedem drei zum Essen und sechs zum Vertheilen).	Ein Mittagsbraten und Bier »so viel sie mögen«, auch Jedes seine Krapfenküchel.
	4) Lichtmesse.	
Schweigt.	Knoden und Fleisch ohne Bier.	Ein hübsches »Stuck Braten«.
	5) Fastnacht.	
Am Sonntag: Zu beiden Mahlzeiten Fleisch und jedesmal ein dreimäßiger Krug Bier.	Der Neujahrstisch (jedoch ohne Küchel), aber Jedes eine Halbe Bier, zu Nacht ein Fleisch.	Sonntag: Ein »Stückl Mittagsbraten«. Dienstag: Zu beiden Mahlzeiten Jedem »ein großes Stuck Braten.« *Am sogenannten »Weißen Sonntag, d. i. erster in der Fasten »ein Stückl Mittagsbraten«.

A.	B.	C.
	6) *Palmtag.*	
Zu Mittag Stockfisch und Jedes drei Häringe, eine viermäßige Krugel Bier. Zum Abendtisch »Matzeln« (Fastenspeise) und ein dreimäßiger Krug Bier.	Eine Mittagsmahlzeit mit Suppe, Mehlspeise und eine Schüssel voll Küchel (Jedem sechs zum Vertheilen), die Person eine Halbe Bier.	Nur ein Mittagsbraten (»Stückl«). *Der Palmtag ist nämlich der österliche Beicht- und Abendmahlsgang der Dienstboten.
	7) *Charfreitag.*	
Zu Nacht ein dreimäßiger Krug Bier.	Zu Mittag Weizennudel, Zwetschgen und Kletzen. Zu Nacht Wassersuppe, Weißbrod und Jedes seine Halbe Bier.	Mittags und Abends weizene Rohrnudeln.
	8) *Ostern.*	
Zwei Fleischmahlzeiten; dazu Mittags ein vier- und Nachts ein dreimäßiger Krug Bier; auch Jedem zwei rothe Eier.	Der Neujahrstisch (aber ohne die Kücheln) und Mittags eine Halbe Bier die Person. Nachtbraten »was sie mögen« (kein Bier).	Sonntag der Neujahrstisch. Montag ein »Stückl Mittagsbraten«.
	9) *Auffahrtstag.*	
Schweigt.	Knoden und Fleisch zu Mittag, eine Schüssel voll Küchel zum Essen (und sechs ein Jedes zum »Austheilen«), eine Halbe Bier die Person. Zu Nacht »etwas Kleins« (d.h. eine Mehlspeise).	Ein Mittagsbraten.
	10) *Pfingsten.*	
Wie Ostern.	Knoden und Fleisch, eine Schüssel voll »Schnittl« zum Essen (und sechs zum Austheilen), eine Halbe Bier Jedes. Zu Abend etwas Kleines.	Sonntag: Der Neujahrstisch. Montag: Ein Stückl Braten zu Mittag.

A.	B.	C.
	11) Prangtag.	
Schweigt.	Knoden und Fleisch, eine Schüssel Küchel (sechs zum Austheilen ein Jedes).	Schweigt (d. h. gewöhnlicher Sonntagstisch).
	12) Sonnwendtag.	
Schweigt.	Wie am Prangtag. *Die Küchel zum Mitnehmen vom Tisch und »Austheilen« kommen zur Wäscherin und Flickerin, zu Eltern und Geschwistern, auch Liebchen und Schatz.	Mittagsbraten mit einem Kruge Bier. *In Mehlsachen dazu die bräuchigen »neunerlei Speisen«.
	13) Erntetage.	
Zu Mittag Nudeln, zu Nacht Knoden. An dem Tag, an welchem erst um zehn Uhr Feierabend, fünf bis sechs Maß Bier.	Mehlspeise Montag, Mittwoch, Freitag, Samstag. Fleisch Sonntag, Dienstag, Donnerstag. Zum Frühstück Milchsuppe und Gries.	Zum Abendtisch täglich eine Mehlspeise. Der Baumann zu jeder Gerstenfuhr eine Halbe Bier.
	14) Erntemahl.	
Ein Nachttisch mit Matzeln, Kletzen und Kücheln und dazu Bier, »so viel sie trinken mögen«. *Das Abernten heißt »die Sichelhenk«.	Eine Mittagsmahlzeit mit Suppe, Voressen, Rindfleisch und Schweinsbraten »so viel sie essen mögen«, Küchel zum Essen und Austheilen.	Zu Mittag Braten und Bier »so viel sie mögen« und Krapfen (»Kropfa«). *Mit dem Erntedankfest in der Kirche hält man gewöhnlich auch das Erntemahl im Hause.
	15) Heutage.	
Zum Frühstück eine »Bienensuppe«, jedem Knecht eine Maß Bier, jeder Dirn ein Halbe.	Morgens eine Milchsuppe mit Weizenschmarren. Mittags Kücheln. Abends zum Gang auf die Wiese den Mähern Suppe und Mehlspeise (je-	Abend und Morgen Brennsuppe mit Schmarren oder Nudeln und jeder »Mahder« seine Maß Bier. Mittag Knödel, Braten u. ebenfalls die Maß

A.	B.	C.
	doch ohne Bier), nach der Heimkehr Suppe mit Salat, Gurken (»Gugummern«) und Brod.	Bier. Um neun und drei Bier und Brod.
Schweigt.	*16) Micheli.* Knoden und Fleisch und Küchel zum Essen und Austheilen.	Jedes »ein Stückl« Mittagsbraten.
Vorabend (Kirnacht, Vorkirter): Matzeln, Nudeln, Salat, Bier. Sonntag (Kirter): Zum Frühstück Jedes eine Leberwurst und Fleisch. Mittagtisch Fleisch, Voressen, Jedes seine Bratwurst und Nudeln (die sogenannte »Kirternudel«). Abendtisch Rindfleisch und Schweinsbraten. Montag (»Nachkirter«): Mittag u. Abend Fleisch (jedoch kein Braten mehr).	*17) Kirchweih.* Vorkirchweih Wassersuppe, Jedes eine Halbe Bier und Brod. Kirchweih: Frühstück Suppe, Würste und Bier. Mittagsmahl Suppe, Voressen, Fleisch, Semmelknoden, zwei Braten (sonst dafür eine Gans oder Spanferkel), zum Schweinsbraten das »Semmelmus«, Küchel zum Essen und Austheilen. Abendtisch Fleisch und Braten. Bier den ganzen Tag, »was sie trinken mögen«.	Braten, Kücheln, Bier (»was sie essen und trinken mögen«). Jedes seine sechs Küchel zum Austheilen.
Zu Mittag Fleisch und ein viermäßiger Krug Bier.	*18) Kleinkirchweih.* Schweigt. *Fest des Kirchenpatrons.	Schweigt.
Mittagstisch eine Gans. Zu Abend, was von der Gans noch übrig, Fleisch und drei Maß Bier.	*19) Martini.* Zu jeder Mahlzeit eine Gans, das »Jung« als ein Voressen, Rindfleisch und Jedes eine Halbe Bier.	Schweigt. *Mit dem Kirchenfest zugleich der Ehehaltentisch abgewürdigt.

A.	B.	C.
Schweigt.	*20) Allerheiligen.* Suppe mit Semmelknoden zum Mittagstisch, Rindfleisch und Schweinsbraten und Jedes seine Halbe Bier. Abends etwas »Bachenes« (Gebackenes).	Braten zu Mittag.
Ein fünfmäßiger Krug mit Bier.	*21) Nikolai.* Schweigt.	Schweigt.
Am heiligen Abend Nudeln, zu Mittag und Nacht drei Maß Bier. Weihnachtstag: Fleisch und vier Maß Bier zu Mittag, Fleisch und Braten zu Abend und drei Maß Bier.	*22) Christtag.* Zum Frühstück drei Rosenwürste mitsammen, dazu noch Jedes eine Leberwurst. Der Mittagstisch wie sonst an Festen (ohne Küchel, aber mit Bier). Zu Nacht Fleisch und Braten, »was sie essen mögen« (jedoch kein Bier).	Braten zu Mittag und Abend (wie Neujahr). *»So oft ein Braten, so oft ein Krug Bier«.
Schweigt.	*23) Steffelstag.* Schweigt.	Ein Mittagsbraten.
Zu Abend Kücheln und Nudeln.	*24) Sylvester.* Schweigt.	Schweigt.
Sonntag, Dienstag, Donnerstag Knoden zu Mittag und Montag, Mittwoch, Freitag »Baunzen«. Abend abgewechselt Suppe oder Eier. Zur Samstagsnacht die »Schmalznudeln«.	*25) Gewöhnliche Tage.* Schweigt. *Am Aitrachtisch erklären die Schälke: »Wenn die Rohrnudel einmal stirbt, der gehen wir bis nach Wien mit der Leich!«	Sonntag, Dienstag, Donnerstag zu Mittag Knödeln und Fleisch, Montag, Mittwoch, Freitag, Samstag Rohrnudeln. Die tägliche Nachtmehlspeise ist von Georgi bis Micheli (wegen der Mehrarbeit) das »schmierbige« Baunzerl und von Micheli bis Georgi die »sperre« Rohrnudel.

Das ist also in Altbayern der Jahrestisch: im allgemeinen, doch wechselt er gau-, strich-, ja selbst hofweise noch viel mehr. Im nämlichen Pfarrbezirk und Gemeindesprengel gibt manch ein Bauer einen bessern Schmaus und Trunk; zu ihm trachten dann Knechte und Mägde eifriger. Im eigentlichen Altlande duzen sich Knecht und Bauer heutzutage noch. Wenn sie z. B. am Winterabend mitsammen auf dem Dorfweiher kurzweilend »eisschießen«, da sagt der Knecht ganz gemütlich: »Bauer, schois!« Das tut aber (wenn beide sonst recht sind) weder dem Rang noch dem Dienst einen Schaden; und im Hause vom guten Schrot und Korn teilt der Bauer wie ehemals so heute an Werk- und Festtagen den Tisch mit seinen Dienstleuten. Es trägt dieser altbayerische Volltisch, wie ihn der Neujahrstag jedesmal bringt und welcher dann zu allen höchsten Festen wiederkehrt, den etwas seltsamen Namen: »Rauhnacht«. Man meint nun allerdings, den Ausdruck »rauh« als gleichbedeutend mit »üppig« nehmen zu müssen: von der heimischen Sprechweise »fluderrauh«, »Glück alles rauh«. Aber dann sollte es heißen »ein rauher Tag« (Rauhtag für Rauhnacht). Und da scheint mir denn, daß eher an eine religiöse Wurzel zu denken, welcher sowohl Tisch wie Name entwuchsen. Zu den Hochfesten pflegte (strichweise z. B im Ilmgau heute noch) der Bauer mit dem Dreikönigsrauch in der Vornacht eine Hausweihe vorzunehmen. Daher der Name »Rauchnacht«; sie verkündete und brachte eben den Kirchenfesttag und Volltisch. Und der Gäuländer (an Isar und Donau), welcher niemals einen Rauch kennt, sondern nur einen »Rauh«, der nennt auch seine »Rauchnächte« nicht anders wie »Rauhnächte«. Ein Hungerleidertisch ist es gewiß nicht, welchen der Altbayer seinem Dienstgesinde hält in der harten Bärenarbeit und an den Ruhetagen der Religion. Aber freilich, solch einem Tisch darf eben das Fundament nicht weichen. Wenn die Speicher- und Stallpreise immer niedriger gehen, dann halten Knechte und Mägde die Rauchnächte leichter und länger aus als die Bauern!

Joseph Schlicht

Sennerbelustigungen und Almfeste

Das Leben der Senner und Hirten in ihren einsamen Hütten hoch oben im lustigen Alpenreviere verläuft nicht so still und einförmig, wie mancher glauben möchte. Mit den Neuigkeiten und dem Dorfklatsch bleibt man beständig auf dem laufenden durch den Geißbuben, der tagtäglich um die Mittagszeit mit seiner bimmelnden Herde vom Tale heraufsteigt und stets freudig bewillkommt wird. Der Senner frägt ihn um dies, der Kuhhirt um jenes, und der Bube erzählt mit geschwätziger Zunge, läßt auch mitunter seine Phantasie walten, in der Hoffnung, dafür eine fettere Butterschnitte zu bekommen. Der »Galterer« aber, ein stämmiger Bursche, zieht den Geißhirten gelegentlich zur Seite und gibt ihm einen Gruß auf an die Lisel, seinen Schatz. Der Sonntag unterscheidet sich auf der Alm allerdings wenig von den Werktagen. Die Arbeit bleibt dieselbe, Predigt und Amt gibt es da heroben nicht, folglich auch kein »Standerl« auf dem Kirchplatze, kein Dirndlenmustern und Dirndlennecken beim Nachhausegehen; die Dorfkegelbahn, der Schießstand und die Wirtshausstube werden leider ebenfalls vermißt. Das einzige, was einen Sonn- oder Feiertag kenntlich macht, sind die Besuche, die sich die nachbarlichen Almleute gegenseitig abstatten, wenn die Hütten nicht allzuweit von einander entfernt liegen, oder ein solcher aus dem Tale, sei es nun ein Wilderer, Jäger oder sonstiger Bekannter. Da wird dann im lustigen Heimgart eingebracht, was man die Zeit über versäumt, und oft findet die Mitternachtsstunde die Versammlung noch um das Feuer in der Herdvertiefung sitzen, während dicke Wolken Tabakrauches durch die Spalten und Lücken der Hütte qualmen.
Am fröhlichsten geht es dort zu, wo Sennerinnen sind, wie es z. B. im Oberinntal noch häufig der Fall ist. Da verwandelt sich die Sennstube schnell in einen Tanzsaal; flink schwingen sich die Dirnen im Kreise, während die Burschen schnalzen und jauchzen und mit den schweren Schuhen auf den rauhen Holzboden stampfen, daß man fast den frischen »Ländler« der Zither nicht mehr hört. Eine solche Szene hat Defregger in seinem Meisterbilde »der Tanz auf der Alm« dargestellt.
Aber auch die Mannsleute unter sich lassen sich die Zeit nicht lang werden. Die flinken kräftigen Burschen haben eine Menge Spiele erfunden, größtenteils gymnastischer Natur, um ihre arbeitsfreien Stunden auszufüllen. Die frische, prickelnde Bergluft muntert sie auf, ihre Stärke und Gewandtheit im Robeln zu erproben, das auch

in allen Arten versucht wird. Sehr beliebt ist ferner das »Hackeln« mit den Fingern und der sogenannte »Duxerschuh«, wobei sich die Gegner mit den Fäusten gegen einen Tisch oder eine Bank hinschieben. Das Schlimmste, was einem Hirten passieren kann, ist das »Hosenabziehen« und Davonjagen, das früher häufig vorkam. Diese Schmach wird dem Betreffenden sein Lebenlang nicht vergessen, so daß schon mancher, um den Spöttereien zu entgehen, weit weg einen Dienst suchte. Es werden auch Wetten angestellt, ob einer oder mehrere imstande seien, einem die Hose abzuziehen.

Ein besonders scharfes Auge haben die länger Dienenden auf den neu Eintretenden. Steht er im Rufe, boshaft oder stolz zu sein, so wird ihm durch allerlei Neckereien »das Gesims abgekehrt«. Es werden z. B. Steine glühend gemacht und irgendwo aufgelegt, wo er sich darauf setzen muß oder sie angreift und sich elendiglich brennt. Der Scharfsinn der übermütigen Burschen ist erfinderisch genug in solchen Bosheiten.

Eine weitere Übung körperlicher Gewandtheit ist das »Stieglhupfen«. Man steckt $1^3/_4$ Meter hohe Stangen mit »Zanken« oder »Zaunlatten« in den Boden und springt mit oder ohne Anlauf darüber; auch Heustiegel überspringt man gern, am häufigsten aber Zäune, und zwar nicht etwa niedere Planken, sondern solche, wo die

Zaunstäbe verschränkt über Kreuz eingeschlagen sind und oben spitzig auslaufen, so daß der Fehlende leicht gespießt werden könnte. Von solchen kecken Springern erzählt sich das Volk ganz unglaubliche Geschichten.

Auch im Werfen gibt es unter den Almleuten merkwürdige Künstler. Man wirft die Steine mit der bloßen Hand; mit der Schleuder will man es nicht recht gelten lassen. Hierzu werden die höchsten Fichtenbäume als Ziel gewählt, welche mancher mit Leichtigkeit überwirft. Sind die Hirten zu solchen Kraftäußerungen zu bequem, so haben sie dafür Ersatz in den Kämpfen der »Stech-« oder »Hagmairkühe«. Der eine wettet auf den Sieg der braunen, der andere auf den der scheckigen, und Jebel und Beschämung begleiten den endlichen Schluß des Hörnerturniers.

Zu all dem bereits erwähnten Zeitvertreib kommen sodann noch die gelegentlichen Alpenfeste, religiöse und weltliche, welche die Reihe der Arbeitstage unterbrechen. Die ernsteste dieser Feierlichkeiten ist wohl der »Alpensegen«. Gewöhnlich findet er einige Tage nach dem Viehauftrieb statt. Ist ein »Bergmeister« da, wie im Oberinntal, so begibt sich dieser zum Pfarrer mit der Bitte um die Einsegnung, im Unterinntal bittet der Bauer, dem die Alpe gehört, um das »Benedizieren«. Meist geht der Pfarrer nicht selbst, sondern schickt den Kooperator, weil der jünger ist und deshalb leichter steigen kann. So macht sich nun der Pfarrer mit dem Ziborium und der Meßner mit Weihwedel und Weihwasser frühmorgens auf den Weg zur Alpe; auch der Alpenbesitzer und anderes Volk schließt sich an, im Oberinntal geht der Berg- oder Alpmeister mit. Unterdessen haben die Sennleute oben an einem passenden Platze ein Kreuz errichtet, falls nicht vorher eines vorhanden war, und dasselbe mit Alpenblumen und grünen Gewinden hinreichend verziert. Kommt nun der Geistliche angestiegen, so hält er erst, besonders wenn der Weg weit und beschwerlich war, eine kurze Rast. Währenddem wird das Vieh in den Hag getrieben und lagert sich brüllend und schellend um die Hütten. Nun werden auch die Lichter angezündet, der Meßner hängt dem Geistlichen die Stola um, und die Einsegnung der Alpe und des Viehes beginnt. Nach den üblichen Gebeten und Beschwörungsformeln nimmt der Priester den Weihwedel und bespritzt damit die Alm nach allen vier Himmelsgegenden, sowie die Herde. Auch die Sennhütte und der Milchgaden wird wacker eingesegnet nebst dem Melk- und Treibkübel, ebenso die Liegerstatt der Almleute, damit alles Böse fernbleibe.

Man darf übrigens nicht glauben, daß diese Einsegnung dem Senner genüge. Beileibe! Es gibt im Almleben eben Dinge und Vorkommnisse, gegen die der kirchliche Segen zu schwach ist, Plagegeister des Viehes, des Senners und der Sennerin, gegen welche es kräftigere Mittel anwenden heißt als Kreuzschlagen und Weihwassersprengen. Der Senner hat deshalb vom Tal herauf vor der Abfahrt verschiedenes geweihtes Zeug mit sich genommen, womit er sofort, wenn die Herde aufgetrieben ist, Hütten und Gehege gegen den Einfluß böser Geister und neckischer Kobolde sichert. Fürs erste werden Büschel geweihter Kräuter, als Meisterwurz, Rhabarber und andere alterprobte Pflanzen, die in der Zeit der heiligen »Dreißigen« gesammelt und am »großen Frauentag« geweiht wurden, unter die Türschwelle gesteckt, ebenso ein Stück vom »Palm« oder auch ein sogenanntes Brevl, welches man vom Franziskanerpater für Geld und gute Worte erhält. So kommt keine Hexe in die Hütte. Zur größeren Sicherheit wird über der Türe noch ein kreuzergroßer sogenannter Benediktenpfennig angenagelt. Auch in den vier Ecken des Stalles werden heilige Kräuter eingegraben; überdies wird der Stall noch mit »Dreißgenkräutern« ausgeräuchert. Und trotz dieser Vorkehrungen, man sollte es nicht glauben, kommen auf der Alpe Spukgeschichten vor, die dem Senner die Haare zu Berg stehen machen und die Sennerin, falls diese die Milchwirtschaft unter sich hat, zur Verzweiflung bringen können. –

Die Sennleute haben auch Feste ohne dienstlichen Beigeschmack, wo sie sich nur der volkstümlichen Lustigkeit hingeben. Ein solches ist der Alpenkirchtag. Einmal während des Sommers, meistens nicht lange vor der Abfahrt, wird dort, wo mehrere Alpen in der Nähe sind, ein »Kirchtag« gehalten. Das Festmahl wird aus dem Besten zubereitet, was man hat. Den Kirchtagsbraten liefern ein paar Schafe, die zerstückt in riesigen Pfannen schmorend auf dem Tische prangen, daneben ein paar Flaschen Enzianbranntwein, den man sich aus der nahe liegenden Brennerei (Enzianhütte) holt. Alle Älpler der Umgebung kommen da zusammen, ein Zitherspieler macht zum Tanz auf, ein anderer pfeift dazu; und bald dreht sich alles im lustigen Reigen. Sind keine Dirnen da zum Tanz, so binden sich die Jungen um den Kopf ein Tuch und stellen so Mädchen vor. Mancher weiß sich dabei recht komisch zimperlich zu gebärden. Dazwischen wird wieder dem Glase zugesprochen, oder man veranstaltet allerlei Narrenspossen. Ältere Leute, die an dem tollen Treiben nicht teilnehmen wollen, setzen sich zu dem beständig flackernden Herdfeuer, stopfen sich ein Pfeifchen und schauen gemütlich plaudernd zu. Das Bild gestaltet sich oft malerisch genug, besonders wenn die Nacht hereinbricht und der in einer Wandritze steckende, flakkernde Kienspan mit seinem roten Lichte die Gruppen bestrahlt.

Das fröhliche Fest dauert gewöhnlich die ganze Nacht hindurch, bis der herrliche Herbstmorgen über die Bergspitzen heraufdämmert. Dann gehen die fremden Senner und Hirten ihrer heimatlichen Alm zu. Oft wird das Fest von dem Senner einer andern Alpe erwidert. So fanden z. B. früher im Wattental drei solcher Kirchtage statt, einer übermütiger als der andere. Aber die Zeiten sind schlechter geworden; deshalb schraubte man die Lustbarkeit zuerst auf eine einmalige Feier herunter und ließ sie endlich ganz eingehen. Gewöhnlich ist sie jetzt nach dem Abzuge ins Tal verlegt. So kann man den Almerkirchtag noch alljährlich in seiner ganzen Urwüchsigkeit beim Pfandler in der Pertisau sehen. Dagegen wird noch fast überall vor der Abfahrt die sogenannte »Schoppwoche« gehalten, welche mit der sogenannten letzten Gru-Nacht (Ka-Ruh-Nacht?) die höchste Stufe des Vergnügens und damit den Abschluß erreicht.
An den letzten paar Tagen des Aufenthaltes auf der Alpe wird nämlich nicht mehr »gekast« und »gekübelt«, d. h. weder Käse noch Butter bereitet, sondern nur gegessen, getrunken, getanzt und gejubelt. Dazu finden sich bekannte Burschen und Dirnen von anderen Almen und aus dem Tale ein, Zitherweisen und Jodler erklingen, die Schnapsflasche kreist, ein Scherz, ein Schabernak reiht sich an den andern, so daß sich die »Schoppwoche« und die »Gru-Nacht« zu einem Feste gestalten, dem an ungebundener Fröhlichkeit keines unten im Tale gleichkommt. Die einzige Arbeit, welche das lustige Treiben unterbricht, ist die Zubereitung des Kränzeschmuckes für die Almkühe, welche Beschäftigung ebenfalls Stoff genug zum Lachen gibt. Dann geht es wieder los, das älplerische Bacchanal, bis der Morgen der Abfahrt graut.

Ludwig von Hörmann

Rezepte im August

Moare Zelten

So seltsam dieser Name klingt, so einfach ist er zu erklären: »Moar« heißt mürb, und »Zelten« sind ein Flachgebäck. Es handelt sich also um ein brotartiges Gebilde aus Mehl und dickem, saurem Rahm, der es mürb macht, Salz und nach Belieben auch etwas Hefe oder Butter. Der dick ausgewalkte Teig wird in gut gefetteter Reine goldgelb gebacken und dann zu Zelten geschnitten. Man ißt sie ebenso zu saurer Milch wie auch als pikanten Soßenschlucker zu Rehbraten, Geflügel oder dergleichen.

St. Barthelmä ist in vielfacher Hinsicht Zeitmaß: an seinem Tag sind meist auch schon die ersten Haselnüsse erntereif.

> Z' Barthelmei
> san d' Haselnuß frei

> St. Jakobi bringt Kraft in d' Birn
> St. Barthelmä in d' Äpfel.

Nußäpfel

Gleichgroße, aromatische Äpfel werden geköpft, vorsichtig ausgehöhlt und mit einem Gemisch aus geriebenen Nüssen, Zucker, 2 Eiern, Rosinen, 1 bis 2 geriebenen Äpfeln, etlichen Bröseln, Vanillzukker, Zimt, Piment und Rum gefüllt und im Rohr gebraten. Dabei übergießt man sie mit etwas Butter oder Himbeersaft und reicht eine mit Rum abgeschmeckte Vanillsoße oder eine Weinschaumsoße dazu.

Drahte Nudeln (Gedrehte Nudeln)

Aus 20 g Hefe macht man mit etwas lauwarmer Milch und ganz wenig Zucker ein Dampferl, gibt es nach dem Gehen an 500 g erwärmtes Mehl und fügt 1 Ei, 25 g weiche Butter, 100 g Zucker, Salz und noch ein wenig Milch hinzu. Der halbfeste Teig wird geschlagen, bis er Blasen wirft und sich von der Schüssel löst. Daraus formt man kleine Nudeln und läßt sie auf einem bemehlten Brett zugedeckt gehen. In diese Nudeln steckt man in die Mitte den Zeigefinger, schleudert sie um den Finger etwas herum, damit ein Ring entsteht, und dreht sie dann noch um sich selbst, so daß sie als Achter daliegen. Dann ins heiße Fett, goldbraun backen und zuletzt noch mit Zimt überstreuen.

Das Wintereinläuten

»Barthelmei ist der Sommer vorbei!« sagt der Bergländer und vergönnt sich für diesen weisen Spruch einen doppelten Zug aus seiner Pfeife. Am Tage des heiligen Bartholomä feiert er den Anfang des Herbstes.
Wie es in der Legende steht, ist er lebendig geschunden worden, der heilige Bartholomä. Darum hat der blutarme, vielgeplagte und steuerüberladene Bergländer diesen heiligen Schicksalsgenossen zu seinem Lieblingspatron erwählt.
Ist ein guter Mann, der heilige Bartholomä. Die unausstehlich langen Tage zwickt er ein wenig ab und legt das abgezwickte Stück der Nacht zu. Das taugt den Leuten, die sich ihre harten Arbeitsstunden von der Sonne müssen vorschreiben lassen und nicht von der Uhr.
Zu Bartholomä sind die Flitterwochen der Sonne mit der Erde zur Neige, ihre glühende Liebe hat ausgebrannt, das Verhältnis wird ein kühleres. Die Hundstage sind vorüber; die gefährlichen Märzennebel, die »nach hundert Tagen gewitterschwer losbrechen«, längst verpufft; die Donnerkeile zum größten Teile verschleudert für ein ganzes Jahr. Die Luft weht aus den Alpen; die Blätter der Eschen und Ahorne und Buchen werden falb, und die halblahmen Hummeln machen sich an die verspäteten Herbstblumen und Nesselgesträuche. Den Vögeln ist die Lust zum Singen vergangen, sie halten Umschau in alten hohlen Bäumen. Die Schwalben versammeln sich auf dem Kirchturmdache und kreisen mitsammen noch mehrmals laut zwitschernd über dem Dorfe, und plötzlich sind sie nicht mehr da, und die Katze erklimmt umsonst das Dachgesimse und schielt verdrießlich in das leere Nest. In der Gegend wird es still; die Sonne zieht träge, es wächst nichts auf, es fällt nichts ab. Es ist, als habe der liebe Gott vergessen, die Welt aufzuziehen, da will sie stehenbleiben.
– Ja, die Zeit spann Herbstfäden und ist beim Rocken eingeschlafen, hat einmal einer gesagt.
Es wird aber doch anders. Es naht die kalte, trübe, winterliche Zeit. Selbst das höchstgelegene Haferfeld, gestern noch grünlich und von keinem Schnitter beachtet, hat sich über Nacht gebleicht und wartet nun der Sichel und sehnt sich nach der schützenden Scheune.
Aber das Kornfeld bleibt am ersten Herbsttag vereinsamt.
»Sichel zu Bartholomä tut dem Mehlsack weh«, sagt der Bauer und nimmt sich wieder einen doppelten Zug aus der Pfeife und läßt das Korn auf dem Felde, wie es Gott erschaffen hat, und hält Feiertag mit seinem Gesinde.

So ganz Feiertag eigentlich nicht. Ein gut Stück Arbeit ist heute zu verrichten. Den kräftigen Knechten liegt es ob, den Herbst einzuschnalzen, den Winter einzuläuten.
Es ist eine alte Sitte, besonders in der nordöstlichen Steiermark, man weiß ihren Ursprung kaum; haben sie den Wolken das Rollen und Krachen und Hallen abgelauscht, und wollen sie es zu ihrer Ehre fortsetzen in herbstlicher Zeit, da die Donner des Hochsommers verstummt sind? – Oder wollen sie mit den Riesenpeitschen die bösen Geister vertreiben aus den Lüften, damit der Spätsommer von ihrem schädlichen Wirken verschont sei?
Heut keines von beiden mehr; in den wenigen Gegenden der Alpen, wo das »Schnalzen« doch noch im Schwunge ist, geschieht es der Lust und der Unterhaltung und des »Hallodrias« wegen. Das ganze Haus ist auf, und die Alten schmunzeln und die Kinder jubeln, wenn die »Schnalzgeißeln« aus der Hinterkammer hervorgeholt und zubereitet werden.
Die Schnalzgeißel ist eine riesige Peitsche aus Hanfgarn, welche an einem Ende, das an dem kurzen, derben Stiele hängt, oft die Dicke von zwei Zoll hat, sich aber weiter hinaus immer verkleinert und am andern, ganz dünnen Ende mit einer Seidenfranse ausläuft. Diese Peitsche ist nicht selten mehrere Klafter lang, und damit sie auch die

dem Zwecke entsprechende Schwere hat und sich nicht lockern kann, wird sie reichlich mit Harz überzogen. Mancher Bursche läßt das Tabakrauchen bleiben, damit er sich eine Schnalzgeißel kaufen kann. Und wenn der Bauer zur Leihkaufzeit von seinem neuen Knecht zu wissen verlangt, wie schwer dessen Schnalzgeißel ist, so frägt er eigentlich nach nichts anderem als nach dem Kraftmaße seines künftigen Arbeiters. Und ist ein Junge so weit gediehen, daß er eine ordentliche Schnalzgeißel zu handhaben vermag, so wird er nicht bloß dem Arbeitgeber interessant, sondern auch dem Weibervolke.

Jeder hat eine Schnalzgeißel in der Hand; die kleinste trägt der Halterbub, die größte handhabt der Großknecht. Dieser hebt an. Er faßt den derben Stiel in seine beiden Hände und beginnt ihn zu schwingen. Die Geißel hebt sich in langsamen Schlangendrehungen vom Boden – ein paar Windungen, ein paar Kreise in der Luft über dem Haupte, noch eine Schwingung des Handstabes, und ein pistolenschußähnlicher Knall entfährt dem Seile und hallt vielfach in den Bergen.

Das ist das erste Zeichen. Das ist der Peitschenhieb auf den Rücken des fliehenden Sommers.

Noch ein zweiter Knall, daß wieder die Wälder gellen und die Felsen; und das ist der Gruß an den Herbst, an den Winter.

Hierauf rüsten sich auch die übrigen Burschen, und das Schnalzen beginnt.

Den Anfang macht jetzt der Halterbub mit der kleinsten Geißel, dieselbe gibt den hochtönigsten Knall. Nun fällt die mittlere ein, und endlich kracht die des Großknechtes dazu. So knattert es nun in langsamem, gleichmäßigem Takte, wie Glockenläuten, oft mehrere Minuten lang in einem fort, und dazwischen rauscht und verwebt sich der vielstimmige Widerhall von den Wäldern und Felswänden – wunderlich zu hören.

Wie sagt der Schriftgelehrte Tannhuber, der artig sein Samtkäppchen lüftend sich zu uns ins Grüne setzt?

»Das sind die Glocken des Pflanzenreiches«, sagt er, während die Schnalzgeißeln knallen. Und nachdem das »Bot« (die Partie) zu Ende ist und gar auch die Burschen lächelnd und sich den Schweiß trocknend zu uns herantreten, fragt der Tannhuber: »Wißt ihr das von den Glocken des Pflanzenreiches? Nicht! Nun seht, das muß ich euch erzählen. – Da hat das übermütige Mineralreich einmal zum Pflanzenreiche gesagt: Schäme dich, du hast nicht einmal Glocken zu einem ordentlichen Festgeläute. Ja, ja, deine Glockenblumen! Was nützt mich das Duften, wenn sie nicht klingen wie mein Metall

auf dem Turme! – Das hat das Pflanzenreich gar sehr verdrossen, und da hat es zum Hanf gesagt: Du, Hanf, diene nicht mehr dem übermütigen Metall als Glockenstrick; werde lieber selbst ein Schwengel und schlage an die liebe Gottesluft, das wird auch klingen und hallen und das Menschenherz erfreuen! – Seht ihr, und seitdem läutet der Strick, und die Glocke mag schweigen auf dem Turme und sich grämen.«

Da schauen sich die Burschen einander an: wie der Tannhuber so eine Sache auslegen kann! Ja 's ist richtig so, die Schnalzgeißel das ist der Schwengel aus Hanf.

Aber nicht bloß am Tage des heiligen Batholomä allein wird geschnalzt, durch den ganzen Herbst hin geht es fort, bis der erste Schnee fällt.

Peter Rosegger

SEPTEMBER

In Gottes heiligen Namen – Amen.
Seh ich jetzt meinen guten Samen;
Egidius, du hl. Mann,
Nimm dich der Saaten gnädig an.
Der Scham hat Macht,
Der Skorpion,
Sei darum enthaltsam nun, mein Sohn.
Verreise auch nicht ohne Not,
Weil dir sonst Tod und Unheil droht.

Glockendon

Bauernregeln

Donnert's im September noch,
liegt der Schnee an Weihnacht hoch.

September klar
ein fruchtbar Jahr.

Wenn Egidius bläst ins Horn,
dann Bauer, sä dein Korn.

An Maria Geburt fliegen die Schwalben furt.

Wenn an Michaeli der Nordostwind weht,
ein harter Winter vor der Türe steht.

Tritt Matthäus stürmisch ein,
wird's bis Ostern Winter sein.

Lostage

  1. 9.   St. Egidius
29. 9.   St. Michael

Im September

Nun kann auch das restliche Obst geerntet werden. Äpfel und Birnen dürfen direkt vom Baum gegessen werden. Für den Jäger beginnt die schöne Zeit, denn das Wild ist freigegeben. Der hl. Egidius (1.9.) nimmt sich besonders der Armen an, und oft wird ihm zu Ehren Brot an die Armen verteilt. Das größte Ereignis aber ist die Kirchweih oder der Kirta. Oft spart der Bauer das ganze Jahr, um nun in vollen Zügen leben zu können. Das Haus ist von oben bis unten geputzt, Verwandte und Bekannte reisen von weit her an, die Musik spielt auf, und in der Küche will es nie mehr still werden, so viel wird dort gebacken und gebraten.

> Drei Täg, drei Täg
> dauert der Kirta:
> Sunnta, Mahda (Montag)
> und am Irta (Dienstag).

Es wird nach Herzenslust getanzt, wobei aber streng auf die Tanzordnung geachtet wird. Aber auch zu Prozessionen und Wallfahrten, vor allem zum Weinpatron St. Urban, ist der September günstig. Die beiden Ärzte und Krankheitsheiligen, St. Kosmos und St. Damian haben am 21.9. ihren Tag. Und sie haben schon viele Hilfesuchende auf ihren Wallfahrten erhört. Die Erntedankfeste mit Umzügen und Wettspielen zählen zu den Höhepunkten. Und bald beginnt es mit den zahlreichen Märkten, wo man seinen Bedarf an Hausrat und sonstigem für den Winter decken kann. St. Michael, dessen Tag am 29.9. gefeiert wird, gehört zu den großen Gestalten der christlichen Religion. Er ist der Begleiter im Totenreich, und so haben sich viele Totenbräuche auf diesen Tag versammelt. Es werden Seelengottesdienste gehalten. Aber auch im ländlichen Arbeitsrhythmus ist St. Michael ein einschneidender Tag, denn die Dienstboten wechseln, man rechnet ab, und für die Handwerker ist es wichtig, daß nun wieder abends Licht angesteckt werden darf.

> St. Gertraud (17.3.) löscht das Licht aus
> St. Michael zünds wieder an.

H.C.E.

Rezepte im September

Schnecken, Bavesen
Kirta ist gewesen!

Die Kirta-Gans

Eine schön zurechtgemachte Gans wird innen mit Salz und Pfeffer, außen mit Salz eingerieben. Dann bereitet man eine Semmelfülle, die durch reichlich Kräuter und eine Handvoll geröstete und aufgeblätterte Haselnüsse, Zitronenschale und Zitronensaft und nach Möglichkeit noch mit einer Handvoll gekochter und durchgedrehter Kastanien und Rotwein verfeinert wurde. Man brät die damit gefüllte Gans unter häufigem Begießen goldbraun und halbiert sie dann der Länge nach, nimmt die Fülle heraus, schneidet sie in Scheiben und legt sie, in der ursprünglichen Form zusammengesetzt, wieder auf die Mitte der Platte. Dann wird die Gans in gleichmäßige, schräge Portionen aufgeschnitten und ebenfalls wieder zusammengesetzt auf die Fülle gelegt. Über den Mittelschnitt gibt man in Weißwein gebratene Apfelscheiben und garniert sie mit Preiselbeeren oder Sauerkirschen. Die Gans wird mit Blau- oder Sauerkraut oder mit in Bröseln gewälzten Brokkoli oder Rosenkohl umgeben.

Butterkrapferl

Ein fester und fettarmer Hefeteig wird, noch bevor er zum ersten Mal gegangen ist, ausgewalkt und dick mit weicher Butter bestrichen. Man schlägt ihn zusammen, walkt ihn wieder, doch vorsichtig aus, damit die Butter nicht über den Rand austritt, und stellt ihn kalt. Dann bestreicht man ihn erneut mit Butter und schlägt ihn wieder zusammen. So wiederholt man das insgesamt viermal, ohne daß der Teig inzwischen aber gehen darf. Zuletzt walkt man ihn erneut aus und formt entweder kleine Hörnchen oder sticht mit einem Löffel runde Krapferl, die nach dem Gehen mit Eidotter bestrichen und schließlich goldgelb gebacken werden.

Die Schimmelkirchen und Volksheiligen Bartlmä, Martin und Nikolaus

Das Sprichwort: »man muß sehen, daß die Kirche beim Dorf bleibt!« schreibt sich aus der Zeit der Religionswende her, wo die guten Deutschen ihre alten Götter auf Bergeshöhen, in Wälder und Möser flüchteten, um der Verfolgung durch die christlichen Glaubensboten zu entgehen. Am meisten Duldung erfuhren die Nornen; der Asenvater verbarg sich hinter seinen Beinamen Oswald oder Bartolomäus, Freyr in Leonhard, der Jahresgott behielt als Stephan den Umritt. Der Gottvater der Deutschen, Wodan, hatte seine heiligen Haine, worin weiße Rosse sich ergingen, die nur vom Godi oder Priester bestiegen werden durften. Seinen Beinamen Berchtold oder Bartold der Glänzende verkehrten die neuen Prediger in Bartolomäus. Darum ist die Schimmelkapelle im Murnauer Moos diesem Apostel geweiht, aber nun verödet. Im Langenmoos bei Schrobenhausen verbirgt sich wieder eine solche. Noch näher und am Auslauf des Isarwinkels erhebt sich zu Ascholting auf fernsichtigem Hügel die noch s. g. Schimmelkirche, wo angeblich der Schimmel verhungerte (etwa geopfert wurde). Diese Nachrede geht von allen Wodanskapellen und trifft dessen beharrliche Verehrer. Ihm ritt der Bauer jährlich seine Guren vor, die Holledauerschimmel stammen von den alten Götterrossen her. Halartan wäre Roßan. Dem Schutzpatron der Pferde wurde ein Schimmel, im ringsum heiligen Bezirk freilaufen gelassen, der sich in das Kirchlein verirrt und so umgekommen sein soll. Am Altar oder an den Wänden springt es von Schimmeln. In Elbach wurde Wodan mit dem Mantel durch den Kriegsmann Martinus ersetzt. Der Heilige mit dem Schimmel empfing bis auf Menschengedenken zu Oderding in der Kirche bei Weilheim das Opfer von Gänsen und Hühnern, so unschuldig wie in der Heidenzeit.

Die Gottheiten der Germanen müssen doch so schlimm und schwarz nicht gewesen sein, weil Tacitus unsere Nation den Römern als Tugendspiegel vorhält. Der Pferdefuß des Satan rührt übrigens von Wodan her. In Pienzenau ist Georg zu Roß am Hochaltar, auch hatte der heilige Reiter oder Ritter die Stadt- und Dorfkirche in Freising und Bichel in Besitz. Die Traunsteiner veranstalten den Georgenritt nach Eggendorf, vergleichbar dem von Stein, und haben es neuerdings auf 160 Pferde gebracht. St. Georg und Bartolomäus sind Patrone der herrlichen Kirche in Dinkelsbühl.

Zu Bartlmä und Martini fanden bei den alten Deutschen die Herbst-

opfer statt, daher auch der Bartlmämarkt zu Tölz, Oberstimm, Gilermoos u. a.; sowohl wie die Herbstmesse in Frankfurt. Wie St. Martin zu Landshut nächtlich an der ihm heiligen Zeit an seiner Kirche vorüberstürmt, so sitzt in Schleswig-Holstein Bartolomäus zu Roß, auch rast in der Bartlmänacht die wilde Jagd. In Schwaben fällt das Erntefest auf diesen Tag, wobei Buben und Mädel wettlaufen; er ist aber auch Bier- und Weinpatron, wie denn sprichwörtlich Bartel den Most holt, und im Liede steht: Der Bartelmann hängt dem Hopfen Trollen an. Er hat in Höhenrain Heilbrunnen inne. Bartlme gilt in Memmingen als Bezeichnung des s. g. Fischertages, wo der forellenreiche Stadtbach ausgefischt wird. »Juche Batleme«! ist der Ruf der glücklichen Fischer. Der Name Bartl ist besonders häufig im Wackersberger Viertel, ja in Gaißach heißt sogar ein Hof zum Bartlmann.
Nikolaus, der Kinderfreund, wird in neuerer Zeit durch das Weihnachtskind mit dem Christbaum verdrängt. Nach altdeutschem Brauche verteilte man Lebkuchen mit seinem Bilde. Noch gedenke ich des Nikolausumzuges der Burschen im Wackersberger Viertel 1829, welcher wie der Pfingstvogel zu Sauerlach und Sachsenkam offenbar aus altdeutscher Zeit sich herschreibt. Nikolaus der Seepatron, ursprünglich Nilgott, legt den Kindern seine Gaben in ein Papyrusschifflein. Auf der Insel Zante weiht man das Schifflein dem Dionysius. Zwischen Windnab und Altalbesreut steht sogar auf der General-Stabskarte die Kapelle zum alten Herrgott. Die dortigen Wälder gehören der Stadt Eger. Der nahe Tillenberg trägt einen mythologischen Namen, überhaupt ist dieser Grenzwald für Sage und altgermanischen Gottesdienst von Wichtigkeit.

Johann Sepp

Von bäuerlicher Arbeit

Erntefest: Gewöhnlich nimmt der Abschluß der Ernte die Gestalt an, daß der Erntemai, am häufigsten ein Kranz oder eine Krone aus Ähren, Blumen und bunten Bändern, der Herrschaft in feierlicher Weise von den Schnittern überbracht wird. Das geschieht ursprünglich gleich, wenn die Arbeiter vom Felde kommen. Der Kranz wird über der Haustür oder am Giebel oder auch im Hause angebracht, wo er bis zur nächsten Ernte hängen bleibt. Der Bauer aber muß seinen Leuten noch am selben Abend eine kleine Festlichkeit geben. Diese Erntefeier – oder auch eine zweite, und dann wohl meist umfangreichere – ist aber vielfach auf einen späteren und bequemeren Tag verlegt worden, meist auf einen Sonntag wo sie sich dann mit der kirchlichen Feier verbindet. Auch dann bildet den Mittelpunkt der Festlichkeit die Überreichung des Erntekranzes unter einem Spruche.

Mitunter tun sich mehrere Bauern zur Abhaltung einer solchen Feier zusammen, oder diese geht in einem Wirtshause vor sich oder unter besonders errichteten Zelten, und das ganze Dorf ist dazu geladen. In den Dörfern der Allermarsch im Kreise Verden wird jetzt im Wirtshause gefeiert, früher in den Bauernhäusern. Doch ist das Kranzbinden auch jetzt noch in dem Hause, wo die Magd bedienstet ist, die das Festgedicht sprechen muß. An einem Sonntage erbitten sich dann die Burschen von den Mädchen den Erntekranz. Dieser wird zum Festzelte gebracht. Die Kranzträgerin hält ihre Rede, Wirt und Sprecherin tanzen mit dem Kranz eine oder zwei Runden.

Essen, Trinken und Tanzen nehmen beim fröhlichen Erntefeste bei weitem den meisten Raum ein. Das Essen ist reichlich und gut. Jeder, der auch nur das geringste bei der Ernte geholfen hat, wird zur Festtafel eingeladen. In Döhren (Kr. Minden) wurde der Branntwein aus Gläsern und das selbstbereitete Bier aus Milchsatten getrunken, die der Reihe nach weitergegeben wurden. In der Mitte der Festtafel steht als Schmuck die Ernteschüssel, angefüllt mit den schönsten und größten Früchten wie Kartoffeln, Kohlrüben, Rot- und Weißkraut usw., aus denen die längsten Hafer- und Kornähren emporragen. Wer den »Alten« gekriegt hat, genießt besondere Bevorzugung in der Menge und Art der Speisen. Gebet öffnet und schließt das Essen. Doch darf an masurischen Orten kein Vaterunser gebetet werden, weil sonst jemand im künftigen Jahre stirbt. Man betet andere Gebete und singt geistliche Lieder.

Ein Hauptbestandteil des Erntemahles ist häufig der Hahn, nach dem oft die ganze Feier als Erntehahn, Bauthahn, Schnitthahn usw. bezeichnet wird. Der Hahn wird dazu in zeremonieller Weise getötet durch Peitschenschläge, durch Abmähen des Kopfes, durch Erschlagen mit dem Dreschflegel. Man verspeist das den Korngeist darstellende Tier, um seiner Wachstumskräfte zu genießen. Im Laufe der Zeit ist dann daraus meistens die bloße Belustigung des Hahnreitens oder Hahnschlagens oder Topfschlagens bei der Erntefeier und auch bei andern Gelegenheiten geworden.

Die Zeit, die Essen und Trinken übrig lassen, nimmt der Tanz in Anspruch. Seine rituelle Bedeutung zeigt sich mitunter noch in der feierlichen Form, in der der Erntekranz »abgetanzt« wird. Auch die Eröffnung des allgemeinen Tanzes geht mit einer gewissen Feierlichkeit vor sich. In der Gegend von Goldberg tanzt der Hauswirt den ersten Tanz mit der aus dem letzten Korn des Feldes hergerichteten, mit Bändern geschmückten Erntepuppe. Im Kr. Celle kommen zunächst die sog. Hänseltänze. Erst tanzen die im letzten Jahre konfirmierten Burschen mit irgendeinem Mädchen, dann kommt die Schuljugend, endlich die Erwachsenen. Manchmal gibt auch einer noch die Siebensprünge zum besten. Im übrigen gibt es kein Ermatten. In Leteln (Kr. Minden) tanzte man mit kurzen Unterbrechungen in der Freitagnacht von Freitag morgen 8 Uhr bis Sonntag morgen.

Außer dem schon erwähnten Hahnenschlagen sind noch allerlei andere Belustigungen am Erntefeste üblich, namentlich Wettläufe um Tücher und Bänder. Auch werden wohl in allerlei Aufzügen »als die zeugenden Mächte der Vegetation« Kornmann und Kornfrau, Ährenkönigin, Weizenbraut, Haferbraut zur Darstellung gebracht und herumgeführt. Vielleicht steht es mit diesem Fruchtbarkeitszauber in Zusammenhang, wenn in Mecklenburg mit dem Erntebier gewöhnlich Hochzeiten verbunden werden.

Paul Sartori

Der neunundzwanzigste Tag im September
Geschichte von der Kirchweihe des heiligen Erzengels Michael, wie auch eine kurze Erzählung von den heiligen Engeln insgemein

An dem heutigen Tage verehret die heilige katholische Kirche den heiligen Erzengel Michael und saget Gott dem Herrn inniglich Dank, daß er ihr einen so vortrefflichen Engel zum Beschützer verordnet und verliehen hat. Daher wird heute auch von allen Rechtgläubigen dessen Kirchweihe andächtig begangen, welche auf folgende Weise ihren Ursprung genommen. An den Grenzen Apuliens liegt die Stadt Siponto, in welcher ein sehr reicher Mann mit Namen Garganus wohnte, von welchem auch der Berg Gargan seinen Namen ererbt hat. Als dessen Vieh um den Berg weidete, trug es sich zu, daß ein Ochs, der gemeiniglich sich von den übrigen abzusondern pflegte, nicht wie gewöhnlich nach Hause kam, sondern draußen auf dem Berge blieb. Den folgenden Tag ließ ihn der Herr durch seine Knechte suchen, welche ihn zuletzt oben auf dem Berge unter dem Tore einer Höhle stehen fanden; einer von ihnen ergrimmte sehr über ihn, weil er stets allein ging, und schoß einen Pfeil auf ihn los, welcher aber zurückfuhr und denjenigen traf, welcher ihn von sich geschossen hatte. Sie verwunderten sich sehr darüber und gin-

gen mit Schrecken nach Hause. Sie erzählten in der Stadt, was sich auf dem Berge zugetragen hatte, und brachten es zu den Ohren des Bischofs von Siponto.
Der Bischof wollte die Sache mit Gott beratschlagen und ließ zu diesem Ende ein dreitägiges Fasten verkündigen. Als dieses gehalten, erschien ihm der heilige Erzengel Michael mit dem Vermelden, daß dieser Ort in seinem Schutze stehe, und er habe durch oben besagtes Wunder andeuten wollen, daß er verlange, auf diesem Berge solle zu seinem und aller heiligen Engel Gedächtnis ein Gottesdienst errichtet werden. Von derselben Zeit an versammelten sich die Christen auf dem Berge Gargan und verrichteten daselbst ihr Gebet zu Gott, hatten aber das Herz nicht, daß jemand in oben besagte Höhle gegangen wäre. Nicht lange darnach fingen die Neapolitaner, welche damals noch heidnisch waren, einen schweren Krieg mit den Sipontinern an, und die Sache sah sehr gefährlich aus. Der Bischof begehrte von dem Feinde drei Tage Stillstand der Waffen, welchen er auch erhalten; verkündigte aber unterdessen von neuem ein dreitägiges Fasten und rief während der Zeit den heiligen Erzengel Michael um Hilfe an. Die Heiden verübten ihrem Götzen zu Ehren in diesen Tagen allerhand Leichtfertigkeiten; der heilige Michael aber erschien zum zweiten Male dem heiligen Bischof und versprach ihm den gewissen Sieg, weil er samt den Christen durch Wachen, Fasten und Beten Gott den Herrn verehrt und ihn um Hilfe angerufen hatte. Den folgenden Tag zogen die Christen den Heiden mit Freuden entgegen; da geschah ein großes Wunder. Denn der Berg Gargan fing an in erschrecklicher Weise zu erzittern, oben herab häufig zu blitzen, und eine schwarze erschreckliche Dunkelheit umfing oben den ganzen Berg mitten am hellen Tage. Aus dieser Finsternis gingen wider die Heiden unzählbare feuerige Pfeile aus, welche ihrer viele erschlugen und jämmerlich verbrannten. Die Christen setzten ihnen auch mit Gewehr und Waffen unterdessen zu und trieben sie mit solcher Heftigkeit in die Flucht, daß sie kaum das Tor ihrer Stadt erreichen konnten. Diejenigen, welche in der Flucht mit dem Leben davongekommen waren, ließen sich, als sie gewahr wurden, daß die Christen durch den Beistand eines Engels wider sie solchen wunderbaren Sieg erhalten hatten, im Glauben unterweisen und empfingen mit größter Andacht die heilige Taufe.
Die Sipontiner aber stiegen den folgenden Tag nach erobertem Siege abermals auf den Berg, Gott dem Herrn und seinem heiligen Erzengel für diese große Gnade Dank zu sagen, und fanden bei der Höhle, gegen die Nordseite, etliche Zeichen, wie die eines Menschen in einem Marmorstein eingedrückt. An demselben Orte richteten sie ei-

nen Altar auf; und weil sie sich nicht getrauten, in die Höhle zu gehen, so erbauten sie eine Kirche gegen Mittag unter dem Namen des heiligen Apostels Petrus, in welcher sie unter dem Namen der Mutter Gottes und des heiligen Johannes des Täufers zwei Altäre aufrichteten. Der Bischof hätte gerne in der Höhle den Gottesdienst angefangen und wußte nicht, ob solches Gott dem Herrn und seinem heiligen Erzengel Michael wohlgefällig sei. Daher, nachdem er den Papst um Rat gefragt und abermal drei Tage gefastet hatte, erschien ihm in der letzten Nacht der heilige Michael, und sprach: »Es ist nicht vonnöten, daß du die Kirche einweihest, welche ich schon vorher zubereitet und eingeweiht habe. Gehe nur keck hinein und fange unter meinem Schutz den Dienst Gottes an. Wenn du nur morgen das Amt der heiligen Messe halten wirst, so soll das Volk zur heiligen Kommunion gehen. Mir aber wird zustehen, daß ich zeige, wie ich durch mich selbst diesen Ort eingeweiht habe.«

Weil denn am heutigen Tage, also am neunundzwanzigsten September, an diesem Orte der Gottesdienst zuerst unter dem Schutze des heiligen Erzengels Michael ist angefangen worden, so wird das heutige Fest zu seinem und aller heiligen Engel Gedächtnis in der katholischen Kirche begangen.

Damit aber der andächtige Leser auch etwas gewisses von diesen glorwürdigen und hochheiligen Geistern verstehe, so hat er zu wissen, daß Gott der Herr, sobald er den Himmel erschaffen, auch alsbald die heiligen Engel aus nichts hervorgebracht und damit den himmlischen Saal besetzt habe. Wie edel aber sie von Gott erschaffen worden, kann sich kein Mensch recht einbilden. Denn sie haben keine Leiber wie wir, sondern sind pur lautere Geister. Ihre Weisheit, Klarheit, Schönheit, Stärke, Gewalt, Glorie und Herrlichkeit ist über aller Menschen Verstand, so daß sie Gott der Herr am allerbesten erkennt. Sie sind unsterblich, unleidentlich, und keine einzige erdenkliche Widerwärtigkeit kann sie peinigen oder plagen. Ihr Verstand ist so groß, daß sie ohne einige Beschwernis alle Dinge dieser Welt samt ihren Eigenschaften, Neigungen, Bewegungen und Wirkungen wissen. Ihr Wille ist dermaßen stark und unveränderlich, daß sie, was sie einmal gewollt und erwählt haben, dasselbe in Ewigkeit wollen, und davon keineswegs abstehen. Ihr Gedächtnis ist so treu, daß sie dasjenige, was sie einmal begreifen, nimmermehr vergessen. Ihre Stärke ist so gewaltig, daß ein einziger Engel in einer Nacht hundertfünfundachtzigtausend Menschen in dem Kriegsheere des assyrischen Königs Sennacherib erschlagen. Ja, was noch mehr ist, der erste Himmel wird von einem Engel ohne Mühe und mit wunderbarer Leichtigkeit bewegt. Und würde der ganze Erdkreis samt dem Meere mit diesem Himmel verglichen, so würde er nur dagegen wie ein Pünktlein zu sein scheinen und von jedermann dafür gehalten werden. Hieraus erscheint, daß die Stärke der Engel alle natürliche Stärke übertreffe.

Nebstdem müssen wir beachten, daß, obwohl die edlen Geister unzählbar sind, dennoch unter ihnen keine Verwirrung noch Unordnung anzutreffen sei. Sie sind vielmehr durch eine wunderbare Ordnung in drei Hierarchien, nämlich in die obere, mittlere und untere geteilt, deren eine jede wieder in drei Chöre oder Ordnungen unterschieden ist.

Sobald ein Mensch auf dieser Welt geboren wird, so schickt ihm Gott alsbald einen Engel zum Helfer, welcher ihn auf allen Wegen und Stegen mit großer Sorgfalt beschützt. Derselbe weicht von dem Menschen nicht ab, sondern bleibt bei ihm bis an den letzten Augenblick seines Lebens. Und weil er seinen ihm anvertrauten Menschen gerne zur Seligkeit brächte, so vertritt er bei ihm einen emsigen Lehrmeister, einen neuen Führer, einen aufrichtigen Ratgeber, und beschützt ihn väterlich vor allen Stricken des Satans, der Welt und des Fleisches. Diese jetzt erzählten Guttaten erweisen die heiligen Schutzengel einem jeden Menschen insbesondere, weswegen wir große Ursache haben, ihnen zu gehorsamen, und nicht halsstärrigerweise zu widersprechen.

Vor allem aber müssen wir mit besonderer Andacht und Demut den heiligen Erzengel Michael heute anrufen, welcher als ein Fürst und Herzog der Engel unsere Seelen einmal vor den Thron Gottes stellen und unsere begangenen guten und bösen Taten auf die Waagschüssel der göttlichen Gerechtigkeit legen wird.

Er wird zuletzt ein wenig vor dem jüngsten Gerichte in die erschreckliche Posaune blasen und mit gewaltiger Stimme rufen: »Stehet auf, ihr, und kommet zum Gericht.« Er wird die Waffen des Leidens Christi während des Gerichtes den Frommen und Unfrommen zeigen und sie alle dem strengen Richter Christo Jesu vorstellen. Er wird sie entweder in die Zahl der Auserwählten aufnehmen oder aber zu den höllischen Teufeln unter die Verdammten stürzen.

Pater Martin von Cochem

Sankt Michael

1623
O unbesiegter Gottesheld, Sankt Michael!
Komm uns zu Hilf, zieh mit ins Feld!
Hilf uns hier kämpfen, die Feinde dämpfen, Sankt Michael!

Du bist des Himmels Bannerherr, Sankt Michael!
Die Engel sind dein Königsheer.
Hilf uns hier kämpfen, die Feinde dämpfen, Sankt Michael!

Groß deine Macht, groß ist dein Herr, Sankt Michael,
Groß auf dem Land, groß auf dem Meer.
Hilf uns hier kämpfen, die Feinde dämpfen, Sankt Michael!

St. Michael

O magnae heros gloriae, dux Michael!
Protector sis Germaniae!

St. Michael, der mächtige Himmelsfürst und Oberfeldherr Gottes, war vom alten, heiligen römischen Reiche deutscher Nation und von dem alten Ritterstande zum Schutzpatron erkoren worden. In der siegreichen Ungarnschlacht auf dem Lechfelde (955) war er der Schirmherr der deutschen Banner. Wer wäre auch besser zum Siegespatron geeignet gewesen als er? Von ihm erzählt die Offenbarung Johannis (12): »Es erhub sich ein Streit im Himmel. Michael und seine Engel stritten mit dem Drachen. Und der Drache und seine Geister siegten nicht; auch ward ihre Stätte nicht mehr gefunden im Himmel.« In den ersten christlichen Jahrhunderten genoß der heilige Michael überhaupt den Ruhm, »ein glorreicher Verteidiger der Sache Gottes, ein mächtiger Beschirmer kirchlicher Rechte« zu sein. Die Glaubensboten und die Missionsklöster weihten ihm gern neue Kirchen und Zellen; auch wurden die Neubekehrten häufig in seinen Schutz gestellt, und manche alte Michaelskirche kann die Ehre beanspruchen, ursprünglich eine Tauf- und Mutterkirche gewesen zu sein. Das Patrozinium wird dann in der Regel am Feste der unschuldigen Kinder gefeiert. (Gewöhnlich waren die Taufkirchen freilich

Johanniskirchen.) Viele Michaelskirchen finden wir ferner auf Bergen, wo ehemals Heidentempel gewesen. St. Michael, der Streitbare mit der glänzenden Rüstung, mag wohl vor allem an die Stelle des Heidengottes Wodan, welchen sich das germanische Volk auch als Kriegsgott in glänzendem Waffenschmuck und auf windschnellem Schimmel vorgestellt hatte, getreten sein. Der Götteroberste Wodan führte das Seelenheer der Abgeschiedenen. Die christliche Kirche läßt St. Michael die Seelen der Abgestorbenen in das Reich des Lichtes begleiten und die Begräbnisstätten auf Erden bewachen. Wie Wodan der Gott des Totenreiches war, so ward St. Michael Totenheiliger. Michaelskapellen treffen wir darum sehr häufig auf Friedhöfen. Das hängt wahrscheinlich mit dem Bericht des Apostels Thaddäus zusammen, welcher erzählt, daß St. Michael mit dem Satan um die Leiche des Moses stritt. Der Kirchenlehrer Basilius erwähnt, daß der hl. Michael die Seelen der Gestorbenen wäge, eine Idee, welche die christliche Kunst häufig zum Vorwurfe von Bildern nahm. Welch merkwürdiger Zusammenhang! Am Ernteschluß im Herbste hielten unsere Vorfahren großen Gerichtstag (Michelthing) ab. Nach der Vorstellung unserer Altvordern galten als beliebte Aufenthaltsorte der Seelen Abgeschiedener auch See und Teich. In der nordischen Sage tritt Wodan (Odin) sogar als Fährmann auf. Und wieder zeigt sich eine eigenartige Übereinstimmung! Wir finden Michelskirchen an Seen und St. Michael als Beschützer von Quellen (Salz- und Heilquellen). Beim Seelengottesdienste, wenn der katholische Pfarrer das Offertorium betet, fleht er: »Christus möge die armen Seelen aus dem tiefen See befreien, und der Fahnenträger Michael, der Führer der englischen Heerscharen, geleite sie zum heiligen Lichte!«

»Eine Menge alter Pfarrkirchen in Altbayern, auch Schimmelkirchen, hat den hl. Michael als Patron. Die meisten Gotteshäuser der Erzdiözese München-Freising sind um Micheli herum geweiht.« Vom 8. Jahrhundert an wurde das Fest des hl. Michael vielfach als gebotener Feiertag begangen und in alten Kirchenbüchern kurz die Kirchweih des Erzengels Michael genannt. (Micheli-Kirchweih – zum Unterschied von der Martini-Kirchweih.) Ein alter Volksspruch heißt: An Michaeli ist Kirchweih im Himmel und auf Erden. (Freilich! Bedenken wir die Zahl der ihm geweihten Kirchen! Ferner: St. Michael hat ja den Himmel von den bösen Geistern befreit und wehrt der Kirche auf Erden die bösen Feinde ab.) Auf seine außerordentliche Bedeutung weist sein Schildspruch hin: Quis ut Deus? (Wer ist wie Gott?) So steht er auf Bildern. Sein Fest ist recht einladend am Schlusse der Ernte. Ist es nach dem Vorausbesprochenen

verwunderlich, daß St. Michael auch Ernteheiliger ward und daß seine Name einer der verbreitetsten und beliebtesten Taufnamen beim deutschen Volke wurde?
Früher trank man auch Michelsweine. Ein alter Kalenderspruch sagt: Michelwein – Herrenwein, Galliwein – Bauernwein! Heute bedeutet der Ausdruck »deutscher Michel« nicht stets einen Ehrentitel. Aber ein »ehrlicher, deutscher Michel« zu sein, den Spott kann man sich immerhin gefallen lassen!...
Michaeli war einst, wie erwähnt, ein voller Bauernfeiertag mit reichem Mahle. Hieß es doch in Niederbayern drastisch kurz:

»Zu Micheli ist Kirchweih auf'm Herd, unterm Herd und in der ganzen Welt, da muß die Bäuerin Kücheln backen.«

An diesem von der Kirche abgeschafften Feste, das von dem altbayerischen Landvolke aber noch immer als Halbfeiertag geachtet wird, trug früher im Rottale jeder Dienstbote nachmittags, wenn der erste Rauch aus dem Schornstein aufstieg, ein Büschelchen Holz in die Küche. Die Bäuerin verstand die Aufmerksamkeit und lohnte sie mit einer Ladung Schmalznudeln, der ländlichen Lieblingsspeise.
Auf oder um Michaeli wurde vor 60–70 Jahren in Altbayern, auf der Altmülalp, im Sulztal etc. vielerorts der »Schnitthahn« gefeiert, oder wie es im Allgäu hieß »der Eierhahn gestochen«. Es war dies ein Freudenfest mit »Fraß und Suff« für die glücklich beendigten Feldarbeiten und den reichen Eingewinn. An diesem Tage verzapfte der Dorfwirt gewöhnlich das letzte Sommerbier. Aus diesem Brauch scheinen sich die sogen. »Bierletzt«, Märzen- und »Nachkirchweihen« (im Chiemgau), entwickelt zu haben.
In seinem Buche »Germanische Erntefeste« gibt uns der Forscher Pfannenschmid die Erklärung, daß der Hahn ebenso wie der Hammel zu den alten, deutschen Ernteopfern gehörte und daß einstens das Austanzen, Verlosen eines Hammels oder Hahnes, das Schlagen und Verspeisen eines Hahnes am Schlusse der Erntezeit – also zur Kirchweih – vom Rhein bis nach Böhmen hinein gebräuchlich war.
Auf Michaeli wurde in vielen Gegenden Schwabens auch der allgemeine Jahrtag gefeiert.

Das Hahnenschlagen
In einen großen, irdenen Topf wurde ein lebender Hahn gesetzt und das Gefäß mit dem Deckel verschlossen. Die Teilnehmer am Spiele und die Zuschauer stellten sich in einem weiten Kreise um den Hafen herum auf. Wer das Spiel beginnen wollte, erhielt eine Drischel oder

einen langen Stecken in die Hand. Dann wurden ihm die Augen verbunden und er ein paarmal zur Irreführung im Kreise herumgeleitet. Wenn er nun nach dem Hahn im Topfe schlug und recht weit daneben traf, so gab es ein schallendes Gelächter. Ein anderer trat an seine Stellq und machte einen Versuch usf. Derjenige, der schließlich den Hafen zerschlug, war der glückliche Gewinner des Gockels.

Bockstechen
Michel, gehst nöt mit zun obern Wirt? Da is heunt Bockstechen! ruft der Riedbauernsepp zu seinem Spezi (Kameraden), dem Winbauernsohn, hinüber.
Gibt mir nix ab! meint gelassen der Angeredete, der nach der Sonntagnachmittagsandacht gemächlich am Torpfeiler der Einfahrt zu seinem Hofe lehnt, sein Pfeiflein schmaucht und in die milde Septembersonne blickt.
Was ist beim obern Wirt? fragen wir neugierig.
Bockstechen.
Da gehen wir hin. Ja, da gehen wir hin und tun sogar mit! Bei unserer Ankunft ist schon eine stattliche Anzahl Dörfler im Hofe des Wirtshauses versammelt. Wir melden uns beim Spielleiter, dem Wirt.
Einsetzen dann! fordert er uns in seiner kurzen, barschen Kommandoweise als ehemaliger Unteroffizier auf.
Wieviel?
20 Pfennig für drei Gänge.
Wir erlegen pro Mann den festgesetzten Betrag und haben dann Zeit, uns ein wenig über den Ort und die Art und Weise des Spieles zu belehren. Im Hintergrunde des Hofes ist an die Scheune eine große, weiße Scheibe mit 10–12 schwarzen Ringen (ähnlich einer Schützenscheibe) genagelt. Vorn an einen Mauerring bei der Gaststube ist ein ansehnlicher Ziegenbock angebunden: der erste Preis, der so zur öffentlichen Schaustellung und wohl auch zur Anlockung ausgestellt wird. Eine Bekanntmachung an einem der grünen Fensterladen des Wirtshauses tut kund, daß auf »das Best« noch fünf Geldpreise mit Taschentüchern als Fahnen folgen. Insgesamt haben die Prämien einen Wert von 30 Mark. Die Aussicht auf solche Gewinne macht lüstern; da ist es schon der Mühe wert, daß man sich zusammennimmt, denken wir. Na, welche Freude würde man daheim haben, wenn wir mit dem Ziegenbock als erstem Preis unerwartet die Stiege hinaufstolperten! Ein Bauernbursche, der Klafferjörg, der auf dem Bock einer Kutsche im Wirtshofe Platz genommen hat, fängt mit seiner Zugharmonika einen Marsch zu spielen an und damit beginnt auch gleich das ländliche Spiel. Der erste Einsetzer hat

schon die nötige Ausrüstung erhalten: einen Papphut (umgestülpte Zuckertüte) mit langem, schwarzem, über das Gesicht herabhängendem, dichtem Flore und in die Hand einen langen, eisernen Stichel. Er muß auf die Scheibe im Hintergrunde des Hofes zumarschieren und mit dem Stichel in den Mittelpunkt des Schwarzen treffen; dann ist der Ziegenbock sein eigen. Das ist doch sehr einfach! Die Zuschauer bilden rechts und links eine weite Gasse, daß zum Abirren noch Raum genug bleibt. Der erste Teilnehmer am Spiel fängt zu gehen an. Bald erschallt ein tosendes Gelächter. Er gerät links abseits und immer weiter abseits. Als er schließlich mit seinem Stichel zu tasten anfängt, etwas Festes vor sich spürt und den Stichel in die Bretterwand stößt, ist er am Schweinestall, statt bei der Scheibe am Stadel. Auch seine beiden nachfolgenden Gänge sind erfolglos. Dieses verhängnisvolle Abirren nach links läßt sich der

zweite Teilnehmer zur Warnung dienen. Ein Drittel des Weges kommt er schön geradeaus; dann plötzlich meint er, er müßte sich korrigieren, und hält sich zu sehr nach rechts. Er landet an der Holzschupfe und kommt dreimal neben dem Ziele an. Nicht besser ergeht es dem dritten und vierten Teilnehmer. Jetzt kommen wir daran. Die Dörfler sind begierig, was die Städtischen fertigbringen. Mit Halloh wird festgestellt, daß auch die Herrischen nichts können. Ein achter landet auf der Düngerstätte. Ja, bemerkt dazu ein Zuschauer: Mit sein bös'n Mäu (Maul) is der allwei nebenaußi; wia solls da beim Geh'n anders sein? Der elfte endlich hat Glück. Er geht sehr langsam und ruhig, setzt Schrittlein vor Schrittlein und sticht ins Schwarze. Ein zweiter oder dritter Preis ist ihm sicher. Der 26. endlich, ein schmächtiges Bäuerlein, trifft gar den Herzpunkt.
Ihm ist's zu vergönnen; er is a armer Kleinhäusler!
Nahezu den ganzen Nachmittag währt schon der Spaß, und erst sind vier Treffer gemacht. Der Eifer zum Spiel wird immer größer. Die Maßkrüge werden fleißig geleert. Der Wirt schmunzelt zufrieden. Abends verkündet er: Da ein Endresultat heute voraussichtlich nicht mehr zu erzielen ist, findet nächsten Sonntagnachmittag Fortsetzung statt. – Denn er will haben, daß kein Preis übrig bleibt. Ja ja, der Wirt ist ein Mann, der lebt und seine Gäste – auch leben läßt!...

F. J. Bronner

O sei gegrüßt, Maria, so gnadenvoll

Marienlied

O sei ge-grüßt, Ma - ri - a, so gna- den- voll,
die gan-ze Welt dich eh - ren und prei - sen soll,
o Ma - ri - a, süß und mild, Laß dei - ne Gna - den
sei du un - ser Schutz und Schild.
flie - ßen und sie ge - nie - ßen.

2. Maria ist die Mutter der Christenheit
   und für uns arme Sünder mit Hilf bereit.
   Also eil, wer immer kann,
   und rufet diese Mutter an
   und fallet ihr zu Füßen,
   sie zu grüßen.

3. Selig, überselig und gnadenvoll,
   die ganze Welt dich ehren und preisen soll.
   Du tragest ja in deinem Schoß
   unser Heil, den Schöpfer groß.
   Bitt für uns arme Sünder, deine Kinder.

4. Maria, wir dich bitten,
   erhör uns all, tu gnädig uns behüten,
   bitt dein' Sohn:
   Vor Krieg, Pest und Hungersnot,
   auch vor unversehnem Tod
   du wollest uns erretten, wirst gebeten.

5. Maria, wann's wird kommen zum Sterben,
   so laß uns nicht zugrund verderben
   und führ uns aus dem Jammertal
   zu dir in den Himmelssaal,
   damit wir dich preisen,
   Ehr erweisen.

OKTOBER

Den guten Wein geb ich in Fülle
Erlab dich dran, das ist mein Wille.
All überflüssiges Gehen stell ein,
Zur Leberader laß allein.
Schon in der Waage dein Gemächt
Und sorg für Verdauung recht.
Wer jetzt zuviel läuft übers Feld
Setzt leicht aufs Spiel sein Glück und Geld.

Glockendon

Bauernregeln

Wenn die Eichen viel Früchte tragen
wird ein langer Winter tagen.

Bringt Oktober viel Frost und Wind
werden Januar und Hornung gelüncht.

Wer in der Lukaswoche Roggen streut
wird's bei der Ernte nicht bereun.

Lorenz setzt den Herbst auf die Grenz.

Simon und Judas fegen das Laub in die Gaß.

Warmer Oktober – kalter Februar.

Lostage

 9. 10.   St. Dionysius
16. 10.   St. Gallus
28. 10.   Simon und Juda

Im Oktober

Immer zahlreicher fahren die Wägen mit dem Erntesegen heim. Auch die Kartoffeln werden nun geerntet und die letzten Wägen, die vom Feld kommen, werden mit Blumenkränzen und Girlanden geschmückt. Nun geht man auch an die Weinernte, eine fröhliche Zeit, wie kaum eine Ernte. Nüsse und Kastanien, die man vor allem bald zu St. Nikolaus braucht, sowie der Mais (die Türkenernte) werden nun gepflückt. »Die schönsten Türkenkolben kommen zum Kreuz im Herrgottswinkel als Erntedank, und auch die Kreuze am Weg erhalten solche Gaben. Manchmal sind der Dank auch Trauben oder dicht behängte Apfelzweige oder auch in kälteren Gegenden Ährenbüschel.« (Mang)
Erntekränze werden geflochten und über die Kirchtür gehängt. Dankprozessionen, wo die Mädchen Früchtekörbe tragen, gehören zu den schönsten Bildern dieser Zeit. Die drei ersten Samstage im Oktober heißen die drei goldenen Samstage und werden vor allem für Wallfahrten benutzt. Auch die Kirchweih, je nach Gegend, wird gefeiert. Kirchtagskrachen, Kirchtagsschnöllen und Peitschenknallen sollen wie so oft die bösen Geister abwenden. Die Tische sind voll gedeckt mit süßen und fetten Köstlichkeiten. Es wird getanzt und über Tage hin gefeiert, denn man ist von weither angereist und will nicht so schnell auseinandergehen. Der Kirchtagsmichel wird aufgestellt, eine Figur, zuhöchst auf einem Maibaum. Und die Nachbarsburschen werden versuchen, ihn zu stehlen. Der Oktober ist auch eine Hochzeit für die Hirten. Das geschmückte Vieh mit der Kranzlkuh ist der Stolz des Hirten. St. Wolfgang schließt den Monat (30. 10.). Er ist der Patron der Hirten und Holzer. Und besonders lustig ging es schon immer bei den Hirten zu, wie man an den Wettspielen zu dieser Zeit sehen kann. Die Pferdeumritte, so zu Leonhardi, Martini und Georgi gehören zu den großen Ereignissen dieser Zeit. München hat eine besondere Attraktion – das Oktoberfest, das aber schon im September beginnt und seit 1810, nämlich dem Vermählungstag König Ludwig des I. von Bayern und der Prinzessin von Sachsen Hildenburghausen, stattfindet.

H.C.E

Rezepte im Oktober

Milzschöberlsuppe
100 g Rindsmilz wird geschabt und mit einem Ei, Salz, Pfeffer, Muskat und Petersilie sowie feingeriebener Zitronenschale und 3 Eßlöffeln Bröseln vermengt. Dann bestreicht man 3 bis 4 Weißbrotscheiben mit Schweineschmalz oder Butter und verteilt darauf die Milz. Man bäckt die Scheiben bei Oberhitze goldbraun und schneidet kleine Würfel oder Rauten daraus, die man mit Schnittlauch in die fertige Suppe gibt.

Backerbserl
3 Eßlöffel Mehl, 3 oder 4 Eier, Salz und ganz wenig Milch schlägt man zu einem zähen, festen Teig, den man durch ein groblochiges Sieb in heißes Fett einlaufen läßt. Wenn die Erbschen schön goldgelb sind, siebt man sie ab und gibt sie in eine angerichtete Fleischbrühe. Sie dürfen also nicht zu weich werden.

Der Kirchtag

»Und am Sonntag ist Kirchtag,
Da geh' i's zum Tanz,
Der Ander führt's Nannal
Und die Gretel der Hans.«

So klingt es immer häufiger, wenn es gegen »Galli« (16. Oktober) geht, um welche Zeit der Kirchtag eintritt. Er ist der eigentliche Nationalfesttag der Alpenbewohner. Der heiße Sommer und der fruchtreiche Herbst sind vorüber, Korn und sonstiger Feldsegen ist größtenteils eingebracht und ruht wohlverwahrt in Tenne und Scheuer; nur die Rüben und Krautköpfe stehen noch auf den Äckern, ein verlockendes Raubstück peitschenknallender Hirtenbuben, die das Vieh auf der Ätze hüten. So bildet der Kirchtag gewissermaßen den Abschluß des bewegten Bauernjahres und die Einleitung in das stille Leben im Hause, wo die Spindel und der trauliche Heimgarten regiert. Deshalb wird er auch in allen Tälern und Dörfern mit Schmaus, Tanz und Gesang festlich begangen, und es geht an diesen Tagen lustiger und toller zu als im Fasching. Ja, so beliebt ist diese Feier, daß der Bauer an einem Kirchtag nicht genug hat und jedes

Dorf noch einen, das sogenannte Patroziniumsfest hat, nämlich die Feier des Kirchenpatrons. Zum Unterschied von diesem Sonderkirchtag wird das andere Hauptfest, das wir heute ansehen wollen, Allerwelts- oder Landkirchtag genannt. Es feiert seinen größten Aufschwung im sangesheitern Zillertal, und wer das tirolische Volksleben in seiner überschäumenden Lustigkeit und derben Gemütlichkeit schauen will, muß in diesen Tagen nach Zell oder Fügen, den Hauptorten dieses Tales wandern.

Die Vorbereitungen zu diesem Feste beginnen schon am Anfange der Woche, an deren Schluß der Kirchtag fällt. Da geht es an ein Gespüle und Getätsche, daß einem wasserscheuen Stubengelehrten die Haare zu Berge stehen könnten. Die Dirnen säubern und putzen das ganze Haus von innen und außen, jedes Stäubchen wird abgekehrt, die getäfelten Wände heruntergewaschen, Stube, Kammern, Gang und Küche rein gefegt; sogar die Spinnen unter dem Dache sind in ihrem luftigen Belvedere nicht mehr sicher.

Die Knechte, besonders der Melcher, sind bei dieser häuslichen Umwälzung nicht müßig. Ihre Tätigkeit beschränkt sich hauptsächlich auf gründliche Reinigung der Ställe und aller in dieses Fach einschlägigen Gegenstände. Dann wird ein Widder oder ein Rind, in früheren guten Zeiten auch beides zugleich, geschlachtet. Die Kinder tragen der Mutter das Holz in die Küche, damit sie zur Bereitung des großen Kirchtagsfestmahles erklecklich viel Brennmaterial bei der Hand habe.

So geht es fort bis zum Vorabend des Festtages. Samstag vormittag hat noch dieser oder jene etwas zu besorgen, bis um zwölf Uhr mittags feierlich die Glocken ertönen. Nun wird »Feierabend gelassen«, d. h. die Arbeit hört auf. Der erste Glockenklang ist auch für die Kinder ein bedeutsamer Zeitpunkt. Jubelnd laufen alle an einen Platz, wo sie zum Kirchturme sehen können, denn dort wird während des Läutens »der Kirchtagfahn« herausgesteckt, eine kleine Fahne von roter Farbe mit weißem Kreuz. Diese bleibt bis zum nächsten Samstag oben hangen und wird dann ebenfalls während des Feierabendläutens wieder weggenommen. Die armen Wiltener »Judenhänger!« Ihnen sagt nämlich der schalkhafte Volkswitz nach, sie hätten am Kirchtag statt einer Fahne einen Juden herausgehängt.

Nun geht es zuvörderst an das Toilettemachen. Die Knechte waschen und kämmen sich, stutzen sich den Bart und gehen hierauf in die Vesper. Unterdessen putzen sich auch die Dirnen hübsch zusammen, flechten ihre Zöpfe, binden sich ein blühweißes Fürtuch um und gehen dann in die Küche, um der Bäuerin bei Bereitung des Abendmahles zu helfen. Denn dieses besteht schon am Vorabend in schmackhaft gefüllten Schmalzkrapfen. Nach dem Essen sieht man dann manches Mädchen im Garten oder am Fenster stehen und einen »Kirchtagbuschen« für ihren Schatz binden. Vor allem werden die Nelkenstöcke, die man bei jedem Bauernhause auf dem Söller findet, arg geplündert; die blutroten »Nagelen« sind ein Hauptbestandteil des »Buschen«. Dazu kommt ein Rosmarinzweig oder was der herbstliche Garten etwa sonst noch bietet. Am Spätabend oder in der Nacht kommt dann der Bursche ans Fenster der Geliebten und holt sich das Geschenk. Es gilt als eine große Schande für einen Burschen, wenn er keinen »Buschen« hat, daher sucht derjenige, der nicht so glücklich ist, ein Liebchen zu besitzen, auf alle mögliche Weise einen zu stehlen. Aber die Mädchen sind klug und entfernen jeden Blumenstock von Söller und Garten, damit keine unberufene Hand demselben nahe.

Lautes Böllerknallen weckt die Hausbewohner am Kirchsonntag früh schon um drei bis vier Uhr aus dem Schlafe. Alles steht zeitlich auf, selbst die Kinder. Die Bäuerin geht in den Frühgottesdienst, weil sie später zu Hause bleiben und das Mittagsmahl bereiten muß. Die Burschen und Mädchen sind mit ihrem Anzug beschäftigt. Da wird gewaschen und gekämmt, das Haar gestrichen und der Bart gezupft; die Dirnen flechten das Haar in überbreite Zöpfe; dann werden die schönsten Kleider aus dem Kasten geholt und vor dem Spiegel angezogen. Manche Dorfschöne schnürt sich das knappe Mieder fester als ein Stadtfräulein. Endlich um halb acht Uhr ist alt und jung zum Kirchgang bereit. Von allen Seiten kommen die Leute im Festtagsstaat zum Gottesdienste. Die Burschen stellen sich vor der Kirchtüre auf, denn sie müssen erstens ihre »Buschen« bewundern lassen, die gar keck von den Hüten herabnicken, zweitens die Leute mustern und die geputzten Mädchen bekritteln. Auch diese geben acht, ob ihre Liebhaber wohl die von ihnen gewundenen Sträuße tragen. Da hört man manche spöttische Bemerkung, und manche spitzige Rede fliegt hin und wider. Beim Zusammenläuten der Glocken treten auch die Burschen in die Kirche. Der Altar ist schön »aufgemacht« und mit Birkenbäumen geschmückt, die Predigt besonders schön ausstudiert, das Amt lang und feierlich. Die Sängerinnen schmettern mit helltönender Stimme ihre Gloria in excelsis Deo herab, und der Organist will mit seinen Orgelpräludien gar nicht enden, spielt auch mitunter ein bekanntes Stücklein aus einer Oper oder gar eine Polka. Zwischen Credo und Sanctus ist ein lustiger »Hopser« fast Verpflichtung. Den Leuten ist es aber heute nicht recht genehm, daß der Gottesdienst so lange dauert; ja es existiert sogar ein Spottliedchen auf das: »Pacem-G'schrei«. Alt und jung verläßt mit innigem Beha-

gen die schwüle Kirche. Die Burschen sind wieder die ersten. Sie stellen sich auf wie vor dem Gottesdienst und warten auf ihre Mädchen, welche sie dann nach Hause begleiten. Das Gespräch auf dem Heimweg bezieht sich natürlich nicht gerade auf das, was der Pfarrer heute gepredigt hat. Die praktischen Alten sprechen von den Kühen und Ochsen oder von Feld und Wald und von der Wochenarbeit; die Jungen haben ihren entsprechenden Klatsch, ihnen stecken die schmucken »Dirndlen« im Kopfe.

Der Kirchmontag ist erst der eigentliche lustige Kirchtag. Fast aus allen Wirtshäusern schallt Tanzmusik. Die Haupttanzplätze sind aber im Dorfe Zell oder in Fügen, wo auch zugleich ein Jahrmarkt abgehalten wird. Dorthin wallfahrtet denn die tanzlustige Jugend Zillertals. Gleich nach dem Mittagessen rotten sich die Burschen zusammen und wandern dem näher gelegenen der beiden Dörfer zu. Die Mädchen, die sich natürlich zusammenbestellt haben, folgen in bescheidener Entfernung oder sind schon vorausgegangen; im verabredeten Orte findet man sich dann leicht. Besonders in Fügen geht es sehr lebhaft zu. Welch Gewühl von Leuten ist da versammelt! Ganze Rotten von Burschen, das Hüt'l keck auf der Seite, das Röck'l über der Achsel und den Stoßring am Finger ziehen Gasse auf, Gasse ab, Wirtshaus ein, Wirtshaus aus, von einer Bude zur andern. Allmählich fangen sie an, sich zu teilen. Jeder sucht jetzt sein Dirndl auf. Hat er es gefunden, so wird eingekauft. Sie beschenkt ihn mit einem »Bu-

schen«, einer Pfeife oder einem Tabaksbeutel; er gibt ihr als Gegengeschenk hübsche Fürtuchbänder oder ein Sacktuch. Dann kaufen sie sich Bildchen, wo hübsche bezügliche Verse darauf stehen. Oft beschenken die Burschen auch solche Mädchen, die ihnen unbekannt sind, nur so zum Jux mit Naschwerk, wie »Busserlen«, Lebzeltengebäck in allerlei Formen, z. B. zehn bis zwölf aneinanderhangende »Popelen« oder ein »Popele in der Wiege«. Ein solcher Scherz wird gar oft der Anfang einer Liebschaft. —
Jeder Bursche geht dann mit der Seinigen in das Wirtshaus und auf den Tanzplatz. Da ist ein Lärm, ein Gewoge und Gedrehe hin und her im Walzer und »bayerischen«, daß dem Zuschauer Hören und Sehen vergehen möchte. Denn hier wird nicht so fein und manierlich getanzt, wie ein Herr mit einem zarten Fräulein auf einem städtischen Balle. Da wird »schuhplattelt« und »getröstert«, d. h. kopfüber aufgesprungen, daß man an der Zimmerdecke die Eindrücke der schweren Nagelschuhe sieht. Mancher gelenkige Tänzer springt gar mit hellem Juchzer über das Mädchen hinaus, das unterdessen allein forttanzt, dann laufen sie wieder zusammen, halten sich enge, oft Wange an Wange gelehnt und machen dann wieder einen kühnen Dreher:

> Aft (dann) dreht sich das Diendl,
> Aft dreht sich der Bua,
> Aft nimmt er's beim Miederl
> Und juchzet dazua.

An den eng zur Wand gerückten Schenktischen sitzen politisierend und tabakrauchend die älteren Leute und lassen ihre Blicke über das frohe Gewühl gleiten. Eine Hauptsache beim Tanzen ist das »Anfrümmen«. Der Bursche mit dem Mädchen an der Hand tritt vor die Spielleute hin und singt ein Trutzliedchen, was als Aufforderung gilt, auf seine Kosten einen Tanz aufzuspielen. Heute werden nämlich die Spielleute auch bezahlt, da die sonst gebräuchliche Mundharmonika, der sogenannte »Fotzhobel«, welches Instrument an gewöhnlichen Sonntagen für einige Paare wohl ausreicht, bei diesem Anlaß nicht mehr genügt. Es kommen eigene »Aufspieler« und Singer aus demselben oder aus einem benachbarten Dorfe; auch finden sich gern böhmische Musikanten ein. Der Bursche wirft das Geld in einen eigens dafür aufgestellten Teller. Diese Trutzliedchen sind sehr häufig Veranlassung zu Raufereien, denn sie sind meistens auf die Burschen anderer Dörfer oder auf einen Nebenbuhler gemünzt. Das Dirndl wird mit großer Eifersucht gehütet, ebenso beobachtet sie

mit scharfen Blicken ihren Schatz. Trotzdem geschieht es oft, daß ein Bursche seiner Geliebten oder umgekehrt sie ihm den Laufpaß gibt und sich einen neuen Schatz sucht. Beim Tanz fällt das nicht so sehr auf.

Schlimmer ist es aber, wenn der Bursche das Mädchen hinter dem Tisch im Wirtshaus im Stiche läßt. Da sitzt nun die arme Verlassene, eine Zielscheibe des Witzes und Spottes der ganzen Gesellschaft, und weiß sich vor Scham und Verlegenheit nicht zu raten und nicht zu helfen. Man nennt dies dem Dirndl ein »Blech machen«. Das »Belch« hat sie so lange, bis sie einen anderen Liebhaber findet, der ihr »das Blech abnimmt«, d. h. ihr die Zeche zahlt. Aber auch für den Burschen ist es eine große Schande, von einem Dirndl verlassen zu werden, und das geschieht nicht minder oft.

Hat man eine Weile getanzt, so führt jeder seine Tänzerin in die Wirtsstube und setzt ihr dort süßen Wein, sogenannten »Gliedwein« (Glühwein), Braten und Kaffee vor. Hierauf geht man mit frischen Kräften nochmals auf den Tanzplatz und vergnügt sich da bis spät in die Nacht. Dann nimmt man abermals eine Stärkung zu sich und macht sich endlich auf den Heimweg. Der Bursche begleitet sein Mädchen; gibt es unterwegs ein Wirtshaus, so wird noch einmal eingekehrt. Wer allein nach Hause gehen muß, von dem sagt man: »Er tragt Schotten.«

Ludwig von Hörmann

Kirchta, bleib do!
Mittenwald

El- jo-u- he, ei- jo-u- he, Kirchta bleib do! Ha-ma uns schon lan-ge Zeit auf unsan Kirchta gfreut. Ei-jo-u- he, ei-jo-u- he, Kirchta bleib do!

Laß ma uns a Kissei gebn,
daß ma uns könna niedalegn.

Bauernfeiertage

Als im Jahre 1806 Tirol bayerisch wurde, war bekanntlich außer dem Verbote des Wetterläutens eine der verhaßtesten Neuerungen die Abschaffung der »Bauernfeiertage«. Man weiß auch, welch böses Blut diese an und für sich gewiß sehr vernünftige Maßregel im Volke machte und wie dieselbe drei Jahre später als wirksames Aufreizungsmittel gegen die neue Regierung verwendet wurde. Ich besitze selbst in meiner Sammlung tirolischer Volkslieder mehrere darauf bezügliche Lieder, darunter ein »Klagelied wegen der von Bayern abgebrachten Feiertägen«, in welchem diese Neuerung als eine von protestantischem Verbreitungseifer ausgehende Verhöhnung des Katholizismus hingestellt und der Auszug der betreffenden Heiligen aus dem »nun lutherischen« Lande in den derbsten und aufreizendsten Versen besungen wird. Auch Süß in seiner »Sammlung Salzburger Volkslieder« bringt ein ähnliches Lied, in dem sich der Unmut der Bauern über diese bayerische Verordnung Luft macht. Ob es nun damals von der neuen Regierung klug war, an verjährten, wenn auch noch so unvernünftigen Eigenheiten und durch die Überlieferung geheiligten Vorrechten zu rütteln, das gehört auf ein anderes Blatt. Tatsache ist, daß die im früher angeführten Volksliede vertriebenen Heiligen nach dem Rückfalle Tirols an das angestammte Kaiserhaus wieder ihren feierlichen Einzug in die Dörfer hielten, daß ihre Festtage wieder zu Ehren kamen und im großen und ganzen bis zur heutigen Stunde von Bauern und Ehehalten, in erster Linie natürlich von den letzteren, mit größter Gewissenhaftigkeit gehalten werden.

Vergeblich eiferte der um die Hebung der Landwirtschaft in Tirol hochverdiente Graf Enzenberg – damals, anfangs der verflossenen fünziger Jahre, Präsident des tirolisch-vorarlbergischen landwirtschaftlichen Zentralvereins – gegen diesen Unfug, indem er eine auf wahrheitstreuen Angaben beruhende Zusammenstellung der abgebrachten und noch abzubringenden Feiertage in verschiedenen Blättern veröffentlichte und auch mündlich, wenn ich nicht irre, gelegentlich der Eröffnung einer Bienenaustellung, dagegen in die Schranken trat; vergeblich brachte auch der leider schon lang dahingeschiedene, wackere Landeshauptmann-Stellvertreter von Tirol, Dr. v. Grebmer im Jahre 1868 bei den versammelten Landesvätern einen vollkommen begründeten Antrag zur Abschaffung dieses Grundübels der tirolischen Landwirtschaft ein, dessen rasche Durchführung als im größten Interesse des Landes liegend selbst der

Fürstbischof Gasser als »dringendes Bedürfnis« anerkannte; umsonst richtete im Jahre des Heils 1869 der damalige Minister des Innern, Dr. Giskra, an sämtliche Statthalter einen Erlaß (vom 20. August), worin dieselben beauftragt wurden, »die unterstehenden Behörden anzuweisen, daß sie vorkommenden Falles durch Belohnung ihren Einfluß geltend machten, damit die Bevölkerung es von der Beobachtung ›nichtgebotener Feiertage‹ abkommen lasse«. Ja es existieren sogar päpstliche Verordnungen, welche ebenfalls die Einschränkung dieser bäuerlichen Ferialtage zum Inhalt haben. Was half es? Die meisten dieser Bauernfeiertage bestehen bis heute und werden noch fortbestehen, so lange sich nicht die in dem Mangel an Arbeitskräften liegenden Verhältnisse ändern. Denn diese sind es in erster Reihe, die den tirolischen Bauer nur zu häufig zum Sklaven seiner Untergebenen machen.

»Wenn d' itz an' Vormittag außi gingst arbeiten, tät's di' aa' nit umbringen«, sagt der Stoffelbauer zum Knecht, der am Magdalenentage gemütlich auf der Ofenbank liegt und die »Kruicherlen« (Fliegen) an der Stubendecke zählt, während draußen das Heu auf die Einheimsung wartet. – »Itz woascht (weißt) Bauer, wenn's dir nit g'recht ist, suchst dir aften an' andern Knecht.« – Der Letztere hat gewonnen Spiel mit seiner trutzigen Antwort, denn er hat sich ja bei seinem Diensteintritte am Lichtmeßtag in der Abmachung außer der Lodenjoppe, zwei »rupfenen« Hemden, einem Paar Beinkleidern, einem Paar Strümpfen und 180 Kronen Lohn auch noch die Freigabe gewisser Bauernfeiertage ausbedungen und, um sie ja nicht zu übersehen, im Hauskalender die schwarz bezeichneten ursprünglichen Feiertage rot angestrichen.

Der Mangel an Arbeitskräften, der seine Hauptwurzel im Militarismus hat, zwingt den Landwirt, trotz der besseren Verköstigung, trotz der mehr als um das vierfache erhöhten Entlohnung auf die übermütigen Forderungen des durch die hohen Löhne bei Eisenbahn- und anderen Bauten verwöhnten und ungenügsam gemachten Arbeiters einzugehen und in den sauren Apfel zu beißen, wenn er nicht zum großen Schaden noch den Spott haben will. Was hilft gegenüber solchen Faktoren der § 12 der erneuerten »Dienstboten-Ordnung« vom Jahre 1879, in dem es ausdrücklich heißt: »Der Dienstbote darf sich an den abgebrachten Feiertagen der Arbeit nicht entziehen.«

Welch empfindlicher Schaden durch die Haltung der Bauernfeiertage dem materiellen und moralischen Wohlstand erwächst, liegt auf der Hand. Man kann annehmen, und es ist auf Grund unumstößlicher Berechnungen dargetan, daß diese vielen Bauernfeiertage

jeden Bauer mit nur fünf Dienstboten jährlich um wenigstens 400 K. schädigen, welcher Schaden in der Folge bedeutender wird, weil sich die Arbeitslöhne von Jahr zu Jahr steigern. Überdies fallen diese Feiertage häufig in eine Zeit, wo die Feldarbeit die Kräfte am dringendsten benötigt und das Wetter der Einfechsung günstig ist, während diese am darauffolgenden Arbeitstage wegen Witterungswechsels nicht mehr vorgenommen werden kann. Ist dieser Nachteil auch nur ein zufälliger, so tritt er doch häufig genug ein.

Dazu kommt noch, daß Tags vorher, gewöhnlich schon am Frühnachmittage, häufig sogar schon 11 Uhr vormittags »Feierabend« geläutet wird, somit auch der vorhergehende Tag zur Hälfte wegfällt. Ich könnte nun eine mir vorliegende eingehende Tabelle der in Tirol noch vorkommenden und in mehreren Teilen des Landes eingehaltenen Feiertage samt den ihnen vorangehenden Feierabenden geben, wenn nicht der Raum mir Schranken auferlegte. Daher muß ich den Leser bitten, sich auf Treu und Glaube mit dem Schlußergebnis meiner Rechnung zu begnügen. Es ergeben sich 56 Festtage mit (durchschnittlich gezählt) 139 Feierabendstunden. Rechnet man hiezu noch 52 gewöhnliche Sonntage mit von 5 Uhr nachmittags gerechneten 104 vorabendlichen Feierabendstunden, so steigt obige Summe auf 108 Sonn- und Festtage und 243 Feierabendstunden, die, den Arbeitstag zu elf Stunden gerechnet, ihrerseits wieder 22

Arbeitstagen gleichkommen, das sind 130 Tage. Wenn man nun auch – wir wollen gewissenhaft sein – wegen Zusammenfallens der Feiertage mit Sonntagen gut gerechnet 20 Tage mit 40 Feierabendstunden (gleich drei Tagen sieben Stunden) abrechnet, so ergibt sich dennoch als Gesamtes die erschreckende Summe von hundert und sechs Tagen und vier Stunden arbeitsfreie Zeit im Jahre. Fehlen also nur noch 15 Tage zum ganzen Jahresdrittel, welche »kleine Differenz« leicht dreifach durch zufällige Gelegenheits- und Ortsfeiertage, wie Scheibenschießen, Hochzeiten, Taufen, Beerdigungen, Jahrmärkte, Fastnacht, Gerichtsvorladungen etc. etc. beglichen wird. Die Weißenbachtaler brauchen diese »außerordentliche« Gelegenheit gar nicht, um zum Jahresdrittel zu kommen, denn sie haben ohnehin 14 Feiertage über der genannten Zahl. Bemerken muß ich noch, daß die mir vorliegende Tabelle noch nicht einmal ganz vollständig ist, daß die namentlich im Unterinntal im besten Schwunge befindlichen »blauen Montage« dabei nicht gerechnet sind, ebenso nicht die wegen Tags vorher stattgehabter Trunkenheit, Raufhändel usw. meistens entfallenden halben darauffolgenden Tage.

Ist das nicht mehr als gemütlich, wenn jeder dritte Tag ein arbeitsfreier, mithin jedes dritte Jahr ein arbeitsloses ist? Sind unsere tirolischen Triften vielleicht von der Natur so gesegnet, daß sie den mangelnden Fleiß durch Überschwenglichkeit vergelten, oder haben wir vielleicht eine so reiche Industrie nach Art der Schweiz oder des Schwarzwaldes, daß sie das ersetzt, was der Boden nicht gewährt? »Haben wir Tiroler«, möchte man mit dem Kleinbauer im Unterinntal ausrufen, »ein Recht, uns über Steuerlast und Armut zu beschweren, wenn die Arbeit, die erste Quelle des Nationalwohlstandes, nicht gemäß dem Verstande, sondern nach einem alten Herkommen bestellt und durch Widerspruch beider ein großer Verlust an Qualität und Quantität des im Lande der Viehzucht den Ausschlag gebenden Naturproduktes der Wiesen verursacht wird?«

Gegenüber dieser betrübenden Tatsache muß die Frage nach gründlicher, wenigstens teilweiser Abhilfe entstehen, die vielleicht, so möchte es wenigstens scheinen, darin einen kräftigen Hebel erhält, daß in neuerer Zeit auch unter den Bauern selbst die Klagen über das Unwesen der Dienstboten sich mehren, während sie sich bisher zu diesem Treiben meist duldend verhielten.

Ludwig von Hörmann

Die Herabschaffung des Alpennutzens
Almraitung

Während das Alpenvieh und der Kuhhirt mit Sang und Klang in das heimatliche Dorf einziehen, stehen die Almhütten keineswegs verlassen. Das übrige Sennerpersonal ist gewöhnlich noch oben geblieben, um in Verein mit den Besitzern aus dem Tale und deren Knechten die Herabschaffung und Verteilung des Alpennutzens zu bewerkstelligen. Von letzterer kann natürlich nur bei solchen Alpen die Rede sein, auf denen sich das Vieh mehrerer Bauern, ja oft einer ganzen Gemeinde befindet, wie dies in Oberinntal und überhaupt in jenen Tälern der Fall ist, wo der einzelne zu wenig begütert ist, um einer eigenen Alpe zu bedürfen. Wo aber ein wohlhabender Bauer eine alleinige Alpe besitzt, befördert er das Erträgnis zu Tal, wie und wann es ihm eben taugt, um es nach Willkür und Bedarf entweder zu verkaufen oder in der eigenen Wirtschaft zu verbrauchen. Gewöhnlich wird in solchem Falle mehrmals während des Sommers Käse und Butter mittelst »Kraxen« (Traggestelle) heruntergebracht, so daß man bei der Heimkehr nur das kleine »Almwagele«, das beim Aufzuge zur Hinaufschaffung der nötigen Gerätschaften und Lebensmittel diente, mit dem »Almnutzen« zu bepacken braucht, um es zugleich mit der Herde abziehen zu lassen. Wenn man mehr Erzeugnis zusammenkommen läßt, fällt die Fuhr natürlich größer aus. Etwas umständlicher wird die Sache natürlich auf jenen Alpen, wo man von einem oder mehreren Bauern »Lehnkühe« aufnimmt. Es geschieht dies überall, wo der Alpenbesitzer zu wenig eigenes Vieh hat, um seine Gründe damit abzuweiden. Der Vertrag wird auf verschiedene Weise geschlossen. Der Alpenbesitzer zahlt z. B. dem Vieheigentümer für eine Lehnkuh 14–20 fl. (28–40 Kron.) Mietgeld. Als Entgelt dafür fällt ersterem alle Milch, die sie gibt, sowie die Butter, der Käse und die Schotten, kurz alles zu, was er daraus gewinnt. Häufig bezahlt er ihn aber nicht in Geld, sondern gibt für eine Kuh beiläufig 15–20 Pfund Butter und etwa 20 Pfund Käse. Diesen Brauch findet man häufig im Zillertal und Dux. Übrigens hängt die Bezahlung einerseits sehr davon ab, ob die Kuh früh- oder spätträchtig oder ganz »leer« ist, da letztere natürlich mehr Milch liefern kann als erstere, und anderseits, ob eine Alpe gut oder mittelmäßig ist. Der Eigentümer der Alpe muß entsprechend mehr zahlen, wenn die ungünstige Lage eine frühe Abfahrt nötig macht. Oder man bedingt beim Schlusse des Vertrages keine bestimmte Summe, sondern trifft das Übereinkommen nach der »Milchprobe«.

Am Jakobstag (25. Juli) kommt der Eigentümer der Milchkühe auf die Alpe und melkt dieselben abends. Die Zahl der Pfunde Milch, welche sie geben, wird aufgemerkt und zu jener vom Morgen hinzugerechnet. Aus der herauskommenden Summe wird nun das arithmetische Mittel gezogen: von jedem vierten Pfund, das in diesem Ergebnis steckt, gibt der Mieter dem Eigentümer der Kühe die ausbedungene Summe.
Außer der angeführten gibt es noch verschiedene Berechnungsweisen des Zinses. So wird, wenn die Kuh 8 Pfund Milch täglich gibt, die Hälfte dem Alpenbesitzer fürs Gras und Futter überlassen, die andere Hälfte der Milch dem Kuheigentümer als Alpennutzen angerechnet, und zwar in Geld. Auf andern Alpen werden dem Kuhbesitzer für je 3 Maß Milch 5 Pfund Butter und 5 Pfund Käse als Alpennutzen ausgefolgt. Auf noch anderen läßt sich der Alpenbesitzer für die Weide per Stück ein Bestimmtes, z. B. 14 Kronen »Grasgeld« für die ganze Almzeit bezahlen und kümmert sich um nichts weiter. Der Almnutzen wird im Ganzen an die Besitzer der Lehnkühe ausgefolgt, welche denselben dann nach Verhältnis unter sich verteilen. Im Pustertal gibt man statt des »Grasgeldes« Getreide. Der Alpennutzen heißt dort nämlich »Almtrad«, obwohl er natürlich nicht aus Getreide, sondern aus Käse und Butter besteht. (Trad=Treid, von tragen, wie Getreide mittelhochdeutsch: Getregede, was man oder der Boden trägt; Bodenerzeugnis.)
Auf großen Gesellschafts- und Gemeindealpen, wo jedes Gemeindeglied gleiches Recht hat, sein Vieh aufzutreiben, kommen die Interessenten während des Sommers öfter – meistens dreimal – zusammen. Das erstemal geschieht es fünf Wochen nach dem Auftriebe. Während dieser Zeit hat der Senn schon einigen Nutzen zusammengebracht, welcher dann nach Verhältnis der Milch verteilt und von den Kuhbesitzern heimgetragen wird. Zuweilen verkauft man Butter und Käse von der Alm fort an Butterträger, wovon das gelöste Geld beim Senn bis zur »Almraitung« aufbewahrt bleibt. So ist es z. B. auf der Höttinger und Mutterser Alpe in der Nähe von Innsbruck. Eine seltsame Einrichtung herrscht in der Alpe Tarrenton unter den Abhängen der Heiterwand nördlich von Tarrenz, wo sämtliche während der Almzeit gewonnene Butter, statt sie in Kugeln zu formen, zu einer Masse zusammengeworfen wird, so daß bis zur Abfahrt ein förmlicher Berg von sieben oder mehr Zentnern daraus erwächst.
Besonders genau nimmt man es mit der Alpenwirtschaft im Oberinntale, indem man zur Aufsicht über dieselbe einen eigenen »Bergmeister« bestellt.

Der »Bergmeister« muß nicht nur beim Milchmessen, sondern auch beim Hüten, und zwar am Meß- und am Vortage dabei sein, damit die Hirten die Kühe nicht etwa betrügerischerweise hin und her oder auf schlechte Weideplätze treiben und so die Milchbildung vermindern, während die »Zoonweide« von Rechts wegen die schönste Alpenmatte sein soll. Den Sennleuten ist es nämlich sehr erwünscht,

wenn der »Zoon« klein ausfällt, weil es ihnen dann möglich ist, bei der Verteilung des Alpennutzens für die »Malch« mehr zu geben als ihre Alpennachbarn, und so für geschickter zu gelten als diese. Manche »Rechtsennin« – in Oberinntal besorgen nämlich Dirnen das Oberamt in der Alpenwirtschaft – sinnt und denkt nichts anderes, als wie sie eine verhaßte Nebenbuhlerin zu überflügeln vermöge; Neid und Ehrgeiz läßt sie nachts nicht schlafen und treibt sie nicht selten zu unehrlichen Mitteln, um ihre Leidenschaft zu befriedigen. Ein solcher Sieg erregt großes Aufsehen im Dorf, ja sogar ganze Ortschaften brüsten sich damit, bei der Teilung des Alpennutzens mehr bekommen zu haben als andere. Den Unterliegenden wird zum Spotte am Vorabende des Kirchweihfestes mit Schwärze eine Geige an die Front des Hauses gemalt; auch Spottreime werden darunter geschrieben, die unter großem Gelächter durchs ganze Dorf und dessen Umgegend die Runde machen. Solche »Geigen« kann man fast an jedem zweiten Hause sehen. In Fließ, südwestlich von Landeck, fand ich im Spätherbst 1907 noch eine Geige aus dem Jahre 1895 stehen, daneben den Spottreim: »Wegen mangel an Blatz kommt die Mühlbacher Geige auf den Platz. 1895.«

Hat nun der »Bergmeister« alles in Ordnung befunden und die einzelnen Milchgewichte genau aufgemerkt, um den Bauern im Tal Rechenschaft geben zu können, so verzehrt er mit seinen Genossen ein tüchtiges Rahmmus, das ihm die Sennerin gekocht hat, und kehrt dann wieder heim. Ungefähr sechs Wochen darauf wird, wie bereits gesagt, das zweitemal »gezoont«, das dritte Mal fällt mit der Abfahrt zusammen. Da entfaltet sich oben auf den einsamen Alpenhütten ein ungewohntes Leben. Schon am Tage zuvor zieht das halbe Dorf mit Körben und Kraxen auf die Alpe, um den Alpennutzen, den »Zien«, wie der Oberinntaler, oder das »G'schaffet«, wie der Vintschgauer sagt, herabzuholen. Weil die »Kaser« (Almhütte) nur für wenige Raum bietet, so lagert man in der Nacht im Freien und zündet, um sich zu erwärmen, große Feuer an. Geschlafen wird natürlich selten, desto mehr geschertzt, gejubelt und der Schnapsflasche zugesprochen.

Der folgende Morgen bietet ein bewegtes Bild. Während das Alpenvieh, geführt vom Kuhhirten, mit Glocken- und Schellenklang talwärts zieht, sind die Leute in der Hütte vollauf beschäftigt, den »Alpennutzen« zu teilen. Die Kraxen lehnen um die Sennhütte herum. In derselben steht eine Gruppe von Leuten um das lodernde Kesselfeuer, andere essen eine warme Milchsuppe. Die Sennerinnen sind bei diesem Anlasse in blühweißen Hemdärmeln und Fürtüchern sauber herausgeputzt. Unterdessen machen ein paar praktische Männer im Keller den Überschlag, wie viel Käse und Zieger es auf die »Schlutte« treffe. Nach diesem Maße wird verteilt. Trifft es für einige Eigentümer keine Schlutte »Zoon«, so müssen diese die Unterteilung selbst fortsetzen; den der »Alpmeister« unter Beiziehung von zwei bis drei Männern aus dem »Senntum« gibt die ganze »Schlutte« heraus und kümmert sich nicht weiter darum. Einer der Betreffenden schneidet also den Käslaib in Halbe, Drittel oder Vier-

tel, steckt ein Messer zwischen die Teile, fragt seinen Gegenmann: »Ruck' oder Schneid'?« und gibt ihm dann den verlangten Teil. Die Butter aber wird bis auf halbe Viertelpfunde berechnet und ausgewogen. Dem »Bergmeister« wird für seine Bemühungen der Nutzen einer »Schlutte« zuerkannt.
Es dauert ziemlich lange, bis man mit allem im Reinen ist, ja die Teilung gestaltet sich an manchen Orten zu einem förmlichen Markt, da man den Alpennutzen gegenseitig kauft und verkauft. Vorzüglich suchen die Senner, die nebst dem bedungenen Lohn noch einen Anteil am »G'schaffet« haben, ihr Betreffnis an den Mann zu bringen. Endlich ist man in Ordnung, und es wird aufgepackt. Man benutzt zur Überführung Kraxen und sogenannte Protzwägen, das sind eine eigene Art von Schleifwägen, bestehend aus einem zweirädrigen Vordergestell mit zwei Baumstämmen, die nachschleifen. Darauf liegen die »Bögen«, Körbe aus grobem Weidengeflecht, in welchen die Butterkugeln und Käslaibe aufgeschichtet werden. Diese Protzwägen, mit Ochsen oder Kühen bespannt, eignen sich sehr gut für die abschüssigen, holperigen Alpenwege, aber nur dort, wo von solchen überhaupt noch die Rede sein kann. Wo aber die Almen, wie viele im rauhen steinigen Oberinntal, wie grüne Oasen von starren, steil abfallenden Felswüsteneien umgeben sind, kann die Herabschaffung nur auf äußerst mühevolle und gefährliche Art mit Tragkörben und Kraxen bewerkstelligt werden. Es ist wahrlich keine Kleinigkeit, die schweren Trachten von oft zwei Zentnern da herunterzubringen.
Ist alles aufgeladen, so setzt sich der Zug in Bewegung. Die Protzwägen sind mit Zirbelnußzapfen, sogenannten Pfötscheln, grünen Zweigen und mit Blumensträußen geziert, die man vom Dorf mitgenommen. Unter Jodeln und Jauchzen geht es die schmalen, beschwerlichen Pfade hinab. Wo der Weg besser fahrbar wird, stehen Leute aus dem Dorf mit Karren, um die Kraxenträger abzulösen. Je mehr man sich dem Dorfe nähert, desto mehr Leute versammeln sich zum Willkomm. Die Kinder gehen ihren Angehörigen oft weite Strecken entgegen. Dann wird eine kurze Rast gemacht und die hungrigen Mägen werden mit Butterbrot, Käse und Zieger erfreut. Hierauf geht der Zug wieder weiter ins heimatliche Dorf. Da läuft alles was Füße hat, die Kommenden zu begrüßen. Besonders findet sich Bettelvolk von weit und breit ein, denn es erhält einen eigenen Anteil am »G'schaffet«, talergroße Butterknollen, die eigens zu diesem Zwecke bereitet worden sind.
Nicht immer findet jedoch die Verteilung des Alpennutzens schon oben auf der Alpe statt. In manchen Gegenden, z.B. in Unterinntal,

wird der sämtliche Vorrat im Ganzen herabgeschafft und erst unten verteilt. Dies geschieht am Rosenkranzsonntag (anfangs Oktober), an welchem Tage auch zugleich die »Almraitung« abgehalten wird. Die Eigentümer des Alpenviehes versammeln sich in einer großen geräumigen Bauernstube, z. B. der Meßnerstube, um da zu berichten und zu beraten. Obmann der Versammlung ist derjenige Bauer, der die meisten Grasrechte hat. Vor allem wird der Lohn des Senners, der Hirten, des Putzers, Galterers und wie die Alpenbediensteten alle heißen, bestimmt und ausgezahlt, dann werden alle Unkosten, Steuern, Verbesserungen ect. zusammengezählt, auf jeden »Interessenten« nach Verhältnis verteilt, und jeder berichtigt das ihm Zufallende. Wenn man mit dem Hirten besonders zufrieden war, gibt man ihm ein Trinkgeld und stellt ihn gleich fürs nächste Jahr wieder an, im andern Falle wählt man einen neuen. Auch das übrige Sennvolk wird jetzt schon gemeinsam bestellt und der Lohn bedungen, da man sich in den abgeschlossenen Tälern und Berghöfen oft den ganzen Winter nicht sieht. Bei großen Gesellschaftsalpen, wo mehrere Kaser (Hütten) stehen, stellen sich die verschiedenen Anteilberechtigten ihre Senner und Hirten auf eigene Faust an, daher kommen bei der »Almraitung« nur die untergeordneten gemeinsamen Bediensteten, wie der Galterer, Putzer etc. zur Verrechnung.

An jenen Orten, wo die Verteilung des Alpennutzens gleich oben auf der Alpe stattfindet, verschiebt man die »Almraitung« meist bis in den Winter. Im Oberinntal führt dabei der »Bergmeister« den Vorsitz, der dann sein Amt niederlegt. Als Belohnung erhält er gegenwärtig den festgesetzten Betrag von 40–60 Kronen. Den Schluß der Versammlung bildet überall ein ländliches Mahl, bei dem auch Alpenkäse der eigens bei der Teilung beiseite gelegt wurde, auf den Tisch kommt. Die heiteren Unterinntaler fügen, nachdem sie Vormittags in Gemeinschaft dem Gottesdienste beigewohnt haben, dem Feste noch einen lustigen Tanzabend hinzu. Senner und Hirten sind da die Löwen des Tages, und ich wollte es keiner Dirne raten, einem von ihnen beim Tanzen einen Korb zu geben. So etwas wird der »hoachen Menschin« nie verziehen, sondern bei allen Gelegenheiten, wie Fastnachtspielen und dergleichen, unliebsam unter die Nase gerieben.

Ludwig von Hörmann

Was braucht den a Jaga?

Was braucht denn a Jaga? Was braucht denn a Jaga? A Jaga braucht nix, als a schwarz-au gats Dian-dl, a schwarz-au-gats Dian-dl und an Hund und a Bix und an Hund und a Bix! Hui di ri hol jo, da rei hol jo, hui di ri hol jo, da rei hol jo, hui di ri hol jo, da rei hol jo, hui di jo. ri hol jo, hol

Was braucht denn a Jaga?
An Rehbock, an Hirsch
und an Spielhoh dazua,
an Spielhoh dazua,
und a Gambs zu da Birsch
und a Gambs zu da Birsch.

NOVEMBER

Jetzt fährt der Winter hart daher
Und bringt dem Armen viel Beschwer.
Auf Saaten wirkt oft schädlich ein
Der Schütz bei hellem Mondenschein.
Laß an den Armen, scher dein Haupt,
Nimm oft ein Bad, das ist erlaubt.
Schneid deine Nägel und dein Haar
Dann lebst du ungestört, fürwahr.

Glockendon

Bauernregeln

Sperrt der Winter früh das Haus
hält er nicht lange raus.

Wenn der Eichbaum lang sein Laub erhält,
folgt der Winter mit strenger Kält.

Am Allerheiligen-Fest
ein später Sommer sich blicken läßt.

Steckt Allerheiligen in der Pudelmütze,
ist an Martini der Pelz nichts nütze.

Hat Martini einen weißen Bart,
wird der Winter lang und hart.

Wie St. Kathrein
wird das Neujahr sein.

Lostage

 1. 11.   Allerheiligen
11. 11.   St. Martin
19. 11.   St. Elisabeth
23. 11.   St. Klemens
25. 11.   St. Kathrein
30. 11.   St. Andreas

Zum November

November ist gekennzeichnet von Totenfeiern, aber auch von fröhlichen Pferdeumritten. Der Herbst ist in den Winter übergegangen, und die Zeit der Spinnstube beginnt. Geschichten werden erzählt von Toten und Geistern, und die geheimnisvolle Zeit des Advents und der Weihnacht findet langsam ihre Vorbereitung.
Die Gräber sind mit Lichtern und in den niedrigeren Gegenden noch mit Blumen gerichtet worden, damit man das Allerheiligen- und Allerseelenfest begehen kann. Schon seit der Vorzeit ist der November der Totenmonat, denn schon die Kelten hatten zu Beginn des Novembers ihr großes Totenfest. Die Lostage, an welchen man in die Zukunft schauen kann, bekommen große Wichtigkeit. In der Allerseelenwoche betet man Rosenkränze und sammelt Geld mit dem Allerseelenbeutel für die armen Seelen. Ein Armenseelenlied sagt:

> Töchterlein fein,
> deine Mutter ist auch in der Pein;
> sie sitzt in den Flammen,
> schlägt die Hände zusammen
> und ruft: oh, mein Kind,
> hilf mir geschwind.

Die Verbindung zu den Verstorbenen wird mit vielen Kirchhofgängen bewiesen.
St. Leonhard (6. 11.) ist der Schutzheilige der Pferde und Fuhrleute, und seine Kirchen stehen oft auf Abzweigungen und Paßanhöhen. Ihm weiht man Hufeisen, zu ihm wallfahrtet man in wunderschönen Pferdeprozessionen. Geschmückt erscheinen Roß und Reiter oft in altertümlichen Kleidern, die der Stolz der ganzen Gemeinde sind. St. Martin ist noch volkstümlicher, dies vor allem für die Kinder, die den Heiligen vor allem in neuerer Zeit, mit ihren Martinslaternen ehren. Viele Kapellen sind ihm geweiht, wobei auf dem Altarbild die Gans nicht fehlen darf. Es ist der Tag von Zinsabrechnungen, von Märkten und auch Schlachtfesten.
An manchen Orten werden zu Martini die Hirten ausbezahlt, es findet ein Martinischießen statt und es wird Martiniminne getrunken.
St. Kathrein am 24. 11. ist der letzte Tag des Jahres, wo getanzt werden darf. Es heißt, St. Kathrein stellt die Räder und Geigen ein. Nun kommt der Advent und da man weiß, daß man lange nicht mehr tanzen darf, gehört St. Kathrein zu den ausgelassensten Festen. So man-

cher Ehebund wird an Kathrein noch versprochen. Denn es heißt: Im Advent reicht man einander die Händ, im Neujahr nimmt man sie gar. Der hl. Andreas, der am 30. 11. seinen Festtag hat, ist bekannt dafür, daß er einen Blick in die Zukunft gestattet. In der Andreasnacht muß man sich nur in der vorgeschriebenen Weise erkundigen, z. B. rückwärts mit dem linken Fuß zuerst ins Bett steigen und folgenden Spruch sagen:

> Heiliger Andreas, i bitt
> daß ich mei Bettstadl betritt,
> daß mir erscheint der Herzallerliebste mein
> wie er geht
> und wie er steht
> und wie er mich zum Traualtar führt.

H. C. E

Rezepte im November

I bitt' enk halt recht schö
Gebt's mir an Seelenkipf,
Gebt's ma fei an weiß'n
An schwarzen konn i net beiß'n.
Gebt's ma an langa
An kurzn konn i net G'langa.

Niederbayerische Armeseelen-Weckl

Gewöhnlicher Brotteig wird zu kleinen Weckerln geformt. Man läßt diese über Nacht in der warmen Küche stehen und gibt sie dann nebeneinander so in eine gut gefettete Reine, daß sie Platz haben, sich auszudehen. Man kann sie nach Belieben mit etwas Wasser bestreichen und mit Kümmel bestreuen. Sie werden gut warm gestellt und dann gebacken. Diese Roggenweckerl schmecken frisch am allerbesten.

Wie man bereits im 14. Jahrhundert in Bayern Gänse gebraten hat, zeigt uns die erste deutsche Kochbuch-Handschrift aus Würzburg mit dem Titel »Daz buch von guter spise«. Das Rezept Nummer 42 lautet:

Ein geriht von einer gense

Nim ein gans, die niht als si. nim uz daz gekroese. snit abe die flügele und die diech (die Beine). stecke sie in einen irdinen hafen. der enge si, giuz daz wazzer uf, daz sie betuche (daß sie völlig darein getaucht seien). setze sie uf einen drifuz. der unden offen sie. bedecke den hafen. daz der braden ibz uz ge, siut daz gekroese sunder. und saltz die gans. und siude die gans in dem sode, biz sie vil nach trucken si und gar si gesoten. und nim denne süezze milich und sehs totern. und zwei haupt knobelauches, die groz sint. und schele die schone. und stoz sie mit ein wenic saltzez, und menge daz mit der milich. und mit den totern. und saffran tu dar zu. und giuz daz condiment auf die gans, laz sie erwallen und gib sie hin.

Allerheiligen und Allerseelen

Zu Anfang des Monats November, wenn die Nebel lagern über Wald und Tal und wenn die langen stürmischen Nächte hausen und immerfort noch wachsen, als wollten sie uns armen Sterblichen das Beste, was wir haben, das liebe Tageslicht entrücken ganz und gar – zu dieser Zeit enthüllt uns die Kirche zwei wundersame Bilder aus der anderen Welt.

So wie Johannes, des Herrn Liebling, sehen wir den Himmel offen, sehen Gott auf einem Thron, von vierundzwanzig Ältesten umgeben, sehen den Stier und den Löwen und den Adler und das Lamm.

Und wir sehen eine große Schar, die niemand zählen kann, aus allen Nationen, Völkern, Stämmen und Sprachen, angetan mit weißen Kleidern und mit Palmen in den Händen.

Das sind die Auserwählten, die Seligen. Auch Bekannte und Verwandte von uns mögen dabei sein. So zum mindesten hat es mir meine Großmutter einst beim herbstlichen Späneklieben oder beim Rübenschälen erzählt.

»Ja mein Bübel!« sagte sie, »im Himmel oben, da ist eine großmächtige Kirche, und da sitzen die Heiligen in ihren Stühlen – aber sie duseln nicht ein –, und die Engelein, die tun Musik machen und der lieb' Herrgot tut selber Meß lesen; predigen aber tun die Blutzeugen und Beicht hören die Beichtiger.«

Ich unterbrach die Großmutter: »Beichthören? Wer sündigt denn da oben noch?«

»Schwätze nicht dazwischen! Wer sagte denn vom Sündigen was? Meinst du, es sind nicht lauter gute Christen, die auf das Beichten was halten?«

So ist im einfältigen Gemüte der Himmel gebaut.

Als aber der Pfarrer einmal gepredigt, im Himmel gebe es nichts als lauter Anbetung Gottes, da hatte er sich empfindlich geschadet. –

»Allerweil singen und beten!« rief der Dachelschuster, »der tausend Mosthosen, das muß eine saubere Unterhaltung sein! Na, wenn ich am Sonntagsnachmittag nicht ein bißel kugelschieben kann, und mein Glasel Most dazu trinken, so pfeif ich drauf!«

Hoffen wir indes, es wird jeder das Seine dort finden.

Ich bemerke hier besonders, was zwar selbstverständlich ist, daß ein Volksbeschreiber die religiösen Sachen nicht im Sinne der Kirche, sondern in dem des Volkes zu schildern hat. Vom Himmel nun zum Fegfeuer. Aus dem Fegfeuer schlagen die Flammen hervor. Wer hat die Tür offen gelassen?

Die Tür, liebes Kind, hat ein heiliger Engel geöffnet. Denn ein einziger Tag geht auf im Jahre, an welchem die Seelen im Fegfeuer von ihrer Pein befreit sind. Und da ziehen sie aus ihren schrecklichen Flammengründen hervor, und da kehrt manche Mutter zurück auf die Erde zu ihrem Kinde, das in Lust und Freuden lebt und seiner Gebärerin längst vergessen hat. Und mancher Ehegatte kriecht aus der Glut und sucht seine noch lebende Gattin auf, die vor wenigen Jahren an seiner Bahre ihm ewige Treue geschworen, heute an der Seite eines anderen flankiert. Und da naht ein Jüngling und klopft an des Liebchens Fenster, wo er einst so oft und nicht immer vergebens um verbotene Freuden bat.

Und so kehren sie alle die Toten in dieser Nacht zu ihren Angehörigen zurück und bitten um Gedenken, um ein Almosen, um ein Vaterunser, um eine heilige Messe. Und sie bitten so kläglich und wollen nicht mehr zurück in die Feuerqual, die nach verflossenen vierundzwanzig Stunden wieder beginnt.

Davon nun das Pochen und Klöpfeln an Türen und Fenstern, das Winseln und Weinen, wie es in dieser Allerseelennacht von so vielen gehört wird.

In einigen Gegenden der oberen Enns und weiter gegen Salzburg und Tirol hin herrscht heut noch die Sitte der »Armenseelenbegastung«. Da stellt z. B. die mitleidige Hausmutter am Vorabende Allerseelen ein Lichtlein auf den Stubentisch, damit die zusprechenden Seelen eine Leuchte hätten und allenfalls mit dem Lampenöle ihre bösen Brandwunden einschmieren möchten. Oder die Hausmutter heizt den Stubenofen wacker, denn unter den armen Seelen gibt es auch solche, die an der »kalten Pein« leiden und sich gern einmal ein wenig auf die Ofenbank setzen, um auf ein paar Stündchen des leidigen Zähneklapperns loszuwerden.

Ferner schließt die umsichtige Hausmutter ganz richtig, daß die armen »Hascher« bei wiederkehrendem Wohlbefinden auch Appetit verspüren müssen; sie stellt also eine Pfanne ihrer neugebackenen Allerheiligenkuchen auf den Tisch und auch einen großen Milchtopf dazu. – Ihr lächelt, aber ich sage euch, des andern morgens fehlt ein guter Teil der Kuchen und der Milch. Und könnte die Hauskatze nur reden, sie hat die Nacht über zufällig in der Stube ihr Mausen gehabt und hat die tafelnden Geister wohl mit eigenen Augen gesehen.

Es gibt ferner noch andere Rücksichten und Aufmerksamkeiten, die an diesem Tage den armen Seelen zugewendet werden. Besonders fromme, ältliche Jungfrauen sind es, die hierin Rührendes leisten. Da wird keine Tür und kein Tor etwa gewaltsam zugeschlagen, aus Furcht, eine arme Seele zu zerquetschen. Da wird kein Messer auf dem Rücken, kein Rechen mit den Zähnen nach aufwärts liegen gelassen, aus Vorsicht, daß nicht irgendeine arme Seele darüber stolpere, sich ritze und schneide. Auch darf an diesem Tage keine leere Pfanne über dem Feuer stehen, damit sich nicht etwa unversehens eine arme Seele dareinsetze und elendiglich verschmoren müsse. Ferner ist es ratsam, keinem Frosche, keiner Kröte usw. etwas zuleide zu tun, weil man nicht wissen kann, ob nicht denn doch eine arme Seele in Gestalt solcher Tiere sichtbar werde. Manche Sage weiß davon zu berichten.

Wer am Tage Allerseelen die Gräber des Gottesackers öffnen wollte, er würde die Särge leer finden. Es gibt keine Seele im Fegfeuer und keinen Toten auf dem Kirchhof; alles zieht zerstreut in der Welt herum und macht Besuche bei Bekannten und Verwandten. Wenn aber die Stunde der nächsten Mitternacht schlägt, so müssen sie alle zurück ins Grab, resp. in den Glutofen, um wieder ein langes Jahr hindurch und weiß Gott wie viele lange Jahre noch der endlichen Erlösung entgegenzuschmachten. Manche aber sind auch im Laufe des Tages durch gute Werke der Ihren erlöst worden; solche gehen nun ein in die ewigen Freuden des Herrn.

So der Volksglaube in den Alpen, den nicht bloß alte Lieder und Sagen unterstützen, dem auch durch kirchliche Lehren und religiöse Schriften Vorschub geleistet wird. –
Der Gottesacker ist das Jahr über öde, ist verlassen, und die hölzernen Kreuze morschen und sinken hin, und die Nesseln wuchern, und die Waldbewohner feiern das Gedenken ihrer Toten in der Kirche oder daheim in der Hütte.
Wohl ziehen sie zu Allerseelen gemeinsam hinaus und tragen die schwarze Fahne mit dem Bildnisse eines Menschengerippes voran und beten »für die armen Seelen im Fegfeuer«. Der Kirchhof liegt heutzutage nicht mehr um die Kirche herum, sondern abseits vom Dorfe – gar am Waldhange. Er ist mit einem bemoosten Bretterzaun umgeben, und die Kreuze sind aus rot angestrichenem Holze, und der Regen hat schon die meisten Inschriften ausgelöscht; ein paar Jährchen früher oder später vergessen, das sei schon all' eins. Mitten auf dem Friedhof steht ein hohes Kreuzbild, das wahrt sich durch ein breites Blechdach vor dem Regen.
Lange verweilt die Gemeinde nicht, und sie zündet wenige Lichter an. Auf dem einsamen Friedhofe ruht ein trübes Sonnenleuchten, oder es brauen die Nebel, oder es wogen die ersten Winterstürme über das entlaubte Gestrüppe. Und dort hüpft ein gelbes Blatt hin über die Hügel, als suche es die Jungfrau, die vor wenigen Monden noch von des Blattes Seite ein Röslein hat hinweggepflückt. Damals war das Blatt noch grün und die Rose rot und die Jungfrau ein junges, freudiges Leben...
Sterben! –
Ach, es weiß niemand, ob es ihn nicht selber einmal trifft. Fromme Leute gibt es allerwege, aber so fromm ist niemand, daß er nach dem Sterben »vom Mund auf könnt' in den Himmel fahren«. Alle müssen durch die Feuersgluten wandern. Und heiß sind diese Gluten! Viele – so wissen es belesene Leute auszulegen – ein Fünklein dieses Feuers herein in das Erdenleben, es wäre keine Freude mehr in demselben und auch kein ander Leid; die Menschen allzusamm würden nichts mehr empfinden als das ewig lebendige, peinigende Fünklein des Fegfeuers.
Stirbt ein neugebornes Kind vor der Taufe, so kommt es an einen Ort, wo keine Freude und kein Leid ist. Stirbt es nach der Taufe, so sollte man meinen, es fahre geradewegs in den Himmel hinein. Allein, auch das unschuldige Kind muß durch das Fegfeuer wandern, nur führt es sein Schutzengel den kürzesten Weg. Das Kind muß die Pein der Büßer sehen, ehe es zur Seligkeit gelangt, damit es wohl weiß, welcher Not es durch ein frühes Sterben entgangen.

Zumeist fahren aus den Leibern der Menschen solche Seelen, welche für die Hölle zu gut und für den Himmel zu schlecht sind. Für solche nun ist das Fegfeuer eingerichtet, und manche Seele muß hundert und hundert Jahre darin braten, bis das letzte Fettröpfchen ihrer Sünden herausgeschmort ist. Dann endlich geht die Reise in den lieben Himmel hinein, und die Erlöste setzt sich mit den übrigen Heiligen zur Tafel.
Gäbe Gott, wir säßen auch schon dabei!

Peter Rosegger

Totenlied

2. Jetzt lieg ich da im Bett,
   mein Zung kein Wort mehr redt;
   mein' Augen nichts mehr sehen,
   mein' Ohren nichts mehr hören.
   Mein Jesus...

Das Leben des heiligen Bekenners Leonhard

Der heilige Leonhard ist in Frankreich von edlem Stamme geboren und von seinen Eltern zu allerhand Tugenden angehalten worden. Der heilige König Clodwig hat ihn aus Liebe, welche er gegen seine Eltern trug, aus der heiligen Taufe gehoben, und als er erwachsen war, in seinem Palaste in allen ritterlichen Exerzitien üben lassen. Das Hofleben aber wollte dem heiligen Knaben nicht gefallen, weil sein Herz an den Eitelkeiten dieser Welt kein Vergnügen spürte, sondern nach den ewigen Dingen mit allem Ernste trachtete. Nach der guten Neigung zum geistlichen Stande bemerkte er öfters den Antrieb des heiligen Geistes, daher gehorsamte er demselben, und verfügte sich zum heiligen Bischof Remigius. Unter dessen Zucht und Unterweisung hat dieser treue Diener Gottes so in allen Dingen zugenommen, daß der Ruf seiner Heiligkeit in kurzer Zeit weit erschollen.
Diese seine Tugenden und Vollkommenheiten kamen zuletzt vor den König von Frankreich, welcher zu ihm ansehnliche Gesandten abordnete, damit er wieder nach Hof kommen und des Königs Freundschaft genießen möchte. Der heilige Leonhard aber schlug diese hohe Ehre demütig ab, und verfügte sich nach Orleans. Allda predigte er mit großem Eifer das Wort Gottes und fand nicht weit von der Stadt einen geistlichen Mann, welcher Maximius hieß. Bei demselben hielt er sich eine gute Weile auf und diente alldort dem Herrn mit vielem Beten, Fasten, Wachen und Bußwerken. Zuletzt ward er durch eine himmlische Erscheinung ermahnt von dannen zu ziehen und sich in Gascogne zu einem Bruder, dem heiligen Liphardus zu verfügen. Als er zu ihm kam, bat er ihn demütig, er wolle doch mit ihm ziehen und in Verkündigung des Wortes Gottes sein Reisegefährte sein.
Indem er als ein wahrer Diener und Jünger des Herr die Dörfer, Flecken und Städte durchwanderte, kam dieser werte Mann zuletzt in den Wald Papo. Der König selbst pflegte einmal im Jahre in diesem Walde zu jagen, was eben damals geschah, als der heilige Leonhard sich darin befand. Es trug sich aber zu, daß die Königin in Kindesnöten und augenscheinliche Gefahr des Lebens geriet. Man gebrauchte alle Mittel und Arzeneien, es wollte aber nichts helfen, sondern es ward nur mit ihr je länger, je gefährlicher.
Als dessen der heilige Leonhard berichtet ward, trug er mit dem Könige und der Königin ein herzliches Mitleiden und seufzte innerlich zu Gott. Er ging samt dem Könige und etlichen Begleitern in das Zim-

mer, in welchem die dahin sterbende Königin lag, hob seine Augen gen Himmel und betete mit Andacht zu Gott, damit er der Königin eine glückliche Geburt verleihen möchte. Nach verrichtetem Gebete ging er zum Zimmer hinaus, und in demselben Augenblicke ward die Gebärende von allen Schmerzen befreit, wie auch mit einem jungen Erben erfreuet. Als der König dies große Wunderzeichen sah, erhob er seine Hände gen Himmel und sagte Gott dem Herrn von Herzen Dank. Darnach wandte er sich zum heiligen Leonhard und sprach: »Siehe, heiliger Mann! Diesen ganzen Wald will ich dir eigentümlich schenken.« Da sprach der heilige Leonhard: »Allergnädigster König! Ich begehre ihn nicht ganz, sondern nur einen Teil davon, und zwar nur so viel, als ich mit einem Esel in einer Nacht umreiten kann.« Dessen war der König zufrieden, und ließ den umrittenen Teil durch gewisse Leute mit Marksteinen bezeichnen.

Eines Tages geschah, daß viele Gefangene in weit entlegenen Ländern um seine Fürbitte bei Gott anhielten, welche von dem Gefängnisse wie auch von allen ihren eisernen Banden befreit wurden. Dies kamen eilends zu ihm, brachten ihre Ketten mit und fielen ihm demütig zu Füßen. Sie begehrten hinfür seine Knechte und Diener zu sein, der Mann Gottes aber diente ihnen vielmehr und gab ihnen einen Teil seines Waldes, damit sie sich hinfür an den Ackerbau gewöhnen, und nicht mehr nach fremdem Gut trachten sollten.

Endlich, nachdem er von einer Tugend zur andern gestiegen und es Gott gefällig gewesen, seine liebe Seele zu sich in die ewige Freude zu berufen, entschlief er voller Verdienste und guter Werke glückselig im Herrn und ward von den Engeln in das Himmelreich begleitet.

Es lag zu Lerustia ein ehrlicher Mann im Gefängnis, welcher zum heiligen Leonhard eine besondere Andacht trug. Dieser war mit einem eisernen Halsbande dermaßen hart gefesselt, daß er sich nicht umwenden, ja fast nicht atmen konnte. In dieser so großen Not befahl er sich in seine heilige Fürbitte, und der heilige Leonhard erschien seinem andächtigen Diener und redete ihn mit folgenden Worten an: »Du sollst nicht sterben, sondern leben, und die Werke des Herrn erzählen. Steh auf, nimm zu dir diese Ketten und trage sie zu meiner Kirche, damit sie an meinem Grabe hängen bleiben und hinfür niemand durch sie gepeiniget werde.« Sobald der heilige Mann verschwunden, befand sich der Gefangene ledig; er nahm die Ketten ohne Hindernis mit sich, ging damit zwischen den Wächtern hindurch, in die Kirche dieses wundertätigen Patrons, und verrichtete alles treulich, wie er ihm befohlen hatte.

Pater Martin von Cochem

Leonhard der Bauerngott.
Umritt und Wagenfahrt

Die katholische Kirche heißt die allgemeine, weil ihre Einrichtungen und Gebräuche zu allen Zeiten und weltgültig bestanden. Merkwürdig geht seit unvordenklicher Zeit am Karmel, dem Berg des Elias, der Umritt vor sich, und wird von Gliedern aller umwohnenden Stämme und Glaubensgenossen, wie in den Kreuzzügen von Christen und Mohammedanern, noch heute am 20. Juli begangen. St. Leonhard und Nikolaus gleichen darin dem morgenländischen Wolkenherrn, daß sie im Lichtglanze vom Himmel herab- und wieder hinaufsteigen, wie es Bereschit 9, 1 heißt: »Elias hat weder Vater noch Mutter gehabt, und schon vor der Schöpfung Adams zur Erde herabsteigen wollen, auch dies in Achabs Tagen vollbracht, um sofort wieder nach oben zurückzukehren.« Christus spielt im Gespräch mit Nikodemus darauf an (Joh. III, 73) In der gotischen Schloßkapelle zu Wattersdorf befindet sich das Bild von St. Leonhard, der Mutter Anna mit den zwei Kindern. Diese Selbdritt ist das genaue Ebenbild zu obigem Nornenbild und findet sich ungemein häufig. Der Leonhard auf der Säule zu Traunstein ersetzt den früheren von Eisen; zu St. Leonhard bei Waging lag der nun im Nationalmuseum befindliche eiserne Liendl hinter dem Altar, roh geschmiedet mit Armstümpfen und eingebohrten Augen; selben mußte, wer etwas abzubüßen hatte, bei der Prozession tragen. Koch-Sternfeld hielt ihn für ein Götzenbild. In Villach ist der gleiche eiserne Liendl. Seine Hautpwallfahrtsstätte ist Aigen am Inn, wohin das Volk aus Bayern und Österreich pilgert, um eiserne Rößlein zu opfern; er selbst figuriert als eiserner Torso. Während aber die Wallfahrer in Aigen lebende Gänse, Hühner und Enten dreimal um den Altar trugen und durch ein jetzt vermauertes Loch in einen eigenen Stall vor der Kichenmauer laufen ließen, steckte man in Steiermark durch eine Öffnung nach dem dreimaligen Umritt den Kopf des Pferdes in die Kirche, um es vor Seuche und anderem Übel zu bewahren. Eiserne Votivgaben: Rosse, Kühe, Schweine finden sich dort zahlreich in Wallfahrtskirchen, wie in Altbayern, nirgendwo habe ich aber davon mehr getroffen, als zu Wang bei Wasserburg in eigenen Weihekasten.

Wie im altväterlichen katholischen Bayern und Schwaben der Regenbogen die Krone des hl. Leonhard heißt, so in den Vogesen Couronne de St. Léonhard, Linard. Im Meurthe-Departement treten da-

für Bernhard, Gerhard und Nikolaus ein. Der Umritt ihm zu Ehren bestand im alemannischen Elsaß bis zur Revolutionszeit, kürzlich wurde er in einem dortigen Dorfe wieder in Aufnahme gebracht. Leonhard hat im Kapitel Weißenhorn sechzehn, in dem von Ichenhausen elf Kirchen, und so weit und breit: er muß alteinheimisch sein, um so allgemeine Verehrung zu genießen. Leonhard erscheint sonach als solare Gestalt, er ist bei uns von alter Zeit her national und man nannte ihn wohl den bayerischen Herrgott. Wurde er doch laut den Votivtafeln an seinen Wallfahrtsorten, wie Donar der Wetterherr, selbst gegen Blitzschlag und Schauerwetter angerufen. Tacitus teilt uns Germ. 10 mit: »Man hält in Gehölzen und Hainen Schimmel, welche keine Arbeit verrichten dürfen, und spannt sie vor den heiligen Wagen.« Diese sind unsere nur zum Kultus des Heiligen dienenden bunt bemalten Leonhardstruhen. Er ist der himmlische Lehenherr, wie wir im Sagenschatz 126–145 näher ausführten; und wie der Sonnengott im Viergespann die Erde umfährt und in Besitz nimmt, so fährt der Heilige nicht bloß um die Kapelle, sondern der Bauer sicherte sein Besitztum, indem er zu Wagen oder Roß sein Gut umkreiste. Dabei ist er auch so weit Herr der Grenze, daß man seine Kapelle an den Burgfrieden baute, ja in Fürstenfeldbruck geht der Leonhardsritt durch die Kirche von einem Tore zum andern. Zu vielem andern hat Hartpenning einen Leonhardsaltar, und Fischhausen am Schliersee von jeher den Leonhardsumritt, ja in Romelberg bei Attl geht er sogar zweimal im Jahre vor sich, am Tage des Heiligen und am Ostertage. Fest steht im Landvolk der Glaube, St. Leonhard schütze Vieh und Rosse; man hängt in seinen Kapellen Hufeisen groß und klein auf oder nagelt sie wie zu Wängen bei Dießen an die Kirchtüre, was vom aldeutschen Glaubensstandpunkt durchaus verständlich ist. Tölz hat zur Zeit auf dem Höhenberge die bedeutendste Rundfahrt in Altbayern. Gegenwärtig trägt man auch Busennadeln mit den Hufeisen.

Metallene Votivbildchen, wie Stute mit Fohlen, kamen bei der Ausgrabung des Zeustempels in Olympia um 1874 in Vorschein: so ist der Mensch mit seinem Verlagen nach Hilfe von den Göttern oder Heiligen immer derselbe. Und wie Hippokrates von den Gelöbnistafeln im Tempel des Heilgotts Asklepios die Heilmittel ablas und zuerst den Grund zur Arzneikunde legte, so tat Virchow in Altötting, um die Miselsucht und andere Krankheiten der früheren Zeit aus Abbildungen kennenzulernen. Wir aber wollen aus Votivbildern und den damit verbundenen Legenden den Volksglauben kennenlernen, der wie unsere Sprache und Sprichwörter ins höchste Altertum hinaufreicht. Wie in den Heiligtümer des Äskulap die leidenden Körperteile in Bildwerk geopfert wurden, sei es aus Dankbarkeit für erlangte Heilung oder bittweise, so sieht man besonders in Leonhardskapellen Füße und Arme, Augen und Brüste dargebracht, aber auch Pferde und Rinder, nach altdeutscher Weise sogar von Eisen, figürlich aufgestellt.

Johann Sepp

Verbot der Leonhardsfahrten

Nachdem 1711 anfangs ein Kreuz am Höhenberge zu Tölz errichtet war, bauten die Zimmerleute aus der Lade 1718 zuerst eine Schmerzhafte Kappelle (nach dem Vorgange in München), das Opfer darin sollte der Pfarrkirche zufallen. Gleichzeitig errichtete Nokker den Ölberg mit den sieben Kapellen bis hinauf zum Kerker. Vor der kurfürstlichen Abmahnung vom 24. September 1722 weihte Fürstbischof Freiherr von Ecker die Kapellen ein – die Kirche stand noch nicht. Obwohl der Magistrat den Grund dazu gegeben, war er anfangs von der Verwaltung ausgeschlossen. Der Streit darum währte an 30 Jahre. Noch 1729 war im Antrag, die Bergkapelle von 24 Fuß Länge, 36 Breite durch einen Längenumbau von 40 Fuß und 36 Breite zu vergrößern. Der Voranschlag war 1058 fl., der Zimmermeister hatte nur 20 Kreuzer Tagelohn, der Geselle 18, der Handlanger 14 Kreuzer, aber der Magistrat verweigerte den weiteren Boden. Die Kapelle war niemals von Holz. Gleichzeitig bauten die Wasserburger ein solches Votivkirchlein für die glückliche Befreiung des Landes.

Die berühmte Leonhardsfahrt um die Bergkapelle in Tölz, datiert aus dem Anfang der vierziger Jahre des vorigen Jahrhunderts. Mir scheint es aber nicht zweifelhaft, daß sie zuerst um den heiligen Baum, Wodans Edeltanne, schon in altdeutscher Zeit stattfand. Der ganze Legendenkreis vom Bauer, welcher mit dem Gespann den Berg hinabstürzte und die Kette verlobte, weist darauf hin, denn ganz dieselbe Sage haftet an einer Reihe von Leonhardskirchen. Der Heilige hat in Regensburg ein prächtiges, vom Direktor des germanischen Museums, Herrn Essenwein restauriertes Kirchlein; also bestand vornehmlich in der alten Herzogstadt der Dienst. Von jeher beging unser Landvolk dieses altdeutsche Fest, in dessen Begehung wahrhaft ein religiöser Zug sich kundgibt.

Der Bergler lebt weniger dem Ackerbau als der Viehzucht, und es ist rührend, wie er am Jahresfeste in der mit dem Bilde des Heiligen, mit Rossen und Vieh im Anger voll Blumen geschmückten Leonhardstruhe seinen ganzen Haustand dem Schutzpatron für Menschen und Tiere vorführt, in der Hoffnung, sie durch seine Fürbitte bis zum nächsten Jahre gesund zu erhalten. Dafür gab er freilich auch das Erstlingskalb ans Kloster ab.

Welch ein Eingriff ins gesunde Volksleben, welche Störung des urbayerischen Nationalbrauches, daß der Graf Montgelas, der Bureaukrat, die Leonhardsfahrten als müßig und überflüssig abstellte!

Auffallend war sofort der Rückgang der bäuerlichen Pferdezucht. Da machte der König von Württemberg, Wilhelm I. den Gescheiteren mit der Erklärung: »Ich erlaube meinen katholischen Untertanen diese Kirchfahrt gern wieder, dann züchten sie schöne Rosse.« In der Tat setzt jeder seinen Stolz darein, mit dem schönsten Viergespann aufzuziehen, und es gibt für die Bauernjugend keine schärfere Strafandrohung, als die Schande, wenn die Mutter zu einem Kinde sagt: »Du darfst nit mit auf den Leonhardswagen.« Die Jugend zog vor Zeiten unter Peitschenknallen mit dem Rufe durch den Markt: Heut' ein Tag, morgen ein Tag, übermorgen der Leonhardstag! Man tut unrecht, es als eine eigentliche Kirchenfeier zu betrachten. Früher ritt, wer nur ein Roß besaß, es bei Sonnenaufgang auf den Berg. Die Leonhardsfahrten fielen auf die drei ersten Sonntage im Juli, ja der ganze Monat hieß darnach »in den Leonhardstagen«. Heute ist die Rundfahrt um die Kapelle zu Tölz die bedeutendste im ganzen Bayerlande. Die Wände zieren Rähmchen mit Bildern von Krankenbetten oder Viehseuchen, die das Vertrauen in den Viehpatron kundtun, wie an hundert andern Orten seit unvordenklicher Zeit. Wie die Votivtafel im Innern zeigt ist die weithin sichtbare, hochpoetisch gelegene Leonhardskapelle, gleich dem Niklaskirchlein auf der Höhe von Grein in Österreich vor andern eine Wallfahrtsstätte für Floßleute.

Das Leonhardsbenefizium ist in Tölz das älteste, und wie die Pfarrkirche hat auch die Klosterkirche von Benediktbeuern einen Leonhardsaltar. Ein kegelförmiger Stein bei Bad Kreut heißt der Leonhardstein – ein Beweis, wie alt dessen Kult im Bayeroberland ist. Reut im Winkel weist einen Leonhardstein mit der Waldkapelle und einer Heilquelle auf. Sogar gegrabene Leonhardsbrunnen mit heilkräftigem Wasser fehlen nicht neben dem Gotteshause des Heiligen zu Kleinhöhenrain. Aber wie sollte jetzt bei der Säkularisation so ein Nachfolger der französischen Conventscommissäre sich auf ein bajuvarisches Heiligtum verstehen, um es zu verschonen! Herr Heydolf, seligen Andenkens, war kaum als Kirchenlehrer und Kapellenzerstörer in Tölz erschienen, als er sich auf den Kalvarienberg verfügte und beim Anblick des Leonhardskirchlein hitzig den Befehl aussprach: »Die Kapelle muß weg!« Vielleicht ärgerte er sich an den Abbildern von Augen, Armen, Händen, Füßen und Herzen; Rößlein und Kühen in Wachs, wie sie, anderwärts auch von Eisen, schon in altgriechischen Tempeln vorkamen, um anzudeuten, welche Bitten der Leidende um Heilung dem Heiligen vorgetragen, oder daß er für seine Genesung danken wollte. Da war es der Eremitenpater Barlaam, welcher ihn durch den Einwand begütigte: die Steine würden

Abbruch nicht bezahlen, man könne getrost der Zeit überlassen, daß Dach und Mauerwerk in Verfall gerieten. – So wurde das Kirchlein für die spätere Zeit gerettet, das Johannisfeuer dagegen am Berge und vor den Häusern abgestellt.

Auch die sieben Stationskapellen zwischen dem Ölberg und Kreuzberg, welche der Erzbischof Franziskus von Ecker am 14. September 1722 eigens eingeweiht hatte, sollten abgebrochen werden. Der hochangesehene Kaufmann Anton Niggl, welcher später dem Priesterstande sich zuwandte, rettete sie vor der Zerstörung, erst 1874 wurden sie hinter dem Rücken der Obrigkeit und zum allgemeinen Bedauern niedergerissen.

Johann Sepp

Martinsgans

Im winter ist ein kalte zeit,
daß man nit vil zu velde leit.
Ich sach ein wolf — ser traben
für eines reichen pauren hof,
ein gans trüg er beim kragen, ja kra = = = gen.

2. Er setzt sich nider in den schne,
   der bitter hunger tet im we,
   die gans wolt er verzeren,
   do dacht die gans in irem mut:
   möcht ich michs wolfs erweren!

3. Die gans die bat den wolf gar ser:
   ob ires lebens nimmer wär
   daß ers ein lied ließ singen
   das frölich nach irem tode jäch
   von tanzen und von springen.

4. Die gans die rauft ein feder auß
   und macht dem wolf ein krenzlein drauß,
   der besten federn eine
   so sies in irem flügel trug,
   war beßer dann sunst keine.

Martini.

Ist auch noch ein rechter Altbayerntag: durch den Gansbraten und den Hüter. Dieser hat nämlich zu Martini seinen schönsten Gang, denn er hebt seinen Dienstsold: von Haus zu Haus; wieviel Bauern im Dorf, soviel Gerten im Arm (weil das nicht werktagmäßig und prosaisch geschieht, sondern feiertägig und poetisch). In der »Martinigart« (sie sei im übrigen straußartig reicher und reichst) muß der Wacholder die Hauptrolle spielen, wegen der reifen blauen aromatischen Beeren.

Er stellt nun die Gert zur Haustür und spricht folgendes in ländlich prunklosen Reimen: »Da kommt der Hirt mit seiner Girt. Für dieses Jahr ist das Hüten gar.« — »Ob's naß oder kalt, muß der Hüter in Wald. Furt treibt er ein Stuck und zwei bringt er zuruck. Hinein treibt er's dürr und foast kömmen's herfür.« — »Wieviel Blüaml und Halm, soviel Küah und Kalm. Wieviel Krametsbirl, soviel Ochsen und Stierl. Wieviel Haarwutzel, soviel Kälberstutzel.« Der erste Spruchteil ist geschäftsmäßig, der zweite pathetisch bewegend, der dritte ein großartiger Stallsegen. Es ist der Hirt auf dem bayerischen Wald, der sich seit alt diese Martinsverse reimt; in seinem Volksmund führt die rote eßbare Rosenbutze den Namen »Haarwutzel« (von ihrem Kernhaus). Wesentlich anders im Oberbayerischen; z. B. der holledauische Hüter, welcher den volkskeckesten Martinispruch führt. Er beginnt mit »Hu aus! he aus! heut is mein Jahr aus.« Und endet mit »Nudeln raus! Küacheln raus! Oder i schlag a Loch ins Haus.« Auf dem Hügelland zwischen Isar und Donau fügt der Hüter noch den folgenden Reimspruch an: »Nehmts d' Martinigart und steckt S'ös über die Tür. Und Görgi zoihgt s'ös mit Freuden herfür!« Das geschieht auch pünktlich: wenn der Kuckuck wieder schreit, dann treibt die Oberdirn mit der Martinsgert (und ja mit sonst keiner andern Rute) das munter brüllende Kühvieh in die ersten Frühlingsfluren.

Eine altbayerische Dorfhut ist gar kein spöttlich Brot; der Hüter hat seinen Sold in Geld und sein Widdum in Feld und Wiese. Die »moast Kuah« (spiegelnd glatt, kugelrund, ein Milcheuter wie ein Wasserschaff), welche man von der ganzen Herde herauskennt, gehört ihm. Sooft der Bauer seinen Festschmaus hält, hat ihn der Hüter auch: denn er bekommt ja in allem seinen stiftsgemäßen Anteil. Es schneit ihm auch das Jahr hindurch allerlei Sporteln in Geld und Geldswert. Zum Beispiel am Tag vor Georgi. Da stößt er vor der Stalltür in sein Horn, um sich zu melden; und sägelt dann jedem Rind die Hornspit-

zen ab, damit sie sich im Mutwillen des ersten Austriebes nicht gegenseitig aufspießen. Das trägt ihm von jedem Haus den sogenannten »Görgenslaib« und von jedem Hörnl ein Ei ein.

Hat nun eine Dorfhut noch immer Großbauern genug, so tat schon manch ein altbayerischer Hüter, was sonst die vornehmen Leute tun, d.h. er ging auch in den Ruhestand und lebte von seinen Zinsrenten. Und wenn gerade das nicht; er trägt dann doch einen Hüterstolz, in welchem er sich gegen höhere Stände aufbäumt. Einem lang eingesessenen Dorfhirten im Mallersdorfer Gerichtsland mußte eine pfarramtliche Mahnung zugehen; er aber polterte gekränkt und sätzig: »Da merk i nöt auf; i bin schon länger im Dorf wie der Pfarrer.« Er mußte natürlich dem Pfarramt sich beugen; aber Faktum in dem Jahrzehnt von 1850! Ehemals spielte im Altbayernland und am Martinitag die sogenannte »Hüterstift« eine Dorfrolle. Sie zerfiel in zwei Teile: der erste war eine ernste Gerichssitzung; der zweite dann ein lustiger Tanz. Der Hüter gab herkömmlich auf Grund seiner Getreid- und Geldeinkünfte ein Freibier mit Freimusik beim Wirt und lug hiezu seine Hutherrschaften. Jedoch wäre es von je ein Makel gewesen, wenn sich ein altbayerischer Bauer auf dem Hüterfest ein kostenloses Räuschchen geholt; dagegen die Kleinleute tranken und tanzten schon und zahlten nichts, lachten, juxten und ließen ihren Hüter hochleben. Doch ist Jahr für Jahr dieser kostspielige Hütertag mehr eingegangen. Freilich, ein Großdorf im untern Isargau hat seinen alten Hüterstiftschmaus heute noch; aber dieser steht eben auf sichern Füßen. Das Dorf besitzt nämlich eine gut rentbare Moosweide mit Fohlenhut; aus diesen Einkünften veranstaltet man jedesmal zu Martini eine Freitafel und Musik. Der Hüter und die Hüterin, unentgeltlich essend und trinkend, haben obenan am Tisch die ersten Ehrenplätze inne; der Bauer macht mit der Hüterin sein Tänzchen, und der Hüter walzt mit der Bäuerin.

Joseph Schlicht

Der altbayerische Hirtentag
Weiteres vom Martinstage

Die Legende erzählt, daß der hl. Martin von Tour, dessen Tag die Kirche am 11. November feiert, sich, um der Wahl zum Bischof zu entgehen, in einem Gänsestall versteckt habe, aber das Geschnatter der Gänse verriet ihn, und die Abgesandten entdeckten ihn. Seit der Zeit soll die Gans der Vogel des hl. Martin sein (Martinigans) und an dessen Fest zum Gedächtnis an den Heiligen verspeist werden. Es wird sich hier wohl um eine verhältnismäßig spät entstandene Legende handeln. Im alten Bauernkalender galt der Martinstag als der Winteranfang, mit ihm läuft das Pachtjahr ab, das Korn liegt in der Scheuer, und so wird dieser Tag mit Schmausereien gefeiert, bei denen vor allem die Gans den Festbraten liefert. Auch als Patron der Hirten, gilt der hl. Martin, was wieder eine Legende damit begründet, daß der hl. Bischof einst einen Bauernknecht, der sich erhängt hatte, zum Leben erweckte. Aber auch diese Legende scheint jungerer Entstehung zu sein. Ferner hat man in dem hl. Martin den christlichen Nachfolger des heidnischen Odhin sehen wollen, mit dem er ja tatsächlich manche Züge gemeinsam hat, so den fliegenden Mantel, das Schwert und das Roß. Das würde dann den hl. Martin als »Rosseherrn« erklären, wie er ja gerade noch in Altbayern neben dem hl. Leonhard, Georg und Stefan verehrt wird. Es sprechen verschiedene Anzeichen dafür, daß der hl. Martin als Rosseheiliger älter ist als der jetzt meist als Pferdepatron angerufene Leonhard (Leonhardiritte). Nach Schlerghofers Feststellungen stehen in Altbayern von den etwa 200 festgestellten Pferdeumritten ungefähr die Hälfte unter dem Schutze des Rossepatrons Leonhard und nur 12 unter dem des hl. Martin (z. B. Zell bei Kochel, Oberbergkirchen bei Mühldorf a. J., Miltach bei Kötzting). Dazu, daß der hl. Martin als Vieh- und daher auch als Hirtenpatron gilt, hat es sicher beigetragen, daß das Vieh um diese Zeit von der Weide abgetrieben wird. Daher bekommt auch der Dorfhirt an Martini seinen Hüterlohn. Besonders in Niederbayern und in der Oberpfalz geschieht das Einsammeln des Lohnes an Martini durch den Hirten unter allerlei Bräuchen, die sicher auf ein sehr hohes Alter zurückgehen. Da geht der Hirte mit Wacholder-, Birken- oder Haselruten, der sog. »Mirtesgert'n« (Martinsgerte) von Haus zu Haus und sagt bei jedem Bauern einen bald längeren, bald kürzeren Spruch auf. In Trametsried (BA. Regen) hat der Hirt einen Sack und ein Bündel Birkenruten bei sich. Wenn er eine solche beim Bauern abgibt, spricht er (nac Waltinger):

D' Wiesn und d' Acka teats a nöt vozäun!
Wenn enk a Rindl eigang, tats dennast brav grein!
Vür d' Luckan hats ganga und koana machts zua:
Da hat da Hüata und d'Hütrön koa Ruh.
D' Hüatrön is ausghupft üba oi Stöck und oi Staun:
Dös is do a wahriges Graun;
Da Hüata is ganga üba Distln und Doan,
Drum schenkts eahm a Schüss'l voi Koan.

Da Hüata hat ghüat mit Gift und mit Zoan,
Hat dennerst koa Kuah und krankn Stier nöt voloan.
Da Hüata hat ausgstandn Regn, Wind, Hitz und Kältn;
Wenns ebbs feit (fehlt), muaß 's da Hüata entgeltn.«

»Kimmt da Hüata mit seina Gierd:
Er hat sei Jahr mit g'sundö Freudn ausgehüat.
Glück hinei und Glück hinaus!
Jatz is an Hüata sei Zeit aus.
26 Wocha san ma ön Feld draußi gwen;
Jatz kimmt der stürmische Winta und treibt uns weg.
Da heilö Martin ist zo uns ös Feld hikemma
Und hot g'sagt, mia soin ma voa da Zeit nöt Urlaub nehma.

Schenk ma an Bauan a wos!
Schenk ma eahm a Mirtlesgart!
Steckts ös hinta d'Tür.
Zoigts ös afs Johr mit Freudn hervür!
Gebts ös 'n Hüata ö d' Händ.
Daß a enkanö schön Küah und Koima (Kälber) wieda kennt!

Dem Heischegang des Hirten schließt sich in manchen Gegenden des Bayerischen Waldes (z. B. Kötztinger Gegend) das sogen. »Wolfaustreiben« an, wobei der Hirt und seine Begleiter mit Peitschenknall, Kuhglockengeläut und ähnlichem Spektakel durch das Dorf ziehen. In anderen Gegenden wieder ist das »Wolfaustreiben« nicht mit dem Lohngang des Hirten verbunden. Auch im Böhmerwald findet übrigens dieses »Wolfaustreiben« (manchmal auch »Wolfablassen« genannt) an Martini statt. Der Brauch geht wohl auf die Zeiten zurück, als die Herden noch von Wölfen bedroht wurden. Das dämonische Tier suchte man auch durch dämonische Mittel zu vertreiben. Man vergleiche damit das »Truden- oder Hexenausknallen«, wie es in manchen fränkischen Gegenden an Walburgi (Hexensabbat) getrieben wird, wo die Burschen mit Peitschengeknall durchs Dorf ziehen. Der hl. Martin erscheint also hier als »Wolfspatron«, wieder ein Beweis, daß der hl. Martin und der heidnische Odhin gemeinsame Züge aufweisen. Gehörten doch zu Odhins Bild die beiden Wölfe, die ihm zu Füßen lagen.

Die oben angegebenen Sprüche gehen in ihrem Kerne sicher auf ein sehr hohes Alter zurück. Ähnliche Fassungen sind bereits aus dem 15. Jahrhundert bekannt, und ein »Hundesegen« des 10. Jahrhunderts enthält Bruchstücke dieser Hirtensprüche. Nach den Forschungen W. Mannhardts (Wald- und Feldkulte 1874) kann es kaum zweifelhaft sein, daß die altbayerische »Mirtesgert'n« in den uralten Vorstellungskreis von der fruchtbarmachenden »Lebensrute« gehört. Die Gerte wird nämlich, wie schon aus manchen Sprüchen hervorgeht (»zoigts ös afs Johr mit Freudn hervür) den Winter über aufgehoben und damit im nächsten Frühjahr das Vieh zum erstenmal auf die Weide getrieben. Wenn der niederbayerische Hirt dem Bauern so viel Kälber wünscht als Hagebutten in der »Mirtesgert'n« sind, so haben wir einen deutlichen Hinweis auf das Fruchtbarkeitssymbol. Ähnlich wird auch mit den am Palmsonntag geweihten Zweigen, dem »Palm«, das Vieh geschlagen, damit es gesund bleibt und fruchtbar wird. Das »Fitzeln«, »Pfeffern«, wie es in manchen Gegenden an Weihnachten, Lichtmeß oder Ostern getrieben wird, wo Mädchen und Frauen im Scherz mit Zweigen (der »Lebensrute«) geschlagen werden, gehört ebenfalls hieher (vgl. auch den Schlußvers des Saldenauer Hirtenspruches). Derartiger Fruchtbarkeitszauber wurde schon im alten Indien geübt. Im Najurveda wird eine Zeremonie beschrieben, wie der Opferpriester einen Baumzweig abschneidet, die Blätter herunterstreift, so daß nur noch eine blätterreiche Krone stehen bleibt, und dann damit die Kälber zur Weide jagt. Auch eine Kuh wird berührt mit dem Segenswunsch, sie möchte fruchtbar werden und von Seuche verschont bleiben. Je blätterreicher der Zweig oben ist, desto rinderreicher wird der Hausherr (nach A. Kuhn). Auch wenn man sich nicht von der veralteten mythologischen Schulmeinung leiten läßt, daß unsere germanische Mythologie nur eine Art Abklatsch der indischen sei, so muß man doch wohl zugeben, daß der alte indische Ritus auffallende Ähnlichkeit mit der altbayerischen »Mirtesgert'n« hat, wieder ein Beweis für die Ähnlichkeit des primitiven Denkens bei allen Völkern.

D. Marzell

DEZEMBER

In diesem Monat schlacht dein Schwein,
Iß frische Wurst und trinke Wein.
Lad frohe Gäste dir ins Haus,
Trink halb und ganz den Humpen aus.
Spar daran nicht, ich rat dir gut,
Solang der Steinbock herrschen tut.
Nimm dich in acht mit Arzenei,
Doch steht der Ader, laß dir frei.

Glockendon

Bauernregeln

Weihnachten in grünem Kleid
hält Ostern den Schnee bereit.

Dezember milde und viel Regen,
fürs nächste Jahr sehr wenig Segen.

Hängt an Weihnachten Eis an den Weiden,
kannst du an Ostern Palmen schneiden.

Christfest naß – leeres Faß.

Ist die Christnacht hell und klar,
deutet's auf ein gutes Jahr.

Barbara nicht erheizt das Zimmer,
ist es an Gregori (25.) um so schlimmer.

Lostage

 4. 12.   St. Barbara
13. 12.   St. Jodokus
31. 12.   St. Thomas

24. 12.   Christnacht
25. 12.   Weihnachten
31. 12.   Silvester
26. 12.–6. 1.   Raunächte

Zum Dezember

Keine Jahreszeit, kein Festkreis ist so reich an Brauchtum wie die Weihnachtszeit. Heidnischer Aberglaube, Dämonenangst und Hexenzauber stehen neben frommer Fürbitte und weihnachtlichem Krippenspiel. Man lebt zurückgezogen, hat Zeit für Unterhaltung und Brauch. Die Spinnstuben bieten willkommenen Anlaß, sich über die Lostage, die besonders reich im Dezember vorkommen, und über Geistererscheinungen zu berichten. Streng soll gefastet werden in der Adventszeit, und schon früh noch bei Dunkelheit beginnt die Roratemesse.
Die hl. Barbara (4.12.) ist die Schutzpatronin der Bergleute, hilft aber auch in der Sterbestunde. Die Barbarazweige, die man in die warme Stube stellt, sollen zur Weihnacht erblühen und Wünsche erfüllen. St. Nikolaus, der gütig Mahnende, ist wohl der beliebteste der winterlichen Heiligen, vor allem für die Kinder. In den Bergen erscheint er oft mit furchterregenden Begleitern, wie die Buttmandln, dem Rumpelblaß, den Klappauf, mit Peitschenknallen und vielem Geschrei. Auch hier ist hell und dunkel wieder nah beieinander.
In den drei Donnerstagen vor Weihnachten wird Klöckeln gegangen, d.h. mit Sprüche vor den Fenstern werden Gaben gefordert. Dunkle Gestalten, wie die Luzienfrau, die vor allem faule Mägde mit der Drohung, ihnen den Bauch aufzuschlitzen, erschreckt, sowie der blutige Thomas gehören wohl zu den heidnischsten Gestalten im christlichen Gewande. Besonders liebenswert ist der Brauch des Frauentragens, hier wird ein Marienbild von Haus zu Haus getragen, um Herberge zu finden. Zu Weihnachten reden die Tiere, und viel Verschwiegenes kommt nun an den Tag. In den 12., d.h. den 12-Rauen-Nächten, die Tage von Weihnachten bis Heiligdreikönig, wird das Wetter des kommenden Jahres sichtbar und vieles, was die Zukunft betrifft. Vor den hohen Feiertagen wird gefastet und das Haus ausgeräuchert. Auch die Tiere haben an dem Segen teil. Es wird der Weihnachtszelten gebacken, die Mettensau gefüttert und vor allem die so beliebte Weihnachtskrippe aufgestellt. Hirtenspiele, Paradeisspiele und Weihnachtsaufführungen gehören auch in diese reichen Tage. Der Christbaum ist erst seit letztem Jahrhundert auch in den Alpen heimisch geworden. Am Stephanstag (26.12.) wird das Stephaniwasser und etwas später der Johanniswein gesegnet, der für die Kranken gedacht ist. Der unschuldige Kindertag (28.12.) ist ein sagenumwobener Totenbrauch. In den Bergen werden große Feier-

tage häufig mit Schießen begleitet. So haben wir das Weihnachtsschießen und das Neujahr-Anschießen.
Kein Fest ist so zauberreich wie das Weihnachtsfest. Und mit zu seinem schönsten mögen wohl auch die unzähligen Lieder gehören.

H. C. E.

Rezepte im Dezember

Das Kletzenbrot

Je 200 g Kletzen und Dörrzwetschgen, je 100 g Feigen, Trockenaprikosen und Apfelspeitel (trockene Apfelringe) sowie Rosinen werden knapp mit Wasser bedeckt und über Nacht eingeweicht. Dann treibt man alles (die Zwetschgen entsteint!) durch die Maschine, gibt die Einweichbrühe, 200 g gehackte Nüsse, je 50 bis 80 g gehacktes Zitronat und Orangeat, Saft und Schale einer Zitrone, 2 Eßlöffel Rum, 200 g Zucker, 1 ganzes Päckchen Lebkuchengewürz und etwa die Hälfte von 800 bis 1000 g frischem Brotteig vom Bäkker dazu. Daraus formt man 2 bis 3 größere oder mehrere kleine Laibe und schlägt den Restteig, der dünn ausgezogen worden ist, sorgsam darum. Die Oberfläche wird mit Honigwasser bestrichen und geglättet. Nach dem Gehen bäckt man die Laibe bei guter Hitze je nach Größe 50 bis 70 Minuten goldbraun. Zuletzt verziert man sie mit einem Stern aus geschälten Mandeln, Streifen von Zwetschgen, Rosinen und Haselnüssen, die mit Puderzucker angeklebt werden.

Gute Gewürz-Lebzelten

Nimm ein Pfund schönes Meel / ein Pfund gestossenen und gesiebten Zucker / Negelein, Muscaten Nuß / jedes ein Loth / das Gewürtz alles gröblich zerschnitten / fünf Eyerklar / 3 Eyerdotter / wol abgeklopfet / und den Taig damit angemachtet / und Lebzeltlein daraus formiret.
(Aus »Kleines Nürnberger Kochbuch oder die Curiose Köchin« 1726.)

Thomasringerl

Ein halbfester, feiner Hefeteig wird mit Safran schön gelb gefärbt und mit Zitronenschale und feingehacktem Zitronat abgeschmeckt. Man formt kleine Nudeln daraus, durch die man nach dem Gehen den Zeigefinger steckt. Dann dreht man sie rasch um den Finger, so

daß gleichmäßige Ringe entstehen, die man sofort in heißem
Schmalz goldgelb backt. Zuletzt werden sie noch überzuckert. Man
kann auch aus verschiedenen Früchten ein Gesicht auflegen.

Pfeffernüsse

Die echten Pfeffernüsse müssen oben eine glatte Haut und unten ein
deutlich erkennbares Füßchen haben. Man rührt 5 Eier mit 500 g
Zucker eine Stunde mit der Hand oder 15 Minuten in der Maschine
und gibt eine gute Prise Kardamon, $1/2$ Kaffeelöffel Zimt, eine Spur
Nelken, 35 g feingehacktes Zitronat und nach Belieben ebensoviel
Orangeat, eine Messerspitze Pottasche und 600 g gesiebtes Mehl
daran. Je nach der Größe der Eier benötigt man gegebenenfalls noch
etwas mehr Mehl oder man gibt 1 Packerl Vanille-Puddingpulver
hinzu. Der halbfeste Teig wird dicklich ausgewalkt und zu kleinen,
etwa markstückgroßen Plätzchen ausgestochen. Diese stellt man
über Nacht kühl, am nächsten Tag bestreicht man sie am Boden mit
etwas Arrak und Rum und backt sie dann hell aus. Die Oberfläche
muß weiß bleiben.

Weihnachtsgans

Eine Gans wird mit Salz, Pfeffer und Zitronensaft innen und außen
abgerieben. Außerdem mit Majoran, Beifuß, Kümmel und Wacholderbeeren gewürzt. So läßt man sie zwei Stunden ziehen.
Füllung: 750 g Kastanien, 1 Eßlöffel Butter, 1 Eßlöffel Zucker, Salz,
1 Tasse Fleischbrühe.
Kastanien schälen, mit Zucker und Butter hellbraun braten und mit
Fleischbrühe ablöschen. Die Kastanien kommen ganz in die Gans.
Zunähen. Zuerst die Gans andämpfen, dann mit Gansflomen oder
Schweinefett im Backofen ohne Deckel knusprig braten. Zum
Schluß mit Kognak bepinseln und noch einmal für einen kurzen
Moment in den Bratofen schieben.

Truthahn

Den Truthahn mit Salz und Pfeffer einreiben. Eine halbe Tasse Butter schaumig rühren und mit Mehl vermischen. Damit Brust, Keule
und Flügel einreiben. Der Truthahn kommt mit dem Rücken nach
unten auf den Rost und wird so in die Fettpfanne gestellt. Begießen
Sie alle Viertelstunde den Truthahn mit Butter. $2 1/2$ bis 3 Stunden
braten. Man reiche dazu Weinäpfel, die geschält und halbiert in
Rotwein weich gedämpft und mit Stangenzimt und Zitronenschale
gewürzt wurden! Preiselbeeren werden als Verzierung zu den Äpfeln
gegeben.

Hirschfilet im Sonntagskleid
Ein gespicktes Hirschfilet wird mit Salz, Paprika und Rosmarin gewürzt sowie mit einer Farce aus halben feingehackten, in Speckwürfeln geschmorten Zwiebeln bestrichen. Das so gewürzte Filet wird in einen ausgewellten Blätterteig eingerollt, garniert mit Blätterteigstreifen und bestrichen mit Eidotter. Das Filet wird zuerst offen, dann mit einer Folie überdeckt und bei mittlerer Hitze 40 Minuten gebacken. Innen muß es saftig und rosa sein. Dazu passen Steinpilze oder Champignons.

Silvesterkarpfen
Ein frischer, geschuppter Karpfen wird in folgenden Sud gelegt: $2\,{}^1/_2$ l Wasser, $^3/_4$ l Weißwein, $^1/_8$ l Kräuteressig, 6 getrocknete Wacholderbeeren, 2 geschälte Zwiebeln, 2 Nelken, 2 Scheiben Zitrone mit Schale, 6 Pfefferkörner, 5 g Senfkörner, 4 Lorbeerblätter, Salz. In diesem Sud soll der Karpfen 15 bis 20 Minuten auf kleiner Flamme ziehen. Frische Butter mit Meerrettich oder eine Meerrettichsahne dazureichen. Zum Garnieren frische Zitronenscheiben oder Petersilie. Als Beilage einfache Salzkartoffeln.

Ave, Maria, jungfräuliche Zier
(Adventlied)

2. »Was sind das für Reden, was soll dieses sein?
   Wer kommt denn zu mir ins Schlafzimmer herein?
   Die Tür ist verschlossen, die Fenster sein zu,
   wer ist denn, der rufet bei nächtlicher Ruh?«

3. »Erschrick nicht, Maria, es g'schiacht dir kein Leid!
   Ich bin ein Engel, verkünd dir groß' Freud:
   Du sollest empfangen und tragen ein' Sohn,
   nach welchem verlangen viertausend Jahr schon!«

4. »Es kanns nicht wohl fassen mein g'ringer Verstand,
   wills nur überlassen der göttlichen Hand.«
   »Gleich wie die schön Blumen der Tau schon ergötzt,
   wird Gott in dich kommen, du bleibst unverletzt!«

5. »Frohlocke, o Himmel, frohlocke, o Erd,
   das höllisch Getümmel zerstöret jetzt werd!
   Maria hat g'funden bei Gott alle Gnad,
   den Sündern ein' Ruhstatt erworben sie hat.«

Advent
Klöpfelnächte. Christliches Umsingen. Spinnstuben.

Selige Jugenderinnerungen steigen in meinem Herzen auf, wenn ich dieser Kirchenzeit gedenke. Wie beglückt lauschten wir Kinder, vom besorgten Mütterlein geweckt, den ernsten und feierlichen Klängen der Adventglocken, die durch die stille Winternacht frühmorgens zum »Engelamt oder Rorate« riefen! Mochte das Bettchen noch so warm und wohlig sein, hurtig sprangen wir da heraus. Wir achteten nicht der Kälte und des Frostes und eilten zur Kirche. Hinter unserer großen Schwester, welche uns mit der Laterne voranleuchtete und den Weg bahnte, stapften wir durch den Schnee. Wie herrlich erschien uns dann – aus dem Nachtdunkel eintretend – das Gotteshaus in seinem hellen Lichterglanze! Schnell eilte ich zur Orgelempore hinauf und griff zur Geige. Liefen die Fingerlein noch so blau an und vermochte ich sie vor Starre kaum fest auf das Griffbrett zu setzen, voll Eifer strich ich doch mit dem Fiedelbogen und trippelte dabei, um die Kälte etwas zu meistern, abwechslungsweise von einer Fußspitze auf die andere oder schlug die harten Lederschuhe aneinander. Und doch – trotz aller Unbill kam mir die Musik dieser Rorateämter so schön vor, daß ich damals meinte, es könnte nicht leicht etwas noch Herzerhebenderes geben!

War kein »gegeigtes« Engelamt, sondern bloß ein »gesungenes«, so nahm ich meinen Platz vorn an der Brüstung der Orgelempore. Wenn dann die Orgel kräftig einsetzte zum Volksgesange:

»Tauet Himmel, den Gerechten
Wolken regnet ihn herab«

da war es mir, als schlugen die mächtigen Wellen des gemeinsamen Gesanges hinten auf dem Musikchore über mir zusammen; mein Herz wurde mit fortgerissen von Begeisterung. Hell und freudig stimmte ich mit ein, und ich dachte nicht anders als das Erlöser-Christkind und die Weihnachtsengelein müßten es wohlgefällig merken und würden mich dafür auch am Christabend sicher belohnen. Unvergeßlich bleibt mir auch der liebliche Anblick, den die Kirche bei diesen Rorateämtern als ein Meer von Lichtern von meinem erhöhten Standpunkte aus bot. Die Hunderte von Müttern und Mädchen hatten ihre Wachsstöcke, die Männer und Kinder ihre Kerzen und Kerzchen angezündet. Da strahlte alles von Schimmer. Noch heller brannten aber wohl die Hoffnungslichter und die fromme Glaubensfreude in den Herzen der Andächtigen, welche hier die Sehnsucht nach dem Erlöserkinde wieder feierten. Als ich

später ins bayerische Hochgebirge kam, boten mir die Adventkirchgänge noch entzückendere Bilder. Wie eine wahrhaftige Riesenkrippe lag mein Ort da mit den hellerleuchteten Häuslein an den Berghängen hinauf. Hinter den letzten Hütten stiegen die dunklen Waldsäulen empor. Von einsamen Waldsteigen herab bewegten sich glühende Lichter. Es waren die Kienfackeln, womit sich die Leute von den abgelegenen Berghöfen ihre Pfade talwärts beleuchteten.
Hier in meinem Hochgebirgsdorfe lernte ich zum ersten Male den alten Brauch des Klöpfelgehens in den Knopf- oder Klöpfelnächten kennen. Man verstand darunter das Umsingen an den drei Donnerstagabenden vor Weihnachten. Die Sänger waren Schulkinder oder arme Leute. Wenn sie gefällige Stimmen hatten und hübsch zwei- oder sogar dreistimmig zusammensangen, daß ihre Lieder recht hell oder sanft in die Nacht hinaustönten, fiel auch die Spende reichlich aus. Man gab ihnen ein Stück Kletzen (Früchtebrot), Obst und eine Kleinigkeit an Geld. Die Abendstille verlieh dem schlichten Gesang eine gewisse Weihe. Zu meiner Zeit hörte man kaum mehr ein anderes Lied als »O du fröhliche, o du selige, gnadenbringende Weihnachtszeit« oder fromme Krippenlieder, die in der Schule gelernt worden waren.
Mit diesem Hirten- oder Weihnachtslied, das abwechslungsweise von zweien vorgetragen wurde, zogen die Sänger gabenheischend auch durch benachbarte Dörflein und vor die Einödhöfe. Beim eigentlichen Klöpfelgehen sang man folgenden Spruch:

> Klöpfe, klöpfe, klöpfe o
> der (Zeller-)Bauer is a braver Mo.
> D'Schlüssel hör i klinga,
> D'Kropfa (Krapfen) hör i springa.
> Kropfa raus, Kropfa raus,
> oder i stich enk a Loch ins Haus.

Der Bauer läßt sich nicht »umsonst loben« und mahnen und steckt ein Stück Selchfleisch oder ein Stück Gebratenes an die Spitze, manchmal aber auch nur einen großen Erdapfel (zum Ärgern). In etlichen Ortschaften sind die Klöpfergänger vermummt, daß man sie nicht erkennt, mancherorts sind die Bräuche Habergeiß und Klöpfelgehen zusammengeschmolzen. Den Brauch des Klöpfelgehens und Umsingens finden wir bereits in einem Buche, das vor 300 Jahren erschien, genau erwähnt (in der Archontologia cosmica von Ludovicus Gotofredus 1649). Es heißt da: » In den fünf Wochen vor Weihnachten ziehen jeden Donnerstag Buben und Mädchen durchs

Städtchen und klopfen an die Haustüren, singen Liedchen, in denen sie auf das Herannahen des großen Festes hinweisen, und wünschen den Hausbewohnern Glück. Dafür erhalten sie Äpfel, Birnen, Nüsse, Geld u. a.« – Zu Nürnberg wurde das Klöpfelgehen schon 1616 von der Polizei gänzlich abgeschafft. Ein Buch, betitelt »Merkwürdigkeiten der Stadt Nürnberg« erzählt: »Eine andere Belustigung, vielmehr Unfug, fand jährlich in der Nacht der heiligen Dreikönig (der Obersten) statt, welche man die Bergnacht (Berchtnacht) zu nennen pflegt. Es liefen nämlich Buben und Mädchen in den Straßen herum und klopften mit Hämmern, Schlegeln und Prügeln an den Haustüren und Läden, weshalb man diese Nacht die Klöpfelnacht nannte.« Im Salzburgischen hießen die Klöpfelabende »Anrollernächte«. Die Bursche vermummten sich recht greulich, schlichen vor die Häuser, polterten an die Türe und sangen Neckreime auf die Inwohner. Wenn der Hausvater endlich öffnete, um Ruhe vor den Quälgeistern zu bekommen, packte ihn sofort ein Bursche, der an der Türe gelauert hatte, und suchte ihn über die Schwelle zu ziehen. Da gab es nun ein Hin- und Herzerren (das Anrollen). Siegte der Anroller, mußte sich der Hausvater mit einer Spende von Dörrobst für den Sack des Burschen lösen.

Der Brauch wurde zu Anfang des 19. Jahrhunderts polizeilich verboten.

Die Klöpfelgänger hatten es, um bei ihrem Umzug möglichst viele Häuser zu absolvieren, meist sehr eilig, so daß mancherorts die Redensart gang und gäbe wurde: »Er läuft wie ein Klopfer.«

Nun laßt euch von einem Brauche erzählen, der sich trotz aller Gegenwirkungen andauernder erwies als die Sitte des Klöpfelgehens: von den Spinn- (Rhön), Rocken- (Oberpfalz und Bayerischer Wald) oder Kunkelstuben (Alpen). Im Flachland, wo der Getreidebau den Flachsbau völlig in den Hintergrund gedrängt hat und das Spinnen sich fast ganz aufgehört hat, weiß man schon seit einem Menschenalter wenig mehr von diesen winterlichen Veranstaltungen. Höchstens kommen etliche ledige Bursche oder gleichalterige Mädchen zur Kurzweil oder Sitzweile bei einem »Vetter« oder einem »Basl« ein wenig zusammen; und auch die Weiber und Männer gehen Sonntags auf ein bißl »in den Heimgarten ins Dorf«, oder in »Hutscha« (Hutza = auf Besuch) zu Bekannten. In unseren Berggebieten aber (in den Alpen, im bayerischen und Böhmerwalde und in der Rhön), da leben die Spinn- oder Kunkelstuben im geheimen noch fröhlich weiter.

Bald nach Martini, wenn alle Arbeit auf dem Felde getan ist, bestimmen die Mädchen das Haus der Freundin, wo die erste Zusammenkunft stattfinden soll. »Die Spinnstube wird festgemacht.« Ist das Dorf groß und gibt es darum mehrere Gruppen von Mädchen, so werden 2–3 Rockenstuben im Orte abgehalten. Spinnstuben dürfen an jedem Wochenabend sein, nur an Samstagen und Sonntagen nie. So scheint es ein in ganz Bayern ungeschriebenes Gesetz zu sein. Wie weit man früher von Einöden und Weilern zu den Rockenstuben hereinkam und wie alt diese Veranstaltungen sein müssen, zeigen die Ausdrücke »Rockenreise« und »in den Rocken fahren« im bayerischen Wald und in der Oberpfalz an. Jeden Tag wird ein anderes Haus aufgesucht; die Spinnstube geht um. Die Arbeit am Spinnrad (dem Rocken oder der Kunkel) ist aber nirgends mehr von Bedeutung. An Stelle des Spinnens ist mancherorts das Stricken getreten. Die Hauptsache bildet in den Spinnstuben das Plaudern das Erzählen von Tagesneuigkeiten, Ortsbegebenheiten, alten Sagen und grausigen Gespenstergeschichten etc, das Singen, Pfänderspielen und Scherzen. Unter den jungen Mannsleuten, die sich ohne lebhaften Widerspruch der Mädchen zu den Kunkelstuben einstellen, findet sich meist ein flotter Musikant: einer, der die Zither schön schlägt (Alpen), oder die Mundharmonika – den Votzhobel – vortrefflich spielen kann (bayerischen Wald), oder den Zerrwanst – die Zugharmonika – entzückend zu drücken vermag (Rhön). Wenn der seine lustigen Weisen ertönen läßt, was Wunder, daß es da den Mädchen in die Füße kommt! Ein Paar kann nimmer an sich halten, schwingt sich im Kreise; schnell verwandelt sich die sittsame Spinnstube in eine flotte, ländliche Tanzschule.

Und schiebt endlich der Vater die Gäste hinaus,
so führt der Hansel die Gretel nach Haus.

Die letzte der Kunkelstuben, die Letztnacht, wird gewöhnlich mit Essen und Trinken besonders gefeiert.

In der Fastnacht, wenn die Spinnstuben ihr Ende nehmen, gibt es dann manch lustige Hochzeit, die bei der Kunkel zart angesponnen worden ist.

Ludwig von Hörmann

St. Nikolaus, Nikolausspiele, N.Liedchen und Sagen.

Im Winter sieht es in den Alpen gar traurig aus. Schwer lastet der Eispanzer dieses kalten Tyrannen auf den Bergen und herrlichen Almen, über dem prangenden Hochwald wie auf den saftigen Wiesengründen im Tale, wo noch vor einigen Wochen das Alpenvieh sich ätzend herumtummelte. Und erst die freundlichen Dörfer! Tief gehüllt in den weichen Schneemantel stehen sie da, eingeschneit bis über die Ohren. Alles trägt weiße Kugelkappen, die Brunnensäule wie der Zaunpfahl; selbst der ehrwürdige Kirchturmhahn hat seine Mütze und schaut erfroren herab auf die lieben Dorfkinder und auf die Spatzen, die als echte Tagdiebe sich auf den schneeigen Wegen bettelnd und stehlend herumstreiten. Desto traulicher sieht es drinnen in den warmen Bauernstuben aus. Besonders wenn der Abend kommt und jung und alt sich zum gemütlichen Heimgarten versammeln, da würde mancher, der in einen solchen Kreis hineinlugen könnte, sagen, daß diesen glücklichen Leutchen der grobe Winter nicht sehr wehe tut. Gerade die Zeit um Nikolaus herum ist im Dorfleben eine äußerst bewegte und entbehrt nicht jener harmlosen ernstheitern Freuden, die wie Blumen das bäuerliche Jahr durchwirken.

Da kommt vorerst der »heilige Mann«, jener begabende Kinderfreund, den das sinnige Gemüt des Älplers mit allem poetischen und unpoetischen Zauber ausgestattet hat. Er vertritt das Christkind des Städters und besucht in höchst eigener Person die Dorfstuben und erhöht so den Reiz und die Bedeutung seiner Gaben. Darum beten die Kinder, wenn es gegen die Nikolauszeit geht, inbrünstig vor dem Schlafengehen:

Heiliger Nikolaus, du goldener Mann,
Bring uns allerhand Sachen zusamm',
Allerhand »Gutthaten«, kräftige Sachen,
Wirst mir heute die Schüssel voll machen.

Sie stellen wohl auch im frommen Glauben eine Schüssel oder einen Schuh mit Hafer oder Heu gefüllt vors Fenster, für den Schimmel des »heiligen Mannes«. Man denkt sich nämlich denselben auf einem Schimmel reitend, weshalb er auch an manchen Orten geradezu »Schimmelreiten« heißt. Sogar ein Gläschen Schnaps »für seinen Bedienten« wird häufig hinzugefügt. Er braucht es auch, denn er kommt ja in der kalten Dezembernacht weit weit »übers Gebirge her«, und daß solche Leute, die mit dem Vieh umgehen, gern etwas Gebranntes lieben, hat sich das kleine Seppele schon vom »Fütterer« seines Vaters abgeguckt. Und welche Freude, wenn nun am andern

Morgen Hafer und Schnaps fort sind! Denn nun hat es so ein Kinderherz schwarz auf weiß, daß abends der »heilige Mann« kommen wird.

Und er kommt auch. Nicht als unsichtbares Wesen, das sich wie das Christkind der Städter nur durch den strahlenden Lichterbaum und

die daran hängenden Gaben verrät, sondern er kommt als leibhaftige Erscheinung in aller Pracht und Herrlichkeit, wie er auf dem Hochaltar so liebreich dargestellt ist, und wie ihn die »Nahnl« beim Kaminfeuer den zuhorchenden Kindern haarklein beschrieben hat. Um die Spannung zu erhöhen, tritt oft vor ihm so eine Art Herold ein, der sich in der Stube nach echter Bedientenmanier allerhand zu tun macht, den Tisch abfegt, den Boden kehrt und schließlich wieder abzieht, Schritt für Schritt verfolgt von den Augen der in banger Erwartung mäuschenstill dastehenden Kinder. Wie klopfen die kleinen unschuldigen Herzen unter den Kleidchen, wie schauen die Blicke unverwandt nach der Türe, ob sie sich nicht bald öffne. Jetzt – schwere Tritte – sie tut sich auf, und herein tritt der »heilige Mann«, ein ehrwürdiger Greis in weitem, goldverbrämten Bischofsmantel, mit wogendem Haar und weit herabwallendem Flachsbart, auf dem Haupte die strahlende Inful, in der Hand den glänzenden Goldstab. Er legt den Kindern Fragen aus dem Katechismus vor, belobt die Fleißigen und beschenkt sie mit Gaben, Äpfeln, Nüssen, Lebzelten, Bildchen und ähnlichem, die der »Bediente« neben ihm in einem Korbe trägt. Die Unwissenden und Unfolgsamen ermahnt er und zeigt bedeutungsvoll auf den hinter ihm stehenden »Klaubauf«, der schon lange auf eine Gelegenheit gepaßt hat, auch seine schreckeinflößende Aufgabe kundzutun. Er ist dementsprechend auch herausgeputzt. Pelzwerk und rasselnde Ketten umhüllen ringsum die Zottelgestalt; auf dem Kopfe sitzen Bockshörner, aus der geschwärzten Larve glotzen zwei Feueraugen und aus dem Maul hängt eine schuhlange, feuerrote Zunge. In den Klauen hält er eine mächtige Rute, auf dem Rücken hängt ein Sack, über dessen schauerliche Bestimmung er von Zeit zu Zeit durch unzweideutige Handbewegungen

Aufschluß gibt, was in der Regel ein allgemeines Geheul und schleunige Flucht der Kinder hinter den großen Eßtisch zur Folge hat. Nachdem so beide Teile, der »heilige Mann« und sein höllischer Begleiter, samt dem »Bedienten« ihre Schuldigkeit getan, entfernen sie sich mit einem guttirolischen »Schlaft's g'sund allerseits«, um an einem andern Orte dieselbe kinderbeglückende Tätigkeit fortzusetzen.

Freundlich und in vieler Beziehung interessant sind die in Tirol häufigen »Nikolausspiele«, welche die Erscheinung des »heiligen Mannes« in dramatischer Weise vorführen. Man unterscheidet eigentliche »Nikolausspiele« und sogenannte »Unterkomödien«. Letztere sind fast in allen größeren Ortschaften Tirols im Schwunge und können als Vorstufe zu den ersteren angesehen werden. Die Hauptfigur bildet ein als – Esel verkleideter Mann, der, die Stimme des Tieres nachahmend, die Stuben besucht und, ähnlich dem Nikolaus, die Kinder befragt und beschenkt. In seiner Gesellschaft befinden sich Hirten, Jäger und Musikanten, vor allem aber der unentbehrliche »Duxerfranzl« mit seinem Schnapsfäßchen auf dem Rücken. Er ist ein Geschöpf des tirolischen Volkshumors und ungefähr dasselbe, was auf größeren Bühnen der »Kasperl« oder der »Hanswurst« ist. Er bildet daher den Brennpunkt des ganzen »Spieles«, und helles Gelächter erschallt, wenn er nach dem examinierenden Esel endlich auftritt, und, begleitet von allerlei komischen Grimassen und Späßen, sein Leiblied singt:

»Duidum! Frisch in die Welt,
Ich bin der Duxerfranzl,
Heut' lös' ih wacker Geld
Hun Branntwein in mein' Panzl (Fäßlein) usw.«

Nach Absingung des Liedes tanzt er mit den Begleitern einigemal in der Stube herum, dann entfernen sich alle, um im nächsten Hause dieselbe Komödie aufzuführen. Die Darsteller sind gewöhnlich arme Talleute, die sich mit diesem Spaß ein paar Kreuzer herausschlagen.

Von größerer Bedeutung, weil sich aus ihnen zum Teil das geistliche Drama entwickelt hat, sind die eigentlichen »Nikolausspiele«, vollständig in Wechselgespräch gehaltene Bauernkomödien, die von bestimmten Gesellschaften ausgeführt werden und sich durch köstlichen Humor und Witz, freilich auch durch große Plattheit im Ausdruck auszeichnen. Die Truppe, oft dreißig bis vierzig Mann stark, zieht von Ort zu Ort; der Schauplatz der Darstellung ist gewöhnlich der Dorfplatz. Der Stoff ist der Legende entlehnt, aber von allem möglichen nicht geistlichen Beiwerk überwuchert. Leider gestattet es der Raum nicht, den oft wirklich kräftig wirkenden, mit Urkomik gewürzten Inhalt eines solchen Spieles auch nur der Anlage nach anzuführen, ich muß mich daher mit der bloßen Vorstellung des Personals begnügen. Dieses ist allerdings bunt genug zusammengewürfelt. Voraus erscheint auf einem Schimmel, überladen mit Gold und Flitterwerk, der heilige Nikolaus. Er kündet seine Ankunft in hochtönenden Knittelversen feierlich an. Hinter ihm kommt zu Roß und zu Fuß ein abenteuerliches Gefolge von Hirten, Jägern, Einsiedlern, Mohren, Türken, Ölträgern, den »heiligen drei Königen«, Hexen, Zigeunern, Dörchern; dazu kommen Quacksalber, Klaubaufe, Engel, Teufel und, versteht sich, auch der lustige »Duxerfranzl«.

Daß ein solcher Aufzug das mit einem derartigen Spektakel beglückte Dorf in vollen Aufruhr bringt und auch die Nachbargemeinden herbeilockt, ist leicht zu begreifen; weniger faßbar dürfte es scheinen, wie ein solches Kunterbunt von Rollen auch nur in einen losen Zusammenhang gebracht werden kann. Eine Probe. Ein alter und ein junger Einsiedler treten auf. Der alte mit brauner Kutte und weißem Barte betet laut das »Vaterunser« und die »offene Schuld«, beides auf die derbste Weise lächerlich umgestaltet. Unterdessen schlägt der junge Einsiedler mit dem Weihrauchfasse Rad und Purzelbäume, worauf folgender Wechselgesang beginnt:

Junger: 's Einsiedlersein ist halt nit mei' Freud!
Alter: Du mußt dir halt denken, 's gibt mehr solche Leut'!
Junger: Wär' i nit ins Kloster gangen! Hätt i a schön's Madel g'nommen. Mi ruit's, mi ruit's. (Mich reut's, mich reut's.)
Alter: Mi aa, mi aa. (Mich auch, mich auch.)

Dann schlagen sie ihre Kutten in die Höhe und springen unter Absingung travestierter Gebetsformeln davon. Moral wird in diesen Stücken gerade nicht gepredigt. Doch darf man solche Ausartungen des Volkshumors nicht als Gradmesser der Sittlichkeit gelten lassen; das Volk trägt eben keine Glacehandschuhe und findet einmal die Travestierung der eigenen Überzeugung mit seinem sonstigen religiösen Bewußtsein ganz gut vereinbar. Im Anschlusse an diese dramatischen Aufführungen will ich einige der bezeichnendsten Spielarten von Nikolausliedchen aus meiner Sammlung mitteilen, sei es auch nur deshalb, um diese spärlichen Reste der im Absterben begriffenen Nikolausfeier der Vergessenheit zu entreißen. Denn dieser volkstümliche Nikolauskult, der früher in ganz Deutschland und besonders in den österreichischen Landen fast ausschließlich im Schwange war, weicht vor dem poetischer begabenden »Christkind« mit seinem lichtstrahlenden Bäumchen immer mehr zurück, so daß der »heilige Mann« in den Städten fast ganz verschwunden

Putzenbercht.

Se vend à Augsb. dans le Nég. com. de l'Acad. Imp. d'Empire, sous son Priv. et avec def. de n'en faire ni vendre de Cop.

ist und bald nur mehr in den abgelegenen Talwinkeln noch die Kinderherzen beglücken wird. Sind nun auch diese Nikolausreime nicht von hohem, lyrischem Schwung, sondern mehr Ausfluß kindlich gläubiger und naiver Denkweise, so enthalten sie doch mitunter Züge, welche teils den Vorgang der Feier beleuchten, teils Streiflichter auf den mythologischen Gehalt derselben werfen. Eines der ältesten dürfte wohl das Tegernseer Liedchen sein, das uns der Codex germanicus Monacensis aus dem fünfzehnten Jahrhundert überliefert hat:

> Heiliger sanct Nicolas
> In meiner not mich nit verlas,
> Komb heint zu mir und leg mir ein
> In mein kleines schiffelein,
> Darbey ich Ewr (Euer) gedenkhen kan,
> Das ir seit ein frommer Man.

Wir ersehen daraus, daß die ursprüngliche Sitte darin bestand, Schiffchen aus Papier vor das Fenster zu stellen, damit sie während der Nacht St. Nikolaus mit all den süßen Geschenken fülle, nach denen das Kind verlangt und welche es unzählige Mal im Verslein mit nachfolgendem Vaterunser vor dem Schlafengehen hergezählt hat:

> Heiliger Nikolaus, leg' mir ein
> Äpfel, Birnen, Nüsselein,
> Strümpf' und Schuhe muß ich haben,
> Kann ich den Winter Schlitten fahren.

Diese unverblümte Andeutung, mit den Gaben ja nicht zu karg zu sein, wird indes durch zwei andere bescheidenere aus Vorarlberg und Meran gemildert:

> Heiliger Niklaus, leg uns ein,
> Was dein guter Will' mag sein,
> Äpfel, Bira (Birnen), Schnitz' und Nuß',
> Mach uns nur doch kein' Verdruß.

Wie oben bemerkt, war es früher sicher überall üblich, daß die Kinder ein Schiffchen hinausstellten. Erst später trat an dessen Stelle der ihm ähnelnde Schuh, der mit Hafer gefüllt für das Rößlein des »heiligen Mannes« vors Fenster gestellt wurde, und schließlich die Schüssel, welche nur mehr teilweise an die Schiff-Form erinnerte. Erhalten hat sich meines Wissens das Schiffchen als Gefäß für die zu

empfangenden Gaben nur noch im Ennstale, doch trägt sie da merkwürdigerweise einen vom gewöhnlichen Brauche abweichenden Charakter.

Einen humoristischen Anflug hat die Sage, die mir ein alter Silbertaler Bauer vor wenigen Jahren erzählte und die meines Wissens noch nirgends gedruckt ist. Das uralte Silbertaler Kirchlein, das dem vom Kristberg ins Montafon Absteigenden freundlich entgegenschimmert, gehört auch zu den zwölf Vorarlberger Kirchen, die den heiligen Nikolaus zum Patron haben. Wie in allen katholischen Gotteshäusern brennt auch hier die ganze Nacht das »ewige Licht«. Da bestand nun in früherer Zeit der Brauch, daß die Leute von den Gehöften des Tales Butter brachten, um das Licht in der Lampe zu nähren. Es war aber einmal, erzählt die Sage, ein eigennütziger Meßner angestellt. So oft nun der um fünf Uhr früh zum Morgengebet läuten ging, nahm er sich immer ein Stück Brot mit und tunkte es in die flüssige Butter der Lampe ein. Zuvor aber wendete er sich stets zum heiligen Nikolaus auf dem Hochaltar und sagte: »Nikolaus, darf ich tunken?« Da nun der Heilige nichts entgegnete, so tunkte er getrost zu. Einmal aber, als er wieder fragte: »Nikolaus, darf ich tunken?« sagte der Heilige: »Nein!« Der habgierige Meßner jedoch tunkte trotzdem seine Schnitte ein und fiel zur Strafe tot nieder.

Ludwig von Hörmann

Sagen zur Weihnachtszeit
Nikolaus, 6. Dezember

St. Nikolaus heißt in der Schweiz allgemein Samiklaus. Er soll drei Töchter eines armen Bürgers ausgestattet haben. Daher sagt man von heiratsfähigen Mädchen, »sie kennen den Samiklaus«.
In Appenzell erscheint er als Bischof verkleidet oder in einer sonstigen Vermummung am Vorabend von Weihnachten oder Silvester.

Die Luziennacht
13. Dezember

Jeder Mensch ist in dieser Nacht den Zauberflüchen und Hexensprüchen ausgesetzt, ohne daß ihn ein geweihter Gegenstand davon befreien könnte. Darum fürchten sich auch die Landleute so sehr vor dieser Nacht, um so mehr, wenn es draußen stürmt und wettert.
Schweigend sitzt am Tage die Magd bei ihrem Spinnrad, und statt emsig die Spindel zu drehen, blickt sie von Zeit zu Zeit nach dem Wetter und vergißt oft die Arbeit, denn heute noch will sie durch einen gefährlichen Gang ihre Neugierde befriedigen. Dann dreht sie wieder das Rad mit solcher Schnelligkeit, daß man glauben sollte, sie wolle damit die Furcht verscheuchen.
Ist es Abend, so wird in den Spinnstuben nicht lange mehr gearbeitet; teils um die heilige Luzie zu verehren, teils um sich nicht den Haß der Hexen zuzuziehen. Sollte es aber eine Dirne wagen, bis spät in die Nacht bei dem Rocken zu sitzen und die Spindel zu drehen, so sind ihr gewiß sämtliche Spindeln tags darauf verdreht, die Fäden zerrissen und das Garn ist in großer Unordnung und Verwirrung. Die Hausfrau versammelt ihre Kinder und Mägde zum Abendgebet, das heute länger als gewöhnlich dauert, da um besonderen Schutz für die Nacht gebetet wird.
Nach beendigtem Gebete nimmt die Hausfrau Judenkohle (eine Kohle von dem am Ostersamstag geweihten und verbrannten Holz), Weihrauch und Holz vom Schlehenstrauch, legt alles in eine eiserne Räucherpfanne, zündet dasselbe an und geht betend dem ganzen Gesinde voran durch alle Räume ihres Hauses. Bei diesem Zuge spricht jeder nach einem Vaterunser folgenden Spruch:

Voarn Drudendruga, Hegsnhoagsen,
Daiflsbroazen, Zauwrafoagsen
b'schitz mich d' halche Luzie,
bis ih muaring fruh oafsteh.

Jeder muß wohl achtgeben, daß er bei diesem Zuge nicht etwas fallen lasse oder gar verliere, denn sonst würde es ihm übel ergehen, er würde in der Folge an demselben, was er fallen läßt, immer Mangel leiden. Von dem Kuhstall angefangen bis zum Wohnzimmer wird bei dem Umgang »ausgeraucht« (geräuchert).
Ist dieses geschehen, so wird abermals gebetet und man geht zu Bette. Ehe man in das Bett steigt, macht man mit dem linken Fuß ein Kreuz, damit keine Hexe zum Bett heranschleichen kann.
Damit wäre die Feier des Luzieabends beendet, wenn dieser Nacht nicht besondere Kräfte zugeschrieben würden, welche die Dirnen zu benützen wissen, um ihren künftigen Mann oder ihr Schicksal zu erfahren. Das Gebot der Hausfrau übertretend, schleichen sie, in eine warme Jacke gehüllt, um Mitternacht mit einem Schnitzer, in ihrem Busen verborgen, zu einem Bach, an dem Weidenbäume stehen. Schnell wird die Rinde des Baumes an der Sonnseite nach aufwärts halb weggeschnitten, das Luzienkreuz auf die innere Seite des Schnittes gemacht und mit Wasser aus dem Bach befeuchtet. Hierauf wird der obere Teil des Schnittes umgelegt und befestigt. Die Dirne eilt nun ebenso schnell wieder nach Hause. Dieses alles muß zwischen zwölf und ein Uhr geschehen. Verspätet sich die Dirne, so findet man sie des anderen Tages tot unter demselben Baume.
Kaum hat es elf Uhr geschlagen, so legen sie sich an einen versteckten Ort, meistens auf den Heuboden, und erwarten mit Ungeduld die zwölfte Stunde, in der sich der Luzienschein zeigen soll. Schläft der Bursche aber während dieser Zeit ein, so rächt sich die heilige Luzie an ihm, daß sie ihn mit Krankheiten und anderem Unglück bestraft. Der Luzienschein ist eine sehr eigentümliche Erscheinund. Er ist ein zitterndes Licht, das sich langsam über die Dächer und Häuser bewegt, verschiedene Gestalten annimmt und nur für gewisse Leute sichtbar ist.
Von diesem Licht erzählte ein Bauer folgendes: Es hatte schon lange zwölf Uhr geschlagen und bald wäre ich eingeschlafen, als ein milde leuchtendes Licht langsam über dem Hause meines jetzigen Schwiegervaters emportauchte, sich zu einem Kranz und bald darauf in einen Totenkopf verwandelte. Mehr konnte ich nicht sehen, ich ward besinnungslos und taumelte gegen die Bodentür, um meine Schlafstätte aufzusuchen. Doch fiel ich aus dem Heufenster hinab in einen großen Schneehaufen. Der Schnee brachte mich wieder zur Besinnung, so daß ich bald mein Kämmerlein finden konnte. Bald darauf heiratete ich mein jetziges Weib, es starb aber meine Schwiegermutter. Seit dieser Begebenheit sah ich nie wieder das Luzienlicht.

Theodor Vernaleken

Ein Kinderlied auf die Weihnacht.

Vom hi=mel hoch da kom ich her, ich bring euch gu=te ne=we mer, der gu=ten mer bring ich so vil, da=von ich sin=gen und sa=gen wil.

2. Euch ist ein Kindlein heut geborn
   von einer jungfrau auserkorn,
   ein kindelein so zart und fein,
   das sol ewer freud und wonne sein.

3. Es ist der her Christ unser got,
   der wil euch fürn aus aller not,
   er wil ewer heiland selber sein,
   von allen sünden machen rein.

4. Er bringt euch alle seligkeit,
   die got der vater hat bereit,
   daß ir mit uns im himelreich
   solt leben nu und ewigleich.

5. So merket nu das zeichen recht,
   die krippen, windelein so schlecht,
   da findet ir das kind gelegt,
   das alle welt erhelt und tregt.

Das Weihnachtsevangelium

Es begab sich aber zu der Zeit, daß ein Gebot vom Kaiser Augustus ausging, daß alle Welt geschätzt würde. Und diese Schätzung war die allererste und geschah zu der Zeit, da Cyrenius Landpfleger in Syrien war. Und jedermann ging, daß er sich schätzen ließe, ein jeglicher in seine Stadt. Da machte sich auch auf Joseph aus Galiläa, aus der Stadt Nazareth, in das jüdische Land, zur Stadt Davids, die da heißt Bethlehem, darum daß er von dem Hause und Geschlecht Davids war, auf daß er sich schätzen ließe mit Maria, seinem vertrauten Weibe, die war schwanger. Und als sie daselbst waren, kam die Zeit, daß sie gebären sollte.
Und sie gebar ihren ersten Sohn und wickelte ihn in Windeln und legte ihn in eine Krippe, denn sie hatten sonst keinen Raum in der Herberge.
Und es waren Hirten in derselben Gegend auf dem Felde bei den Hürden, die hüteten des Nachts ihre Herde. Und siehe, des Herrn Engel trat zu ihnen, und die Klarheit des Herrn leuchtete um sie: und sie fürchteten sich sehr. Und der Engel sprach zu ihnen. »Fürchtet euch nicht; siehe, ich verkündige euch große Freude, die allem Volk widerfahren wird; denn euch ist heute der Heiland geboren, welcher ist Christus, der Herr, in der Stadt Davids.
Und das habt zum Zeichen: Ihr werdet finden das Kind in Windeln gewickelt und in einer Krippe liegen.«
Und alsobald war da bei dem Engel die Menge der himmlischen Heerscharen, die lobten Gott und sprachen: »Ehre sei Gott in der Höhe und Friede auf Erden und den Menschen ein Wohlgefallen!«
Und da die Engel von ihnen gen Himmel fuhren, sprachen die Hirten untereinander: »Laßt uns nun gehen gen Bethlehem und die Geschichte sehen, die da geschehen ist, die uns der Herr kundgetan hat.«
Und sie kamen eilend und fanden beide, Maria und Joseph, dazu das Kind in der Krippe liegen.
Da sie es aber gesehen hatten, breiteten sie das Wort aus, welches zu ihnen von diesem Kinde gesagt war. Und alle, vor die es kam, wunderten sich der Rede, die ihnen die Hirten gesagt hatten. Maria aber behielt alle diese Worte und bewegte sie in ihrem Herzen. Und die Hirten kehrten wieder um, priesen und lobten Gott um alles, was sie gehört und gesehen hatten, wie denn zu ihnen gesagt war.

Lukas 2.1–20

Das Wagrainer Herbergsuchen

Ein Heilig-Abend-Spiel

Die Handschrift dieses Spieles ging zwar verloren, wurde aber seinerzeit von Herrn Arthur Schlager in Wagrain nach der Überlieferung alter Leute niedergeschrieben und dürfte bis auf weniges bestimmt dem Originale entsprechen. Es erhielt ein Vor- und Nachspiel, das aber als Dichtung neuester Zeit hier weggelassen wurde, so daß nur das Hauptspiel aus dem Ganzen herausgelöst Aufnahme fand.

Die Wirtsszene ist auffälligerweise mit der des Gmünder (Kärnten) Weihnachtsspieles identisch (Georg Graber, Das Gmünder Hirtenspiel, S. 18 ff.), wodurch ein Zusammenhang mit der Gruppe der steirisch-kärntnerischen Weihnachtsspiele gegeben ist, deren Entstehung vermutlich noch in das 16. Jahrhundert anzusetzen ist (vgl. L. Schmidt, Formprobleme der deutschen Weihnachtsspiele, im Erscheinen). Die weiteren, mehr lyrischen Teile des Spieles sind wohl jünger.

Der Engel (tritt ein): Gloria in excelsis Deo. Friede den Menschen
  auf Erden, die eines guten Willens sind. (Ab.)
(In die Stube kommt ein Wirt, der sich beim Ofen wärmt und wieder abgeht.)
Bettelmann (tritt ein): Mecht ovana nit Schelten und Fluach'n,
  Bei dem verdammten Herbergsuachn.
  Geh i bergauf und nieda,
  Bett'l is Brot, verkaf is wieda,
  Nimm i a a poar Kreuza ein,
  Geh i zan Wirt und kaf ma a Seidal Wein.
  Mir scheint, es kimmt eh schon da der Herr Wirt
  herein.

2. Szene.

Wirt (protzig): Ah guaten Abend, was is dein Begehrn?
Bettelmann: Ob i nit dürft beim Herrn Wirt ei'keahrn?
Wirt: Warum denn nüt, wann der Herr brav Geld hat.
Bettelmann (heuchlerisch): Koan Kreuzer, koan Pfenning, koan
  Knopf!
Wirt: Glei vaschwindst du arma Tropf!
  (Wirft ihn hinaus. Schlägt die Tür zu)

            Pack dich hinaus,
            Ich bin der Herr in meinem Haus.
            Hast im Beutel koa Geld,
            Is' schlecht um di' bestellt.

            (Für sich):
            Hab im Keller zu wenig Wein,
            Schütt i brav Wasser drein.
            Das – macht mir koane Flausen,
            Ha, das muaß mir helfen hausen.

            3. Szene.
(Von draußen hört man Josef und Maria singen):
            Betlehem, o Judenstadt, hast gar kein Ort nicht mehr,
            Wo sich bei so kalter Nacht hinlegt mein Gott und Herr.
            Wo er die Liebe sucht und stets bei euch einkehrt.
            Wenn da ein Obdach wär', bei diesem guten Mann,
            Wir wollen hin doch geh'n und wollen klopfen an.
            (Josef klopft.)

            4. Szene.
Hl. Josef   (singt eintretend): Mein Herr, ein Zimmermann aus der Stadt Nazareth,
            O laßt Euch erweichen und gebt uns ein Bett!
            Nur ein kleines Winkelein, wir täten wohl zufrieden sein.

Wirt: Ei, Zimmermann! Dein Wort gilt nichts an diesem Ort.
            Es ist mir nicht mehr möglich heut,
            Mein Haus ist voll der besten Leut'!
            Auch die Ställ sind voller Vieh.
            Pack dich hinaus, i hab kein Herberg für dich!
Josef (singend): Mein Herr, wir gehen schon alle Straßen aus und ein,
            Verschone doch mein Weib, sei doch nicht wie ein Stein!
            Wenig wir begehren, tu es uns nicht wehren.
            Erbarm dich um des Weibes willen, denn heut' soll
                            sie noch stillen –

	Ein junges Menschenkind. Erbarm dich und sei nicht blind.
Maria (flehend):	Habt Erbarmen mit uns Armen!
Josef:	Wir wollen dankbar sein und tausenfältig bringen ein,
	Was du für uns getan; o sieh uns an!
	Wir haben gefraget hier und dort,
	Gebettelt an diesem und jenem Ort.
	Doch überall ist alles voll,
	Gewähr es uns und heg keinen Groll.
Wirt (verärgert):	Hab alles voll! Du machst mich toll!
	Wer gibt mir G'währ für dein Geplärr!
	Mein Haus ist gebaut für Frauen und Herrn,
	Von mir aus kann dei' Weib auf der Straße gebär'n!
	Und zahlen? – Ein Mann wie du?
	Das könnt man sich denken. – Geht zu!
Hl. Josef:	Ein eisern hartes Herz hat wohl das Städtelein,
	Die Vaterstadt, o Schmerz, beschert uns diese Pein,
	Ihr Herzen mein, ihr Herzen mein, härter seid ihr noch als Stein.
	Betlehem, o schäme dich. Bist Gottes Kreatur.
	Laßt uns im Stich. O Mensch bedenk es nur!
	(Beide ab.)

5. Szene.

Wirt:	Was das Volk tät' alles begehren!
	Da müßt man sich um vieles scheren.
	Potz Blitz, Donnerwetter und Graus.
	Betteln und Jammern, das ging nie aus!
	Man muß das Volk nur das Richtige lehren,
	Und das unterst zu oberst kehren.
	Wer schenkt denn mir, wenn ich würd betteln dort und hier.
	Man würd' auch mich belehren, ich solle mich zum Teufel scheren. (Ab.)

6. Szene.

1. Hirte:	Ihr Leute hört und laßt mich sagen,
	Groß Wunder hat sich zugetragen.
	Ein Stern entbrennt
	Am Firmament
	Ist groß und licht
	Und leucht wie Gottes Angesicht.

	Engel steigen auf und nieder,
	Singen wundersame Lieder.
2. Hirte:	Hab' auch des Engels Wort vernommen,
	Friede ist vom Himmel kommen.
3. Hirte:	Fürchtet euch nicht, sprach's aus dem Licht.
	Freut euch und eilet, in Betlehem weilet
	Das göttliche Kind bei Esel und Rind.
1. Hirte:	Zu Betlehem liegt es im Stall.
	Ganz arm und dürftig überall.
2. Hirte:	Josef und Maria, die Mutter sein,
	Bettens in schneeweiße Windeln ein.
3. Hirte:	Als eines Zimmermanns Sohn
	Stieg er herab vom Himmelsthron.
	Ist arm, wie wir, kein Herr, kein Fürst,
	Doch voller Lieb, nach der uns dürst.
1. Hirte:	Um den Stall saust der Wind,
	Fenster voll Eisblumen sind.
	Arg fror da das Kindelein,
	Liegt nur in einer Krippe drein.
2. Hirte:	Josef an der Krippe stand,
	Tiefen Kummer er empfand.
	Wegen der Menschen Niedertracht,
	Die des Menschen Sohn veracht.
3. Hirte:	Maria auch voll Wehmut da kniet,
	Und ihr armseliges Kindlein ansieht.
1. Hirte:	Mein Röcklein tat ich ihm schenken,
	Wird mir's in der letzten Stund gedenken.
2. Hirte:	Hatt' auch nit viel, nur ein Stück Brot,
	Das ich dem Kindlein gern anbot.
3. Hirte:	Und ich konnt gar nichts geben,
	Hab nur mein armes Leben.
	Knie hin und heb ein Liedlein an,
	So gut als wie ich singen kann.

Gesang der Hirten: Ein Kind ist uns geboren, das Gott und Mensch
                                              zugleich.
                     Eröffnet Herz und Ohren, o Christen freuet euch.
                     In Betlehem im Stalle kehrt unser Heiland ein.
rep.   Er kommt zum Trost für alle, geliebet will er sein.
                     Die Nacht war hell wie Tage, der Himmel voller
                     Schein.
                     Die Patriarchen sagn, jetzt hat's getroffen ein,
                     Daß Gottessohn gekommen herab auf diese Welt,

rep.	Die Menschheit angenommen, den Frieden hergestellt.
1. Hirte:	Ehre sei Gott in der Höhe!
2. Hirte:	Und Friede den Menschen auf Erden,
3. Hirte:	Die eines guten Willens sind. (Alle ab.)

(Außerhalb der Tür hört man verklingend den Gesang der letzten Strophe.)

    Erfüll mit deiner Gnade o Jesus dieses Haus
    Pest, Krankheit, allen Schaden, treib alles Unheil aus.
    Laß doch den Frieden grünen, bewahr vor Zank und Streit

rep.   Daß sie dir fröhlich dienen,
    jetzt und in Ewigkeit.

Christabend

Kaum hat am »heiligen Abend« die nachmittägige Vesperglocke ausgeklungen, so ruht jede Arbeit. Kein Axtschlag durchhallt mehr den Wald, kein Drischelschlag die Tenne; das Mühlrad hört auf zu plätschern und das trauliche Surren der Spinnräder in der Eßstube verstummt. Wehe der Dirn, die auf der Kunkel noch Flachs oder Werg unabgesponnen hat. Glaubt sie auch nicht mehr, daß dann »die wilde Perchtl drin niste«, so fürchtet sie um so eher, daß sie in diesem Falle keinen Mann bekomme. Im Hause ist ohnehin schon während des Tages alles in Ordnung und festtäglich hergerichtet worden. Der Stubenboden und die Gänge wurden säuberlich gewaschen, Tische und Bänke blank gescheuert, die Fenster spiegelhell geputzt. Auch das Kupfer- und Zinngeschirr funkelt und glänzt wie eitel Gold und Silber. Im Lavanttale stellt man sonderbarerweise das geputzte Geschirr, Pfannen, Rührkübel, Häfen etc. unter den großen Eßtisch und zieht eine eiserne Kette herum, damit die künftige Ernte gut ausfalle und die Bäuerin Glück in der Wirtschaft habe.

Diese derbe »Schafferin« jedes bäuerlichen Gehöftes und vornehmlich der Küche weiß heute vor Arbeit nicht, »wo ihr der Kopf steht«. Schon seit frühem Morgen flammt es und prasselt es auf dem Herde als wie bei einer Hochzeit. Ihr liegte es ob, die Unmengen von Schmalzkrapfen und Weihnachtsküchel zu bereiten und herauszubacken, welche die hungrigen Mägen mittags und später beim nächtlichen Kirchgange befriedigen sollten. Es würde einen eigenen Abschnitt erheischen, wollte ich die verschiedenen Arten dieses älpischen Nationalgebäckes des näheren behandeln. Die äußere Form ist bei allen ziemlich gleich. Das Unterscheidende bildet die »Fülle« Da gibt es Magen- (Mohn-), Äpfel- und Käsküchel, in der Meraner Gegend die Nuß- und »Köst«krapfen. Besonders letztere, bei denen gestoßene Kösten (Kastanien) mit Zuckerwasser und Honig abgerührt als Fülle des »mürben Teiges« verwendet werden, sind äußerst schmackhaft, und ich begreife, daß der Großknecht und die anderen Hausburschen wie hungrige Wölfe um den Herd herumstehen und sich in Anhoffnung des baldigen Genusses den Mund ablecken. Haben sie ja heute den ganzen Tag noch keinen Bissen gegessen, da, wie jeder weiß, der heilige Abend ein großer Fasttag ist. Nun tut man sich an diesem Tage insoferne »Abbruch«, als man bis zum Mittagsmahl nichts zu sich nimmt und kein Fleisch auf den Tisch kommt. Aber die mittags aufgetragenen Fastenspeisen, Suppe, Stockfisch und Kraut, oder in Tirol Pfannkuchen, in erster Linie aber die oben beschriebenen Krapfen werden in so riesigen Mengen vertilgt, daß nicht umsonst das Pustertaler Sprüchlein sagt: Am »heiligen Abend« muß man drei Gefahren bestehen: Am Morgen das Verhungern, am Mittag das »Derschnellen« und nachts das »Derfallen«, letzteres in Hinblick auf den beschwerlichen Gang zur Christmette.

Der Brauch des »Räucherns« ist so eingebürgert, daß er selbst in der Stadt bei Bürgersfamilien, die, wie man zu sagen pflegt, noch etwas auf christlichen Sinn halten, fast allgemein geübt wird. Auf dem Lande geht der Bauer bei eingetretener Dämmerung, begleitet von sämtlichen Hausgenossen, auch von der Bäuerin, die das Weihbrunnkrügel trägt, mit der Glutpfanne, in welche Weihrauchkörner und Teile der »Dreißgenkräuter« geworfen werden, durchs ganze Haus. Alles, jeder Winkel, jede Stubenecke, Stadel, Stall und Tenne wird mit Rauch und Weihwasser gesegnet und besprengt, ebenso das Vieh, vor allem aber die Betten der Dirnen und die Türen zu deren Schlafräumen. Dabei spricht er stets: »Glück ins Haus, Unglück hinaus.« Auch der Weihnachtszelten, den die Bäuerin seit dem Thomastag, wo er gebacken wurde, in ihrem Kasten in der kühlen Kammer verwahrt hat, wird mit der Räucherung bedacht. Zum Schlusse stellt sich das ganze Gefolge in einen Kreis um den Hausvater, und es empfängt noch jedes einzeln seinen »Rauchsegen«.

Nach dem Umzug macht der Bauer allein noch einen Gang in den Anger zum »Baumsegnen«. Er hält zwar nicht viel auf solche »Fürm' und Sachen« – denn er ist Mitglied des Fortschrittvereines –, aber weil es der Vater so gemacht hat und gerade »Niemand um die Weg' ist«, so klopft er mit dem gebogenen Finger an die Bäume und spricht:

> Baum, wach' auf und trag',
> Morgen ist der heilige Tag.

»Viehlosen« geht er nicht, erstlich, weil er derlei Zeug für sündhaft hält, nämlich zu glauben, daß das Vieh in der heiligen Nacht spreche, und dann, weil er von seinem »Nähndl« gehört hat, daß ein Bauer bei dieser vorwitzigen Horcherei seinen eigenen Tod »erlost« habe. So begnügt er sich, die Stalltür fest zu schließen, und begibt sich eiligst zu den andern in die Stube.

Hier ist schon alles, Bäuerin, Knechte und Dirnen in fröhlichster Stimmung um den großen Eßtisch versammelt, wo Pyramiden von Krapfen aufgehäuft sind. Denn nicht überall ist man so genügsam und fromm wie im armen Oberinntal, wo es nur eine Brennsuppe mit Brot und Erdäpfelschnitten absetzt und der Hausvater aus einem Evangelien- oder Legendenbuch erbauliche Geschichten vorliest. Häufig, besonders im lebenslustigen Unterinntale, kommen Burschen aus der Nachbarschaft zusammen, um sich die Zeit bis zum gemeinschaftlichen Gange in die Christmette in gemütlichem Heimgarten oder mit »Nussen auskarten« zu vertreiben. Auch andere abergläubische Gebräuche, die sich auf die Erforschung der Zukunft beziehen, wie Scheiterziehen, Schuhwerfen etc. werden geübt. Beliebt ist besonders das Bleigießen. Man stellt eine Schüssel voll Wasser auf den Tisch, macht in einem eisernen Löffel eine Bleikugel über dem Licht schmelzend, gießt das geschmolzene Blei ins Wasser und schaut nun, welche Figur herauskommt. Hat das Blei Kreuzesform oder eine entfernte Ähnlichkeit mit einer Totentruhe, so heißt es gleich ringsum: »Jesses, jetzt stirbt bald eines.« Findet das Schelmenauge irgendeines Burschen eine Wiege heraus, so gibt es gleich ein Halloh und Gekicher ab, und manche Dirne ist in Folge dieses Orakels beklommenen Herzens zur Mette gegangen.

Um elf Uhr beginnt das »Schröckläuten«, das die Berg- und Talbewohner zur Mette ruft. Auf ein schönes »Schröckläuten« hält man besonders in Tirol viel, und umsonst hat man dem Meßner oder Turmknecht nicht bei seiner Sammlung im ganzen Dorf bis zum höchstgelegenen Einödhofe Krapfen in schwerer Menge gegeben und ihn bewirtet. Er braucht auch Kraft, denn in manchen Gegenden, so z. B in Oberösterreich, wird eine volle Stunde lang geläutet. Dies ist auch das Zeichen zum Aufbruch, wenigstens für die Bewohner der weiter oder höher gelegenen Höfe, von denen der nächtliche Abstieg über die vereisten Stege keine leichte Sache ist. Man versieht sich deshalb mit Steigeisen, unter Umständen wohl auch mit Schneereifen. Bei mondheller Nacht ist der Weg zur Kirche selbst von abseits gelegenen Höfen wohl zu finden. Ist aber nebliges oder trübes Wetter, so muß man »Kenteln« oder »Puchheln«, das sind Bündel aus zusammengebundenem »Kienholz« (harzigem Fichtenholz) mitnehmen. Zur Christmette geht alles, was nur gehen kann, denn »sonst kommt's und weckt einen auf«. Nur Kranke oder kleine Kinder bleiben zurück, sowie bei großen Höfen, wo viel Gesinde ist, ein starker Knecht, der »gamern«, d. h. das Haus hüten muß und zu sorgen hat, daß die vom Kirchgang Zurückkehrenden Stube und Essen warm finden. Zu letzterem Zwecke schürt er einen großen Block in den Ofen, zu ersterem hat er eine Hacke und eine Flinte, die er hie und da zur Abschreckung von Dieben abfeuert. Es wird überhaupt während der heiligen Nacht viel geschossen, an manchen Orten, so in Pongau, sogar mit Böllern.

Dieser nächtliche Kirchgang bei Fackelschein hat etwas ungemein Poetisches, besonders bei engen Gebirgstälern, wo die Häuser ringsum an den Gehängen zerstreut liegen, so im Ahrntal, Zillertal etc. Schon lang vor Mitternacht wird es bis zu den höchsten Bergkuppen lebendig. Da und dort tauchen die roten Lichter der »Kentelträger« auf und bewegen sich dem Tale zu bald in Wald und Schluchten verschwindend, bald wieder sichtbar.
Nach der Wandlung des »Engelamtes« wird in Dorfkirchen regelmäßig ein »Weihnachtslied« gesungen, das in ursprünglicher, oft fast zu naiver Weise die Verkündigung der Geburt Christi zum Inhalt hat.
Nach der Mette sucht man natürlich so rasch als möglich nach Hause zu kommen. Das geht nun allerdings nicht so schnell als der Abstieg, denn die Gehöfte liegen oft eine Stunde über dem Talgrund und das Hinaufwandern bei der grimmigen Kälte über die beeisten Stege ist keine Kleinigkeit, immerhin aber noch besser, als wenn, wie es häufig der Fall, Schneewinde eintreten oder nach frisch gefallenem Schnee der warme Föhnsturm sich plötzlich erhebt und dämonisch an den Kirchenfenstern rüttelt. Ein solcher Heimweg ist dann besonders zu den einsamen Berghöfen, wo die Lehnen aus felsigem Grund bestehen, lebensgefährlich. Der geringste Laut – und sausend fährt die »Windlahn« ab. Deshalb geht zu solcher Zeit an gefährlichen Stellen stets einer voraus und schießt seine Pistole ab, um die Lawine, falls sie sprungbereit, noch vor Begehung der gefährlichen Stelle zum Abgehen zu reizen.
Zu Hause angelangt, schlieft man nicht etwa rasch in die Betten, sondern erquickt sich zuvor weidlich an warmer Fleischsuppe, Würsteln, Knödeln und Wein. Auch Schweinsbraten mit Kraut wird aufgetischt. Ärmere Leute begnügen sich, wie z. B. in Vinschgau, mit Schnaps und den Resten unterschiedlicher Krapfen und schmalziger »Blattelküchel«. Bis fünf Uhr früh dauert oft dieses gemütliche Beisammensein, bis endlich der Hausvater zum Aufbruch mahnt. Bemerken will ich noch, daß man helle Weihnachten für ein günstiges Zeichen für die Wiesen hält:

Lichte Metten,
Dunkle Heustädel.

Ludwig von Hörmann

Marientraum.

Und unser lieben frauen der traumet ir ein traum: wie unter irem herzen gewachsen wär ein baum, kyrieleison!

2. Und wie der baum ein schatten gab
   wol über alle land:
   herr Jesus Christ der heiland,
   also ist er genant,
   kyrie eleison!

3. Herr Jesus Christ der heiland
   ist unser heil und trost,
   mit seiner bittern marter,
   hat er uns all erlöst,
   kyrie eleison!

4. Und unser liebe fraue
   die trug ein kindelein,
   darvon wöln wir so singen
   und wöllen frölich sein,
   kyrie eleison!

5. Auch unser liebe fraue
   die zog gen Bethlehem,
   sie gebar ir liebs kind Jesum
   zu trost der christengemein,
   kyrie eleison!

Der Tag der unschuldigen Kinder, Gönnacht oder Klöpfelsnacht!

»Der heilige Tag zu Weihnachten« ist der richtige Ausdruck für das Mittewinterfest, weil die alten Deutschen zwölf Weihnachten zählten, die von Klein- bis Großneujahr (Dreikönig) verliefen. Sie hießen auch die Los- oder Löffelnächte, Raun- oder Rauchnächte, weil sie das Wetter der nachfolgenden Monate bestimmten und man an ihnen Wahrsagung trieb. Ebenso gut deutschen Klang hat die Gönnacht, Klöpfels- oder Rumpelnacht, Fastnacht usw. Das ursprüngliche Mondjahr fing eben mit der Nacht an, wo der Mond aufgeht, das Sonnenjahr dagegen mit der Morgenfrühe. Führen nach Sonne und Mond doch die ersten Wochentage, und die übrigen nach unseren alten Göttern: Erch, Wodan, Donar, Freya den Namen. Und ist nicht das erste Fest des Kirchenjahres nach Ostara, der Frühlingsgöttin, benannt? Aus dem deutschen Altertum rühren zugleich unsere ungleichen Vierteljahre her.

Die Hauptjahresbräuche konzentrierten sich auf den Jahresanfang, und wenigstens die Kinderwelt bewahrt noch in den Sprüchen die Bedeutung uralter Festlichkeit. Unvergessen lebt im Volke noch die deutsche Weihnachtsgöttin Bertha. Sie zieht als Seelenmutter mit den ungetauften Kleinen, vielmehr den ungeborenen Kinderseelen um, welche voll Verlangen ins Leben zu treten, im neuen Jahre auf die Welt kommen sollen.

Wie edel und naiv ist die Vorstellung, daß die Seele von Himmelshöhen kommt und in den irdischen Leib einzugehen begehrt! Dies sind die unschuldigen Kinder im Kalender der alten Deutschen. Hierbei ist die Zahl der 14000 Innocentes allein wohl angewandt, wie die der 11000 Jungfrauen in Gesellschaft der hl. Ursula.

Im christlichen Heiligenlexikon hat man sie auf die Mordopfer zu Bethlehem bezogen, welches damals vielleicht nicht den fünften Teil so viel Einwohner zählte. Sie bergen sich unter dem Mantel der Himmelsmutter und melden sich durch Klopfen an. Arme Kinder vertreten sie in den Klöpfelnächten und bringen ihre früher mehr verständlichen Wünsche dar.

»Holla, Holla, Seelenzelten«! rufen die Kinder in Wessobrunn noch heute in Erinnerung an Holda, die Seelenmutter; und arm wie reich spendet ihnen vor der Türe Äpfel und Birnen, Kletzen, Bretzel oder Lebkuchen. Weiterhin in Schwaben heißt es in den drei Wochen vor Weihnachten (Meier, Gebräuche aus Oberschwaben, XIX):

»Holla, Holla Klöpfelsnacht,
Gutes Jahr, daß Korn aufwachst,
Kraut und Zwiebel ist an nit übel,
Behüt' uns Gott vor'm Todtengrübel.«

Sonst lautet der altdeutsche Gesang der Kleinen:

Wir wünschen der Frau einen goldenen Ring,
Und über's Jahr ein kleines Ding (sic!)
Wir wünschen dem Herrn einen goldenen Tisch,
An allen vier Eden einen bratenen Fisch,
Auch in der Mitt' eine Kanne voll Wein,
Daß der Herr und d'Frau können lustig sein.
Wir wünschen dem jungen Herrn ein Pferd
Und an der Seite ein gutes Schwert.

Wieder singen die Kinder, und zwar Mädel:

Gönnacht und 's Neujahr,
Christkindel im gestraußten Haar
Gesundheit und langes Leben,
Und was Herr und Frau sich selber wünschen mögen.

Eigentlich sollte jungen Eheleute der Wunsch gebracht werden. Jetzt wissen und verstehen die Leute von altem Brauche nichts mehr und wollen alles abkommen lassen. In Lenggries herrschte früher die Sitte, daß die Männer, die Ältesten der Gemeinde, schon am Vorabende von Dreikönig zur Kirche gingen und am Dreikönigsamt im Chorrock die drei Gaben opferten. Zugleich bringt jedes Haus Weihrauch, Kreide und Salz zur Weihe. Der Weihrauch kommt ins Feuer, damit im Jahr kein Gewitter einschlägt, vom Salz macht man einen Kuchen und genießt davon, wenn man verreist. – Auf Dreikönig holt man aus drei verschiedenen Kirchen Wasser, Salz und Weihrauch, mischt das Ganze und legt davon heimlich an verschiedene Orte im Hause, damit die Hexen die Milch nicht stehlen. Zu Oterfing gingen bis in die jüngste Zeit zwölf verheiratete Männer in Mänteln die ganze Nacht von Haus zu Haus, den Heiligen-Dreikönigs-Gesang anzustimmen. Die mitgetragenen Sterne wurden in der Kirche aufgestellt. Sie sind die Repräsentanten der zwölf Jahresmonate, wie die zwölf römischen Arval-Brüder, welchen der Schutz der Felder anvertraut war. Diese galten für Söhne des Hirten Faustulus und der Acca Larentia, welche als Seelenmutter der deutschen Bertha gleichkömmt.

Im Isarwinkel hießen die drei letzten Donnerstage im Advent, zwischen Andrä- und Thomastag, die Klöpfelsnächte. Fiel der heilige Tag selber auf Pfinnstag, so war in der vorangehenden Oktave die letzte Klöpfelsnacht. Alsdann ziehen die Lehrburschen vor die Häuser und singen um ein Geschenk von Äpfeln:

> Heut' ist die heilige Klöpfelsnacht,
> Wo Maria das Kind zur Welt gebracht (?)
> Da richt' man den Tisch, da brat man den Fisch,
> Da schenkt man den Wein in ein guldenes Kandel ein.
> 's Pfandel hör' ich krachen Küchel tut man bachen,
> Küchel ein, Küchel aus! Glückselig's neues Haus!
> Stühl' und Bänk' aus dem Weg, daß die Frau zum Fenster kann,
> Daß 's uns Äpfel und Birn hergeit, und ein Pfannenzelten,
> Ein kleinen und ein großen, in Ofen einig' stoßen.
> Z' hintergist am Rind, daß er nit verbrinnt.
> Gebt's, gebt's, daß ihr auf's Jahr mehr derlebt's!

Heute lautet der Wunsch kürzer:

> Ich klopf' an, ich klopf an,
> D' Frau hat ein schön' Mann,
> Ein' lieben und ein feinen,
> Nur thut sie gar gern greinen.

In der Oberpfalz heißt es:

> Wir wünschen der Frau ein Wiegerl vor's Bett,
> Damit sie gleich ihr Kinderl 'neinlegt.

In Kärnten endlich:

> »Lang leben, gesund bleiben, einander gern haben.«

Dies ist die bisher nicht klargemachte Bedeutung des Umzuges der Kinder in den Klöpfelsnächten. Keine andere Religion entwickelt solches Zartgefühl und so unschuldige Jahresbräuche wie die deutsche, Christliche Einführung ist, daß die unschuldigen, d.h. ungetauften Kinder, eine eigene Freihofstätte haben.

Johann Sepp

Das Kindlwiegen

Um das Jahr 1511, in eben dem Jahr, in dem das Sterzinger Weihnachtsspiel aufgeschrieben wurde, ladet Maria den heiligen Josef ein.

Josef, lieber Josef mein,
nu hilf mir wiegen das Kindelein,
Gott, der will dein Lohner sein,
im Himmelreich der Jungfrau Maria.

Während beide das Kind wiegen, begleiten es die Engel mit ihrem Gesang. Dieser Brauch wurde in den Alpenländern schon im frühen Mittelalter in den Kirchen, in denen meistens eine Krippe stand, geübt. Vor dem Altar stand man da, sang die Christkindwiegenlieder, und in der Freude an der theatralischen Darstellung nahm man eine Puppe in den Arm und wiegte sie hin und her.
Auch ein besonderes Glockenläuten, das einen Extragottesdienst mit Kindelwiegen einläutete, ist bezeugt. An Weihnachten nach der Mitternachtsmesse wurde das Kind zum erstenmal gewiegt. Nach verschiedenen Zeremonien in der Kirche, in der das Kind vor den Altar getragen und wobei »In dulci jubilo« gesungen wurde, küßte man das Kind und trug es wieder in die Sakristei.
Das Kindlwiegen fand an allen Sonn- und Feiertagen bis zu Lichtmeß statt. Vor allem in den Frauenklöstern, wie z. B. in dem Clarissinnenkloster in Brixen um 1870, wurde das Kindlwiegen gepflegt. Und auch hier und da hat es sich noch bis in die Gegenwart erhalten. Die schönsten und stimmungsvollsten Weihnachtslieder verdanken wir dem Brauch des Kindleinwiegens.

H. C. E.

Alpenländische Weihnacht

In der Christnacht, die ebenfalls zur Vornahme jeden Zaubers besonders geeignet ist, wird in eine während des Ave Maria gefüllte Wasserschüssel siedend Blei oder auch Eidotter gegossen und aus den daraus entstehenden Gebilden das Schicksal, welches das nächste Jahr bringt, geweissagt; ein Turm bedeutet eine Heirat in die Stadt, ein Kreuz den Tod, geflammte Zacken einen Hausbrand etc. Auch waschen sich die Mädchen vor der Christmesse das Gesicht, ohne sich abzutrocknen . Dann heißt es, in der Kirche trocknet sie der künftige Ehemann ab, oder es tut es der Tod. In der Christnacht redet das Vieh unter sich in menschlicher Sprache, und ein Sonntagskind möchte es verstehen. Am Vorabend pflegt man in manchen Gegenden ein kahles Mahl von Käse, Brot und Bier zu halten, was »kollatzen« heißt – von Collation gebildet und aus der Sprache der Klöster entlehnt. Am Hauptfesttag selbst wird in drei großen Mahlzeiten gehörig Fleisch gegessen. Bei Ärmeren hat sich die vielleicht aus uralter Zeit der Opfergemeinschaft beim Julfest stammende Sitte erhalten, daß mehrere Häuser gemeinsam eine Kuh schlachten und verzehren.

Übrigens kennt man auf dem Lande noch gar nicht den Christbaum und die Weihnachtsbescherung, eine norddeutsch-protestantische Sitte, welche nur in München, seit den Tagen der Königin Karoline eingeführt, in den höheren Ständen festen Fuß gewonnen hat. Dagegen verbindet sich nach bäuerischer Sitte ein alter Liebesbrauch mit dem aus Brotteig, gedörrten Obst etc. zu diesem Fest gebackenen »Kletzenbrot«, welches das Mädchen am Stephanstag, wenn er nachts zum Heimgarten kommt, ihrem Schatz verehrt und wobei das Anschneiden des »Scherzel«, des einen runden Endes, von symbolischer Vorbedeutung für den Bestand des Liebesverhältnisses ist (vierzehn Tage darauf wird sie vom Burschen zum Tanz geführt). Wahrscheinlich liegt auch hier ein Zusammenhang mit altheiligen Festbroten vor, denn mißrät das Kletzenbrot, so bangt die Hausfrau für ihr Leben.

Am dritten Weihnachtsfeiertag – es ist der Tag des Evangelisten Johannes – wird in der Kirche in einem besonders dazu bestimmten Becher der ganzen Gemeinde der geweihte Johannessegen zu trinken gegeben, wofür jeder einzelne eine Kleinigkeit opfernd auf die Stufen des Altars legt Auch wird der Wein für die Johannesminne geweiht, welche bei der Trauung das Brautpaar trinkt, und viele Bauern lassen sich noch zum Privatgebrauch Wein weihen, den sie dann während des Jahres als Arzenei bei Erkrankung trinken oder vor einer Reise – gleichsam ein inwendig getragenes Amulet.

Zu den zunächst an Schwaben grenzenden Gegenden gilt eine eigentümliche Sitte, alamannischen Ursprungs, am 28. Dezember, dem unschuldigen Kindleinstag: da ziehen die Burschen zu 15–20 im Verein im Dorfe umher, um ihre Mädchen zu »kindeln«, d. h. sie mit langen Ruten aufs zärtlichste zu peitschen, unter der Frage: »Ist der Lebzelten raß?« Für diese Galanterie erhalten sie dann von den so seltsam Befragten Lebkuchen, Kletzenbrot und einen Schluck Branntwein; auch Kinder gehen von Haus zu Haus, sich solche Gaben von den Erwachsenen zu erpeitschen und zu erbetteln. Die Sitte ist übrigens alt, wie schon ein Lied aus dem 18. Jahrhundert bezeugt:

> An dem lieben Kindleins Tag
> Geht heftig an der Jungfrauen Plag,
> Da mit den Ruthen sie zu hauen
> Viel junge Pursch sich lassen schauen.

Am Schluß des Kalenders mag füglich noch der fünf bösen Tage im Jahr gedacht werden, damit sich manniglich davor hüte: der 30. Juli und 29. August sind Schwendtage; an denen soll man nichts Neues und Wichtiges beginnen, sonst kommen Unternehmer und Unternehmung zu Schaden. Den Grund der unglücklichen Vorbedeutung dieser beiden Tage kennt man nicht, während man die bösen Einflüsse der drei Unglückstage – 1. April, 1. August und 1. Dezember wohl begreift. Wer an diesem Tage geboren ist, stirbt früh eines bösen Todes, und wer Ader läßt an denselben, stirbt binnen Wochenfrist. Und das ist auch ganz natürlich. Denn am 1. April ist Judas Ischariot geboren der Verräter des Herrn, am 1. August ist der Teufel vom Himmel gestoßen und am 1. Dezember Sodom und Gomorra versunken.

Felix Dahn

Hirtenlied

1. Laufet ihr Hirten und eilet zum Stall,
   Der da geboren erwartet euch all.
   Grüeßet sein Muetter und saget zu ihr:
   Seie gegrüeßet, der Fried sei mit dir,
   Maria, Maria!

2. Sagt und erzählet ihr deutlich und klar,
   Was ihr gehört von der englischen Schaar;
   Sagt ihr: O seliges, heiliges Weib,
   Die unsern Heiland getragen im Leib,
   Maria, Maria!

3. Grüeßet auch Joseph den heiligen Mann,
   Der bei dem Herren so wohl ist daran.
   Bittet des Kindeleins Muetter durch ihn,
   Sprechet: zum Krippelein führe uns hin,
   Maria, Maria!

4. Fraget zugleich und zu wissen begehrt,
   Was für ein Namen des Kindleins sei werth.
   Wann ihr ihn hört und das Kindlein ansecht,
   Werft euch auf d' Erden und herzinniglich sprecht:
   O Jesu, Jesu!

5. Seie gegrüeßet, Messias, o Gott,
   Wie uns berichtet der himmlische Bot'.
   Seie gegrüeßet, o Heiland der Welt,
   Wie uns verkündet der Engel im Feld!
   O Jesu, o Jesu!

Das Wilde Gejäg

Das wilde Gejag fährt in der Adventszeit alle Nacht aus, sonderlich aber in den zwölf Nächten vom heiligen Weihnachtsabend bis Hl. Dreikönig, inner deren Zeit wütet es am ärgsten. Es gibt viel sonderbare Orte, wo es länger verweilt und wo man es deutlich vernehmen kann. Dies sind aber immer enterische Plätze, verwunschene Hölzer, dem Teufel verschriebene Gräben und Schluchten, Wegscheiden, die kreuzweis gehen, weitgedehnte einsame Möser und Filzen und dergleichen mehr. In solchen Nächten, wo das Wilde Gejäg auszieht, werden auch alle Geister, so in Hunde verwandelt worden, und deren es eine bedeutende Anzahl gibt, wach, und laufen auf den ihnen begrenzten Orten wild hin und her, bellen auch laut und wie wütend, was sonst selten der Fall. Mit dem wilden Gejäg ziehen auch eine große Anzahl von Hunden und von Nachtvögeln, deren Gebell und Gekrächz schauerlich zu vernehmen. Zwischen Lengenfeld und Stoffen liegt eine wilde weite Ödung auf einer hohen Ebne, darüber zieht das wilde Gejäg am wütendsten, verweilt am längsten. Darüber hin ging vor geraumer Zeit ein Mann aus Hofstetten, es dunkelte bereits, da vernahm er aus der Weite ein Heulen und Sausen, als wollte sich ein furchtbarer Sturm erheben. Wie er da stillstand und sich umsah, kam mittlerweile das Wilde Gejäg ob seiner in den

Lüften daher, und als er verstarrt vor Schrecken vergaß sich auf den Boden zu werfen, hob es ihn leicht auf ab der Erden und riß ihn im Zuge mit dahin. Sechs lange Wochen war der Mann der Erden entrückt, kein Mensch wußte wohin er gekommen, und die Seinigen waren in Kümmernis um ihn als einen Toten. Da auf einmal kam er zurück, er wußte selbst nicht wie und wo, und war noch ganz tamisch in seinem Sinn. Es schwindelte ihm allweg, wenn er nur daran dachte, und allen, die davon hörten, schwindelte es mit. Der Mann lebt noch, verhält sich aber stets ruhig und still, hat zu nichts mehr weder Freud noch Leid, hat nur noch ein Kuchelleben. Ebenso werden in solchen Nächten Hunde, die ledig umherlaufen mitgenommen, man weiß aber von keinem, der wieder gekommen wär.

Karl von Leoprechting

Der Weihnachtstisch auf dem Buchberg an der Holzkette

Die Kardinalzeiten des Jahres hatten von jeher, und nicht allein bei den Deutschen, ihre besondere Feierlichkeit. In der Jachenau stellt die Bäuerin in den drei Rauchnächten – so heißt die vor Weihnacht, Neujahr und Dreikönig – Äpfel- und Birnschnitze, Zwetschgen und Kraut, insbesondere sogen. Rauchweizen in Milch gekocht auf den Tisch, nahm von allem etwas in die Rauchpfanne und ging damit dreimal ums Haus. Jede Person vom Hofgut aß zuletzt von allem, beileibe aber kam kein Fleisch noch eine Nudel auf den Tisch. Es schmeckte nicht gut, aber man sah ungern, wenn eines nicht mitgegessen hätte. Das sollte allenthalben daran gemahnen, wie der Mensch in der Vorzeit einfach von dem gelebt, was die Natur von selber bot, und nicht den Tieren ans Leben ging. Weil man aber die Bedeutung nicht mehr verstanden, ist sie allmählich abgekommen, zuletzt in der Jachenau.
Die Buchberger sind ein kreuzbraves Völklein, voll Gottesfurcht im Herzen und in äußerer Religionsübung unübertroffen. Man dürfte sich etwas einbilden, wenn wir sagen, sie haben auf ihrer Höhe noch ein Herkommen festgehalten, so alt wie das bayerische Volk ist. In der Nacht legte nämlich der Bauer den Eßtisch an die Holzkette, d. h. an die Kette vom Wagen, womit man ins Holz fährt. Man schob den Mettenblock in den Ofen und stellte so viel Scheiter als Hausbe-

wohner an die Wand. Es war ein Aberglaube damit verbunden und galt als Vorzeichen: wessen Holz bis zur Heimkehr vom pfarrlichen Gottesdienst in der Weihnacht umfiel, dem war im kommenden Jahre der Tod aufgesetzt. Da fiel einmal dem Knecht ein, der ein rechter Rüpel oder Grobtüchener war, beim Fortgehen unversehens das Scheit der Bäuerin umzulegen. Wie diese nun heimkam, verschreckte sie das nicht wenig, ja sie härmte sich ab, daß sie wirklich im nächsten Jahre starb.

Die gute Rieschenbäuerin, Gott habe sie selig, sie ist lange tot, hat das ehemalige Anketten des Tisches, an dem man nach der Heimkehr vom mitternächtlichen Hochamt das Weihnachtsmahl einnahm, noch zugestanden, obwohl ungern, als ob sie sich schämte. Wegen der Neckereien der Nachbarn, sagte sie, sei man von dem alten Brauch abgegangen. Aber siehe da, in Kärnten, dessen kernbayerische Bewohner vor elfhundert Jahren hinabgezogen sind, ist bei den Berglern im Lavanttale noch heute üblich, daß sie Geschirr und Pfannen, Rührkübel und Häfen unter den Weihnachtstisch stellen und mit einer Kette umziehen, in der Meinung, damit im kommenden Jahre die Ernte gut ausfalle und die Bäuerin Glück in der Wirtschaft habe.

Wir können diesen Brauch wohl ins deutsche Altertum zurückverfolgen; stellt doch Bischof Burkhard vor Worms im XI. Jahrhundert in seinem Beichtspiegel die Frage Nr. 29: »Hast du getan, wie manche Weiber zu gewissen Jahreszeiten zu tun pflegen, daß du in deinem Hause einen Tisch decktest und Speise und Trank mit drei Messern darauf legtest, damit, wenn jene drei Schwestern, welche die Torheit des Altertums Parzen nannte, hereinkämen, sie sich daran erquickten? Und hast du der göttlichen Liebe Macht und Namen abgesprochen, dagegen auf den Teufel übertragen, so daß du glaubst, jene, welche du für Schwestern erachtest, könnten dir jetzt oder in Zukunft nützen?«

In der Wirklichkeit hieß es wohl, daß man Tisch und Geschirr ins Eigentum Gottes stelle; und jede gute Gabe im neuen Jahre dem Segen von oben verdanken wolle. Was die einfache Nahrung betrifft, so habe ich mit meinem Sohne Bernhard auf Reisen unter halbzivilisierten Arabern mit demselben bescheidenen Essen mich vertraut gemacht. Es war Erntezeit: man setzte uns einfach gekochten Weizen vor, er schmeckte nicht gut, aber man kann es speisen. Müde vom Ritte und der Tageshitze nahm jeder seinen Sattel zum Kopfkissen, im Hofe klapperten die Kamele und schnaubten zeitweise mit ihren Nüstern nach den fremden Gästen. Man schläft auch so, und morgens hieß es wieder mit Hilfe eines Strickes, statt des Steigbügels, sich auf das Tier schwingen und die Reise fortsetzen. Man kann alles, beonders wer noch jung ist, und die Völker haben oft noch Züge aus dem Jugendalter bewahrt. Eigentlich versteht die Heimat erst zu würdigen, wer in der weiten Welt gewesen ist. Noch besteht anderweitig der Aberglaube, wenn während der Predigt auf Weihnacht oder am Silvesterabend ein Sitzbrett nach der Mannsseite umfällt, stirbt darauf folgend ein Mann, wenn auf der Weiberseite eine Frau. Noch muß ich erzählen, wie der alte Heimkreiter am Buchberg allzeit am Ostersonntag, dem höchsten Festtage im Jahre, auf seine Felder hinauswandelte, niederkniete und sich zum Beten bekreuzte »Jetzt«, sagte er, »segnet der Papst die ganze Welt, und so will ich den heiligen Segen auch auf meine Äcker und Wiesen herabziehen.« Man meint nur, wie ein einfacher Bauer so hohe Gedanken fassen kann.

Johann Sepp

In dulci jubilo

In dul-ci ju-bi-lo — — nu sin=get und seid froh —, un=sers herzens won=ne leit in prae-se-pi-o — — und leuch=tet als die son=ne ma-tris in gre-mi-o — —. Al-pha es et O. Al-pha es et O —.

2. O Jesu parvule
   nach dir ist mir so we;
   tröst mir mein gemüte,
   o puer optime,
   durch alle deine güte,
   o princeps gloriae!
   trahe me post te!

3. Ubi sunt gaudia?
   nirgent mer dann da,
   da die engel singen
   nova cantica
   und die schellen klingen
   in regis curia.
   Eia wern wir da!

4. Mater et filia
   ist jungfraw Maria;

wir weren gar verloren
per nostra crimina,
so hastu uns erworben
coelorum gaudia.
Maria, hilf uns dar!

5. O patris charitas,
o nati lenitas!
wir weren all verloren
per nostra crimina,
so hastu uns erworben
coelorum gaudia.
Eia, weren wir da!

Der Weihnachtsbaum

Silvesterabend und neues Jahr

Obschon ein Bärenfrost unter Schuhen und Stiefeln glitzerte und knirschte, so lag dennoch in einem volkreichen Altbayernmarkt die ganze neugierige Menschenwelt in den offenen Fenstern; alles horchte und spähte: der Silvestersänger sollte durch die Gassen kommen. Und er kam auch vor ein jedes Haus: der biedere »Spatzerer« (denn so lautete sein Scherzname). Er war in den siebzigen; obschon von Gestalt klein und unansehnlich, doch eine grundehrliche Haut und im Nachtwächterdienst unter allen Ehren ergraut. Er durfte das Neujahransingen aus der älteren Zeit noch herein verpflanzen in die neuere; denn diese bestgezahlte aller seiner zehntausend nächtlichen Runden erbrachte ihm (zu seinem Gehalt hinzu) noch einen Hut voll schönste Trinkgelderchen; aber auch sein ehemaliges Hoheitszeichen (den grimmen Hackenspieß) durfte, ja mußte er führen bei seinem Silvestergang durch die Marktgassen. Zur Seite schritt ihm jedoch seine blumigste Tochter: die »Spatzenlise«. Wie der Einhelfer in seinem Bühnenkasten dem Schauspieler, so notwendig war die Lise dem Spatzerer, damit er doch ohne bedeutende Verstöße seinen rechten Neujahrswunsch vor einem jeden Hause niederlegte. Denn das war wahrlich nichts Leichtes; er mußte nämlich ein jedes Familienmitglied mit seinem ganzen Titel (und darin ja nicht zu wenig, eher zu viel) in wohlgesetzter Rede angratulieren: von den beiden Hausoberhäuptern herab bis zu dem Säugling im Wickelkissen. Das tat der Spatzerer denn auch ganz gewissensängstlich genau; jedes Bübchen, welches seine erste Hose trug, wurde schon als ein »Herr« angesungen. Traten sie vor ein Haus, in welchem viele Kinder und Taufheiligen, so frug er seine Lise zuerst um die verschiedenartigen Namen. Dabei setzte es ungemein possierliche Zwiegespräche, welche zu belauschen ein köstliches Vergnügen; wie z. B. Spatzerer: »Wie hoaßen denn dem Herrn Landrichter seine Dianln?« Lise: »Nesterl und Nellerl.« Er: »Jesses; die Leut haben ja Nam wie d'Hund.« Nach dieser nicht absichtlichen, sondern nur entschlüpften Artigkeit sang aber der urbrave Spatzerer den biden blühenden Fräulchen dafür sein allerzierlichstes neues Jahr. Die Mädchen trugen die vornehmen Taufnamen Ernestine und Petronelle; der Beamte erhorchte vom Fenster heraus den wunderlichen Ausruf und lachte selbst auch herzlich dazu.
Um den guten Spatzerer mit seinem Singsang und Glückwunsch drehte sich in der Silvesternacht der gesamte Markt; Männchen wie Weibchen lauschten begierig auf den eigenen Hausspruch, und war

dieser vorbei, so wollte man unter Klatschen und Basen sehen: was der Spatzerer nun sagen werde bei jenem Haus, bei jener Familie, bei jener Strohjungfer? Und richtig, sei es, daß ihm seine Lise davon nichts sagte oder daß er sich selbst vertölpelte: der biedere Spatzerer titelte in irgendeiner Gasse eine Schönheit noch als »Jungfrau Lene«, obschon der ganze Markt die Hebamme und Taufe gesehen. Lautes Gekicher und Gelächter, von der entblumten Rose, aber ja kein Trinkgeldchen, sondern dafür den ärgsten Schimpftitel. Zu diesem einen Unglück gesellte sich sogleich auch ein anderes; eine ehrbare, aber schneidige Handwerkersfrau (mit wenigem Geld und vielen Kinderchen) wetterte, als der Silvestersänger bei ihr anheben wollte, zum Fenster heraus: »I brauch dei Gschroa nöt!« Dadurch kam der Spatzerer mählich in kleinlautes Zaudern und getraute sich mehrere Häuser gar nicht mehr anzusingen; allein damit stach er in ein neues rechtes Wespennest, denn nun mußten diese Familien das Gefoppel hören: »Jesses, enk hot nöt amol mehr de Spatzerer dös neu Jahr ansingen mögen.« Und der ehrenbrave alte Spatzerer mußte nicht nur diesen siedheißen Brei auslöffeln, sondern das leidige Fraubasen währte die ganze Neujahrswoche: »Von dir hot er dös gsagt, von dir dös« usw. Und in diesem lebendigen Zungengedresch kamen vom Spatzerer noch soundso viele Verstöße auf; Narreteien, Tölpelstükke, ja selbst ernstliche Ehrenschäden.

Jedoch der abgehetzte biedere Spatzerer saß bereits wieder daheim an seinem warmen Ofen, ließ die böse Welt grollen und klatschen und freute sich auf sein morgiges Gelderntchen. Er hatte wie ein braver Mann redlich sein Allerbestes getan im Singen wie Wünschen während der Silvesternacht, dafür durfte er nun am Neujahrstage selbst (mit einem festen Recht ausgestattet) hineintreten in die einzelnen Marktsfamilien, um von ihnen je nach ihrem Rang und Reichtum einen Taler auf die Hand zu erhalten, einen Gulden, Halbgulden, Viertelsgulden: für die schönen Neujahrsgratulationen.

Der wirkliche Neujahrsmorgen ist im Altbayernland überaus belebt durch das sogenannte »Neujahrsabgewinnen«, eine Volkssitte, welche die ländlichen Häuser mit verworrenstem Geschrei und Lachen erfüllt; jedes Familienglied beeilt sich nämlich, allen andern voraus zu schreien: »Glückseliges neues Jahr!« Dazu blüht den Kinderchen noch eine kindliche Hauptfreude: das neue Jahr dem Vater abzugewinnen. Buben wie Mädchen lauern demnach, bis der Vater sich niederläßt, in seinen Armstuhl, sei es, um ein Bändchen der Lederhose zu knüpfen, sei es, um in die Stiefel zu fahren. Im Nu ist dann die ganze Kinderhecke hinter ihm; ein jedes schreit ihm ein glückseliges neues Jahr zu, umklammert den väterlichen Hals mit beiden Händen und schüttelt mit Leibeskräften. Das heißt man in der kurzen Altbayernsprache »den Vater drosseln«; es ist durchaus keine Missetat, sondern größte Liebe. Für diesen kraftwüchsigen Segenswunsch (welchen freilich nicht jede, wohl aber die altbayerische Vaterkehle mutig und tapfer aushält) beschenkte der Bauer seine Buben und Mädchen weiland mit dem funkelnden Neujahrskreuzerl, jetzt mit einem Nickel.

Außer dem Haus, in Dorf und Land, ist der Neujahrstag ebenfalls belebt durch das sogenannte »Neujahranschreien«: ein Erwerbszweig solcher armen Kinder, welche sich nicht unter guten Elternhänden befinden; sie sind geistig ausgerüstet mit einem uralten Volksreim und ein wenig Melodie dazu, leiblich aber mit einem Sack und Stecken; so gehen sie herum bei den wohlhabenden Höfen und Sölden. Gerät man solch einem jungen Neujahrssänger in den Weg und fragt ihn freundlich, wohin er denn geht, so sagt er ganz kurz und bündig und aller Volkspoesie einen schnellen Garaus machend: »In's Schrei' geh i.« Und so schreit er auch wirklich in ewiger Leier bei einer jeden Türe, es mag hinter ihr wohnen, wer da will: »I wünsch dem Bauer an golden Rock, der ihm steht wie a Nagerlstock, und i wünsch der Bäuerin a goldene Hauben, die ihr steht wie a Turteltauben.« Die Nelke (im hierländischen Volksmund zunächst das Nelkerl und dann sogleich »das Nagerl«) ist die allbeliebte Bauernblume in Altbayern, namentlich ein buschiger Stock in voller roter Blüte. Der ähnelt auch wirklich jenem feuerroten Leibrock, welcher zu früherer Volkszeit den Bauern festtäglich kleidete wie angegossen und weithin schimmernd, aber er müßte zuvor wieder auferstehen aus dem weiten Grabe der Trachten und Moden; und ein mehr malerisches Volkskleid wie der neuere dunkle Allerweltsstutzrock wäre er auch. Die Bäuerin trägt jetzt im Altbayernland ihr Kopftuch, welchem geradewegs alles fehlt, was schön sein könnte: Farbe, Schnitt und Faltenfall. Jedoch rückt die Haube wieder näher, freilich die städtische Frauen-, nicht aber die alte Landhaube (zu welcher Vogelscheuche meinetwegen keine Bäuerin mehr zurückkehren braucht).

Von je gehören der Goldrock und die Goldhaube beim Bauernstand mehr in das Reich der Wünsche wie Wirklichkeit; es gab zu anderer Zeit schon Bauersleute im Altbayerland, welche golddurchwirkte Röcke und Hauben tragen konnten, und auch jetzt mag es noch solche geben. Aber diese goldenen Bauern werden selten und seltener, zuletzt so selten wie die weißen Spatzen; es gehen zu viele dem Handel und der Börse und auch dem Luxus in den angeweiteten Rachen.

Aber horch nur, der zwergige Neujahranschreier geht über Rock und Haube hinaus und wünscht auch noch »a gutes langes Leben und den Himmel daneben«. Das schlägt doch kein Vernünftiger aus, die katholischen Altbayern von eh und ohnedies, und ich glaube baumfest, im letzten Hintergrund auch der wildeste Freidenker nicht.

Joseph Schlicht

Bibliographie

Abraham a Santa Clara: Die Wunderkur und etzliche andre ergetzliche Sächelchen. Sprachl. Erneuerung m. Einl. u. Wörterverz. Heidelberg 1944
Abraham a Santa Clara: Blütenlese aus seinen Werken, hrsg. K. Bertsche, Wien 1922
Adrian, Karl und Leopold Schmidt: Geistliches Volksschauspiel im Lande Salzburg, Salzburg und Leipzig 1936
Andree – Eysn, Marie: Volkskundliches. Aus dem bayerisch-österreichischen Alpengebiet, Braunschweig 1910
Bächthold – Steubli, Hanns (Hrsg.): Handwörterbuch des deutschen Aberglaubens, Berlin 1929 ff
Böck, Karl: Das Bauernleben in den Werken bayerischer Barockprediger, München 1964
Bronner, F. J.: Von deutscher Sitt' und Art, München 1908
Cochem, Martin von: Legende der Heiligen, Bd. 1 und 2, Landshut 1844–1845
Dahn, Felix: Volkssitte, In: Bavaria, Landes- und Volkskunde des Königreiches Bayern, Bd. 1, München 1860
Dietl, Max: Vertraute Briefe eines Geistlichen in Bayern an seinen Freund, München 1786
Ebertshäuser, Heidi C.: Zauberreiche Weihnacht, München 1977
Glockendon, Albrecht: Prachtkalender vom Jahre 1526, hrsg. v. Hermann Degering, Faks. Bielefeld u. Leipzig 1926
Grimm, Jakob: Deutsche Mythologie, Göttingen 1835, Neuausg. Berlin 1934
Gugitzlitz, Gustav: Fest- und Brauchtumskalender, Wien 1955
Hartmann, August und Hyacinth Abele: Volkslieder in Bayern, Tirol und Land Salzburg, Leipzig 1884
Hörmann, Ludwig von: Das Tiroler Bauernjahr, Innsbruck 1899
Hörmann, Ludwig von: Tiroler Volksleben, Stuttgart 1909
Horn, Erna: Das altbayrische Küchenjahr, München 1974
Kapfhammer, Günther: Brauchtumslexikon, München 1977
Köhler, Herbert: Erst besinn's dann beginn's – Alte Bauernregeln neu gesehen, München u. Düsseldorf 1953
Leoprechting, Karl von: Bauernbrauch und Volksglaube in Oberbayern, München 1977. Neudruck von: Aus dem Lechrain, 1855
Alpenländische Lieder für Schulen und Jugendgruppen, hrsg. v. Marktsingschule Kolbermoor/Oberbayern
Lipowski, F. F.: Darstellung des sozialen und wirtschaftlichen Volkslebens des königl. bayer. Landgerichtes Moosburg im Regierungskreis von Oberbayern, München 1861
Lohmeier, Georg: Bayerische Barockprediger, München 1961

Mang, Hermann: Volksbrauch in Südtirol. In: An der Etsch und im Gebirge, Brixen 1958
Marzell, D.: Die Walpurgisnacht im bayerischen Volksglauben. In: Der Heimgarten, 14, 1924
Marzell, D.: Der altbayerische Hirtentag, In: Der Heimgarten, 46, 1924
Mundigel, Josef: Bayerische Volkskunde, München o. J.
Obermayr: Bildergalerie katholischer Missbräuche, Frankfurt und Leipzig 1784, Faks. München 1913
Pailler, Wilhelm: Weihnachtslieder und Krippenspiele aus Österreich und Tirol, 2 Bde., Innsbruck 1883
Panzer, Friedrich: Bayerische Sagen und Bräuche, München 1848
Pommer, Helmuth: Volkslieder und Jodler aus Vorarlberg. In: Das Volkslied in Österreich, Wien u. Leipzig 1926
Pröhle, Heinrich: Weltliche und geistige Volkslieder und Volksschauspiele, Aschersleben 1855
Reimann, Fr. A.: Deutsche Volksfeste im 19. Jh., Weimar 1839
Rosegger, P. K.: Volksleben in der Steiermark, Wien, Pest, Leipzig 1895
Sachsenhausen, Ernst: Volkstümliches von Palmsonntag. In: Bayerische Volkskunde in Wort und Bild, 8, 1922
Sachsenhausen, Ernst: Passions- und Osterspiele. In: Bay. Volksk. in Wort und Bild, 14, 1922
Sartori, Paul: Sitte und Brauch, Handbücher zur Volkskunde, Bd. 6, 7, 8, Leipzig 1911–1914
Sepp, Johann: Denkwürdigkeiten aus dem Bayeroberland oder 176 Geschichten vom Isarwinkel und der Nachbarschaft, München 1892
Sepp, Johann: Religionsgeschichte von Oberbayern, München 1895
Sighardt, August: Der Pfingstlümmel. In: Bay. Volkskunde in Wort und Bild. 12, 1922
Schlicht, Joseph: Bayerisch Land und Bayerisch Volk, München 1885
Schlicht, Joseph: Altbayernland und Altbayernvolk, Augsburg 1886
Steinberger, Hanns: Die Leonardifahrt in Greimharting. In: Alpenröslein, 26, 1895
Stieler, Karl: Kulturbilder aus Bayern, Stuttgart 1885
Stieler, Karl: Aus Fremde und Heimat, Stuttgart 1886
Stieler, Karl: Bilder aus Bayern, Stuttgart 1908
Thoma, Anette: Passions- und Osterlieder, München o. J.
Vernaleken, Theodor: Alpensagen, Wien 1858
Vollmann, Franz: Ein ländlicher Speisezettel aus Schleissheim zu Anfang des 30jährigen Krieges, In: Bay. Hefte f. Volkskunde, 4. Jg., 1–4, 1917

Bildnachweis

Abele, Andreas, Wie's früher war in Oberbayern, Rosenheim, o. J.
Abb. S. 317, 319

Bartels, Adolf, Der Bauer in der deutschen Vergangenheit, Jena 1924
Abb. S. 52; 58; 96; 116; 254; 307

Biedermann, Hans, Hexen, Graz 1974
Abb. S. 171; 173; 174

Bleibrunner, Hans, Andachtsbilder, München 1971
Abb. S. 22; 157; 160; 191; 332

Brauneck, Manfred, Religiöse Volkskunst, Köln, 1978
Abb. S. 126

Bronner, Frans Josef, Von deutscher Sitt und Art, München 1910
Abb. S. 112; 120; 152; 205

Dürer, Albrecht, Passion, Holzschnitte,
Abb. S. 129; 133; 136; 139

Feulner, Adolf, Ignaz Günther, München 1947
Abb. S. 305; 310
National Museum München
Abb. S. 121; 342

Die Heiligen Legenden, Passionale, Hrsg. Severein-Rüttgers, Leipzig MCMXIII
Abb. S. 68; 257; 297; 355; 401

Rattelmüller, Paul Ernst, Dirndl, Janker, Lederhosen, München o. J.
Abb. S. 13; 18; 48

Richter, Ludwig, Album. Hrsg. M. Bernhard, München 1974
Abb. S. 8; 45; 54; 67; 91; 145; 158; 168; 193; 194; 219; 225; 226; 238; 240; 241; 248; 249; 287; 320; 343; 356; 389; 407

Roller, Hans Ulrich, Schembartlauf, Nürnberg 1965
Abb. S. 75; 84

Scharfe, Martin, Rudolf Scheuda, Herbert Schwedt, Volksfrömmigkeit, Stuttgart 1967
Abb. S. 99; 104; 109; 124; 142; 149; 164; 217; 351; 352; 373; 385; 411

Stadtmuseum München
Abb. S. 33; 107; 179; 181; 187; 197; 203; 214; 348; 377; 379

Walz, Albert, Volkskundlicher Bilderschatz auf Gebäckmodeln, Stuttgart 1963
Abb. S. 21; 38; 56; 162; 200; 247; 282; 290; 336; 366; 405

Schongauer, Martin, Heilige, Holzschnitte
Abb. S. 339; 360

Quaglio, Lorenzo, Austst. Kat. 1978
Abb. S. 94; 110; 209; 229; 267; 271; 285; 288; 327; 361

Wanderungen durch Tirol und Vorarlberg, Hrdg. L. v. Hörmann, Stuttgart 1910
Abb. S. 15; 62; 244; 253; 323

Vignetten der Monatsbeginne sind aus der Staatsbibliothek München.

Editionsnotiz

Die mit H. C. E. unterzeichneten Artikel stammen von Heidi Caroline Ebertshäuser; für alle anderen Beiträge siehe die Angaben der Bibliographie.
Ihre freundliche Genehmigung zur Veröffentlichung gaben:
Rosenheimer Verlagshaus für Joseph Schlicht und Starkmann Verlag München für Peter Rosegger. Diesen und allen anderen Verlagen und Museen, die für Beiträge in diesem Buch ihre Genehmigung zur Veröffentlichung gaben, sei an dieser Stelle der Dank ausgesprochen.